Dr. Bridge 桥梁工程应用精解

杨三强　阎红霞　李　猛　编著

中国铁道出版社有限公司

2023年·北　京

内 容 简 介

本书结合桥梁工程实例，系统地介绍了 Dr. Bridge 桥梁博士设计软件的应用及验算。本书介绍了 Dr. Bridge 软件的基本操作，主要内容包括常用的 10 m 跨度现浇板桥、13 m 跨度预应力板式梁桥、16 m 跨度装配式 T 形梁桥、30 m 跨度连续预应力箱梁桥、40 m 连续现浇箱梁桥及盖梁柱式墩的建模、设计、计算和验算全过程。

本书可作为桥梁工程建设人员、科研人员、工程设计和管理人员的参考用书，还可作为桥梁专业研究生、本科生的学习用书。

图书在版编目(CIP)数据

Dr. Bridge 桥梁工程应用精解/杨三强，阎红霞，李猛编著．—北京：中国铁道出版社有限公司，2023.7

ISBN 978-7-113-30168-2

Ⅰ.①D… Ⅱ.①杨… ②阎… ③李… Ⅲ.①桥梁设计-计算机辅助设计-应用软件-教材 Ⅳ.①U442.5-39

中国国家版本馆 CIP 数据核字(2023)第 068827 号

书　　名：Dr. Bridge 桥梁工程应用精解
作　　者：杨三强　阎红霞　李　猛

责任编辑：胡娟娟　　　　**编辑部电话：**(010)51873155
封面设计：郑春鹏
责任校对：苗　丹
责任印制：樊启鹏

出版发行：中国铁道出版社有限公司(100054，北京市西城区右安门西街 8 号)
网　　址：http://www.tdpress.com
印　　刷：三河市兴博印务有限公司
版　　次：2023 年 7 月第 1 版　2023 年 7 月第 1 次印刷
开　　本：787 mm×1 092 mm 1/16　**印张：**14.75　**字数：**352 千
书　　号：ISBN 978-7-113-30168-2
定　　价：48.00 元

前　言

为深入贯彻落实《国务院办公厅关于深化产教融合的若干意见》(国办发〔2017〕95号)和《教育部 工业和信息化部 中国工程院 关于加快建设发展新工科 实施卓越工程师教育培养计划2.0的意见》(教高〔2018〕3号)要求，调动好高等院校和企业积极性，实现产学研深度融合，教育部组织有关企业和高等院持续深入实施产学合作协同育人项目。基于此，河北大学与上海同豪土木工程咨询有限公司联合申报了2021年教育部产学合作协同育人项目《Dr. Bridge桥梁工程应用精解》，获批教材联合编著项目资助，项目编号202102478001。

随着我国交通基础设施建设蓬勃发展，支撑交通强国战略的桥梁工程建设事业亟须专业化、系统化的科学技术夯实基础，开发和使用桥梁结构专业设计软件是发展桥梁工程电算化理论与技术的一项重要工作。作者根据主持并参与的多个科研项目，调研指导的多个实体工程实践体会，编写了基于Dr. Bridge桥梁博士设计软件的精解读著作。本书介绍了Dr. Bridge设计软件的功能和基本操作，阐述了常用的10 m标准跨度现浇板桥、13 m标准跨度预应力板式梁桥、16 m标准跨度装配式T形梁桥、30 m标准跨度连续预应力箱梁桥、40 m标准跨度连续现浇箱梁桥及盖梁柱式墩的建模、设计、计算及验算全过程，可为广大桥梁工程设计者学习Dr. Bridge设计软件提供专业的学习教程。

本书共分为8章。第1章介绍了国内外桥梁工程技术的发展现状、桥梁的基本组成和分类。第2章阐述了Dr. Bridge设计软件的基本操作功能，包括操作界面、总体信息、钢筋设计、施工分析、运营分析、结果查询以及计算报告等。第3章～第8章针对10 m跨度现浇板桥、13 m跨度预应力板式梁桥、16 m跨度装配式T形梁桥、30 m跨度连续预应力箱梁桥、40 m连续现浇箱梁桥、盖梁柱式墩的工程概况进行描述，分析了各工程的地质气象水文条件、施工要点等，详细讲解了使用Dr. Bridge设计软件的结构设计和手动验算分析。

希望本书能够丰富我国桥梁工程电算化理论与技术，尤其是为 Dr. Bridge 设计软件的学习和使用提供快速、便捷的入门途径，为桥梁工程设计与计算分析的应用人员及相关专业的研究生、本科生提供参考和帮助。

由于编者水平有限，书中不当之处在所难免，恳请读者不吝指正。

编　者

2023 年 3 月

目　录

第1章　绪　论

桥梁是人类文明进步的重要标志之一，是重要的城市基础设施。随着社会经济快速发展和城市化进程的加速，对桥梁的需求量越来越大，桥梁工程建设和运营维护也提出了更高的要求。因此，深入研究桥梁的基本组成和发展现状，有助于提升桥梁工程的建设质量，改善公众出行条件。本章主要探讨桥梁工程在当前背景下所面临的挑战及应对措施，重点介绍桥梁的基本知识，为后续章节的深入讲解奠定基础。

1.1　桥梁工程发展现状

桥梁是国家交通基础设施的关键性工程，关系到区域经济和综合交通运输的发展。21 世纪以来，智能化、信息化、可持续、长寿耐久是世界桥梁工程领域科技的重要研究和发展方向。

欧盟在桥梁工程领域非常重视可持续发展，并逐渐体现在实际工程中。在欧洲科技领域研究合作组织（COST）的研究工作中，将结构监控（测）与协同作为全寿命周期设计的重要部分。德国为了提高交通基础设施的智能化制造水平，在“工业 4.0”战略中明确提出了“智能制造”的主题。

美国联邦公路局在“桥梁长期性能研究计划（LTBP）”中已经逐步建立起一套能够开放和扩容的桥梁数据管理与分析系统，先后对美国桥梁管理系统、重要桥梁健康监测系统、交通及气象系统等数据进行整合，管理者和使用者可以通过网页浏览相关数据，同时可以通过软件上传和查询桥梁的各类检测、监测和评估数据，其优点是制定了统一的数据采集标准，从而保证了软件的通用性和开放性，以便对桥梁养护维修与加固工作进行量化，为政府制定政策提供依据。

韩国实施的“超级桥梁计划（使用寿命 200 年以上）”非常重视超高性能混凝土（UHPC）的研究，先后开展了 UHPC 材料的基本性质、构件与结构受力等一系列研究，编制了韩国的 UHPC 设计施工指南。

我国幅员辽阔，气候与地质条件复杂且经济发展水平不均衡，桥梁设计和建造技术水平差异较大，很多桥梁在运营一段时间后出现了不同程度的病害，威胁到桥梁的运营安全和使用年限。因此，我国桥梁工程的重大课题是如何保障桥梁工程设施的安全性、可靠性、耐久性和适用性，这必将成为行业关注的焦点。

2019—2035 年，是我国桥梁工程领域的关键转型期和重要机遇期。2019 年，中共中央、国务院印发了《交通强国建设纲要》，明确提出到 2035 年我国基本建成交通强国，围绕“安全、便捷、高效、绿色、经济”，着力打造“一流设施、一流技术、一流管理、一流服务”，建成“人民满意、保障有力、世界前列”交通强国。

1.2 桥梁概述

桥梁是一种跨越江河湖泊、山谷深沟以及其他路线(铁路或公路)等障碍,具有承载能力的架空建筑物,是交通线的重要组成部分,是道路工程建设的关键工程,在经济发展、文化交流和巩固国防上具有非常重要的地位。

1.2.1 桥梁组成

1. 上部结构

上部结构(superstructure)指位于桥梁支座以上的部分,包括桥跨结构和桥面构造两部分。前者指桥梁中直接承受桥上交通荷载的架空主体结构,后者指为保证桥跨结构能正常使用,需要建造的桥上各种附属结构或设施。

桥跨结构的型式多样。对梁桥而言,其主体结构是梁;对拱桥而言,其主体结构是拱;对悬索桥而言,其主体结构是缆。

桥面构造是指公路桥的行车道铺装、铁路桥的道砟(道床)、桥枕、钢轨,以及伸缩装置、排水防水系统、人行道与栏杆、安全带或安全护栏、路缘石、照明等。

2. 下部结构

下部结构(substructure)指位于桥梁支座以下的部分,也叫支承结构。它包括桥墩(pier)、桥台(abutment)以及墩台基础(foundation),是支承上部结构、向下传递荷载的结构物。桥梁墩台的布置需与桥跨结构的布置相对应。桥台分设在桥跨结构的两端,桥墩设在两桥台之间。只有一个孔跨的桥梁,无须设置桥墩。桥台除起到支承和传力作用外,还起到与路堤衔接、防止路堤滑塌的作用。为此,通常需在桥台周围设置锥体护坡(abutment slope protection),墩台之下需设置基础。墩台基础是承受由上至下的全部荷载(包括交通荷载和结构重力)并将荷载传递给地基(subgrade)的结构物。它通常置于土层中或构筑在基岩上,常需要在水中施工。

架空的桥跨结构与支承结构一起,组成承重结构、承重结构由梁、墩台、拱、塔、缆、拉索等构件组成。例如由梁、桥墩、桥台组成的梁桥,由塔、缆、铺碇组成的悬索桥等。承重结构承受荷载、跨越障碍并支承在基础之上。承重结构的任何一部分破坏,桥梁就可能发生结构局部或整体破坏;而非承重结构或附属结构的破坏,不会导致桥梁的彻底破坏。

3. 支座

在桥跨结构与墩台之间,还需要设置支座(bearing),以连接桥跨结构与桥梁墩台,提供荷载传递途径,适应结构变位要求。支座提供的约束影响着上部结构的受力行为,因此,也可视其为上部结构的一部分。

根据具体情况,与桥梁配套建造的附属结构物或设备包括挡墙、护坡、导流堤、检查设备、台阶扶梯、导航装置等。

1.2.2 桥梁分类

桥梁有各种不同的分类方式,每一种分类方式均反映出桥梁在某一方面的特征。如按工程规模划分，有特大桥、大桥、中桥、小桥等。常见分类有如下几种：

1. 按桥梁用途分类

按桥梁用途划分，有铁路桥、公路桥、公铁两用桥、人行桥、城市道路桥等。

铁路桥(railway bridge)专供铁路列车行驶，桥的宽度(由线路数决定，多为单线或双线)和跨度有限，其所承受的车辆活载相对较大。由于铁路迂回运输不易实现，铁路桥必须结实耐用且易于修复更换。

公路桥(highway bridge)是为了跨越自然障碍物(如河流、山谷、铁路等)或其他道路而建造的道路工程结构，用于承载车辆和行人交通，提供一个通畅的通行通道。公路桥的结构形式包括梁桥、拱桥、悬索桥、斜拉桥等不同类型，建造材料通常是钢筋混凝土、钢材或其他适用的结构材料。与铁路桥相比，公路桥的车辆活载相对较小，桥的宽度和跨度布置根据实际需要确定。

公铁两用桥(combined highway and railway bridge)指同时承受公路和铁路车辆荷载的桥。我国早期在长江上建造的主要特大桥(如武汉、南京、枝城、九江、芜湖等地的大桥)大多如此。公铁两用桥中通常布置双线铁路，近年来，随着城际铁路的迅猛发展，城市区域内公铁两用桥的线路数常能达到4线。一般认为，在增加费用不多的情况下(桥的墩台和基础可以共用)，将公路桥、铁路桥合建，就可将专为公路建桥的时间大为提前。

人行桥(pedestrian bridge)指专供行人(有时包括非机动车)使用的桥。它跨越城市繁忙街道处、市区内河流或封闭的高速公路，为行人及非机动车提供便利。除高速公(铁)路上的桥梁外，其他桥梁通常提供行人过桥的通道。

城市道路桥(urban road bridge)是相对于公路桥和铁路桥而言，在城市范围内的桥梁(包括立交桥及人行桥，但不包括铁路桥)，其设计荷载标准与公路桥有所差别，桥梁的造型和景观也需适当考虑城市环境因素。

在我国，还曾有“农桥”一词，它指在南方水网地区专为农用机械跨越河流沟渠而建的中小规模的桥梁。

2. 按桥跨材料分类

按桥跨结构所用的材料来划分，有钢桥、钢筋混凝土桥、预应力混凝土桥、结合梁桥，以及圬工桥(用砖、石、素混凝土块等砌体材料建造的拱桥)等。

由于钢材具有匀质性好、强度高、自重小等优点，钢桥(steel bridge)具有较大的跨越能力，在跨度上处于领先地位。在我国，传统上铁路桥采用钢桥较多。近年来，随着大跨度公路悬索桥、斜拉桥及城市桥梁的发展，公路和城市钢桥的应用也越来越普遍。

钢筋混凝土桥(reinforced concrete bridge)和预应力混凝土桥(prestressed concrete bridge)的建造费用较少，养护维修方便，是目前应用最为广泛的桥梁，在中、小跨度内已逐步取代钢桥，在大跨度范围内也具有较强的竞争力。

预应力混凝土桥(prestressed concrete bridge)是一种特殊类型的桥梁结构，其中混凝土构件在施工过程中施加了预先施加的拉应力，以提高其承载能力和性能。这种桥梁利用预应力技术，在混凝土构件中引入预应力钢筋或钢缆，通过施加张拉力来产生预应力，使混凝土构件在正常使用情况下能够承受较大的荷载和应力。

结合梁桥(composite girder bridge)主要指钢梁与钢筋混凝土桥面板组合形成的梁桥或加劲梁随着桥梁工程的技术发展，桥梁结构的材料组合也有更多的形式，例如，钢梁与混凝土梁连接形成的混合梁，钢管内灌注混凝土形成的钢管混凝土(多用于拱桥)，钢塔段与混凝土塔段组合形成的混合塔等。

圬工桥(masonry bridge)主要指石拱桥，其取材方便，构造简单，适用于跨度不大、取材方便的山区拱桥。木桥(timber bridge)多采用梁桥形式，主要用于一些临时性桥梁和林区桥梁。

历史上，还曾先后采用过铸铁(cast iron)和熟铁(wrought iron)作为建桥材料，修建过铸铁拱桥和熟铁梁桥。在结构钢(structural steel)出现之后，这类桥梁就不再修建了。

3. 按结构体系分类

按结构体系(结构受力特征及立面形状)划分，有梁桥(beam bridge，girder bridge)、拱桥(arch bridge)、悬索桥(suspension bridge)三种基本体系，以及由两种基本体系或一种基本体系与梁、柱、塔及斜索等构件形成的组合体系，如系杆拱桥(tied arch bridge)和斜拉桥(cable-stayed bridge)。

4. 按桥跨位置分类

按桥跨结构与桥面的上下相对位置划分，有上承式桥、下承式桥和中承式桥。

对梁桥和拱桥，桥面(deck)布置在桥跨结构顶面的，为上承式桥(deck bridge)；相应地，布置在底面的称为下承式桥(through bridge)，布置在中间位置的称为中承式桥(half-through bridge)。桥面位置的选择与容许建筑高度和实际需要有关。上承式桥被广泛采用，适用于容许建筑高度较大的情况，其特点是上部结构的宽度较小、节省墩台的材料用量、桥面视野开阔等。在容许建筑高度很小、布置上承式桥困难时，可采用下承式桥。由于桥跨结构在桥面之上且需要满足桥面净空的要求，故结构横向宽度相对较大，墩台尺寸也相应有所增加。有时因地形限制或结构造型要求，需要把桥面布置在桥跨结构高度的中间部位，形成中承式桥。因承重结构有一部分是位于桥面之上，占用了桥面宽度。为使桥面宽度满足行车要求，需加宽两片拱肋或桁梁的中心距，这将使横梁跨度增加，用料增多。

另外，在同一座桥中，桥跨结构与桥面的相对位置也可有所变化。

5. 按跨越对象分类

按桥梁所跨越的对象划分，有跨河桥、跨谷桥、跨线桥、立交桥、地道桥、旱桥、跨海桥等。

大部分桥梁是跨越河流的。修建跨河桥(river-crossing bridge)，不可使河流功能受到损害，为此，必须遵循相关设计规范(如《铁路工程水文勘测设计规范》《公路工程水文勘测设计规范》)的要求，使桥的孔径、跨度、桥面高程、基础埋深等设计，既能保证桥在排洪和通航时的安全，又不碍及河流功能。

跨谷桥(gorge-crossing bridge)指跨越谷地的桥梁。谷地的特点是地形、地质及水流变化大，谷底至桥面较高，不适于采用跨度小、跨数多、高墩多的结构型式。通常，对于较窄的河谷，可考虑采用一跨结构(如拱桥、斜腿刚构桥或悬索桥)作为正桥越过，避免修建高桥墩；对于较为开阔平坦的河谷，可考虑采用跨度较大的多跨连续梁(刚构)桥、多塔斜拉桥或悬索桥。

直接跨越其他线路(公路、铁路、城市道路等)的桥称为跨线桥(flyover)，其中跨越城市街道桥称为人行桥，也称天桥(overpass)。当跨线桥还需要与其所跨越的线路互通时就形成立交桥(grade separation bridge)。跨线桥和立交桥多建于城区，因桥下净空和桥面高程的要求，容许建筑高度有限，需考虑采用建筑高度较小的桥跨结构。

当桥梁采用下降方式(非架空方式)，从被跨越线路的下方穿过时，因其主要部分是位于地下，便称为地道桥(underpass bridge)。旱桥(dry bridge)指建在无水地面的桥。其跨度一般不大，其桥墩截面形状无须适应河流要求。对于引桥的不过水区段，有时用此名称。

跨海桥泛指跨越海峡、海湾或为连接近海岛屿而在海上建造的桥。在通航频繁的海峡或海上航道处，需采用大跨度的悬索桥或斜拉桥作为通航孔桥；对水域宽阔的海面，多采用跨度适中的多跨预应力混凝土梁作为非通航孔桥。跨海桥的长度，从几千米到几十千米，需在自然条件复杂的近海环境中施工，对质量(尤其对材料耐久性和防腐蚀)的要求很高，应采用以大吨位预制和浮运架设为主的施工方法，尽量减少海上作业量及对海洋环境的影响。

6. 按桥梁形状分类

按桥梁的平面形状划分，有正交桥、斜交桥、曲线桥。绝大部分桥梁为正交桥(right bridge)，其纵轴线方向同水流方向(或所跨越的线路方向)基本正交。斜交桥(skew bridge)指水流方向(或所跨越的线路方向)同桥的纵轴线不呈直角相交的桥。由于斜交桥所提供的桥下净空有效宽度比直桥小，为保证同样的桥下有效宽度，斜交桥的跨度就需加大，因此，不宜使桥梁斜交过甚。在水平面上呈曲线状的桥，称为曲线桥(curved bridge)。当桥位于线路的曲线区段、且跨度不大时，可将多跨直梁按折线布置，仅让桥面适应曲线要求；若跨度较大，便应政变梁的平面形状，使桥跨结构本身皇曲线状。

7. 按使用时间分类

按预计使用时间的长短划分，有永久性桥梁和临时性桥梁。永久性桥梁指用钢材、混凝土、石材等耐久材料所修建的桥梁，其设计和施工应该遵照适用的规范办理，使用寿命在百年左右。临时性桥梁也称为便桥(detour bridge)，指为了使线路早日开通、对使用寿命不做长久打算的桥。建桥材料可用木材、钢材和制式设备(如万能杆件等)。孔径跨度基本上可以不考虑洪水影响，使用时，通常还会对桥上的行车提出一些限制。

绝大部分的桥梁在建成后不可移动，可称为固定式桥梁。在特殊情况下，为兼顾陆路交通要求和河流通航要求，也修建开启桥或活动桥(movable bridge)。开启桥指一部分桥跨全构(通常为钢梁)可以提升或转动(平转、竖转或其他转动方式)的桥，而提升或转动的目的是让桥下可通过吨位较大的船舶。与固定式桥梁相比，开启桥的桥面高程可降低，桥长可缩短，规模可减小，由此建造费用可节省，但其陆路交通和桥下航运均会受到一定限制，且后期维修管理费用也较高。

8. 其他桥梁

伴随着城市交通的发展，需要修建高架桥(viaduct)。其主要目的是让新增线路高出于地面，从而增加通行能力，高架桥也指跨越陆地或地势较平坦的河谷、桥面高程起伏不大的长桥。在山区修建高架桥，主要目的是避开山地灾害(如滑坡、落石、泥石流等)频发区，保护森林植被，减少大面积挖填对自然环境的破坏。

在码头上用于沟通河岸与轮船，以装卸货物或上下旅客的通道，称为栈桥(trestle bridge)。传统的栈桥采用木质桩柱与梁形成的小跨度梁柱结构，因其与古代栈道相似而得名。桥梁施工中，为在河岸与水中桥墩之间建立通道，往往也搭建临时性栈桥。

廊桥或风雨桥(covered bridge)是指在桥面之上设有顶盖的人行桥。古代廊桥的顶盖构造各异，起到遮阳避雨、保护结构、彰显传统特色等作用。现代廊桥多采用钢或混凝土梁式结构，作为城市跨街天桥或建筑之间的通道。

为输水而修建的架空渠道称为渡槽或水道桥(aqueduct)，而为通过管道输送天然气、水、电力等而建造的桥，统称为管线桥(pipeline bridge)。为让人工运河跨越河流等障碍而修建的桥，称为运河桥(canal bridge，water bridge)，桥上可行船。

漫水桥(submersible crossing)允许洪水从桥面漫过，常修建在低等级公路上，适于洪水持续时间较短、允许交通暂时中断的情况。堤道桥(causeway)越过宽阔水面或湿地，指跨度较小、桥面尽量接近水面的长桥，也指由路堤加高的线路。摆运桥(transporter bridge，ferry bridge)是一种跨越河流的架空缆车，适于河流不宜摆渡、而建桥投资又较高的情况。

1.2.3 桥梁专业术语

1. 正桥与引桥

对规模较大的桥梁工程，通常包含正桥(main bridge)与引桥(approach)两部分。正桥指桥梁跨越主要障碍物(如通航河道)的结构部分，采用跨越能力本大的结构体系，需要深基础，是整个桥梁工程的重点。引桥指连接正桥和路的桥梁区段，其跨度一般较小，基础一般较浅。在正桥和引桥的分界处，有时还会设置桥头建筑(桥头堡)。

2. 跨度

跨度也叫跨径(span)，表示桥梁的跨越能力。多跨桥梁的最大跨度称为主跨(main span)。一般而言，跨度是表征桥梁技术水平的重要指标。桥跨结构相邻两支座间的距离称为计算跨径。桥梁结构的分析计算以计算跨径为准。对于梁式桥，设计洪水位线上相邻两桥墩(或桥台)间的水平净距称为桥梁的净跨径。各孔净跨径之和称为总跨径，它反映出桥位处泄洪能力的大小。

3. 标准跨径

公路梁桥两桥墩中线间距离或桥墩中线与台背前缘的间距，称为标准跨径(也称单孔跨径)。当跨径在 50 m 以下时，通常采用标准跨径(0.75～50 m，共 21 级，常采用 10 m、16 m、20 m、40 m 等)设计。对铁路梁桥，则以计算跨径作为标准跨径(4 ～ 168 m，共 18 级，常采用 20 m、24 m、32 m、48 m、64 m、96 m 等)设计。采用标准跨径设计，有利于桥梁制造和施工的机械化，也有利于桥梁养护维修和战备需要。

4. 桥梁全长

梁桥两桥台侧墙或八字墙尾端之间的距离，称为桥梁全长，标志桥梁的长度规模。两桥台台背前缘(铁路桥中指桥台挡砟前墙)之间的距离，称为多孔跨径总长(公路桥)或桥梁总长(铁路桥)。它仅作为划分特大桥、大桥、中桥、小桥和涵洞的一个指标。

5. 水位

水位指河流、湖泊等水体的自由水面距离某一基本水准面(简称基面)的高程，单位为米(m)。我国桥梁设计中通常采用的是黄海基面。经过长时期对桥位处水位(water level)的观测后，可得出该处的最高或最低水位。汛期内因降雨或融雪引起的河流急剧上升的水位，称为洪水位。能保持船舶正常航行时的最高和最低水位，称为通航水位。

6. 桥下净空高度

设计洪水位或设计通航水位对桥跨结构最下缘的高差，称为桥下净空(clearance under span)高度。桥下净空高度应大于通航及排洪要求所规定者。

7. 桥梁建筑高度与容许建筑高度

公路桥面(或铁路桥梁的轨底)至桥跨结构最下缘的垂直高度,称为桥梁建筑高度(construction height of bridge)。公路或铁路桥梁线路设计中所确定的桥面(或轨底)高程与通航及排洪要求所规定的净空高程之差,为容许建筑高度。显然,桥梁建筑高度不得大于容许建筑高度。

第 2 章　Dr. Bridge 软件基础介绍

Dr. Bridge(桥梁博士)软件是一款桥梁结构设计和效果分析软件,可为桥梁工程师提供技术支持。本章讲解使用桥梁博士软件的基础知识,包括软件功能概述、界面介绍、桥梁设计和效果分析等。帮助读者了解桥梁博士软件,学习使用软件完成桥梁结构设计和效果分析的技术。

2.1　软件概述

桥梁博士软件是上海同豪土木工程咨询有限公司针对桥梁结构设计与效果分析研发的一款桥梁设计类软件。本书主要依据同豪桥梁博士 V4.4.0 高校版设计编写。

桥梁博士软件的主要功能及特点包括以下方面:

(1)计算核心全面支持空间三维结构,支持七自由度梁单元。

(2)数据输入全部采用图形、表格交互,建模效率大幅度提升。

(3)创新使用“构件建模”法,更贴近工程实际,降低计算难度。

(4)支持桩基础作为子结构参与结构整体模型的联合分析;完成全桥从上部到下部以及基础的全过程一体化验算。

(5)支持抗震、几何非线性、边界非线性、屈曲稳定、特征值等高级力学分析功能。

(6)系统解决多项桥梁分析疑难问题,实现有效分布宽度、支点负弯矩削峰等内容的自动计算;支持 Hambly 梁格,折面梁格自动剖分;支持空间网格分析、无应力状态法、顶推法、挂篮模拟等功能。

(7)支持国内公路、城市、铁路、地铁等桥梁设计规范;内容涵盖混凝土、钢桥、组合梁等结构规范,以及抗震、抗风、斜拉桥、悬索桥等规范。

(8)支持桥梁结构抗倾覆稳定计算、结构支座脱空检查、结构撞击验算等功能。

(9)基于空间影响面理论,全面解决任意活载类型和各种组合的智能布载难题。

(10)支持计算书自动生成,计算结果输出符合桥梁专业习惯,图表清晰,数据丰富。

2.2　界面介绍

桥梁博士软件主要包括初始界面、工具栏、项目管理树、图形区、截面设计界面、命令行显示与编辑区。初始界面如图 2-1 所示。

打开桥梁博士软件,进入初始界面,“新特点”介绍本版软件较以往版本增加的特点,如计

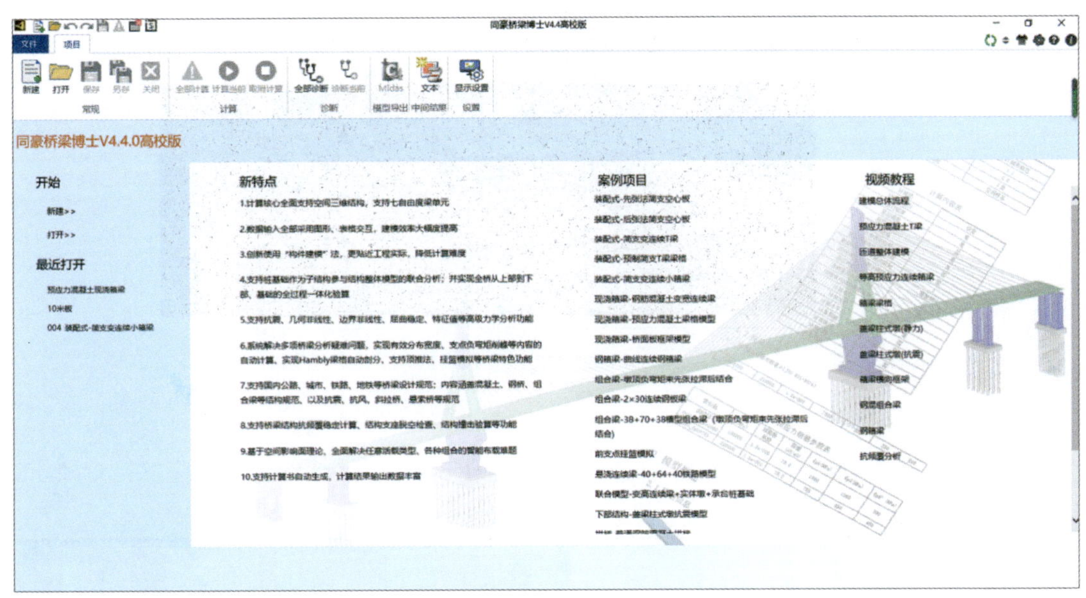

图 2-1　桥梁博士软件初始界面

算核心全面支持空间三维结构，支持七自由度梁单元等；“案例项目”是桥博士案例项目模型，如装配式-先张法简支空心板等；右侧内容是教学视频案例，如建模总体流程等。

当构建桥梁模型时，所需要的模型处置工具如图 2-2 所示。项目管理树与图形区如图 2-3 所示。单击项目管理树可修改构建模型阶段，图形区可直接修改当前阶段模型。

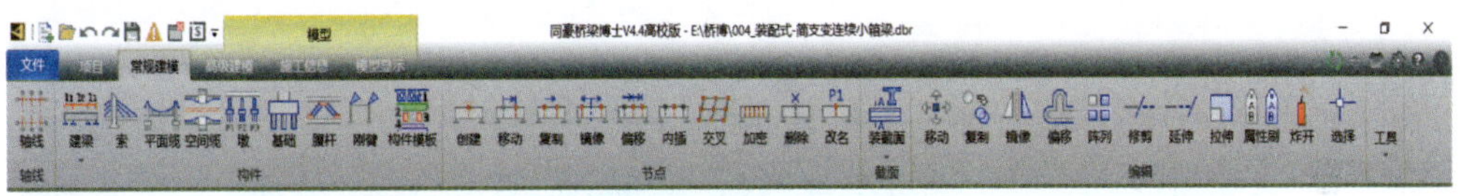

图 2-2　工具栏

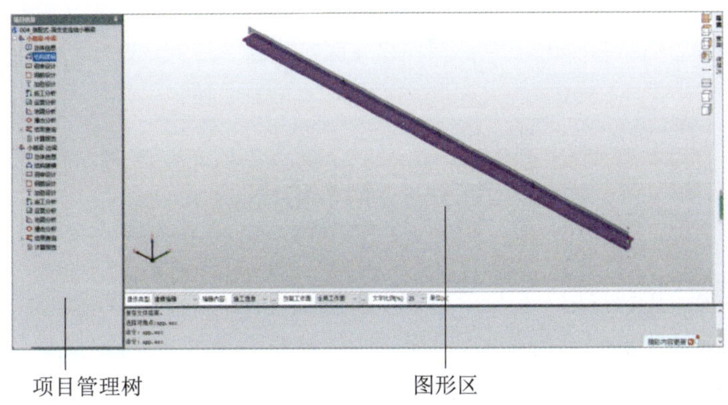

图 2-3　项目管理树和图形区

单击右侧“截面”按钮，可显示该模型的截面，同时可使用工具栏进行截面的修改与调整，截面设计如图 2-4 所示。

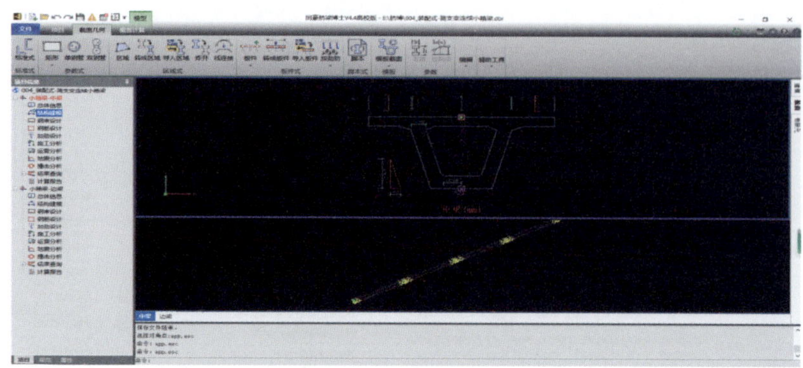

图 2-4 截面设计界面

与 CAD 软件类似，图 2-5 所示界面为命令输出窗口和命令行，可作出相应的指令要求。

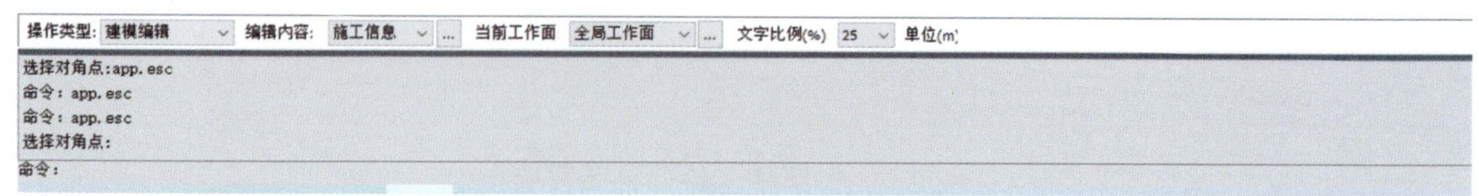

图 2-5 命令行显示与编辑区

当进行命令流建模时，以“三维建模”命令为例，建模数据如图 2-6 所示。“输入梁起点〈0，0，0〉”可自由编辑起点坐标，如“指定下一个点：0，0，3”，也可使用鼠标右击，即采用“〈0，0，0〉”内默认数据“0，0，0”，若无“〈 〉”使用鼠标右击，则采用系统默认名称或数据。

输入梁起点<0, 0, 0>:
指定下一个点:0, 0, 3
指定下一个点:
输入支座到梁端距离<0, 0>:
创建构件完成。

图 2-6 输入建模数据

2.3 总体信息

总体信息的基本功能包括以下几个方面：

（1）输入结构分析需要的常规信息、计算内容、计算设置和材料定义；

（2）输入基础设计需要的地质及钻孔信息；

（3）输入墩台纵向水平力分配需要的墩台信息。

1. 常规信息编辑区

常规信息包括选用的计算规范、结构重要性系数、环境相对湿度等，若不进行修改，则为系统默认选项，可能影响所验算模型的准确性。总体信息-常规信息编辑区如图 2-7 所示。

常规	
模型说明	
计算规范	2015公路规范
结构重要性系数	1.1
环境相对湿度	0.8
环境类别	II 类
模型类别	平面杆系

图 2-7　总体信息-常规信息编辑区

(1)计算规范:指定计算使用的规范;结构分析时,各组合系数采用的数据来源。

(2)结构重要性系数:对不同安全等级的结构,为使其具有规定的可靠度而采用的系数。程序默认对应的设计使用年限为 50 年,当需要进行更加严格的设计时,可以由用户自定义。

(3)环境相对湿度:采用数字输入桥梁环境的湿度信息,野外一般环境的相对湿度为 0.7。注意,软件中一般宜输入 0.8。环境相对湿度将影响桥梁的收缩、徐变计算结果。

(4)环境类别:分为四类,将影响混凝土保护层厚度及裂缝限值等。

(5)模型类别:定义结构有效自由度,包括平面杆系、空间杆系和自定义三种类型。

2. 计算内容信息编辑区

计算内容是指进行结构分析需要包含的计算项目,若不勾选则不会进行相应的计算(或无法实现某些功能)。总体信息-计算内容信息编辑区如图 2-8 所示。

(1)计算预应力:是否计算预应力的效应。

(2)计算活载:是否计算活载的效应。

(3)进行验算:取消勾选,系统只给出结构的内力和位移计算结果;勾选后给出结构应力计算结果,并按所选规范对结构承载力、应力、变形和裂缝进行验算。

(4)调束:勾选后可使用调束功能,未勾选则无法使用该功能。

(5)调索:勾选后可使用调索功能,未勾选则无法使用该功能。

计算内容	
计算预应力	☑
计算收缩	☐
计算徐变	☐
计算活载	☑
计算水平力	☐
计算稳定	☐
计算振动	☐
计算倾覆	☐
计算抗震	☐
进行验算	☑
调束	☐
调索	☐

图 2-8　总体信息-计算内容信息编辑区

3. 计算设置信息编辑区

总体信息-计算设置信息如图 2-9 所示。

(1)活载是否考虑非线性:不勾选,按照线性叠加原理叠加各项活荷载效应;勾选,按照线性叠加原理选择活载最不利位置,施加活载进行非线性分析,得出最不利活载效应。用于悬索桥、斜拉桥、拱桥等大跨度桥型。

(2)刚性单元刚度调整系数:结构离散成单元后,程序默认单元最小刚度的 105 倍作为刚性单元的刚度值。在某些情况下,此刚度赋值偏大,可能导致计算不收敛。为了使得计算收敛可以在此刚度基础上乘以刚性单元刚度调整系数。

计算设置	
计入安装初位移	☐
是否考虑负弯矩折减	☐
截面钢筋应力计算点限定	2
是否考虑几何非线性	☐
活载是否考虑非线性	☐
刚性单元刚度调整系数	1

图 2-9　总体信息-计算设置信息编辑区

4. 材料定义信息编辑区

总体信息-材料定义信息编辑区如图 2-10 所示,具体说明如下。

(1)材料类型:圬工、混凝土、钢筋、钢板、预应力(筋)、缆索、纤维复合材料和钢管混凝土 8 种材料类型。

(2)材料索引:规范中用到的同类型所有材料及其性质。

(3)说明:用户可对命名的材料进行说明、附注。

材料定义

编号	名称	材料类型	材料索引	说明
1	C50	混凝土	C50	
2	钢绞线	预应力	钢绞线d=15.2, fpk=1860	
3	三级钢筋	钢筋	HRB400	
4	钢绞线d=15.2, fpk=1860	预应力	钢绞线d=15.2, fpk=1860	

图 2-10　总体信息-材料定义信息编辑区

2.4　结构建模

通过单击窗口右侧的选项卡可切换建模、截面、有限元窗口,当前窗口选项卡文字会加粗显示,如图 2-11 所示。

(1)建模:主要用于桥梁结构建模,构件结构长度、跨径、节点位置等。跨径的单位为米(m)。

(2)截面:输入构件的截面几何信息、计算信息,以及为其他分析提供控制点。截面尺寸的单位为毫米(mm)。

(3)有限元:用于显示结构的有限元模型、属性等。

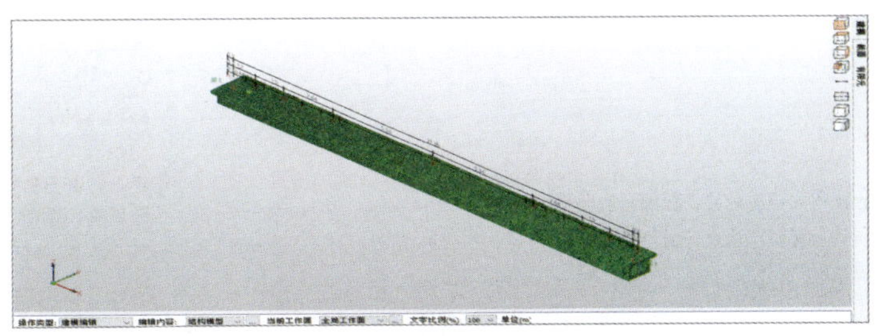

图 2-11　建模界面

2.5　钢束设计

钢束设计包括新建钢束、钢束汇总、调束和自动配束功能。

(1)新建钢束:使用导线点方式画一根纵向钢束。

钢束输入时,程序约定梁的起点 x 坐标值为 0,梁起点顶缘 y 坐标值为 0。所有钢束在输入坐标值时,以梁起点的顶缘为钢束坐标原点。

要对钢束进行编辑,需先激活钢束所在的视口(双击钢束视口名称),否则无法实现,在有多个钢束视口时尤其需要注意这点。

(2)钢束汇总:采用表格形式列出当前模型中所有钢束的基本信息,也可以在表格中对钢束进行批量编辑。

(3)调束:通过动态增减钢束束数、编束根数、调整钢束线型、钢束张拉控制应力等,实时同步查看钢束调整后,各项效应图的变化。

(4)自动配束:桥梁构件在结构建模阶段完成构件混凝土构造部分设计后,由计算机搜索可能的钢束设计方案(方案包括钢束规格和数量,竖弯及平弯控制点,钢束横向布置),找出同时满足设计规范验算条款以及钢束构造要求的方案子集,并对用户给定的优化目标进行方案优化,最终自动完成构件的钢束设计。

2.6　钢筋设计

钢筋设计窗口主要包括工具条(图 2-12 和图 2-13)、图形编辑区和人机交互区三部分。

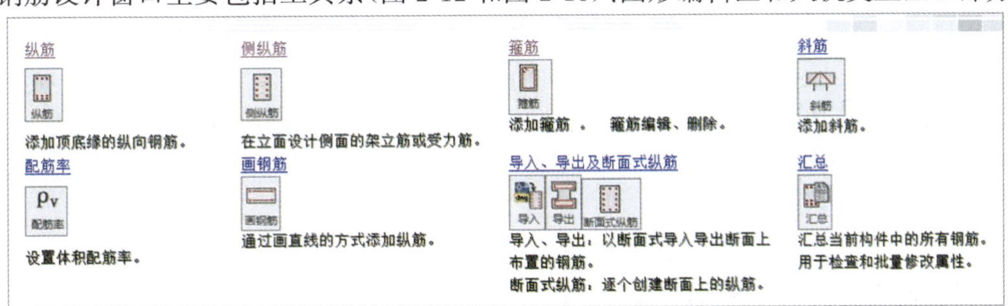

图 2-12　钢筋设计-工具条(一)

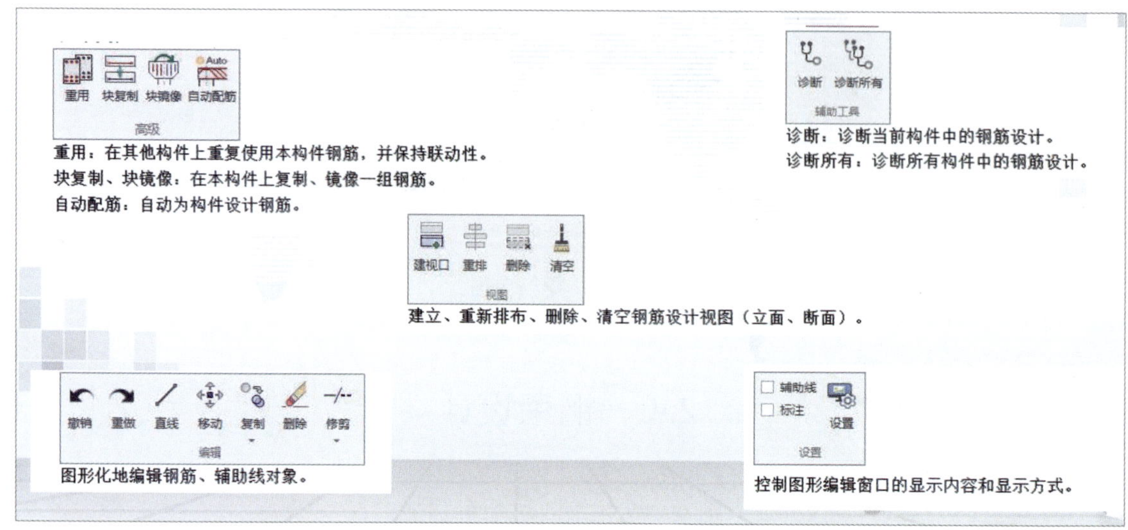

图 2-13 钢筋设计-工具条(二)

(1)工具条:提供钢筋的添加、辅助线编辑、视图控制、设置功能。

(2)图形编辑区:提供钢筋编辑、删除功能。

(3)人机交互区:用于输入操作命令,提示用户下一步操作的内容。

2.7 施工分析

施工分析界面包括工具条(施工阶段、施工显示、调索)、图形编辑区、中间条、信息表和人机交互区五个区域。其中图形编辑区又可以切换到调索、有限元窗口,具体功能如下。

(1)“施工阶段”工具条:切换施工阶段、安装构件、添加荷载和边界条件、脚本、诊断、显示模式和视图。

(2)“施工显示”工具条:设置在图形编辑区显示的内容和方式。

(3)“调索”工具条:导入/导出索力,调索查询相关的控制和显示控件。当图形编辑区切换到调索时,将显示此工具条。

(4)图形编辑区:用户可在此界面对施工分析构件、荷载、边界条件进行查看、编辑、删除操作。

(5)中间条:施工阶段快速切换和跳转,施工阶段信息复制、删除,文字比例,所需显示的荷载工况控制。

(6)信息表:用户通过表格输入施工分析所需的全部信息。

(7)人机交互区:用户输入操作命令后,系统提示用户下一步操作的内容。

无论使用图形化的操作还是直接修改属性,施工阶段的所有信息将分类归入到以下信息中。

(1)施工汇总:汇总所有施工阶段的主要信息。如各阶段的施工周期、安装/拆除单元数量、阶段升降温和均温、挂篮的操作方式、是否需要调束。

(2)总体信息:本阶段内的温度信息、是否需要调束。

(3)构件安装拆除:本阶段安装、拆除的施工段。

(4)钢束安装拆除:本阶段安装、拆除的预应力钢束。

(5)索力调整:本阶段内拉索索力的调整信息。

(6)支座:本阶段的一般支座或耦合支座条件。

(7)主从约束:在本阶段内容连接的主从约束。

2.8 运营分析

为桥梁模型添加运营阶段荷载,进行自振分析、屈曲分析以及并发反力计算和抗倾覆验算等。

1. 功能

运营分析界面包括顶部工具条(运营阶段、运营显示)、图形输出区、“快速切换”工具条、表格输入区和人机交互区五个区域。

(1)“运营阶段”工具条:添加常规荷载、活荷载、显示模式及视图方式等。

(2)“运营显示”工具条:总体、几何、结构、节点、荷载、活载及标注的显示控制。

(3)图形输出区:用户可在此界面对运营分析构件、荷载、边界条件进行查看、编辑、删除操作。

(4)“快速切换”工具条:运营阶段活载类型快速切换,显示内容及文字比例控制。

(5)表格输入区:用户通过表格方式输入运营分析所需的全部信息。

(6)人机交互区:用户输入操作命令后,系统提示用户下一步操作的内容。

2. 运营显示

运营分析-运营显示如图2-14所示。

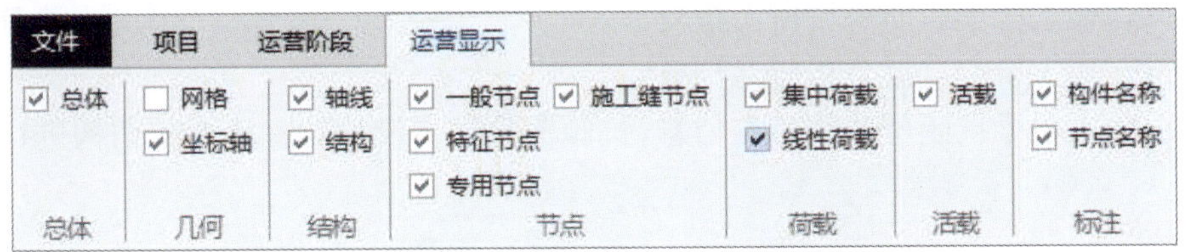

图2-14 运营分析-运营显示

总体:是否显示运营阶段总体信息。

几何:是否显示定位网格、坐标轴。

结构:是否显示结构模型、轴线。

节点:是否显示一般节点、特征节点、专用节点、施工缝节点。

荷载:是否显示集中荷载、线性荷载。

活载:是否显示活载。

标注:是否显示构件名称、节点名称。

3. 运营分析

运营分析如图2-15所示。

强迫位移								
编号	名称	支座	Dx(m)	Dy(m)	Dz(m)	Rx(度)	Ry(度)	Rz(度)
1	中支点沉降1cm	右2	0	0	-0.01	0	0	0
2	中支点沉降1cm	左2	0	0	-0.01	0	0	0
3	边支点沉降5mm	左1	0	0	-0.005	0	0	0
4	边支点沉降5mm	右1	0	0	-0.005	0	0	0
5								

总体信息　集中荷载　线性荷载　强迫位移　梯度温度　纵向加载　横向加载　影响面加载　并发反力　屈曲分析　自振分析　抗倾覆

图 2-15　运营分析

总体信息：输入运营阶段的基本信息，包括收缩徐变天数和升温温差、降温温差。

集中荷载：输入集中荷载的相关信息包括名称、类型、位置、方向、荷载值大小、坐标系等。

线性荷载：输入线性荷载的相关信息包括名称、类型、位置、方向、荷载值大小、坐标系、荷载参考线、换算系数等。

强迫位移：输入强迫位移的相关信息。

梯度温度：输入梯度温度的相关信息。

纵向加载：各种活载(汽车荷载、人群荷载、特载等)对桥梁结构的纵向影响线进行加载，求出沿纵桥向的内力、位移以及支反力等，适用于单梁的纵桥向加载。

横向加载：各种活载(汽车荷载、人群荷载、特载等)对桥梁结构的横向影响线进行加载，求出沿横桥向的内力、位移以及支反力等，适用于盖梁、横梁以及桥面板的横桥向加载。

影响面加载：各种活载(汽车荷载、人群荷载、特载等)对桥梁结构的影响面加载，求出沿纵、横向的内力、位移以及支反力等，主要适用于梁格模型的平面加载。

并发反力：输入并发反力计算所需信息，并发反力是指结构在同一工况作用下或同时发生的一组支座反力。

屈曲分析：输入桥梁屈曲分析所需信息。

自振分析：输入桥梁自振分析所需信息。

抗倾覆：输入桥梁抗倾覆验算所需信息，抗倾覆验算一般针对桥梁上部结构进行验算。

2.9　地震分析

地震分析模块可以在同一个模型文件中完成一座桥梁抗震设计所需的全部分析。在地震分析中可以建立多个阶段，例如 E1 地震、E2 地震(弹性验算)、E2 地震(弹塑性验算)及能力保护等，各阶段互不影响。在同一个阶段中，根据需求可同时进行反应谱分析、时程分析以及 pushover 分析等。

(1)反应谱分析

采用地震加速度反应谱作为地震输入来进行分析，即为反应谱分析。

(2)时程分析

采用地震加速度时程作为地震输入来进行分析，即为时程分析。由时程分析可得到各个质点随时间变化的位移、速度和加速度动力反应，进而计算构件内力和变形的时程变化。从选定合适的地震动输入(地震动加速度时程)出发,采用多自由度的结构有限元动力计算模型建立地震振动方程,然后采用直接积分法(或振型叠加法)对方程进行求解,计算地震过程中每一瞬时结构的位移、速度和加速度反应,从而分析出结构在地震作用下弹性和非弹性阶段的内力变化,以及构件逐步开裂、损坏直至倒塌的全过程。

(3)pushover 分析

考虑构件的材料非线性特点,分析构件进入弹塑性状态直至到达极限状态时结构响应的方法,是基于性能的耐震设计方法。

2.10　结果查询

结果查询界面分为工具栏、图形输出区、表格输出区、树形菜单、中间条、人机交互区。在程序界面上,可以通过效应图和表格的方式呈现模型信息、计算结果和验算结果。

当模型执行完计算且计算成功后,即可使用结果查询对计算、验算结果进行查看。首先使用树形菜单添加一个查询对象,查询对象的显示内容默认是在规范库内设置好的,一个查询对象包括若干个效应图和表格的输出。当打开一个查询对象时,将在图形输出区和表格输出区显示该对象的结果。

2.11　计算报告

当所有计算、验算结果满足工程要求后,可将其整理为计算报告,生成计算报告如图 2-16 所示。计算报告功能具有如下特点:

(1)计算报告生成后为 . docx 格式(Microsoft Word)。

(2)计算书中的章节、内容(图、表、规范引用、文字)和格式定义(文字大小、行距等),被称为计算书模板。生成计算书的过程,即按照模板格式进行“填数”的过程。

(3)对同一个构件,可以使用不同的计算书模板组合,生成一份合并的计算报告。

(4)对同一个模型,可以同时执行多个构件的计算报告,并进行 Word 文件合并。

序号	构件名	模板文件		用户变量设置		备注
1	梁1	000_封面. docx	编辑模板	Comb_01,01 基本组合:...	同步用户变量	
2	梁1	001_项目概述. docx	编辑模板	Comb_01,01 基本组合:...	同步用户变量	
3	梁1	002_模型概述. docx	编辑模板	Comb_01,01 基本组合:...	同步用户变量	
4	梁1	103b_A类预应力梁(2018公路规范). docx	编辑模板	Comb_01,01 基本组合:...	同步用户变量	
5			编辑模板		同步用户变量	

图 2-16　生成计算报告

构件名:下拉选择构件,可多选。

模板文件:下拉选择模板文件。

编辑模板:当模板文件不为空时,启动 Word 打开该模板文件进行编辑。

用户变量设置:用于替换计算报告中索引条件字符串为中文字符串。例如,在软件自带模板“103b_A 类预应力梁(2018 公路规范). docx”中,“Comb_01”为索引条件字符串,在用户变量设置中，若指定变量名“Comb_01”的值为“01_基本组合”，则在生成计算报告时，所有“Comb_01”将被替换成“Comb_01，1_基本组合”。变量名可以使用中文字符串，例如“强度验算用组合”。

同步用户变量：根据所选择的计算书模板中的变量名，来修改“用户变量设置”中的变量名。

备注：自定义需要备注的信息。

第3章　10 m 标准跨度现浇板桥

随着城市化进程不断加快，道路交通建设也日益重要。在桥梁设计领域，现浇板桥是一种常用的梁式桥型，其结构简单、施工方便、经济实用等特点得到桥梁设计师和建筑商的青睐。在现浇板桥的设计中，不仅需要了解桥梁结构与力学原理，还需要掌握相关软件的使用方法和设计要点。本章介绍现浇板桥的设计流程和手动验算内容，重点讲解 10 m 标准跨度的现浇板桥设计过程。

3.1　设计说明

3.1.1　设计规范

(1)《公路工程技术标准》(JTG B01—2014)。
(2)《公路桥涵设计通用规范》(JTG D60—2015)。
(3)《公路钢筋混凝土及预应力混凝土桥涵设计规范》(JTG 3362—2018)。
(4)《公路桥涵施工技术规范》(JTG/T 3650—2020)。
(5)《公路工程抗震规范》(JTG B02—2013)。
(6)《公路圬工桥涵设计规范》(JTG D61—2005)。
(7)《公路桥涵地基与基础设计规范》(JTG 3363—2019)。
(8)《公路交通安全设施设计细则》(JTG D81—2017)。
(9)《混凝土结构设计规范》(GB 50010—2010)。

3.1.2　设计标准

(1)地震作用：按地震动峰值加速度系数为 0.05g 进行设计，抗震设防烈度为Ⅶ度。
(2)设计安全等级：一级。
(3)设计速度：100 km/h。
(4)汽车荷载等级：公路—Ⅱ级。

3.1.3　技术参数

桥梁宽度：5.5 m；桥面坡度：2%；桥面坡度方向：横向；标准跨径：10 m；桥梁横断面：0.43 m×2+4.64 m=5.5 m；桥面铺装：7 cm 沥青混凝土；设计安全等级：一级；结构重要性系数：r=1.1；

环境类别：Ⅱ类。

3.1.4 工程地质条件

1. 岩土层分布与特征

勘察在深度范围内，地层主要由素填土(Q_4^{ml})，第四系全新统冲洪积(Q_4^{al+pl})卵石组成，下伏为太古界混合花岗岩(Ar)、花岗片麻岩(Gr)、灰岩(Pt)。

2. 地基土承载力

地基土承载力特征值及压缩模量推荐值见表 3-1。

表 3-1 地基土承载力特征值及压缩模量推荐值

地层编号及名称	承载力基本容许值 f_{ak}/kPa	压缩模量 E_s/MPa
②卵石	350	35
③强风化片麻岩	500	50
③$_{-1}$强风化花岗片麻岩	470	47
③$_{-2}$强风化混合花岗岩	500	50
③$_{-3}$强风化石灰岩	460	45
④中风化片麻岩	1 000	刚性地基
④$_{-1}$强风化花岗片麻岩	1 000	刚性地基
④$_{-2}$强风化混合花岗岩	1 000	刚性地基
④$_{-3}$强风化石灰岩	1 000	刚性地基

3. 防洪设计

桥跨为 10 m，桥与河道交角为 90°。本设计桥河底以下最大冲刷深度为 4.84 m，河底以下埋深 4.0 m，桥梁设计了 C25 片石混凝土河底铺砌，可有效防止河底冲刷对桥梁的破坏，满足要求。

3.1.5 主要材料

1. 混凝土

混凝土材料的选用见表 3-2。

表 3-2 混凝土材料

结构名称	混凝土材料	结构名称	混凝土材料
现浇板	C40 混凝土	翼墙基、河道挡墙	M7.5 浆砌片石
墩台帽	C35 混凝土	勾缝、抹面	M10 水泥砂浆
墩柱	C35 混凝土	引道混凝土路面	C35 混凝土
系梁	C30 混凝土	基层	天然级配砂砾
桩基	C30 水下混凝土	桥背回填上部	2 m 厚水稳砂砾
翼墙身	M10 浆砌块石	—	—

本设计采用 C30 混凝土和 C40 混凝土，技术指标见表 3-3。

表 3-3　混凝土技术指标

强度等级	f_{ck}/MPa	f_{tk}/MPa	f_{cd}/MPa	f_{td}/MPa	E_c/MPa
C30	20.1	2.01	13.8	1.39	3.0×10^4
C40	26.8	2.40	18.4	1.65	3.25×10^4

2. 钢筋

普通钢筋采用HPB300和HRB400钢筋，钢筋应符合《钢筋混凝土用钢　第1部分：热轧光圆钢筋》(GB/T 1499.1—2017)和《钢筋混凝土用钢　第2部分：热轧带肋钢筋》(GB/T 1499.2—2018)的规定。钢板采用技术性能符合《热轧钢板和钢带的尺寸、外形、重量及允许偏差》(GB/T 709—2019)标准的Q235钢板。

钢筋加工、焊接和安装的质量标准均按《公路桥涵施工技术规范》(JTG/T 3650—2020)有关条文执行。

本设计采用HPB300钢筋和HRB400钢筋，技术指标见表3-4。

表 3-4　钢筋技术指标

钢筋种类	抗拉强度设计值 f_{sd}/MPa	抗压强度设计值 f'_{sd}/MPa	抗拉强度标准值 f_{sk}/MPa
HPB300	250	250	300
HRB400	330	330	400

3. 其他钢材

(1)钢板：钢板应采用《碳素结构钢》(GB/T 700—2006)规定的Q235B钢板。

(2)钢管：超声波检测用钢管，要求采用热扎无缝钢管，满足《结构用无缝钢管》(GB/T 8162—2018)标准要求。

4. 橡胶垫板

桥梁支座橡胶垫板性能应符合《公路桥梁板式橡胶支座》(JT/T 4—2019)的规定。

3.2　实例建模

打开桥梁博士软件，单击“新建”按钮，弹出“新建项目”对话框。项目名称填写“现浇板桥”，指定项目保存路径，其余为默认值。单击“确定”按钮，即可创建一个现浇板桥项目，如图3-1所示。

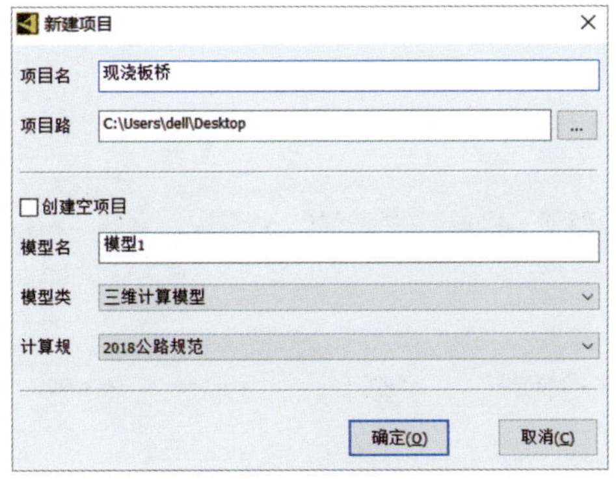

图 3-1　新建项目

3.2.1 总体信息

总体信息部分定义了“现浇板桥” 项目的基本信息和地质参数。在项目管理树上双击“总体信息”,默认进入总体信息的“基本”进行设置。

1. 基本信息

基本信息包括常规信息、计算内容和材料定义。首先设置常规信息,计算规范选取“2018 公路规范”,环境类别选取“Ⅰ类”,模型类别选取“空间杆系”。然后选择本次需要计算的内容,包括计算收缩、计算徐变、计算活载和进行验算,如图 3-2 所示。

常规	
模型说明	
计算规范	2018公路规范
结构重要性系数	1
环境相对湿度	0.8
环境类别	Ⅰ类
模型类别	空间杆系
计算内容	
计算预应力	☐
计算收缩	☑
计算徐变	☑
计算活载	☑
活载布置	☐
计算柔性墩台水平力分配	☐
计算屈曲	☐
自振分析	☐
计算倾覆	☐
计算抗震	☐
进行验算	☑
调束	☐
调索	☐

图 3-2 总体信息编辑

向下滑动页面,进入“材料定义”编辑界面,如图 3-3 所示。若需新增行命令,按下【Ctrl+Enter】组合键增加;对不需要的项目,右击“删除行”可进行删除。

材料定义

编号	名称	材料类型	材料索引	收缩调整系数	徐变调整系数	粉煤灰掺量(%)	说明
1	C40	混凝土	C40	1	1	0	
2	HRB400	钢筋	HRB400				
3							

图 3-3 材料定义

2. 地质参数

单击“地质”,可进入地质参数的设置,如图 3-4 所示。

土层

编号	索引名称	重度 (kN/m^3)	是否透水	压缩模量 (MPa)	m/m0 (kN/m^4)	土内摩擦角 (度)	侧摩阻 (kPa)	承载力 基本容许值(kPa)	宽度 修正系数	深度 修正系数	承载力 容许值上限(kPa)	基底摩擦系数	颜色
1													■黑
2													■黑
3													■黑

岩层

编号	索引名称	承载力 基本容许值(kPa)	饱和单轴抗压强度 标准值(MPa)	地基抗力系数 (kN/m^3)	端阻发挥系数	侧阻发挥系数	是否为较完整岩石	基底摩擦系数	颜色
1							☐		■黑
2							☐		■黑
3							☐		■黑

图 3-4 地质参数编辑

本设计建模只建立桥梁上部结构，故不进行“钻孔”“墩台”“地质”参数设置。

3.2.2　结构建模

1. 修改截面名称

在项目管理树上双击“结构建模”，在图形区右击“截面”，进入截面定义窗口。在截面名称处单击鼠标右键，选择“修改截面名称”，如图 3-5 所示，将默认截面的截面名称修改为“板桥截面”。

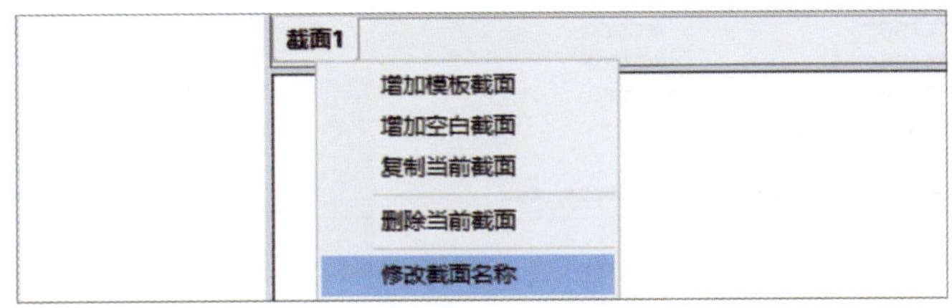

图 3-5　修改截面名称

2. 截面设计

单击矩形，创建矩形截面。双击截面尺寸进行截面尺寸修正，长度设置为“5 500”，宽度设置为“500”，单位为毫米（mm）①。

添加水平标注与竖直标注，名称分别设置为 B1、B2、H、h1、h2。板桥截面标注如图 3-6 所示。

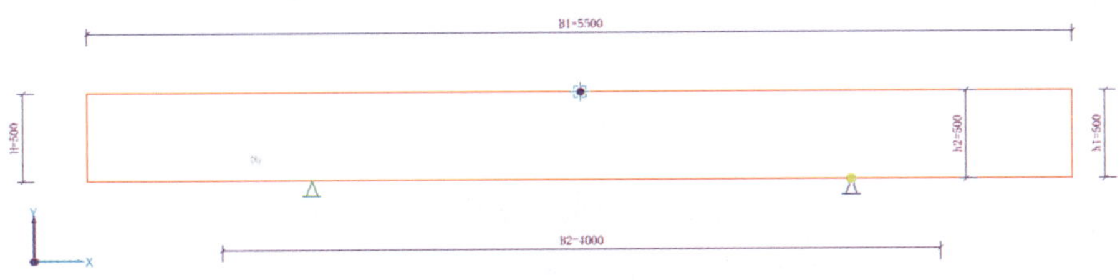

图 3-6　板桥截面标注

设置支座位，单击“截面计算”→“支座位”，设置在矩形底部，调整支座位属性，支座位属性如图 3-7 所示。

支座位置点	
支座位名称	支座位1
X	-1500
Y	-H

支座位置点	
支座位名称	支座位2
X	1500
Y	-H

图 3-7　支座位属性

3. 截面定义

截面定义的方法包括直接绘制、CAD 导入、脚本形式输入等。单击“截面计算”→“截面定义”，将“构件轴线竖向位置”修改为“顶缘”，“构件轴线水平位置”修改为“中点”，如图 3-8 所示。

① 桥梁博士设计软件在截面窗口的默认单位为毫米（mm）。

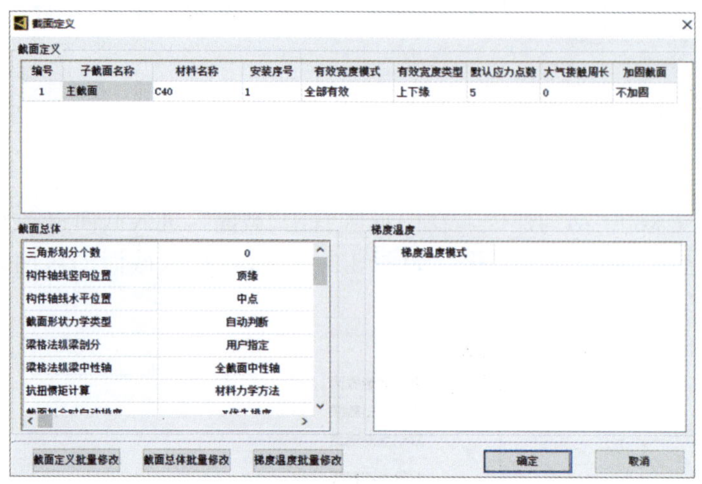

图 3-8　截面定义

4. 创建现浇板桥轴线

单击右侧“建模”标签,进行现浇板桥的建模界面。单击“常规建模”→“建梁”→“三维建梁”,按命令行提示输入数据,完成构件的创建。命令行如下:

```
输入梁起点<0,0,0>:0,0,0
指定下一个点:10,0,0
指定下一个点:
输入支座到梁端距离<0,0>:
```

5. 定义现浇板属性

单击板桥轴线,进行属性编辑,如图 3-9 所示。

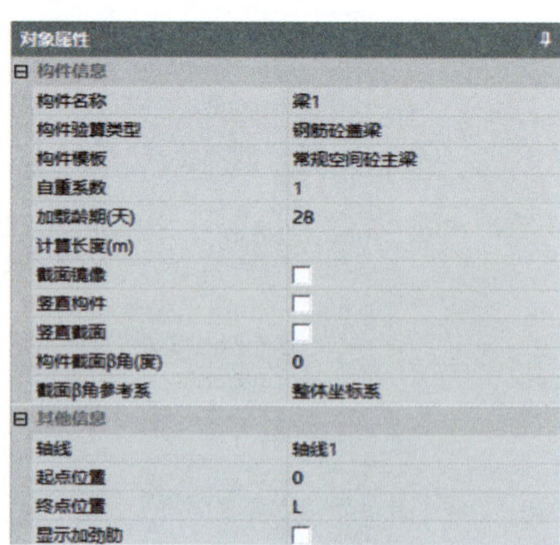

图 3-9　现浇板属性

6. 加载截面

双击板桥轴线,弹出“构件节点属性汇总”,1 号节点截面加载板桥截面,生成板桥模型,结构建模完成。板桥模型如图 3-10 所示。

图 3-10　板桥模型

3.2.3　钢筋设计

1. 建立主梁钢筋

在项目管理树上双击“钢筋设计”，单击“常规”→“纵筋”，按如下命令行提示输入数据：

```
指定偏移距离:50,-50
指定左右端距:0,0
```

单击“常规”→“箍筋”，依次单击生成纵筋左、右、上、下设置各箍筋。

右击完成，得到主梁钢筋图，如图 3-11 所示。

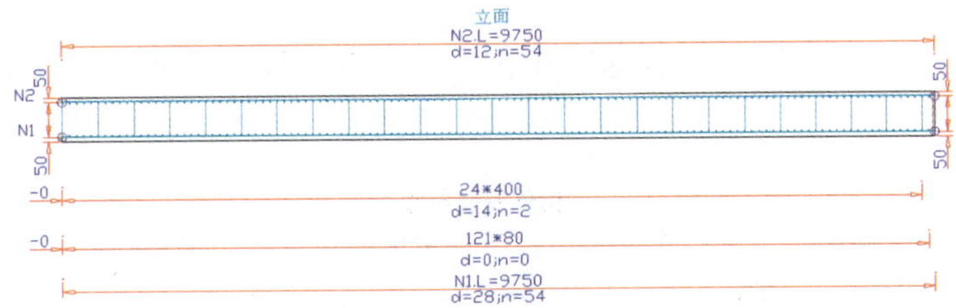

图 3-11　主梁钢筋图

2. 修改钢筋参数

双击钢筋，进入钢筋编辑界面，进行钢筋参数的设置，将直径修改为“28”，钢种选择“HRB400 钢筋(高)”，如图 3-12 所示。

钢筋编辑

名称 N1　钢种 HRB400

直径(mm) 28　并置根数 1

受力方向 My和Nz方向　□是否为骨架

图形布置参数

□是否图形布置　□按间距布置　布置间距(mm) 0

布置根数 4

几何特征

编号	X参考线	X坐标(mm)	Y参考线	Y坐标(mm)	是否参考模式
1	左端线	0	底缘线	50	☑
2	右端线	0	底缘线	50	□

横桥向布置

编号	参考线名称	距离(mm)
1	中线	54*0

图 3-12　钢筋参数设置

此时，钢筋设计完成。

3.2.4 施工分析

施工阶段的基本步骤包括一次安装和收缩徐变两方面。一次安装是指一次安装所有构件及钢束，收缩徐变是指考虑 10 年(约 3 650 天)的混凝土收缩徐变工作。在项目管理树上双击“施工分析”，进入施工分析界面。

1. 定义第一个施工阶段

(1)将“当前阶段”名称修改为“现浇阶段”，单击“总体信息”，设定施工持续天数为 30 天，如图 3-13 所示。

基本	
阶段信息	第 1 阶段，共 1 阶段
阶段备忘	
温度	
施工持续天数(天)	30
阶段升温(℃)	0
阶段降温(℃)	0
平均温度(℃)	20

图 3-13 总体信息

(2)构件安装。单击“构件安装拆除”，单击“安装构件”，全选所有构件进行安装。构件安装如图 3-14 所示。

构件安装拆除			
编号	操作	构件	施工段
1	安装	梁1	S0
2			

图 3-14 构件安装

(3)定义边界条件。单击“支座”→“铰接支座”，按如下命令行提示操作：

指定名称：右击默认
指定节点：选择梁左端 L 节点
指定支座位置[质心(1)/对齐点(2)]<1>：右击默认

同时，在梁右端建立铰接支座，支座布置信息如图 3-15 所示。

支座						
编号	名称	节点	支座位置	支座类型	一般支座	耦合弹性支座
1	板1.1	0|板1|1|0	支座位1	一般支座	1|双向|0|0|1|双...	
2	板1.2	0|板1|1|0	支座位2	一般支座	1|双向|0|0|1|双...	

图 3-15 支座布置信息

现浇阶段如图 3-16 所示。

此时，第一个施工阶段“现浇阶段”定义完成。

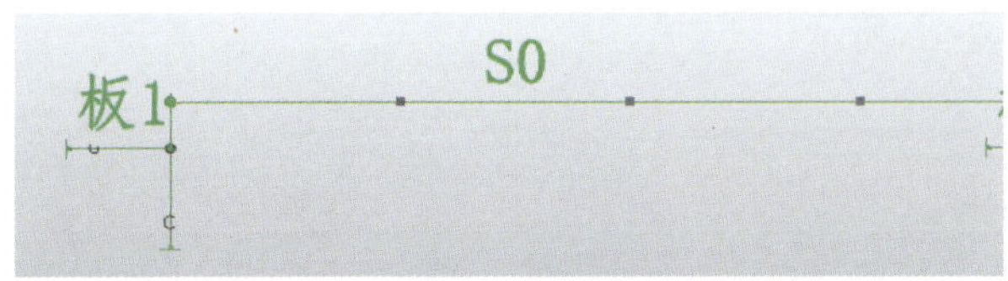

图 3-16　现浇阶段

2. 定义第二个施工阶段

(1)单击“新增施工阶段”,将“当前阶段”名称修改为“铺装阶段”,单击“总体信息”,设定施工天数为 7 天,铺装阶段信息如图 3-17 所示。

基本	
阶段信息	第 2 阶段,共 2 阶段
阶段备忘	
温度	
施工持续天数(天)	7
阶段升温(℃)	0
阶段降温(℃)	0
平均温度(℃)	20

图 3-17　铺装阶段

(2)添加线性荷载。设置起点与终点位置,起点荷载与终点荷载大小输入－7.28。线性荷载参数如图 3-18 所示。

线性荷载								
编号	名称	类型	方向	起点位置	起点荷载 (kN/m, kN*m/m)	终点位置	终点荷载 (kN/m, kN*m/m)	坐标系
1	铺装和栏杆	结构重力及附...	Fz	1|板1|L|||	-7.28	1|板1|R|||	-7.28	构件局部坐标系
2	铺装和栏杆	结构重力及附...	Fz	0|板1|2|||	-7.28	1|板2|R|||	-7.28	构件局部坐标系

图 3-18　线性荷载参数

第二个施工阶段铺装阶段定义完成。

此时,施工分析设置完成。

3.2.5　运营分析

运营分析的基本内容如下:

(1)整体温度:考虑±20 ℃;

(2)汽车制动力:依据《公路桥涵设计通用规范》(JTG D60—2015);

(3)汽车离心力:依据《公路桥涵设计通用规范》(JTG D60—2015);

(4)强迫位移:考虑不均匀沉降－0.005 m;

(5)梯度温度:依据《公路桥涵设计通用规范》(JTG D60—2015);

(6)车道荷载:依据《公路桥涵设计通用规范》(JTG D60—2015),其中横向分布系数取 4.6,正弯矩冲击系数取 0.137 8,负弯矩冲击系数取 0.235 4;

(7)疲劳荷载:依据《公路桥涵设计通用规范》(JTG D60—2015),其中横向分布系数取 4.6,正弯矩冲击系数取 0.137 8,负弯矩冲击系数取 0.235 4。

1. 定义整体温度

在项目管理树上双击“运营分析”,进入运营分析界面。单击“总体信息”,升温温差和降温温差均考虑 20 ℃，如图 3-19 所示。

总体信息	
收缩徐变天数(天)	0
升温温差(℃)	20
降温温差(℃)	20

图 3-19　整体温度定义

2. 设置梯度温度

单击“常规荷载”→“梯度温度”，按如下命令行提示操作：

```
指定名称:(梯度温升)
选择目标构件(右键结束选择):(全选构件)
```

单击“梯度温度”，修改“梯度温升”的温度模式，选择“温度模式”为“公路 15 混凝土桥升温模式”。参照此操作定义“梯度温降”，如图 3-20 所示。

显示工况: 汽车制动力　文字比例(%): 100　单位(m)

梯度温度			
编号	名称	构件	温度模式
1	梯度温升	梁1	公路15混凝土桥升温模式
2	梯度温降	梁1	公路15混凝土桥降温模式
3			

图 3-20　梯度温度定义

3. 定义车道荷载

单击“纵向加载”，按如下命令行提示操作：

```
选择桥面单元(右键结束):(全选构件)
指定名称＜默认＞:CD
```

输入纵向加载参数，如图 3-21 所示，单击“确定”按钮，显示运营分析影响。运营分析如图 3-22所示。

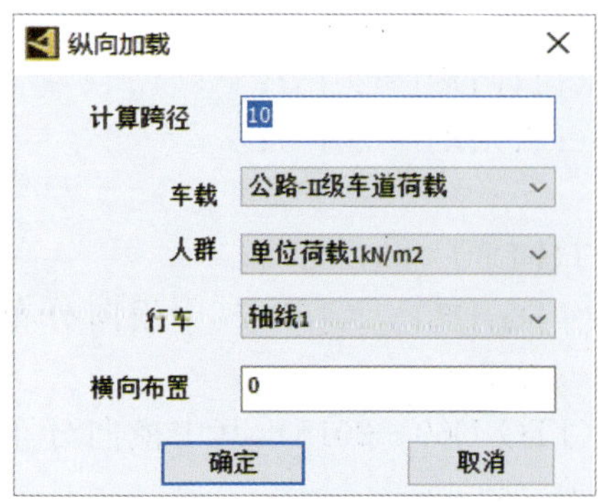

图 3-21　车道荷载参数输入

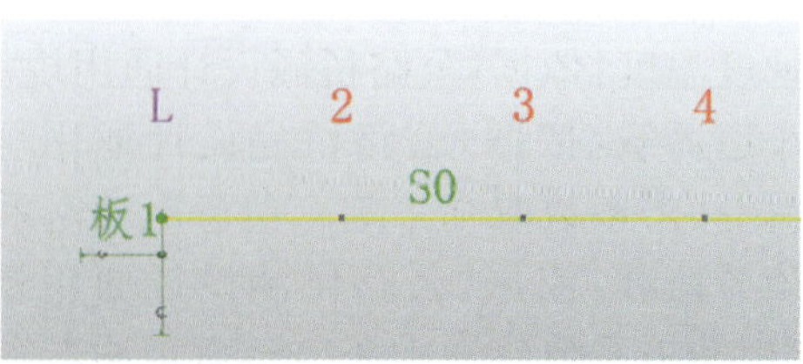

图 3-22　运营分析

此时,运营分析设置完成。

3.2.6　执行计算

(1)在菜单栏选择“项目”→“全部诊断”,程序将对全部前处理的内容进行检查。

(2)在菜单栏选择“项目”→“计算当前”,程序将对当前模型执行计算操作。

3.2.7　后处理查看

(1)选择项目管理树里的“结果查询”→“新文件夹”,在弹出的“新建查询文件夹”中填写“01 总体信息”,如图 3-23 所示。

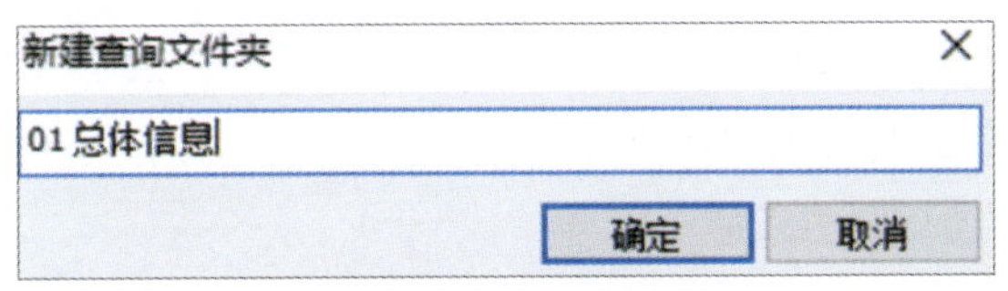

图 3-23　结果查询

(2)右击新建的文件夹,在快捷菜单中选择“新建查询”,在弹出的“新建查询” 对话框中填写名称,并选择所需的“工况”和“内容”。单击“确定”按钮,生成查询结果。

(3)查看结果。双击查询项,程序默认以图形和表格并存的方式显示计算结果。

3.3　手动验算

3.3.1　截面尺寸拟定及构造布置

桥梁宽度 5.5 m,采用整体式混凝土板,行车道板厚 0.5 m,符合规范要求。桥梁平面图及横断面图布置图如图 3-24 和图 3-25 所示。

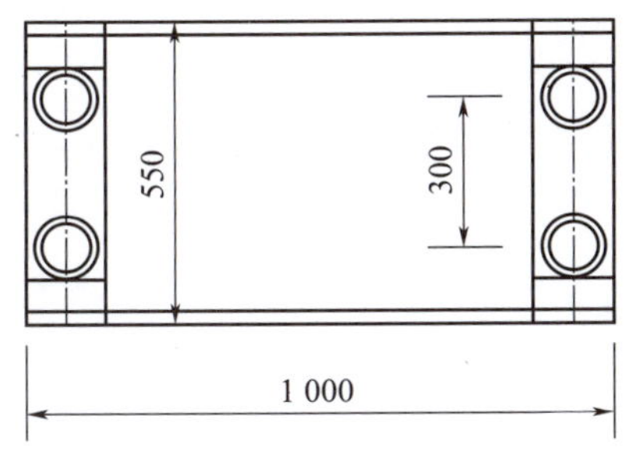

图 3-24　桥梁平面(单位:cm)

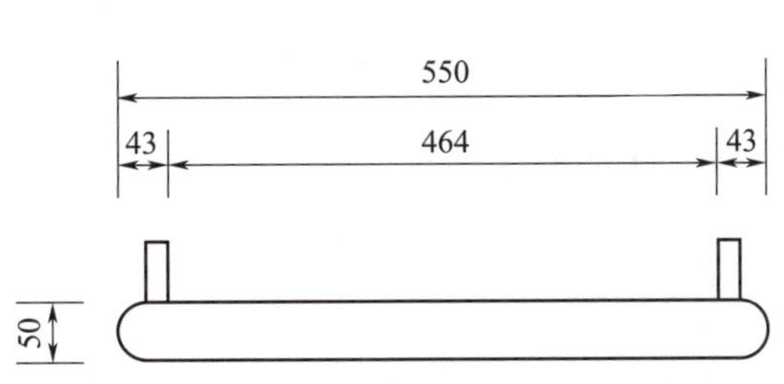

图 3-25　桥梁横断面(单位:cm)

3.3.2 内力计算

3.3.2.1 永久作用效应计算

1. 板恒载集度

板恒载集度的表达式为

$$q=A_h\gamma$$

式中 A_h——截面面积，m^2；

γ——混凝土容重，kN/m^3，板所用混凝土容重为 25 kN/m^3。

板恒载集度的计算式为

$$q_1=A_h\gamma=0.5\times5.5\times25=68.75\ kN/m$$

2. 桥面铺装及防撞护栏容重

防撞护栏采用C30混凝土，高度50 cm，采用7 cm的沥青混凝土对桥面进行铺装。防撞护栏混凝土容重为25 kN/m^3，沥青混凝土容重为23 kN/m^3。

桥面铺装及防撞护栏恒载集度为

$$q_2=0.43\times0.5\times0.5\times25+4.64\times0.07\times23=10.158\ kN/m$$

3. 永久作用集度

永久作用集度为

$$q=q_1+q_2=68.75+10.158=78.908\ kN/m$$

4. 永久作用效应

均布荷载作用下，弯矩的表达式为

$$M=\frac{1}{8}ql^2$$

剪力的表达式为

$$Q=\frac{1}{2}ql$$

式中 q——恒载集度，kN/m；

l——杆件有效长度，m。

跨中弯矩：

$$M_{\frac{1}{2},q}=\frac{1}{8}\times78.908\times10^2=986.35\ kN\cdot m$$

支点剪力：

$$Q_{0,q}=\frac{1}{2}\times78.908\times10=394.54\ kN$$

恒载内力计算见表3-5。

表3-5 恒载内力计算

恒载种类	$q/(kN\cdot m^{-1})$	l/m	跨中$M_{\frac{1}{2},q}/(kN\cdot m)$	支点$Q_{0,q}$/kN
一期恒载	68.75	10	859.375	343.75
二期恒载	10.158	10	126.975	50.79
恒载合计	78.908	10	986.35	394.54

3.3.2.2　可变作用效应

1. 汽车荷载的冲击系数

(1)截面惯性矩

$$I_c=\frac{1}{12}bh^3=\frac{1}{12}\times5.5\times0.5^3=0.057\ 291\ 67\ \text{m}^4$$

式中　b——矩形宽度,m;

h——矩形板高度,m。

(2)板的延米质量

$$m_c=\frac{G}{g}=\frac{68.75\times10^3}{9.8}=7\ 015\ \text{kg/m}$$

式中　G——恒载集度,kN/m;

g——重力加速度,m/s^2。

(3)结构基频计算

简支梁桥结构基频:

$$f=\frac{\pi}{2l^2}\sqrt{\frac{EI_c}{m_c}}=0.015\ 7\times513.09=8.06\ \text{Hz}$$

式中　E——结构材料的弹性模量,N/m^2;

l——结构的计算跨径,m;

m_c——结构跨中处的单位长度质量,kg/m。

根据《公路桥涵设计通用规范》(JTG D60—2015),$1.5\ \text{Hz}\leqslant f<14\ \text{Hz}$,故汽车冲击系数 $\mu=0.35$,车道折减系数 $\xi=1$。

2. 汽车荷载效应计算

(1)车道荷载

均布荷载:

$$q_k=0.75\times10.5=7.875\ \text{kN/m}$$

计算弯矩时:

$$P_{k1}=0.75\times[2\times(10+130)]=210\ \text{kN}$$

计算剪力时:

$$P_{k2}=210\times1.2=252\ \text{kN}$$

(2)可变荷载

$$S=(1+\mu)\cdot\xi\cdot\sum m_i\cdot P_i\cdot y_i$$

式中　S——所求截面的弯矩或剪力;

μ——汽车荷载冲击系数;

ξ——汽车荷载这间系数,本桥为双车道,$\xi=1$;

m_i——沿桥跨纵向与荷载位置对应的横向分布系数,整体现浇板 $m_i=1$;

P_i——车辆荷载的轴重或车道荷载;

y_i——沿桥跨纵向与荷载位置对应的内力影响线坐标值。

①跨中截面

跨中弯矩：

$$M_{\frac{1}{2},g}=(1+\mu)\cdot\xi\cdot\sum m_i\cdot P_i\cdot y_i$$
$$=(1+0.35)\times1\times(210\times2.5+7.875\times12.5)$$
$$=841.64\ \text{kN}\cdot\text{m}$$

跨中剪力：

$$Q_{\frac{1}{2},g}=(1+\mu)\cdot\xi\cdot\sum m_i\cdot P_i\cdot y_i$$
$$=(1+0.35)\times1\times252\times\frac{1}{2}$$
$$=170.1\ \text{kN}$$

②支点处

支点剪力：

$$Q_{0,g}=(1+\mu)\cdot\xi\cdot\sum m_i\cdot P_i\cdot y_i$$
$$=(1+0.35)\times1\times(252\times1+7.875\times5)$$
$$=393.356\ \text{kN}$$

3. 作用效应组合

(1)承载能力极限状态作用效应组合

基本组合：

$$M_{\frac{1}{2},ud}=1.2M_{\frac{1}{2},q}+1.4\times(1+\mu)M_{\frac{1}{2},g}$$
$$=1\ 183.62+1\ 590.7$$
$$=2\ 774.32\ \text{kN}\cdot\text{m}$$

$$Q_{0,ud}=1.2Q_{0,q}+1.4\times(1+\mu)Q_{0,g}$$
$$=473.448+743.443$$
$$=1\ 216.891\ \text{kN}$$

(2)正常使用极限状态作用效应组合

短期效应组合：

$$M_{\frac{1}{2},sd}=M_{\frac{1}{2},q}+0.7\times M_{\frac{1}{2},g}$$
$$=986.35+0.7\times841.64$$
$$=1\ 575.498\ \text{kN}\cdot\text{m}$$

$$Q_{0,sd}=Q_{0,q}+0.7\times Q_{0,g}$$
$$=394.54+0.7\times393.356$$
$$=669.889\ \text{kN}$$

长期效应组合：

$$M_{\frac{1}{2},ld}=M_{\frac{1}{2},q}+0.4\times M_{\frac{1}{2},g}$$
$$=986.35+0.4\times841.64$$
$$=1\ 323.006\ \text{kN}\cdot\text{m}$$

$$Q_{0,ld}=Q_{0,q}+0.4\times Q_{0,g}$$
$$=394.54+0.4\times393.356$$
$$=551.882\ \text{kN}$$

3.3.3　截面设计与验算

3.3.3.1　持久状况承载能力极限状态设计

1. 截面设计

(1)截面有效高度

本设计桥为Ⅱ类环境条件，受拉钢筋合力点到受拉区边缘的距离 $a_s=25$ mm，则截面有效高度为

$$h_0=h-a_s=500-25=475 \text{ mm}$$

(2)受压区高度

$$x=h_0-\sqrt{{h_0}^2-\frac{\gamma_0 M_u}{f_{cd}b}}$$

式中　γ_0——结构重要性系数，$\gamma_0=1.1$；

M_u——混凝土最大受压弯矩值，kN·m，取为 18.4 kN·m；

f_{cd}——混凝土抗压强度设计值，N/mm²；

b——截面宽度，m。

$$\text{受压区高度 } x=h_0-\sqrt{h_0^2-\frac{2\gamma_0 M_{\frac{1}{2},ud}}{f_{cd}b}}$$

$$=475-\sqrt{475^2-\frac{2\times 1.1\times 2\ 774.32\times 10^6}{18.4\times 5\ 500}}$$

$$=68.412 \text{ mm}$$

(3)钢筋面积

$$A_s=\frac{f_{cd}bx}{f_{sd}}$$

$$=\frac{18.4\times 5\ 500\times 68.412}{330}$$

$$=20\ 979.68 \text{ mm}^2$$

式中　f_{sd}——混凝土抗拉强度设计值，N/mm²，取为 330 N/mm²。

(4)选择并配置钢筋

选用 HRB400 钢筋，直径 $d=18$ mm，外径 $d'=20.7$ mm；钢筋间距选用 100 mm；混凝土保护层厚度为 C，取 $C=30$ mm；$\rho_{min}=0.2\%$。

$$a_s'=C+\frac{d'}{2}=40.35 \text{ mm}$$

取$a_s'=45$ mm，则

$$h_0'=h-a_s'=500-45=455 \text{ mm}$$

则配筋率 $\rho=\frac{2A_s}{b'h_0'}=\frac{4\ 196}{1\ 000\times 455}=0.92\%$，满足要求。

3.3.3.2 截面复核

1. 实际受压区高度

选用 HRB400 钢筋，界限受压区高度 $\xi_b=0.518$。

$$x=\frac{f_{sd}A_s}{f_{cd}b'}=\frac{330\times 4\ 196}{18.4\times 1\ 000}=75.254\ \text{mm}<\xi_b h_0'=0.518\times 455=235.69\ \text{mm}$$

未发生超筋破坏。

2. 极限弯矩

$$M_u=f_{cd}bx\left(h_0'-\frac{x}{2}\right)=18.4\times 5.5\times 75.254\times 10^{-3}\times\left(455-\frac{68.412}{2}\right)$$
$$=3\ 204.642\ \text{kN}\cdot\text{m}>\gamma_0 M_{\mu d}=1.0\times 2\ 774.32=2\ 774.32\ \text{kN}\cdot\text{m}$$

满足承载力要求。

3.3.3.3 钢筋布置的构造要求

钢筋截面积为 20 979.68 $\text{mm}^2\times(1+15\%)=24\ 126.632\ \text{mm}^2$，实际钢筋面积为 24 408 mm^2 与 24 126 mm^2，两者差值在 5%以内，满足要求。

3.3.3.4 持久状况正常使用极限状态设计

1. 裂缝宽度验算

本桥为板式受弯构件，HRB400 钢筋作为主筋，长期影响系数为

$$C_1=1.0$$

$$C_2=1+0.5\times\frac{M_{\frac{1}{2},sd}}{M_{\frac{1}{2},ld}}=1+0.5\times\frac{1\ 575.498}{1\ 323.006}=1.19$$

$$C_3=1.15$$

本桥截面无受拉翼缘，翼缘距离 $h_f=0$，纵向受拉钢筋配筋率为

$$\rho=\frac{A_s}{b'h_0'+(b_f-b)h_f}=\frac{4\ 196}{1\ 000\times 455}=0.922\%>0.2\%$$

取 $\rho=0.922\%$。

短期效应组合下的纵向受拉钢筋在开裂截面处的应力值为

$$\sigma_{ss}=\frac{M_{sd}}{0.87A_s h_0'}$$

式中 σ_{ss}——钢筋应力，kN；

M_{sd}——按作用或荷载短期效应组合计算的弯矩值，kN · m。

$$\sigma_{ss}=\frac{M_{sd}}{0.87A_s h_0'}=\frac{1\ 575.498\times 10^6}{0.87\times 20\ 979.68\times 455}=187.709\ \text{MPa}$$

本桥截面纵向受拉钢筋均为同一直径，纵向受拉钢筋的直径 $d=18$ mm。

最大裂缝宽度计算公式为

$$W=C_1C_2C_3\frac{\sigma_{ss}}{E_s}\left(\frac{30+d}{0.28+10\rho}\right)$$

式中 E_s——混凝土弹性模量，N/mm²。

$$W=C_1C_2C_3\frac{\sigma_{ss}}{E_s}\left(\frac{30+d}{0.28+10\rho}\right)$$
$$=1.0\times 1.19\times 1.15\times\frac{189.709}{2.1\times 10^5}\times\frac{30+18}{0.28+10\times 0.010\ 1}$$
$$=0.156\ \text{mm}<W_{fk}(0.2\ \text{mm})$$

满足要求。

2. 变形验算

(1)开裂截面的截面特性

截面换算系数：

$$a_{E_s}=\frac{E_s}{E_c}$$

式中　E_c——混凝土受压弹性模量。

$$a_{E_s}=\frac{E_s}{E_c}=\frac{2.1\times10^5}{3.25\times10^4}=6.46$$

开裂截面换算截面受压区高度：

$$x=\frac{a_{E_s}A_s}{b}\sqrt{1+\frac{2bh_0}{a_{E_s}A_s}}-1$$

$$=\frac{6.46\times20\ 979.68}{5\ 500}\sqrt{1+\frac{2\times5\ 500\times455}{6.46\times20\ 979.68}}-1$$

$$=123.06\ \text{mm}$$

开裂截面换算截面惯性矩：

$$I_{cr}=\frac{1}{3}bx^3+a_{E_s}A_s(h_0-x)^2$$

$$=\frac{1}{3}\times5\ 500\times123.06^3+6.46\times20\ 979.68\times(455-123.06)^2$$

$$=1.835\times10^{10}\ \text{mm}^4$$

开裂截面抗弯刚度：

$$B_{cr}=E_cI_{cr}=3.25\times10^4\times1.835\times10^{10}=5.964\times10^{14}\text{N}\cdot\text{mm}^2$$

(2)全截面换算截面的截面特性

全截面换算截面面积：

$$A_0=bh+(a_{E_s}-1)A_s$$

$$=5\ 500\times500+(6.46-1)\times23\ 043$$

$$=2\ 864\ 549.053\ \text{mm}^2$$

全截面换算截面受压区高度：

$$x=\frac{\frac{1}{2}bh^2+(a_{E_s}-1)A_sh_0}{A_0}$$

$$=\frac{\frac{1}{2}\times5\ 500\times500^2+(6.46-1)\times20\ 979.68\times455}{2\ 864\ 549.053}$$

$$=258.198\ \text{mm}$$

全截面换算截面惯性矩：

$$I_0=\frac{1}{12}bh^3+bh\left(\frac{1}{2}h-x\right)^2+(a_{E_s}-1)A_s(h_0-x)^2$$
$$=\frac{1}{12}\times 5\ 500\times 500^3+5\ 500\times 500\times\left(\frac{1}{2}\times 500-258.198\right)^2$$
$$+(6.46-1)\times 20\ 979.68\times(455-258.198)^2$$
$$=6.2\times 10^{10}\ \mathrm{mm}^4$$

全截面换算截面受拉区边缘的弹性抵抗矩：

$$W_0=\frac{I_0}{h-x}=\frac{6.2\times 10^{10}}{500-258.198}=2.564\times 10^8\ \mathrm{N\cdot mm^3}$$

全截面换算截面的面积矩：

$$S_0=\frac{1}{2}bx^2=\frac{1}{2}\times 5\ 500\times 258.198^2=1.83\times 10^8\ \mathrm{N\cdot mm^3}$$

全截面抗弯刚度：

$$B_0=0.95E_cI_0=0.95\times 3.25\times 10^4\times 6.2\times 10^{10}$$
$$=1.914\times 10^{15}\ \mathrm{N\cdot mm^2}$$

塑性影响系数：

$$\gamma=\frac{2S_0}{W_0}=\frac{2\times 1.83\times 10^8}{2.564\times 10^8}=1.427$$

(3)开裂弯矩

$$M_{cr}=\gamma f_{tk}W_0=1.427\times 2.40\times 2.564\times 10^8=878\ \mathrm{kN\cdot m}$$

(4)开裂构件的抗弯刚度

$$B=\frac{B_0}{\left(\frac{M_{cr}}{M_{sd}}\right)^2+\left[1-\left(\frac{M_{cr}}{M_{sd}}\right)^2\right]\frac{B_0}{B_{cr}}}$$

$$B=\frac{1.92\times 10^{15}}{\left(\frac{878}{1\ 575.498}\right)^2+\left[1-\left(\frac{878}{1\ 575.498}\right)^2\right]\times\frac{1.914\times 10^{15}}{5.964\times 10^{14}}}$$
$$=7.583\times 10^{14}\mathrm{N\cdot mm^2}$$

(5)挠度长期增长系数

选用 C40 混凝土，$\eta_0=1.60$。

在使用阶段的跨中截面的长期挠度值：

$$\omega_1=\frac{5}{48}\times\frac{M_{sd}l^2}{B}\times\eta_0$$
$$=\frac{5}{48}\times\frac{1\ 575.498\times 10^6\times(10\times 10^3)^2}{7.583\times 10^{14}}\times 1.60$$
$$=3.462\ \mathrm{mm}$$

在结构自重作用下跨中截面的长期挠度值：

$$\omega_G=\frac{5}{48}\times\frac{M_ql^2}{B}\times\eta_0$$
$$=\frac{5}{48}\times\frac{986.35\times 10^6\times(10\times 10^3)^2}{7.583\ 10^{14}}\times 1.60$$
$$=2.168\ \mathrm{mm}$$

按可变作用频遇值计算的长期挠度值：

$$\omega_Q=\omega_l-\omega_G=3.462-2.168=1.294\ \text{mm}<\frac{l}{600}=\frac{10\ 000}{600}=16.67\ \text{mm}$$

满足要求。

（6）预拱

$\omega_l=3.462\ \text{mm}<\frac{l}{600}=6.23\ \text{mm}$，因此，无须设置预拱度。

第4章　13 m 标准跨度预应力板式梁桥

在现代建筑领域中，桥梁设计是一项非常重要的技术工作。随着时间的推移，桥梁技术不断提高，设计的桥梁也变得越来越复杂。预应力板式梁桥是一种常见的桥梁类型，具有强度高、刚度好、耐久性强等优点。对于桥梁设计者而言，掌握预应力板式梁桥的设计技术至关重要。本章重点介绍13 m标准跨度预应力板式梁桥的设计方法和手动验算内容，帮助设计者们理解预应力板式梁桥的设计原理和技术。

4.1　设计说明

4.1.1　设计规范

(1)《公路工程技术标准》(JTG B01—2014)。
(2)《公路桥涵设计通用规范》(JTG D60—2015)。
(3)《公路钢筋混凝土及预应力混凝土桥涵设计规范》(JTG 3362—2018)。
(4)《公路桥涵地基与基础设计规范》(JTG 3363—2019)。

4.1.2　设计标准

(1)汽车荷载等级：公路—Ⅰ级。
(2)设计洪水频率：1/100。
(3)设计速度：100 km/h。
(4)设计使用寿命：100年。

4.1.3　技术参数

(1)桥梁宽度：38 m。
(2)地震：地震动峰值加速度系数为0.10，相应地震基本烈度为Ⅶ度。
(3)桥面铺装材料：沥青混凝土。
(4)桥面铺装厚度：0.12 m。
(5)安全系数：1.5。

4.1.4　工程地质条件

本设计桥址区上覆第四系人工筑填土、冲洪积淤泥质土、粉土、粉质黏土、细砂、中砂、粗砂；下伏岩性为侏罗系中上统高基坪群全-中风化砂岩、砂砾岩。未见不良地质，地下水位较深。

4.1.5　主要材料

1. 混凝土

桥墩盖梁、墩柱，桥台盖梁、背墙、耳墙、搭板采用 C30 混凝土，钻孔桩采用 C25 水下混凝土。

2. 普通钢材

(1)普通钢筋：直径 $D \geq \phi 12$ 时，采用 HRB335 钢筋；$D < \phi 12$ 时，采用 R235 钢筋。

(2)预应力钢绞线：采用高强低松弛 $5\phi^{s}15.24$ 钢绞线，张拉控制应力 1 200 MPa。

3. 桥面防水

在沥青混凝土和整体化混凝土之间喷涂桥面防水层，防水层采用可立特 L-17 防水涂层。

4.2　实例建模

打开桥梁博士软件，单击“新建”按钮，弹出“新建项目”对话框。项目名称填写“预应力板式梁桥”，指定项目保存路径，模型名称为“中梁”，其余为默认值。单击“确定”按钮，即可创建一个预应力板式梁桥项目，如图 4-1 所示。

图 4-1　新建项目

4.2.1 总体信息

总体信息部分定义了“预应力板式梁桥”项目的基本信息和地质参数。在项目管理树上双击“总体信息”，默认进入总体信息的“基本”一栏进行规范输入。首先定义常规信息，选择相应的计算规范和环境类别，如图 4-2 所示。

常规	
模型说明	
计算规范	2018公路规范
结构重要性系数	1.1
环境相对湿度	0.7
环境类别	I 类
模型类别	空间杆系

图 4-2 常规信息

然后定义计算内容，在“基本”→“计算内容”中勾选所需的计算项，包括计算预应力、计算收缩、计算徐变、计算活载、进行验算，如图 4-3 所示。

计算内容	
计算预应力	☑
计算收缩	☑
计算徐变	☑
计算活载	☑
活载布置	☐
计算柔性墩台水平力分配	☐
计算屈曲	☐
自振分析	☐
计算倾覆	☐
计算抗震	☐
进行验算	☑
调束	☐
调索	☐

图 4-3 计算内容

在“基本”→“材料定义”中定义所需材料，如图 4-4 所示。

材料定义							
编号	名称	材料类型	材料索引	收缩调整系数	徐变调整系数	粉煤灰掺量(%)	说明
1	主梁材料	混凝土	C50	1	1	0	
2	高强钢绞线	预应力	钢绞线d=15.2_fpk=1860				
3	普通钢筋（高）	钢筋	HRB400				
4	普通钢筋（低）	钢筋	HPB300				

图 4-4 材料定义

4.2.2 结构建模

1. 创建纵梁

在项目管理树上双击“结构建模”，进入结构建模界面。单击“常规建模”→“建梁”，按如下命令行提示操作：

```
输入梁起点或中点＜0,0＞:
指定跨径方式[顺序跨径(K)/对称跨径(M)]＜M＞;K 输入跨径布置:13
指定支座到梁端距离＜0,0＞:0.3
```

纵梁创建完成，如图 4-5 所示。

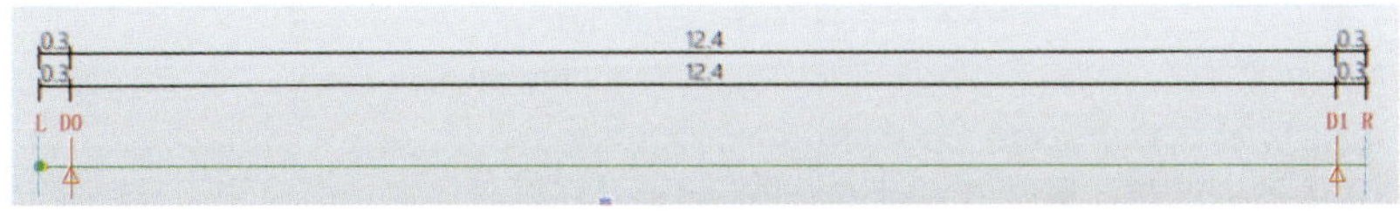

图 4-5　创建纵梁

2. 定义构件属性

单击梁构件，在左侧“对象属性”中选择相应的构件验算类型和构件模板，自重系数填入 1.04，加载龄期填入 7，如图 4-6 所示。

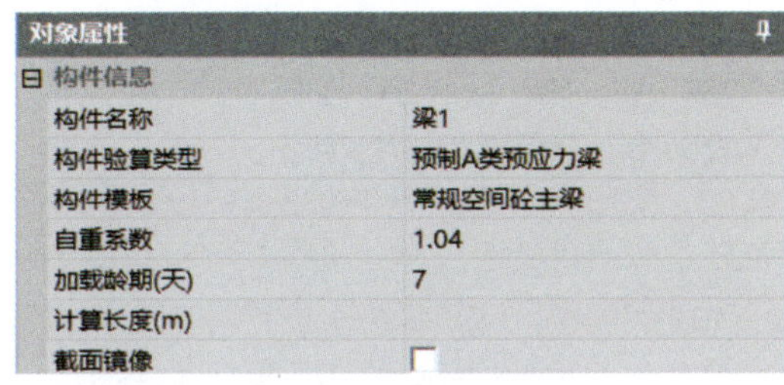

图 4-6　梁构件属性

3. 创建特征节点

单击“节点”→“创建”，按如下命令行提示操作：

```
指定参考节点或[左端(L)/中点(M)/右端(R)]＜L＞:
指定生成方向[左向右(L)/双向(S)/右向左(R)]＜L＞:
指定间距:2 * 1.5
指定节点类型[一般节点(C)/特征节点(T)/施工缝(S)]＜T＞:
指定参考节点或[左端(L)/中点(M)/右端(R)]＜L＞:R
指定生成方向[左向右(L)/双向(S)/右向左(R)]＜L＞:R
指定间距:2 * 1.5
指定节点类型[一般节点(C)/特征节点(T)/施工缝(S)]＜T＞:
```

将生成的节点依次命名为 A1、A2、A3、A4，如图 4-7 所示。

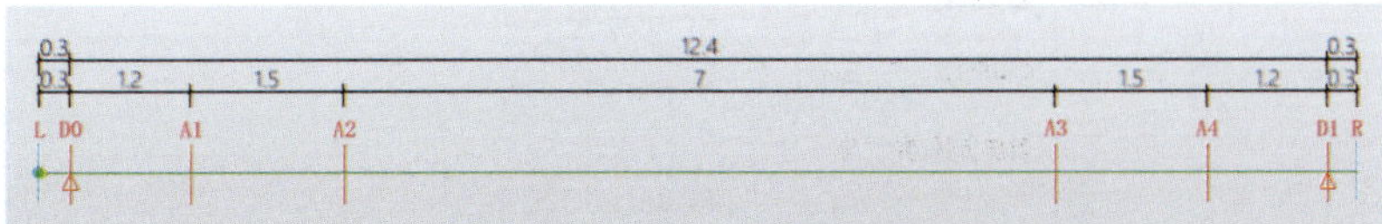

图 4-7　创建特征节点

单击“节点”→“创建”，将生成梁跨中节点命名为 M，如图 4-8 所示。

单击“节点”→“创建”，按如下命令提示操作：

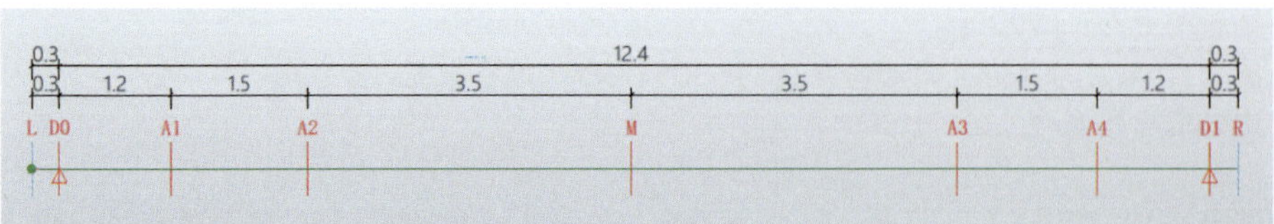

图 4-8 节点 M

```
指定参考节点或[左端(L)/中点(M)/右端(R)]<L>:
指定生成方向[左向右(L)/双向(S)/右向左(R)]<L>:
指定间距:3.4
指定节点类型[一般节点(C)/特征节点(T)/施工缝(S)]<T>:
```

将产生的节点命名为 C1。

```
指定参考节点或[左端(L)/中点(M)/右端(R)]<L>:R
指定生成方向[左向右(L)/双向(S)/右向左(R)]<L>:R
指定间距:3.4
指定节点类型[一般节点(C)/特征节点(T)/施工缝(S)]<T>:
```

将产生的节点命名为 C2。

4. 节点加密

单击“节点”→“加密”，以 1 m 为间距加密节点，按如下命令提示操作：

```
选择节点:(选择最左端和最右端节点)
加密解释方向[从左到右(L)/从中间到两侧(M)/从右到左(R)]<L>:
指定加密间距<2>:1
```

5. 创建跨中截面

进入“截面”界面，右击“截面 1”，在弹出的快捷菜单中单击“修改截面名称”，将截面名称修改为“跨中截面”。

单击“区域式”→“导入区域”，选择提前准备好的 CAD 文件，选择截面所在图层，导入截面，如图 4-9 所示。

图 4-9 导入截面

6. 定义施工缝

单击“截面计算”→“施工缝”，按如下命令行提示操作：

```
指定横向位置:625
下一个横向位置：-625
```

单击“施工缝”，修改对象属性。左侧施工缝属性如图 4-10 所示。

⊟ 施工缝	
子截面名称	s1
横向位置	-625
朝向	朝左
适用子截面	

图 4-10　左侧施工缝属性

右侧施工缝属性如图 4-11 所示。

对象属性	
⊟ 施工缝	
子截面名称	s2
横向位置	625
朝向	朝右
适用子截面	

图 4-11　右侧施工缝属性

7. 截面定义

单击“截面计算”→“计算”→“截面定义”，定义截面的安装序号、有效宽度模式等；在“梯度温度”中定义截面的梯度温度模式，如图 4-12 所示。

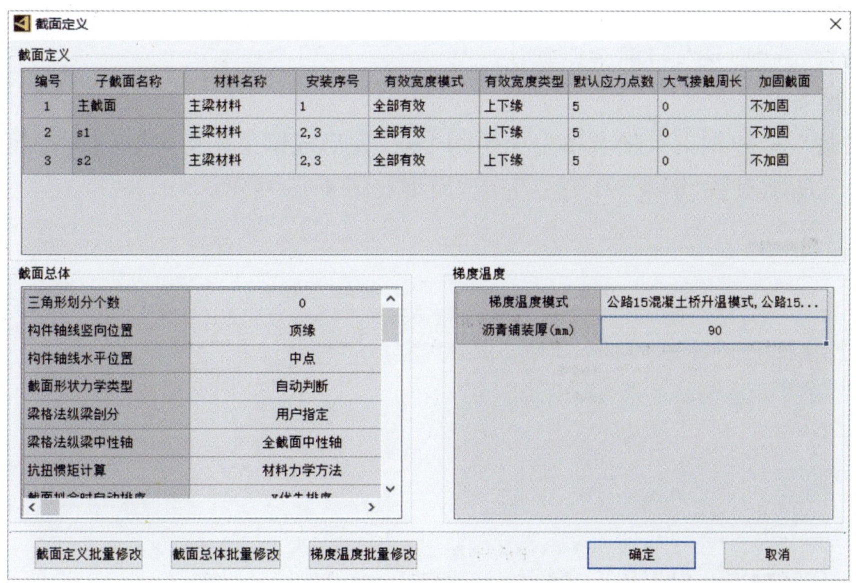

截面定义

编号	子截面名称	材料名称	安装序号	有效宽度模式	有效宽度类型	默认应力点数	大气接触周长	加固截面
1	主截面	主梁材料	1	全部有效	上下缘	5	0	不加固
2	s1	主梁材料	2,3	全部有效	上下缘	5	0	不加固
3	s2	主梁材料	2,3	全部有效	上下缘	5	0	不加固

截面总体

三角形划分个数	0
构件轴线竖向位置	顶缘
构件轴线水平位置	中点
截面形状力学类型	自动判断
梁格法纵梁剖分	用户指定
梁格法纵梁中性轴	全截面中性轴
抗扭惯矩计算	材料力学方法

梯度温度

梯度温度模式	公路15混凝土桥升温模式,公路15...
沥青铺装厚(mm)	90

图 4-12　截面定义

8. 定义支座位

单击“截面计算”→“控制点”→“支座位”，设置在底缘中心，支座位如图 4-13 所示。按照步骤 6～10，创建支点截面，如图 4-14 所示。

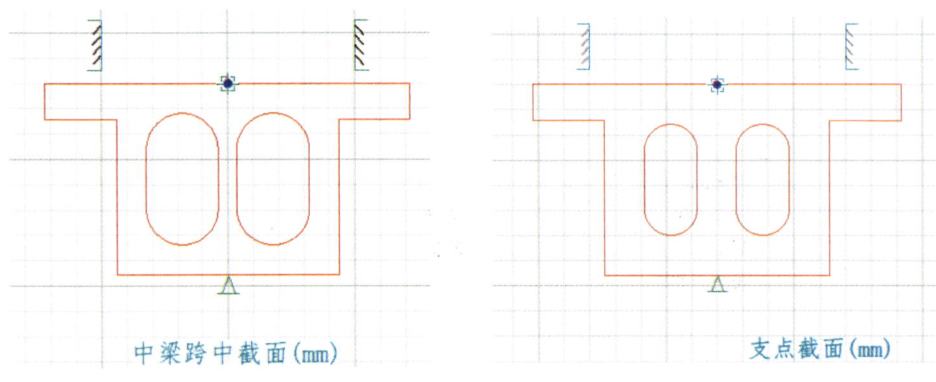

图 4-13　支座位　　图 4-14　支点截面

9. 安装截面

进入“建模”界面，单击“常规建模”→“截面”→“装截面”，单击节点 A1，选择“支点截面”。

按照此步骤在节点 A2 处安装“跨中截面”，在节点 A3 处安装“跨中截面”，在节点 A4 处安装“支点截面”。

此时，结构建模全部完成，单击建模界面右侧可观察构件实体模式。

4.2.3　钢束设计

在项目管理树上双击“钢束设计”，进入钢束设计界面。

1. 定义钢束型号

单击“常规”→“型号”，目前采用默认型号。

2. 建立钢束

单击“常规”→“建钢束”，随意单击图中两个点，先形成钢束轮廓，然后双击钢束，在属性中输入如图 4-15 所示参数，钢束 N1 建立完成，模型如图 4-16 所示。

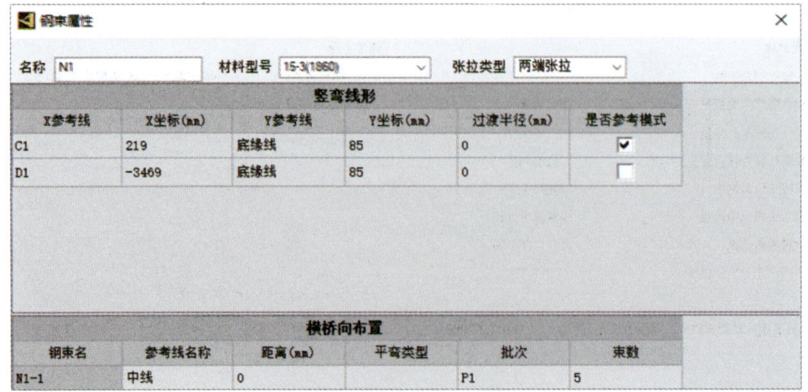

竖弯线形					
X参考线	X坐标(mm)	Y参考线	Y坐标(mm)	过渡半径(mm)	是否参考模式
C1	219	底缘线	85	0	✓
D1	-3469	底缘线	85	0	

横桥向布置					
钢束名	参考线名称	距离(mm)	平弯类型	批次	束数
N1-1	中线	0		P1	5

图 4-15　钢束 N1 属性

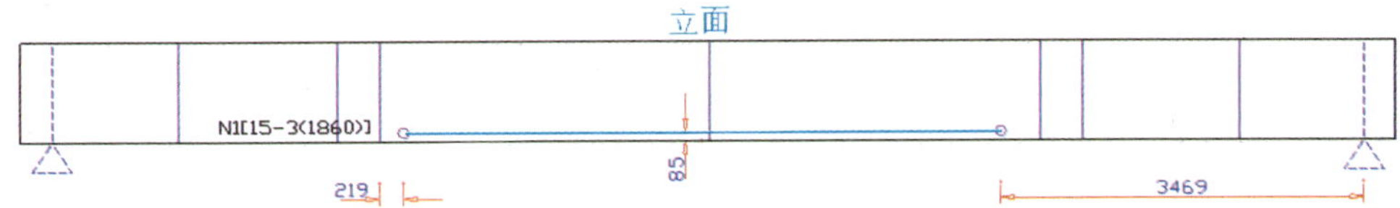

图 4-16　钢束 N1 模型

建立钢束 N2，属性参数如图 4-17 所示，模型如图 4-18 所示。

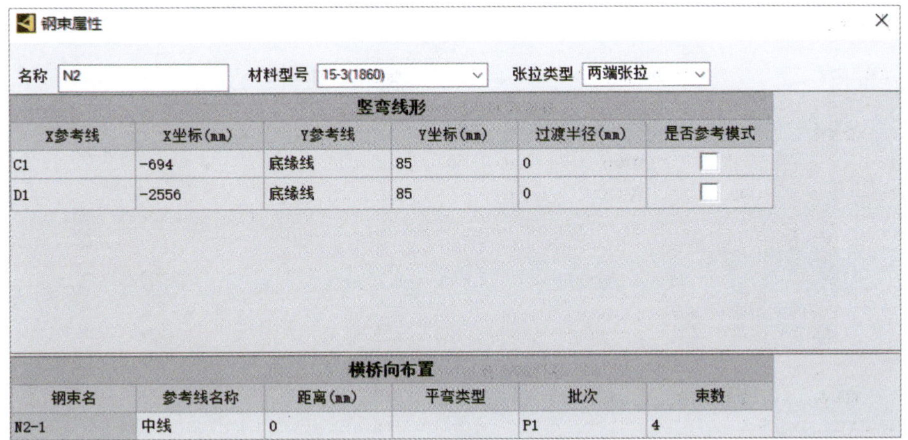

钢束属性

名称 N2　材料型号 15-3(1860)　张拉类型 两端张拉

竖弯线形

X参考线	X坐标(mm)	Y参考线	Y坐标(mm)	过渡半径(mm)	是否参考模式
C1	-694	底缘线	85	0	☐
D1	-2556	底缘线	85	0	☐

横桥向布置

钢束名	参考线名称	距离(mm)	平弯类型	批次	束数
N2-1	中线	0		P1	4

图 4-17　钢束 N2 属性

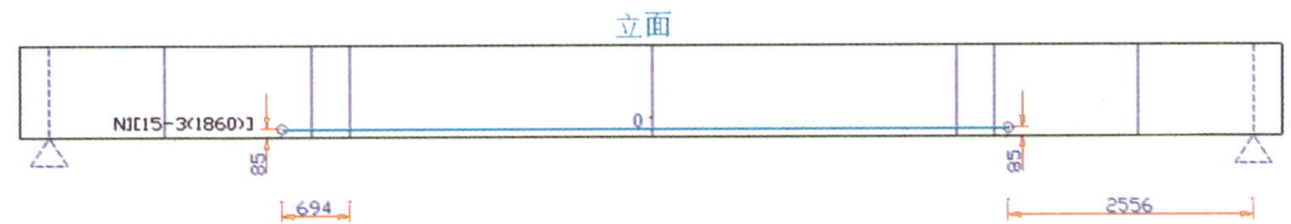

图 4-18　钢束 N2 模型

建立钢束 N3-1，属性参数如图 4-19 所示，模型如图 4-20 所示。

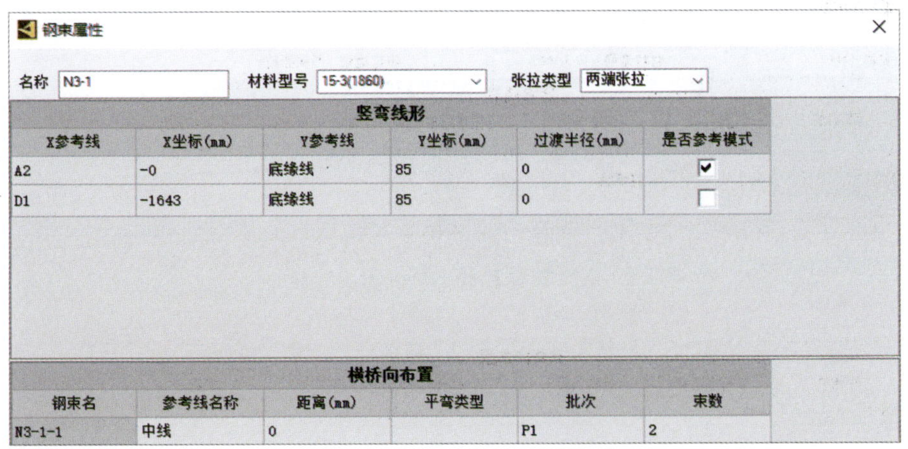

钢束属性

名称 N3-1　材料型号 15-3(1860)　张拉类型 两端张拉

竖弯线形

X参考线	X坐标(mm)	Y参考线	Y坐标(mm)	过渡半径(mm)	是否参考模式
A2	-0	底缘线	85	0	☑
D1	-1643	底缘线	85	0	☐

横桥向布置

钢束名	参考线名称	距离(mm)	平弯类型	批次	束数
N3-1-1	中线	0		P1	2

图 4-19　钢束 N3-1 属性

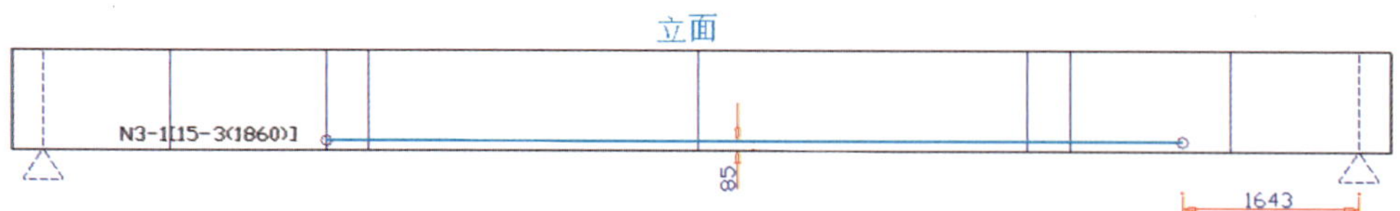

图 4-20　钢束 N3-1 模型

建立钢束 N3-2，属性参数如图 4-21 所示，模型如图 4-22 所示。

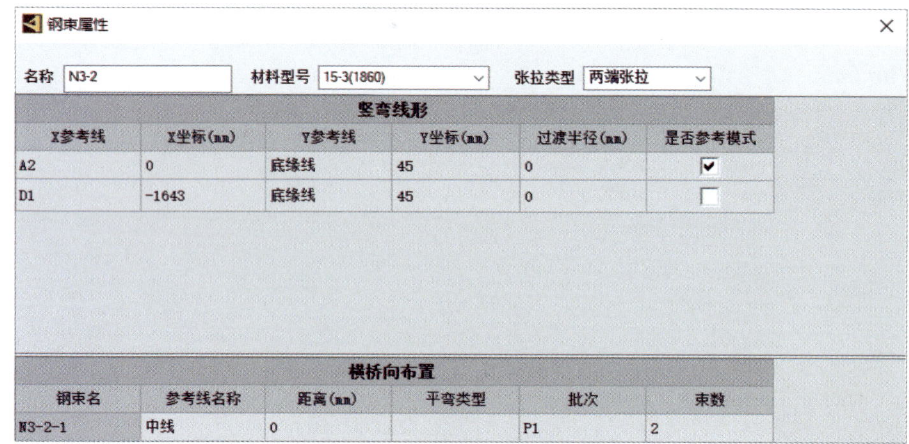
钢束属性

名称 N3-2　材料型号 15-3(1860)　张拉类型 两端张拉

竖弯线形

X参考线	X坐标(mm)	Y参考线	Y坐标(mm)	过渡半径(mm)	是否参考模式
A2	0	底缘线	45	0	☑
D1	-1643	底缘线	45	0	☐

横桥向布置

钢束名	参考线名称	距离(mm)	平弯类型	批次	束数
N3-2-1	中线	0		P1	2

图 4-21　钢束 N3-2 属性

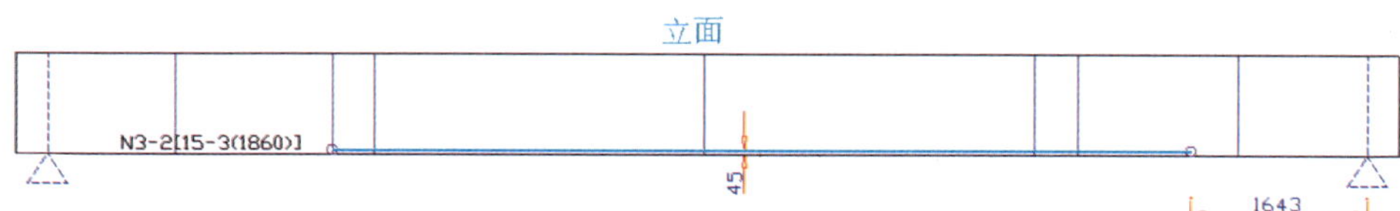

图 4-22　钢束 N3-2 模型

建立钢束 N4，属性参数如图 4-23 所示，模型如图 4-24 所示。

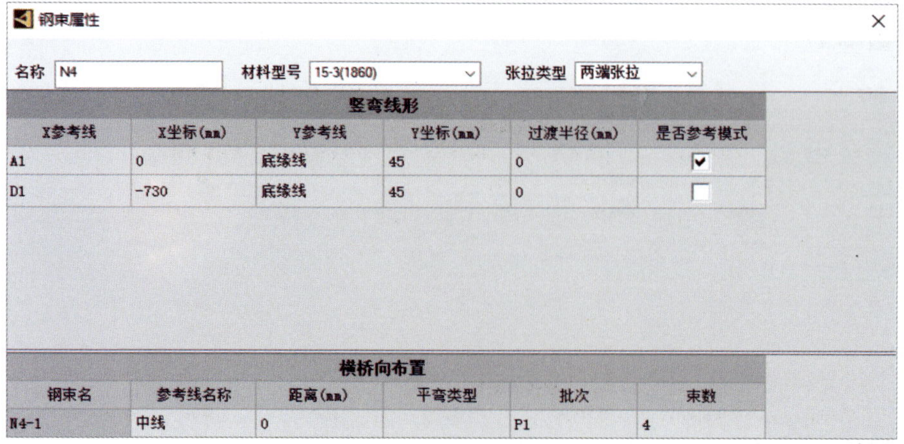
钢束属性

名称 N4　材料型号 15-3(1860)　张拉类型 两端张拉

竖弯线形

X参考线	X坐标(mm)	Y参考线	Y坐标(mm)	过渡半径(mm)	是否参考模式
A1	0	底缘线	45	0	☑
D1	-730	底缘线	45	0	☐

横桥向布置

钢束名	参考线名称	距离(mm)	平弯类型	批次	束数
N4-1	中线	0		P1	4

图 4-23　钢束 N3 模型

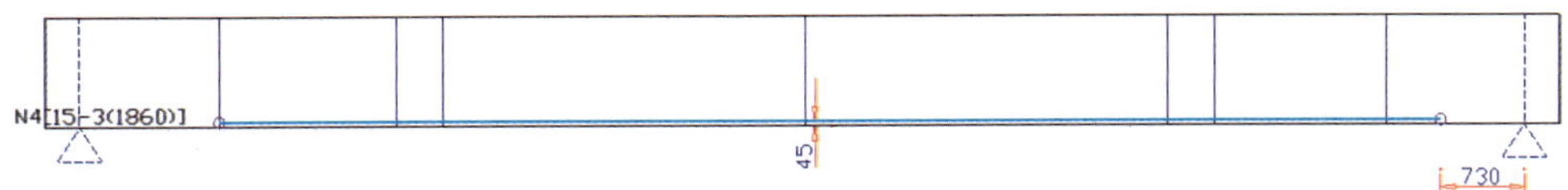

图 4-24　钢束 N3 模型

建立钢束 N5-1，属性参数如图 4-25 所示，模型如图 4-26 所示。

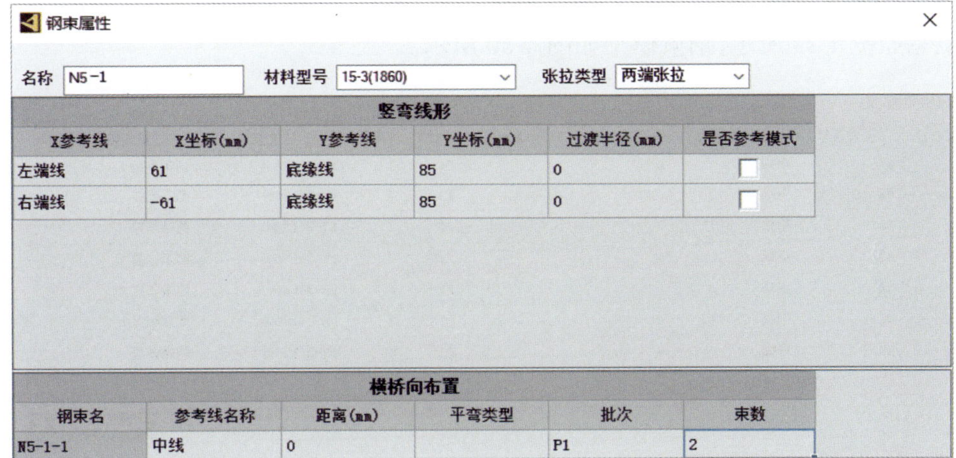

钢束属性

名称 N5-1　材料型号 15-3(1860)　张拉类型 两端张拉

竖弯线形					
X参考线	X坐标(mm)	Y参考线	Y坐标(mm)	过渡半径(mm)	是否参考模式
左端线	61	底缘线	85	0	☐
右端线	-61	底缘线	85	0	☐

横桥向布置					
钢束名	参考线名称	距离(mm)	平弯类型	批次	束数
N5-1-1	中线	0		P1	2

图 4-25　钢束 N5-1 属性

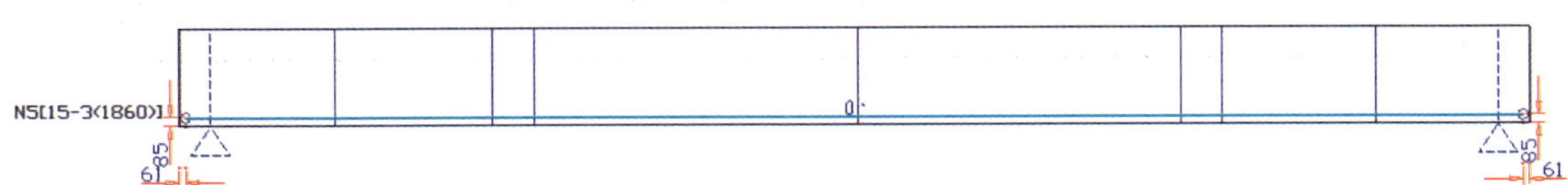

图 4-26　钢束 N5-1 模型

建立钢束 N5-2，属性参数如图 4-27 所示，模型如图 4-28 所示。

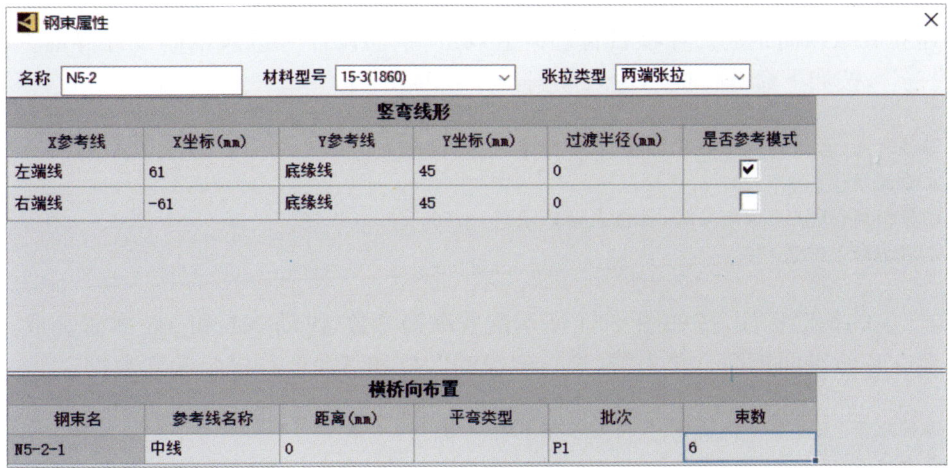

钢束属性

名称 N5-2　材料型号 15-3(1860)　张拉类型 两端张拉

竖弯线形					
X参考线	X坐标(mm)	Y参考线	Y坐标(mm)	过渡半径(mm)	是否参考模式
左端线	61	底缘线	45	0	☑
右端线	-61	底缘线	45	0	☐

横桥向布置					
钢束名	参考线名称	距离(mm)	平弯类型	批次	束数
N5-2-1	中线	0		P1	6

图 4-27　钢束 N5-2 属性

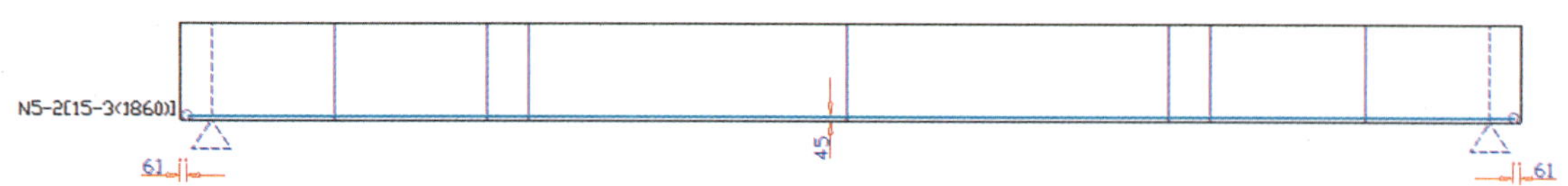

图 4-28 钢束 N5-2 模型

3. 钢束示例汇总

钢束设计全部完成，单击“汇总”命令，在弹出的“钢束示例汇总”界面中查看钢束信息，钢束示例汇总如图 4-29 所示，钢束模型如图 4-30 所示。

钢束实例汇总

钢束名	竖弯名称	参考线名称	距离(mm)	平弯类型	批次	束数	材料型号	张拉类型
N1	N1	中线	0		P1	5	15-3(1860)	两端张拉
N2	N2	中线	0		P1	4	15-3(1860)	两端张拉
N3-1	N3-1	中线	0		P1	2	15-3(1860)	两端张拉
N3-2	N3-2	中线	0		P1	2	15-3(1860)	两端张拉
N4	N4	中线	0		P1	4	15-3(1860)	两端张拉
N5-1	N5-1	中线	0		P1	2	15-3(1860)	两端张拉
N5-2	N5-2	中线	0		P1	6	15-3(1860)	两端张拉

确定 取消

图 4-29 钢束示例汇总

图 4-30 钢束模型

4.2.4 钢筋设计

1. 建立钢筋

（1）建立底缘纵向钢筋。在项目管理树上双击“钢筋设计”，进入钢筋设计界面。单击“常规”→“纵筋”，按如下命令行提示输入数据：

```
指定偏移距离(正值表示距梁底、负值表示距梁顶)<60-60>:45
指定左右端距<0,0>:30
指定偏移距离(正值表示距梁底、负值表示距梁顶)<60,-60>:85
指定左右端距<30>:30
```

双击产生的钢筋标注，按如图 4-31 所示配置纵筋参数，纵筋 N1 和 N2 布置完成。

（2）建立顶缘纵向钢筋。单击“常规”→“纵筋”，按如下命令行提示输入数据：

```
指定偏移距离(正值表示距梁底、负值表示距梁顶)<85>:－30
指定左右端距<30>:
```

双击产生的钢筋标注，按如图 4-32 所示配置纵筋参数，纵筋 N3 布置完成。

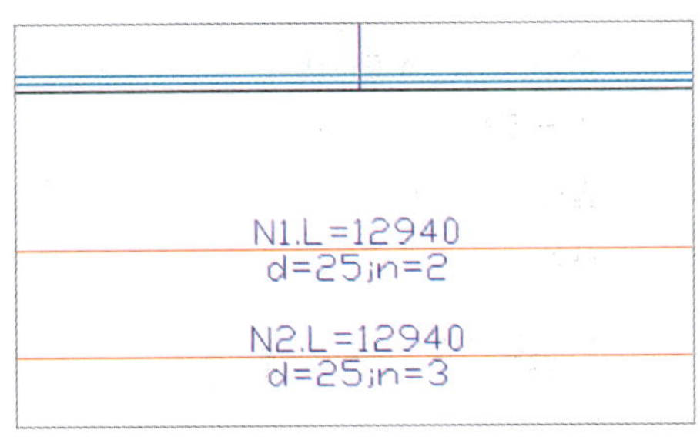

图 4-31　钢筋参数(一)

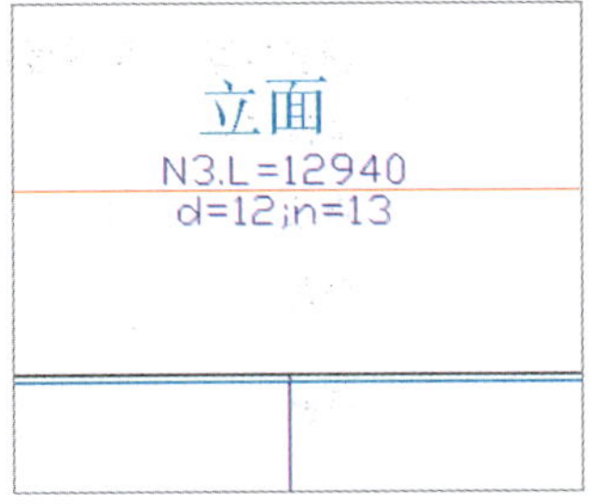

图 4-32　钢筋参数(二)

2. 建立箍筋

(1)建立箍筋(左梁端平直段)。单击“视图”→“新建视口”,在弹出的“新建视口”中填写名称为“箍筋”,单击“常规”→“箍筋”,按如下命令行提示输入数据:

```
请指定布置起点:(单击左端线)
指定首距和布置间距<100.100>:0,100
指定布置范围或[最后一根边距控制值(D)]或[布置根数(C)]<2500>:1500
```

双击产生的箍筋,在弹出的“钢筋属性”中配置箍筋参数,如图 4-33 所示。

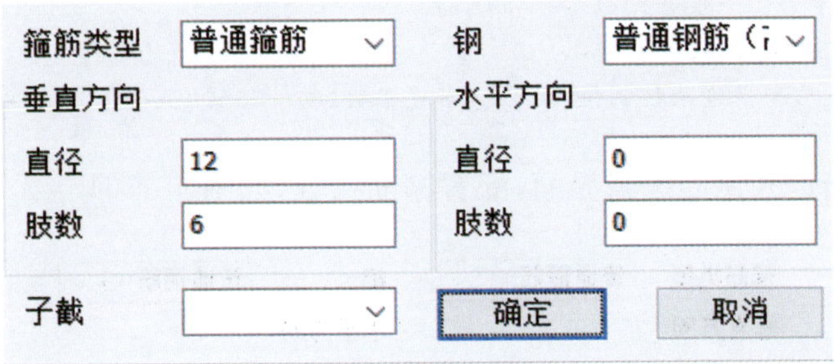

图 4-33　箍筋参数

箍筋布置完成,如图 4-34 所示。

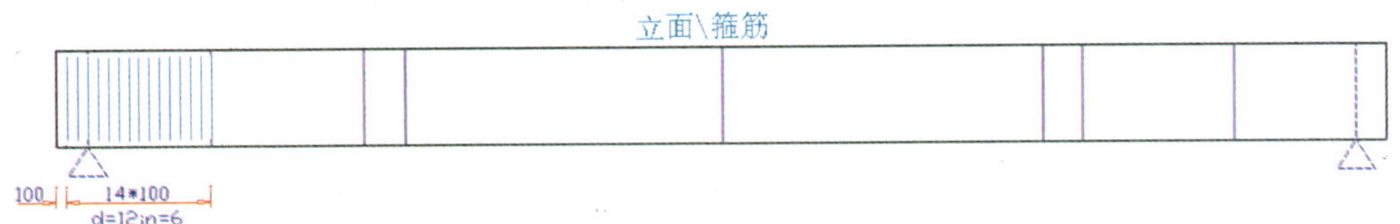

图 4-34　箍筋布置

(2)建立箍筋(左梁端渐变段)。单击“常规”→“箍筋”,按如下命令行提示操作:

```
请指定布置起点:(单击上一步骤的最后一根钢筋)
指定首距和布置间距<100.100>:125,125
指定布置范围或[最后一根边距控制值(D)]或[布置根数(C)]<2500>:1500
```

双击产生的钢筋进入钢筋编辑界面,修改箍筋参数,如图 4-35 所示。

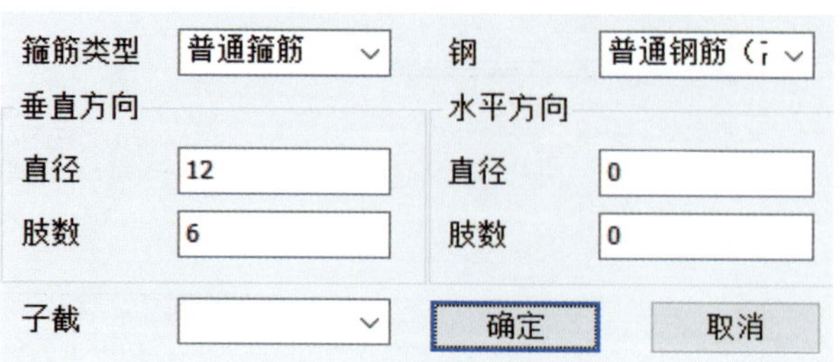

图 4-35 箍筋参数修改

箍筋布置完成，如图 4-36 所示。

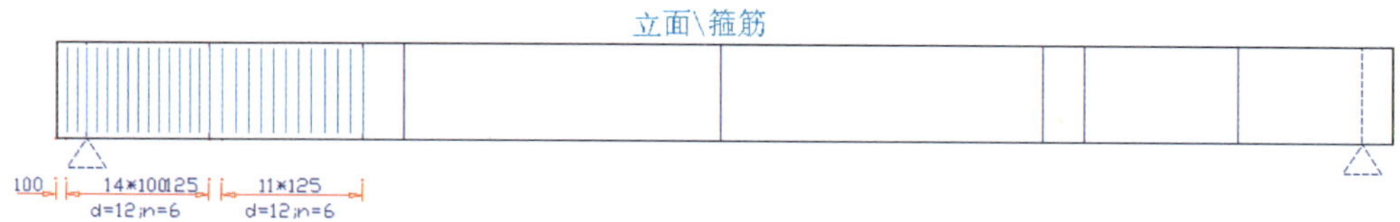

图 4-36 箍筋布置

（3）建立箍筋（梁中平直段）。单击“常规”→“箍筋”，按如下命令行提示操作：

```
请指定布置起点：(单击上一步骤的最后一根钢筋)
指定首距和布置间距<100,100>:150,150
指定布置范围或[最后一根边距控制值(D)]或[布置根数(C)]<2500>:(单击 A3 辅助线)
```

双击产生的钢筋进入钢筋编辑界面，配置箍筋参数，如图 4-37 所示。

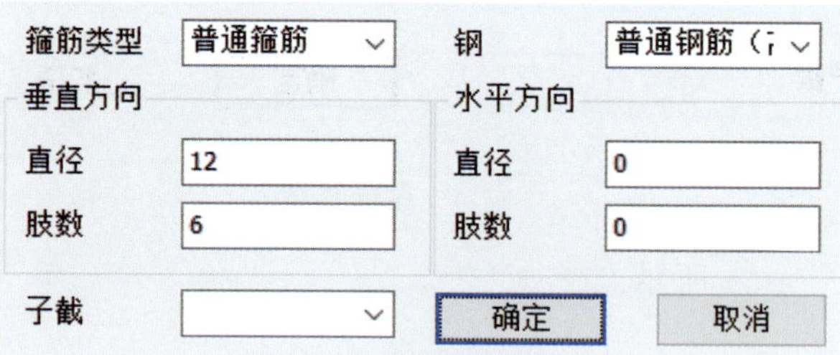

图 4-37 箍筋参数修改

箍筋布置完成，如图 4-38 所示。

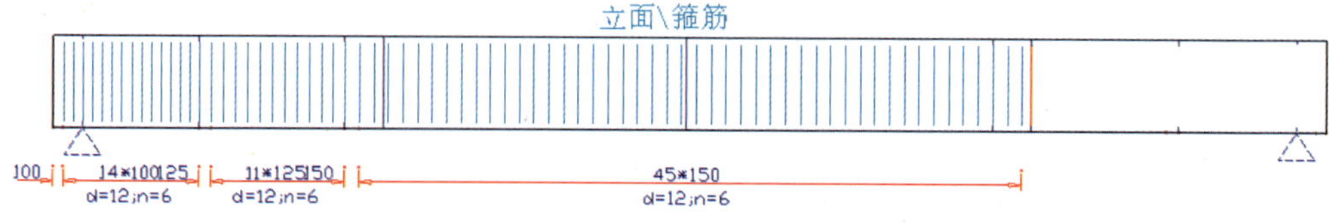

图 4-38 箍筋布置

（4）右梁端渐变段、右梁端平直段可由左梁端渐变段、左梁端平直段镜像得到。单击“编辑”→“镜像”，按如下命令行提示操作：

```
选择对象:(全选左梁端渐变段、左梁端平直段箍筋)
指定镜像线的第一点:(单击 M)
指定镜像线的第二点:(单击 M)
要删除源对象吗?[是(Y)/否(N)]:N
```

箍筋镜像布置完成,如图 4-39 所示。

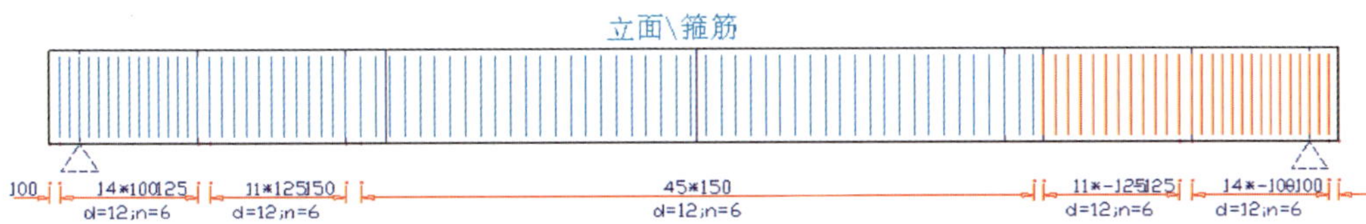

图 4-39　钢筋镜像布置

通过以上操作,钢筋设计全部完成。

4.2.5　施工分析

施工阶段基本步骤包括安装预制件、现浇湿接缝、二期铺装和收缩徐变,具体施工内容见表 4-1。

表 4-1　施工阶段基本步骤

施工阶段	施工内容
安装预制件	架设预制梁
现浇湿接缝	浇筑湿接缝
二期铺装	安装桥面现浇层以及沥青铺装层等
收缩徐变	考虑 10 年(约 3 650 天)的混凝土收缩徐变作用

1. 定义第一个施工阶段

(1)在项目管理树上双击“施工分析”,进入施工分析界面。修改“当前阶段”名称为“安装预制件”,单击“总体信息”,设定施工天数为 30 天,如图 4-40 所示。

当前阶段:安装预制件

基本	
阶段信息	第 1 阶段,共 1 阶段
阶段备忘	
温度	
施工持续天数(天)	30
阶段升温(℃)	0
阶段降温(℃)	0
平均温度(℃)	20

图 4-40　定义安装预制件阶段

(2)安装构件。单击进入“构件安装拆除”，双击梁构件，安装完成。也可单击“操作”→“安装构件”，选择梁构件进行安装。安装构件如图 4-41 所示。

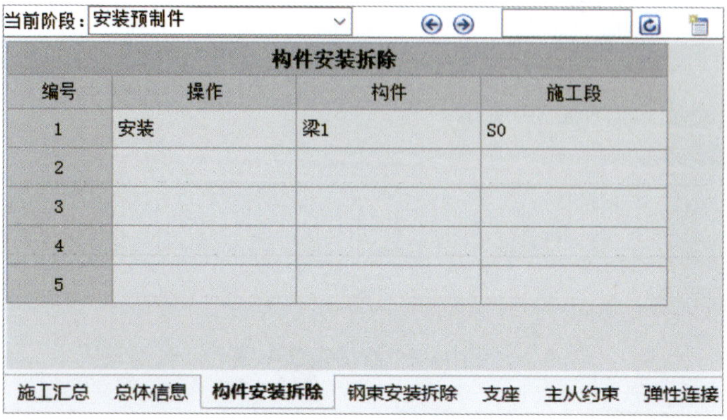

当前阶段：安装预制件

编号	操作	构件	施工段
1	安装	梁1	S0
2			
3			
4			
5			

施工汇总 总体信息 构件安装拆除 钢束安装拆除 支座 主从约束 弹性连接

图 4-41　安装构件

(3)安装钢束。单击进入“钢束安装拆除”，双击钢束标识 P1，安装完成。安装钢束如图 4-42 所示。

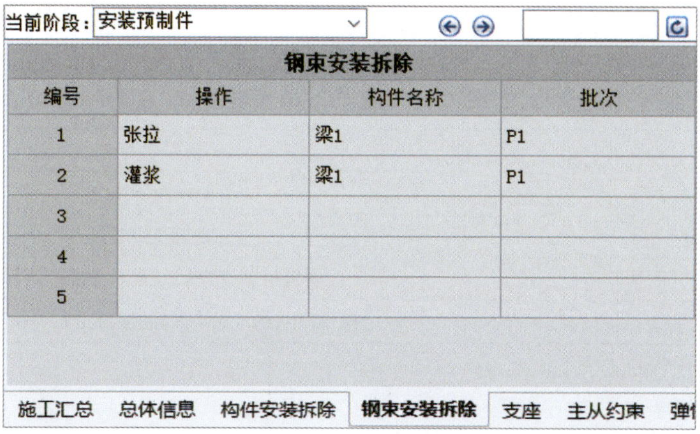

当前阶段：安装预制件

编号	操作	构件名称	批次
1	张拉	梁1	P1
2	灌浆	梁1	P1
3			
4			
5			

施工汇总 总体信息 构件安装拆除 钢束安装拆除 支座 主从约束 弹性

图 4-42　安装钢束

(4)定义边界条件。单击“操作”→“支座”→“铰接支座”，在 D0 上安装铰接支座；单击“操作”→“支座”→“链杆支座”，在 D1 上安装链杆支座，按如下命令行提示操作：

```
铰接支座：
指定名称：
选择节点：(单击 D0)
指定支座位置[支座位 1(1)/质心(2)/对齐点(3)1<1>]:1
链杆支座：
指定名称：
选择节点：(单击 D1)
指定支座位置[支座位 1(1)/质心(2)/对齐点(3)1<1>]:1
```

定义支座位如图 4-43 所示。

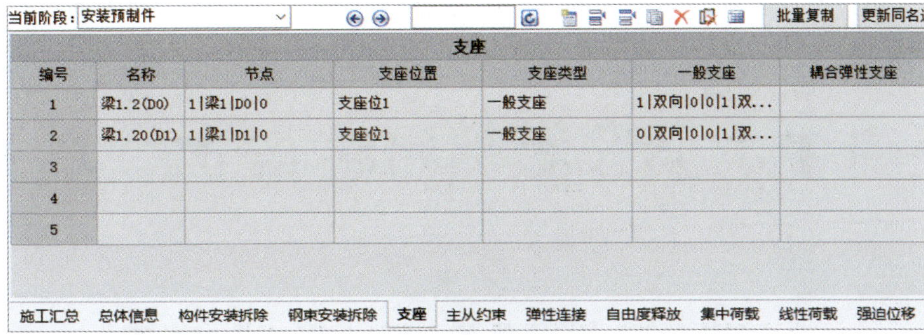

图 4-43　定义支座位

(5)第一个施工阶段安装预制件定义完成，如图 4-44 所示。

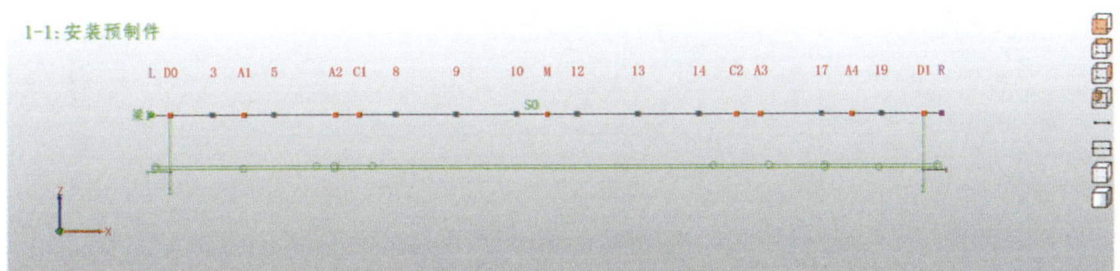

图 4-44　安装预制件

2. 定义第二个施工阶段

(1)单击“新增施工阶段”，修改“当前阶段”名称为“现浇湿接缝”，单击“总体信息”，设定施工天数 30 天。定义现浇湿接缝阶段如图 4-45 所示。

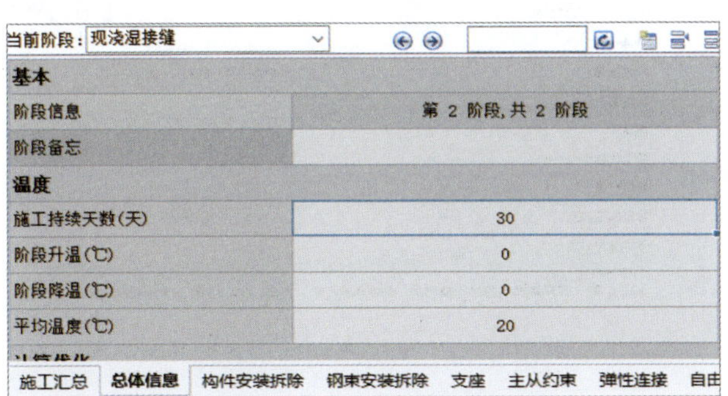

图 4-45　定义现浇湿接缝阶段

(2)安装构件。单击进入“构件安装拆除”界面，双击施工段 S0，如图 4-46 所示。

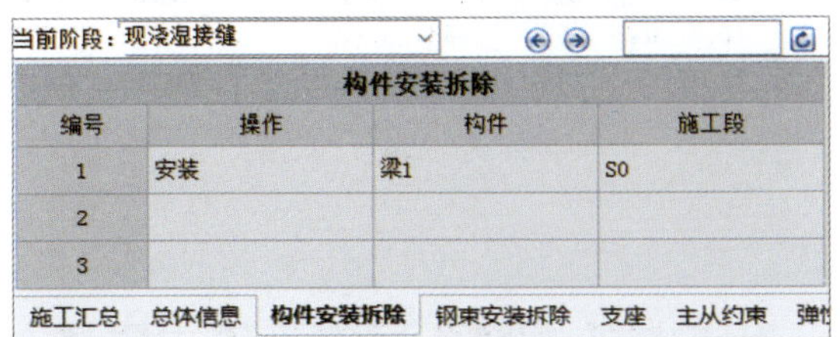

图 4-46　安装构件

(3)定义边界条件。单击进入“支座”界面,单击“将前一个阶段的当前界面数据复制并增量添加到本阶段”。定义支座位如图 4-47 所示。

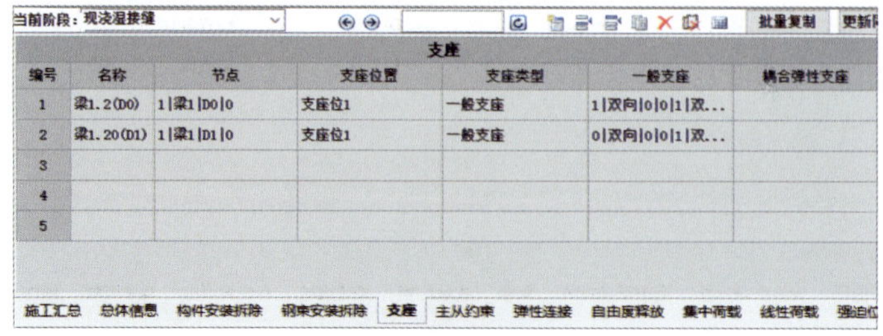

图 4-47 定义支座位

(4)第二个施工阶段现浇湿接缝定义完成,如图 4-48 所示。

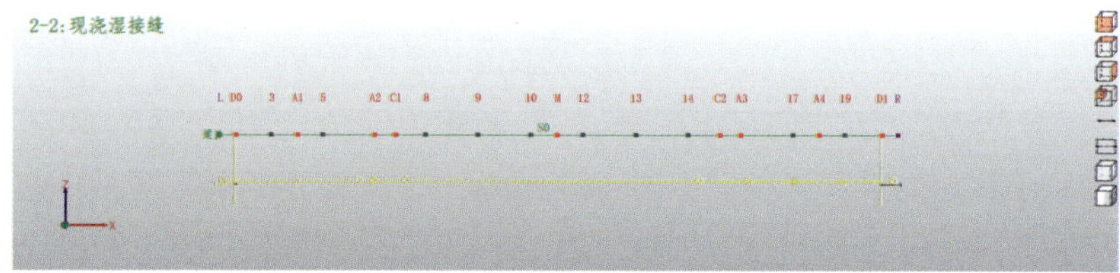

图 4-48 现浇湿接缝完成

3. 定义第三个施工阶段

(1)单击“新增施工阶段”,修改“当前阶段”名称为“二期铺装”,单击“总体信息”,设定施工天数为 30 天。定义二期铺装阶段如图 4-49 所示。

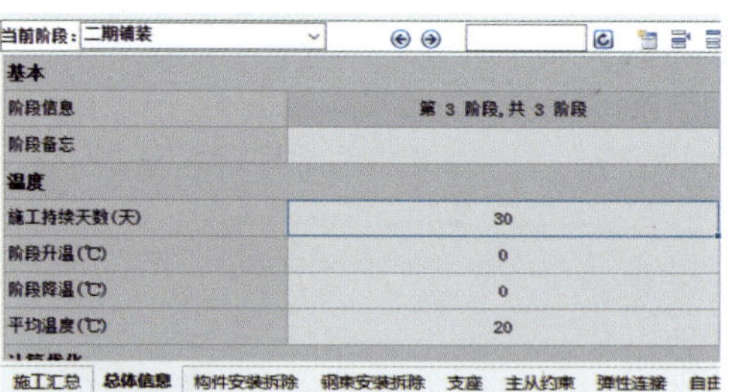

图 4-49 定义二期铺装阶段

(2)安装构件。单击进入“构件安装拆除”,双击施工段 S0,如图 4-50 所示。

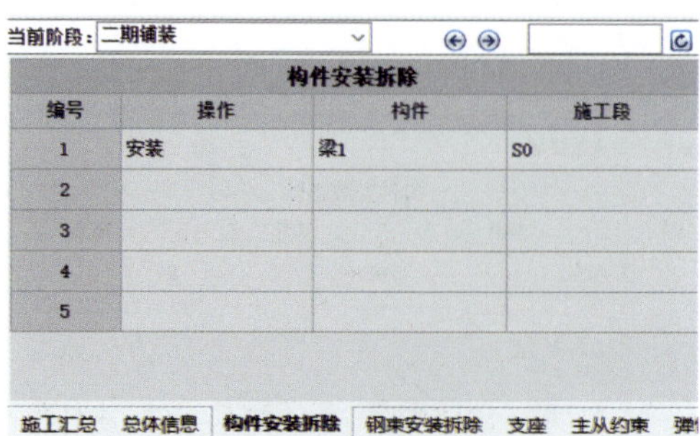

图 4-50 安装构件

(3)定义边界条件。单击进入“支座”,单击“将前一个阶段的当前界面数据复制并增量添加到本阶段”。定义支座位如图 4-51 所示。

当前阶段:二期铺装　批量复制　更新

支座

编号	名称	节点	支座位置	支座类型	一般支座	耦合弹性支座
1	梁1.2(D0)	1|梁1|D0|0	支座位1	一般支座	1|双向|0|0|1|双...	
2	梁1.20(D1)	1|梁1|D1|0	支座位1	一般支座	0|双向|0|0|1|双...	
3						
4						
5						

施工汇总　总体信息　构件安装拆除　钢束安装拆除　支座　主从约束　弹性连接　自由度释放　集中荷载　线性荷载　强迫位

图 4-51　定义支座位

(4)定义二期荷载。单击“施工阶段”→“线性荷载”,按命令行提示操作,在弹出的表格中填写参数。命令行如下:

```
指定荷载名称:(二期)
选择起点节点:(选择 D0)
选择终点节点:(选择 C1)
指定与起点的距离(m)<0,0,0>:
指定与终点的距离(m)<0,0,0>:
指定坐标系[整体坐标系(G)/构件局部坐标系(L)]<G>:
指定荷载名称:(二期)
选择起点节点:(选择 C1)
选择终点节点:(选择 C2)
指定与起点的距离(m)<0,0,0>:
指定与终点的距离(m)<0,0,0>:
指定坐标系[整体坐标系(G)/构件局部坐标系(L)]<G>:
```

定义二期荷载 D0-C1 段参数如图 4-52 所示。

定义二期荷载 C1-C2 段参数如图 4-53 所示。

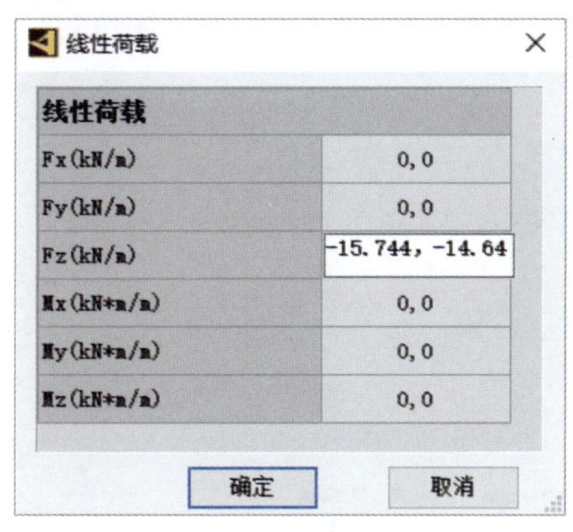

图 4-52　定义二期荷载参数(一)

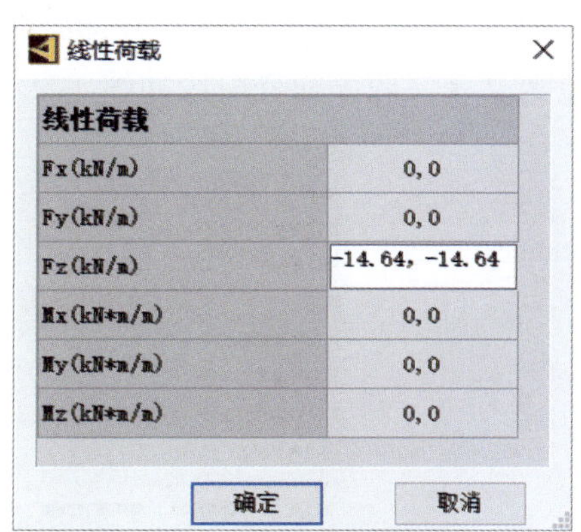

图 4-53　定义二期荷载参数(二)

指定荷载名称:(二期)
选择起点节点:(单击 C2)
选择终点节点:(单击 D1)
指定与起点的距离(m)<0,0,0>:
指定与终点的距离(m)<0,0,0>:
指定坐标系[整体坐标系(G)/构件局部坐标系(L)]:

定义二期荷载 C2-D1 段参数如图 4-54 所示。

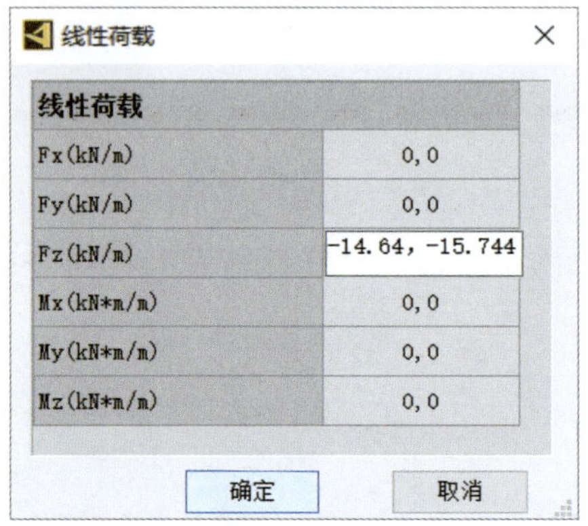

图 4-54　定义二期荷载参数(三)

第三个施工阶段二期荷载阶段定义完成,如图 4-55 所示。

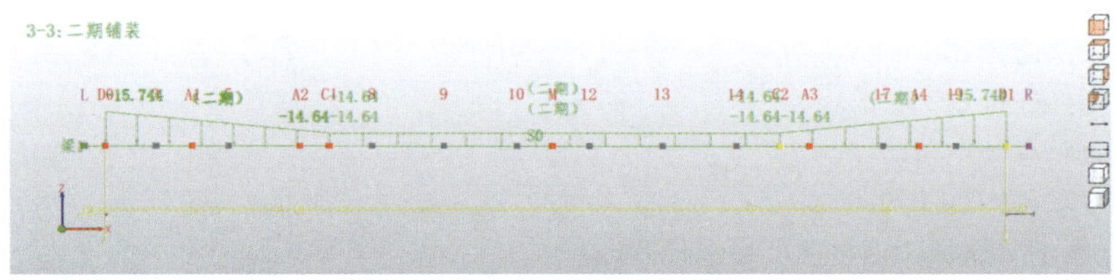

图 4-55　二期荷载阶段完成

4. 定义第四个施工阶段

(1)单击“新增施工阶段”,修改“当前阶段”名称为“收缩徐变”,单击“总体信息”,设定施工天数 3 650 天。定义收缩徐变阶段如图 4-56 所示。

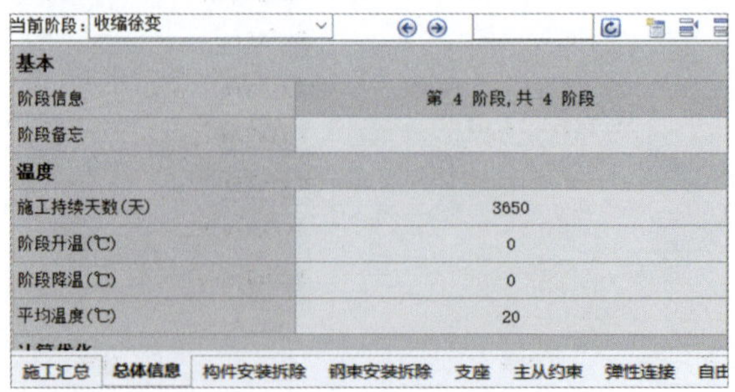

图 4-56　定义收缩徐变阶段

（2）定义边界条件。单击进入“支座”，单击“将前一个阶段的当前界面数据复制并增量添加到本阶段”。定义支座位如图 4-57 所示。

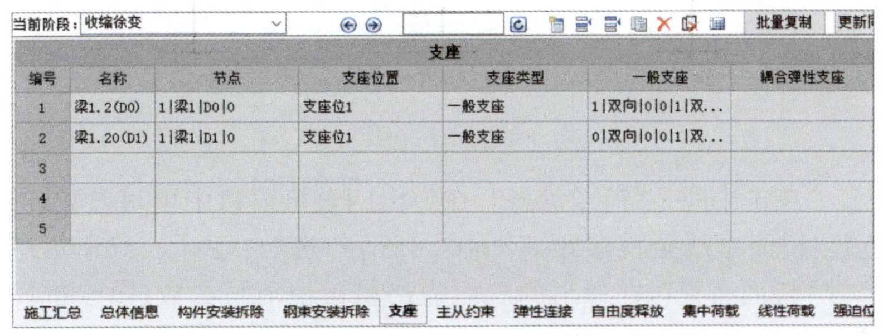

编号	名称	节点	支座位置	支座类型	一般支座	耦合弹性支座
1	梁1.2(D0)	1|梁1|D0|0	支座位1	一般支座	1|双向|0|0|1|双...	
2	梁1.20(D1)	1|梁1|D1|0	支座位1	一般支座	0|双向|0|0|1|双...	
3						
4						
5						

图 4-57　定义支座位

（3）第四个施工阶段收缩徐变定义完成。

通过以上操作，施工分析设置完成。

4.2.6　横向分布系数工具

（1）在项目管理树中右击项目名称“预应力混凝土空心板”，选择“新建模型”，在对话框中修改名称为“横向分布模型”，类型为“横向分布模型”。新建横向分布模型如图 4-58 所示。

（2）新建模型后会弹出“新建任务”窗口，名称为“支点-杠杆法”，如图 4-59 所示。

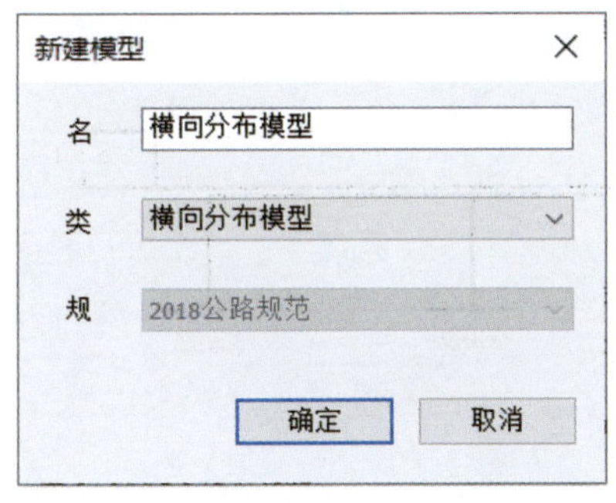

图 4-58　新建横向分布模型

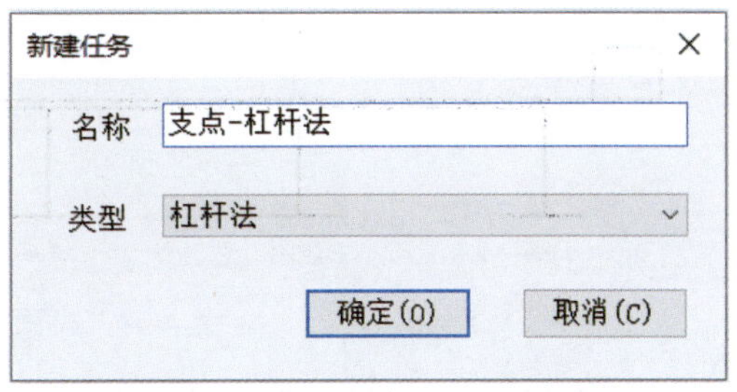

图 4-59　选择横向分布系数计算方法

（3）结构描述。单击中间条“结构描述”，在弹出的表格中填写主梁间距参数，如图 4-60 所示。

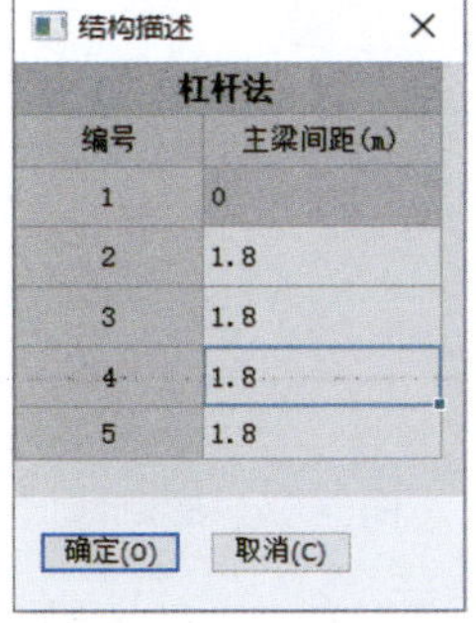

编号	主梁间距(m)
1	0
2	1.8
3	1.8
4	1.8
5	1.8

图 4-60　结构描述（一）

图形区中会显示描述主梁间距的示意图，结构模型如图 4-61 所示。

1#梁
2#梁
3#梁
4#梁
5#梁

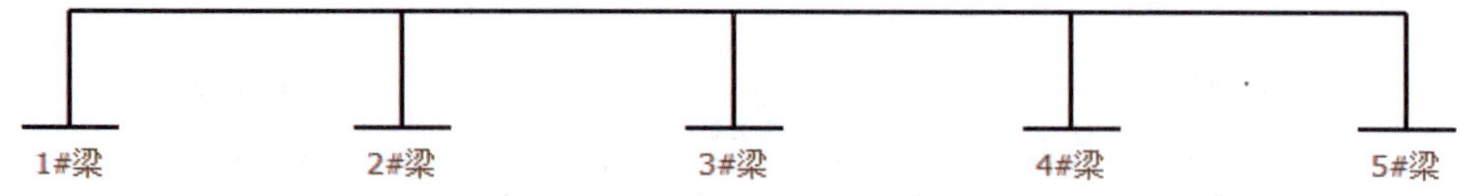

图 4-61 结构模型（一）

（4）荷载信息。单击中间条“荷载信息”，在弹出的表格窗口中填写参数，“计算规范”选择“2015 公路规范”，“桥面中线至首梁距离”为 3.6 m，勾选“自动计入汽车车道布载系数”，如图 4-62所示。单击“桥面布置”，在弹出的二级表格窗口中填写参数（图 4-63），图形区中会显示主梁横向布置示意图，如图 4-64 所示。

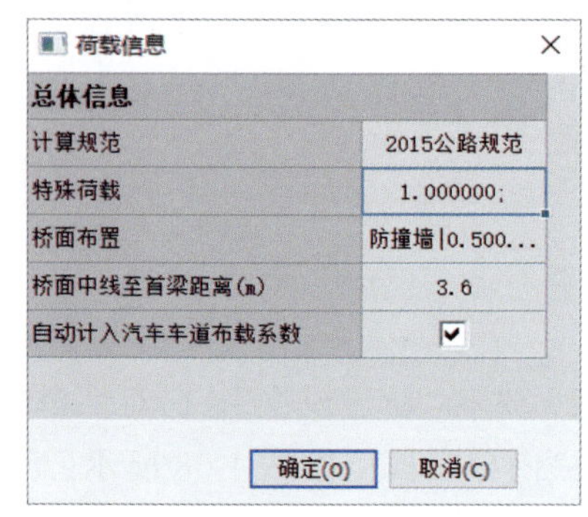

荷载信息
总体信息
计算规范
2015公路规范
特殊荷载
1.000000;
桥面布置
防撞墙|0.500...
桥面中线至首梁距离(m)
3.6
自动计入汽车车道布载系数
确定(O)
取消(C)

图 4-62 定义荷载信息

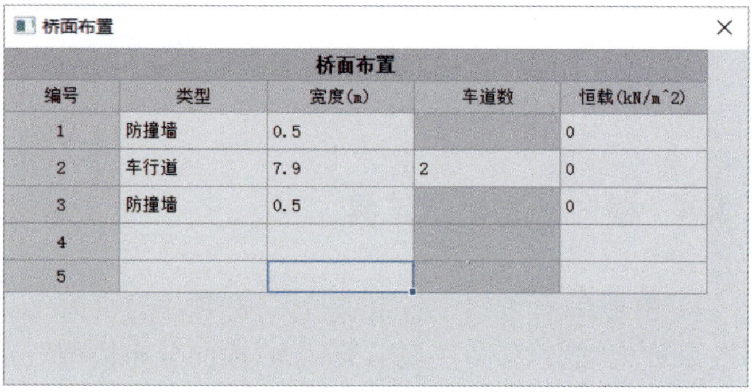

桥面布置
桥面布置
编号
类型
宽度(m)
车道数
恒载(kN/m^2)
1
防撞墙
0.5
0
2
车行道
7.9
2
0
3
防撞墙
0.5
0
4
5

图 4-63 定义桥面布置

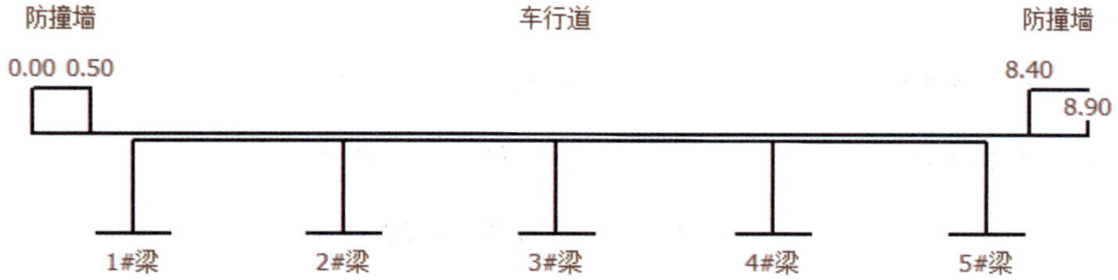

防撞墙
车行道
防撞墙
0.00 0.50
8.40
8.90
1#梁
2#梁
3#梁
4#梁
5#梁

图 4-64 桥面布置模型

（5）选择查询项“影响线结果”，单击“显示结果”，在图形区会显示荷载横向分布影响线，双击图形区，可以切换显示不同梁的影响线，如图 4-65 所示。

1.000
0
0
0
0
0.00
1.80
3.60
5.40
7.20

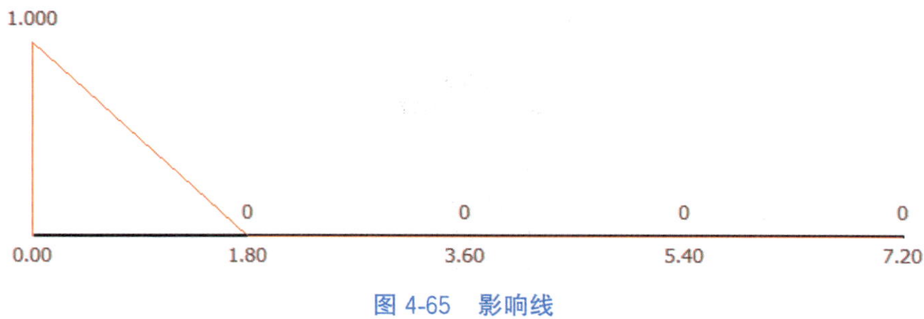

图 4-65 影响线

（6）选择查询项“横向分布系数结果”，单击“显示结果”，在图形区会显示汽车荷载横向分布系数，双击图形区，可以切换显示不同荷载横向分布系数，如图 4-66 所示。

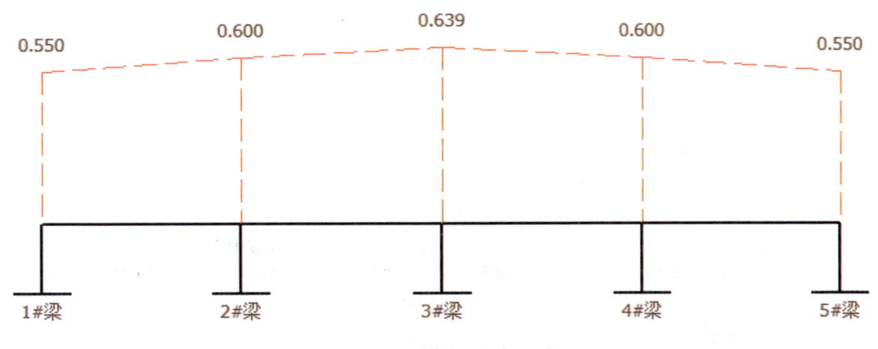

图 4-66　横向分布系数

(7)在项目管理树中右击“横向分布系数”，选择“新建任务”，在弹出框中修改名称为“跨中-刚接板梁法”，选择类型为“刚(铰)接板梁法”，如图 4-67 所示。

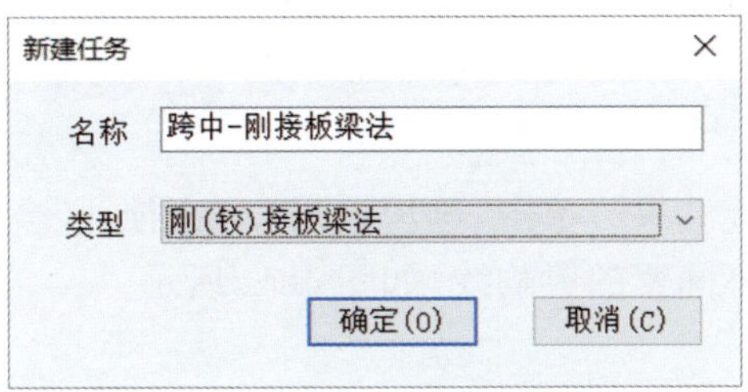

图 4-67　跨中-刚接板梁法

(8)结构描述。单击中间条“结构描述”，在弹出的表格窗口中填写参数，“主梁跨度”为 13 m，$G/E=0.4$，图形区中会显示主梁示意图。结构描述如图 4-68 所示，结构模型如图 4-69 所示。

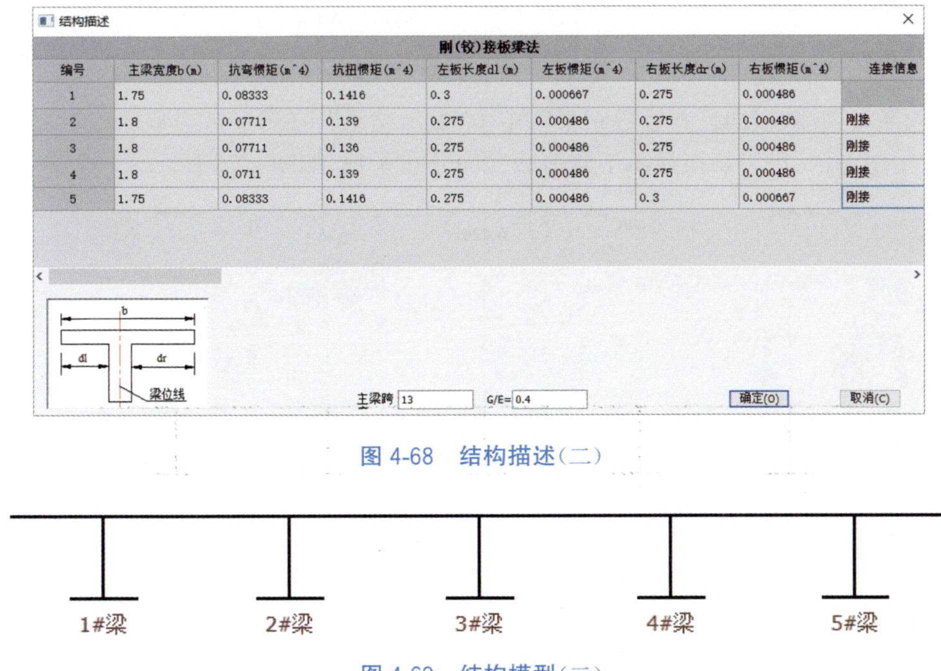

编号	主梁宽度b(m)	抗弯惯矩(m^4)	抗扭惯矩(m^4)	左板长度dl(m)	左板惯矩(m^4)	右板长度dr(m)	右板惯矩(m^4)	连接信息
1	1.75	0.08333	0.1416	0.3	0.000667	0.275	0.000486	
2	1.8	0.07711	0.139	0.275	0.000486	0.275	0.000486	刚接
3	1.8	0.07711	0.136	0.275	0.000486	0.275	0.000486	刚接
4	1.8	0.0711	0.139	0.275	0.000486	0.275	0.000486	刚接
5	1.75	0.08333	0.1416	0.275	0.000486	0.3	0.000667	刚接

图 4-68　结构描述(二)

1#梁　2#梁　3#梁　4#梁　5#梁

图 4-69　结构模型(二)

(9)荷载信息。单击中间条“荷载信息”,在弹出的表格窗口中填写参数,选择“计算规范”为2015公路规范,“桥面中线至首梁距离”为4.45 m,勾选“自动计入汽车车道布载系数”,如图4-70所示。单击“桥面布置”,在弹出的二级表中填写参数,图形区中会显示主梁横向布置示意图,如图4-71所示。

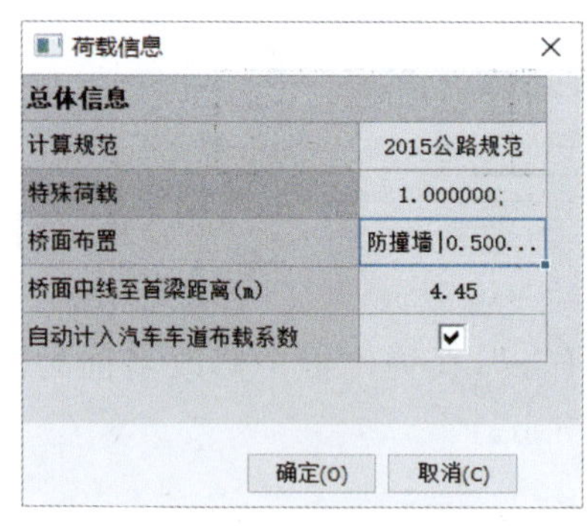

图4-70 定义荷载信息

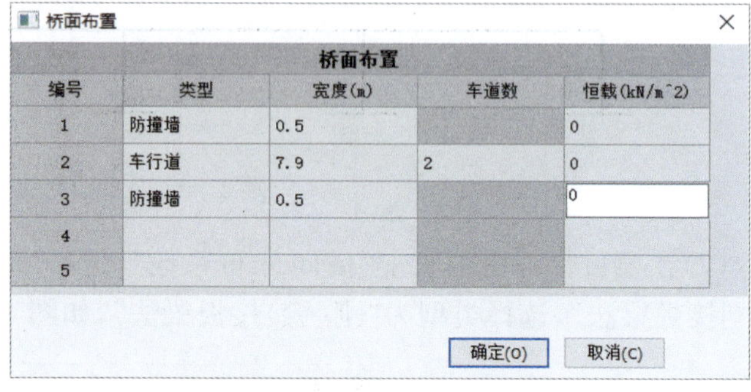

图4-71 定义桥面布置

(10)选择查询项“影响线结果”,单击“显示结果”,在图形区会显示荷载横向分布影响线,双击图形区,可以切换显示不同梁的影响线,如图4-72所示。

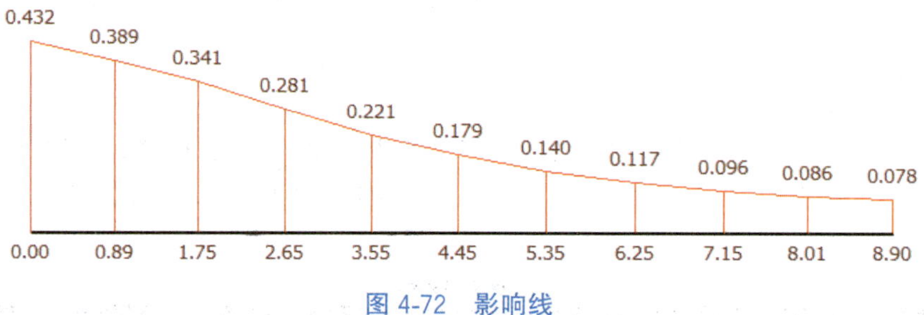

图4-72 影响线

(11)选择查询项“横向分布系数结果”,单击“显示结果”,在图形区会显示汽车荷载横向分布系数,双击图形区,可以切换显示不同荷载横向分布系数,如图4-73所示。

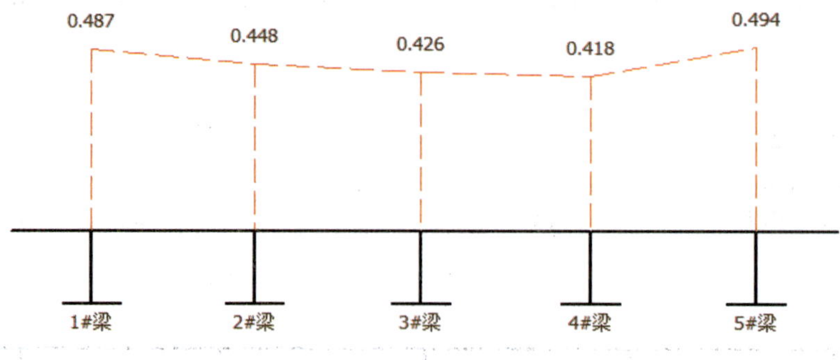

图4-73 横向分布系数

4.2.7 运营分析

运营阶段基本步骤见表4-2。

表 4-2　运营阶段基本步骤

运营阶段	基本内容
整体温度	考虑±20 ℃
梯度温度	依据《公路桥涵设计通用规范》(JTG D60—2015)考虑
车道荷载	依据《公路桥涵设计通用规范》(JTG D60—2015)考虑

1. 定义整体温度

在项目管理树上双击"运营分析",进入运营分析界面。单击进入"总体信息",升温温差和降温温差均考虑为 20 ℃,如图 4-74 所示。

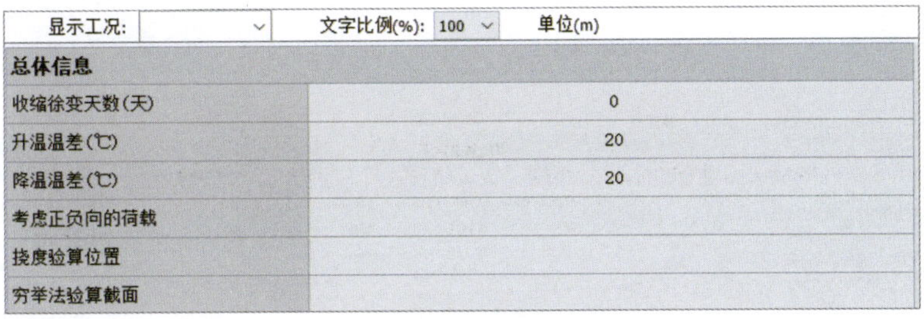

显示工况:　　文字比例(%): 100　　单位(m)

总体信息	
收缩徐变天数(天)	0
升温温差(℃)	20
降温温差(℃)	20
考虑正负向的荷载	
挠度验算位置	
穷举法验算截面	

图 4-74　运营分析-总体信息

2. 定义梯度温度

单击"常规荷载"→"梯度温度",按如下命令行提示操作:

```
指定名称:(梯度温升)
选择目标构件(右键结束选择):(全选构件)
```

单击"梯度温度",修改"梯度温升"的温度模式,选择"温度模式"为"公路 15 混凝土桥升温模式"。参照此操作定义"梯度温降",如图 4-75 所示。

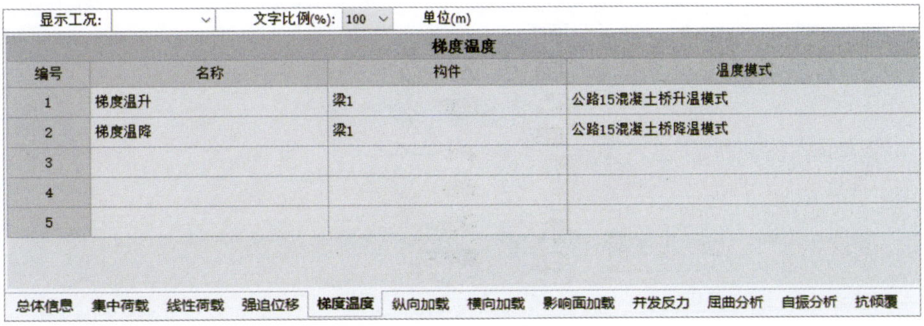

显示工况:　　文字比例(%): 100　　单位(m)

梯度温度

编号	名称	构件	温度模式
1	梯度温升	梁1	公路15混凝土桥升温模式
2	梯度温降	梁1	公路15混凝土桥降温模式
3			
4			
5			

总体信息　集中荷载　线性荷载　强迫位移　梯度温度　纵向加载　横向加载　影响面加载　并发反力　屈曲分析　自振分析　抗倾覆

图 4-75　梯度温度

3. 定义车道荷载

单击"纵向加载",按如下命令行提示操作:

```
选择桥面单元(右键结束):(全选构件)
指定名称<默认>:CD
```

单击“纵向加载”，修改车载系数，定义车道荷载如图 4-76 示，系数定义如图 4-77 所示，纵向加载信息如图 4-78 所示。

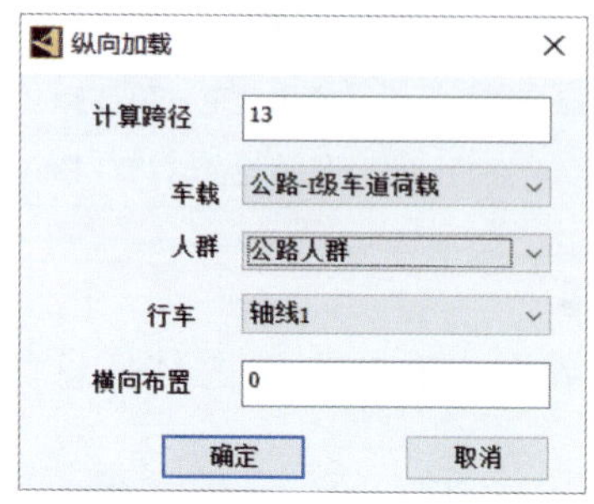

图 4-76 定义车道荷载

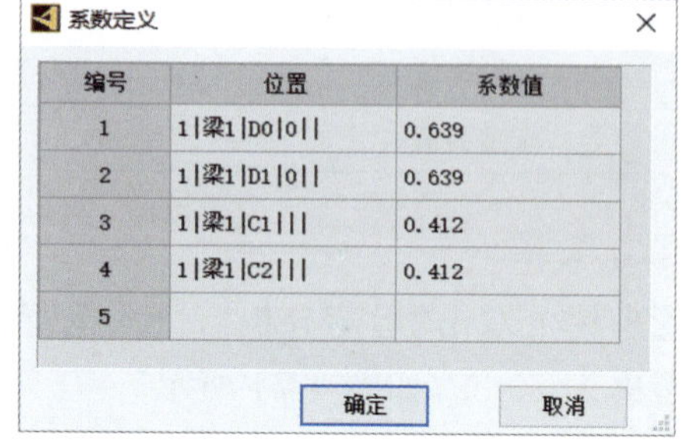

系数定义

编号	位置	系数值
1	1|梁1|D0|0||	0.639
2	1|梁1|D1|0||	0.639
3	1|梁1|C1|||	0.412
4	1|梁1|C2|||	0.412
5		

确定 取消

图 4-77 系数定义

显示工况： 文字比例(%)：100 单位(m)

纵向加载定义									
编号	名称	桥面单元	计算跨径(m)	活载类型	活载系数	行车线	横向布置(m)	冲击系数	单边人行道宽度(m)
1	CD	梁1	13	公路-I级车道荷载	1|梁1|D0|0|...	轴线1	0	0~2;;0.233,0.233	
2	CD_人群	梁1	13	公路人群	1|梁1|D0|0|...	轴线1	0	0~2;;0.233,0.233	
3									
4									
5									

总体信息 集中荷载 线性荷载 强迫位移 梯度温度 纵向加载 横向加载 影响面加载 并发反力 屈曲分析 自振分析 抗倾覆

图 4-78 纵向加载完成

通过以上操作，运营分析设置完成。

4.2.8 执行计算

在项目标签下单击“全部计算”或者“计算当前”，或在项目管理树中右击模型名称“中梁”，选择“计算”，执行计算，如图 4-79 所示。

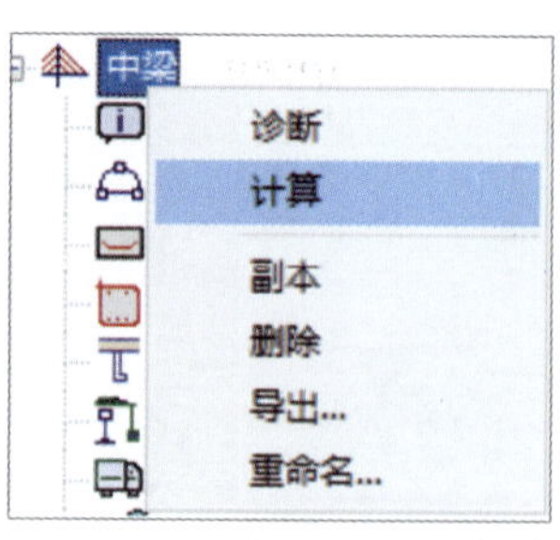

图 4-79 执行计算

4.2.9 后处理查看

(1)右击项目管理树“结果查询”，选择“新文件夹”，在弹出的“新建查询文件夹”中填写“01 总体信息”。

(2)右击新建的文件夹，在快捷菜单中选择“新建查询”，在弹出的“新建查询”中填写名称，选择所需的工况和内容。

(3)查看结果。双击查询项,程序默认以图形和表格并存的方式显示计算结果。

4.2.10　建立边梁

(1)在项目管理树中右击模型名称“中梁”,选择“副本”,将产生的副本重命名为“边梁”,产生一个名为“边梁”的模型。

(2)双击“结构建模”(图 4-80),进入截面界面,清空跨中截面和支点截面,使用“导入区域”重新导入截面。导入边梁跨中截面如图 4-81 所示,导入边梁支点截面如图 4-82 所示。

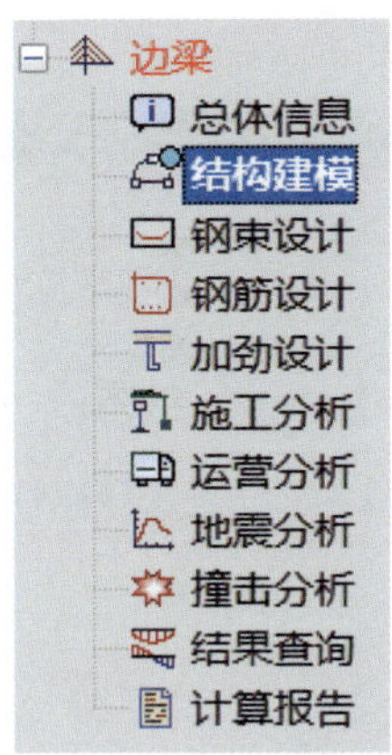

图 4-80　创建边梁模型结构建模

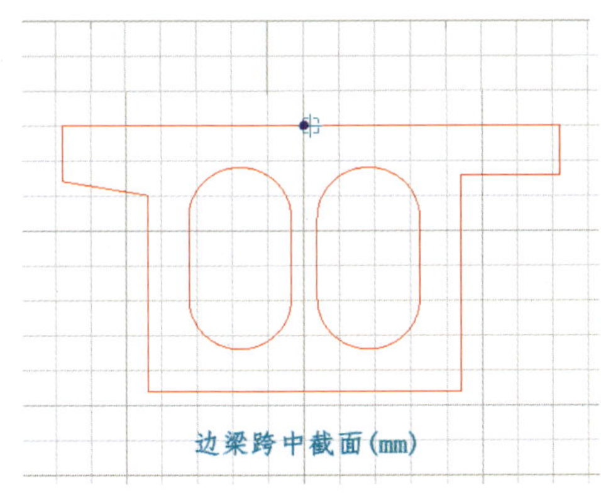

图 4-81　导入边梁跨中截面

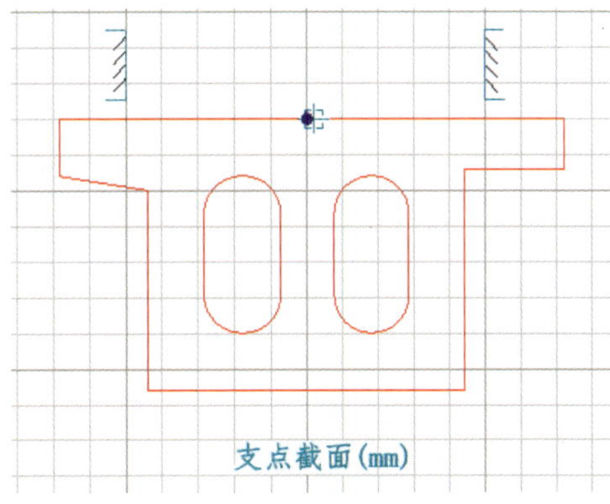

图 4-82　导入边梁支点截面

(3)对跨中截面和支点截面设置支座位。单击“截面计算”→“控制点”→“支座位”,设置在底板中心。设置边梁支点截面支座位如图 4-83 所示,设置边梁跨中截面支座位如图 4-84 所示。

(4)对跨中截面和支点截面设置施工缝。单击“截面计算”→“特征线”→“施工缝”,先单击任意位置处,再单击产生的施工缝,在左侧属性栏修改参数。施工缝属性如图 4-85 所示,设置边梁跨中截面施工缝如图 4-86 所示,设置边梁支点截面施工缝如图 4-87 所示。

(5)边梁建立完成,计算及结果查询等步骤与中梁相同。

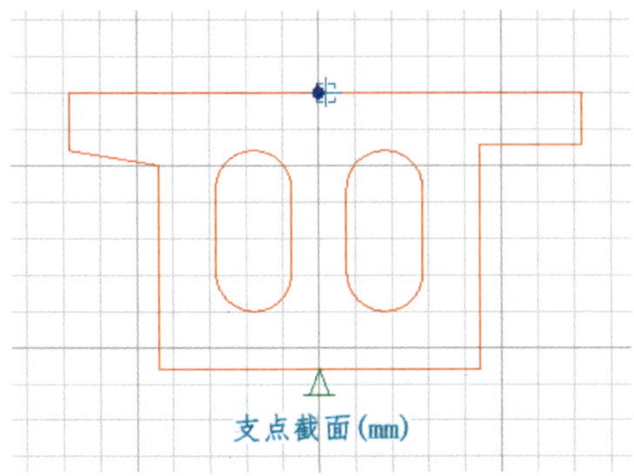

图 4-83　设置边梁支点截面支座位

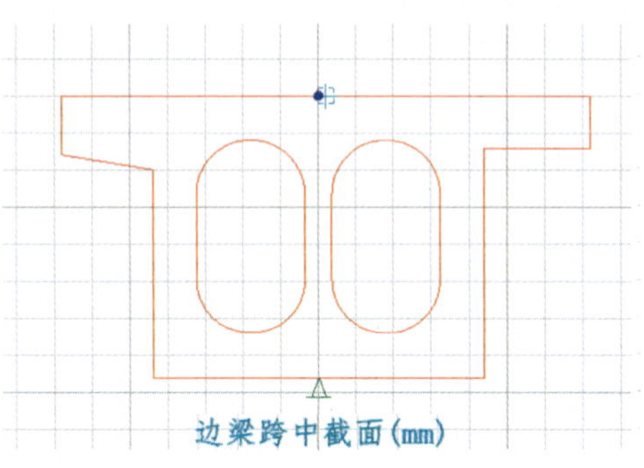

图 4-84　设置边梁跨中截面支座位

对象属性	
⊟ 施工缝	
子截面名称	S2
横向位置	625
朝向	朝右
适用子截面	主截面

图 4-85　施工缝属性

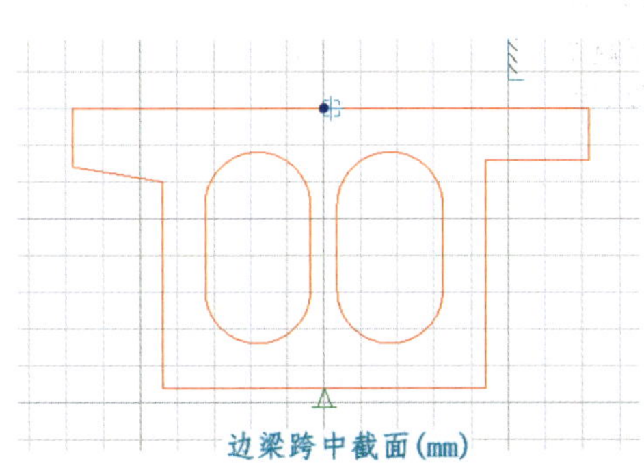

图 4-86　设置边梁跨中截面施工缝

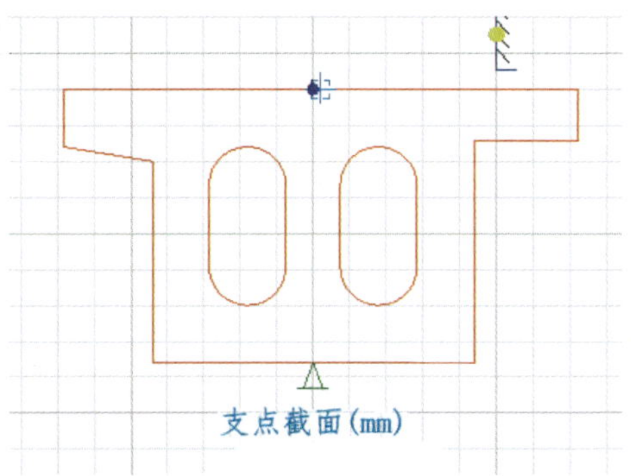

图 4-87　设置边梁支点截面施工缝

4.3　手动验算

4.3.1　单孔荷载

1. 13 m 预应力梁体重

梁体重计算公式

$$m=V\gamma$$

式中　V——计算体积，m^3；

γ——容重，kN/m^3。

梁体截面尺寸，从 CAD 图上得到截面的面积中梁为 0.40 m^2，边梁为 0.443 m^2。

中梁梁重：

$$m_1 = 0.4 \times 13 \times 26 = 135.2 \text{ kN}$$

边梁梁重：

$$m_2 = 0.443 \times 13 \times 26 = 149.7 \text{ kN}$$

总梁体重：

$$m_3 = 135.2 \times 14 + 149.7 \times 2 = 2\ 192.2 \text{ kN}$$

2. 铺装层

$$m_4 = (0.07 \times 23 + 0.08 \times 25) \times (3.5 + 8.25) \times 13 = 551.4 \text{ kN}$$

3. 人行道

断面截面积：

$$s_1 = (2.7 \times 0.08 + 1.17 \times 0.08 + 0.32 \times 0.2 + 0.26 \times 0.19 + 0.43 \times 0.35 + 0.35 \times 0.17 \times 2) = 0.69 \text{ m}^2$$

人行道总重：

$$m_5 = 0.69 \times 25 \times 13 = 224.3 \text{ kN}$$

4. 防撞墙

$$m_6 = 0.34 \times 13 \times 25 = 110.5 \text{ kN}$$

5. 栏杆

$$m_7 = 0.22 \times 25 / 1.9 \times 13 = 37.6 \text{ kN}$$

对于空心板梁，由于支点密集，上部结构梁体重量与铺装层重量可以当作均布荷载施加在盖梁上。人行道和栏杆、防撞栏也可当作均布荷载施加在相应的范围内。

上部结构梁体换算均布荷载：

$$q_1 = (2\ 192.2 + 551.4) / 1.6 = 1\ 715 \text{ kN/m}$$

栏杆与人行道均布荷载：

$$q_2 = (37.6 + 224.3) / 2.7 = 97 \text{ kN/m}$$

防撞墙均布荷载：

$$q_3 = 170 / 1 = 170 \text{ kN/m}$$

6. 盖梁荷载

盖梁截面面积：

$$s_2 = 1.4 \times 1.0 = 1.4 \text{ m}^2$$

盖梁线重：

$$q_4 = 1.4 \times 26 = 36.4 \text{ kN/m}$$

4.3.2　汽车荷载产生的最大支反力

汽车荷载产生的最大支反力按城市道路等级 B 级计算，按顺桥向移动荷载，冲击系数取 0.316，求解支座可变荷载的最大支反力：

$$\text{轴力 } N = 13 \times 25 + 130 = 455 \text{ kN}$$

$$\text{弯矩 } M = 130 \times 0.27 = 35.1 \text{ kN} \cdot \text{m}$$

单列汽车产生的单孔重载墩顶最大支反力：

$$轴力\ N=13\times25/2+130=292.5\ \text{kN}$$
$$弯矩\ M=292.5\times0.27=79\ \text{kN}\cdot\text{m}$$

4.3.3 单位宽人行道人群荷载产生的最大支反力

单列汽车产生的双孔重载、布载：

$$轴力\ N=13\times5=65\ \text{kN}$$
$$弯矩\ M=0\ \text{kN}\cdot\text{m}$$

人群单孔重载最大支反力：

$$轴力\ N=13\times25/20=16.25\ \text{kN}$$
$$弯矩\ M=16.25\times0.27=4.39\ \text{kN}\cdot\text{m}$$

4.3.4 水平荷载

1. 制动力

本设计桥各支点墩高、桥墩形式和刚度均一致，且支座均是板式橡胶支座，因此各墩的水平力分配刚度一致，制动力应各支点平均分配，按全桥重载计算制动力。

全桥重载制动力：

$$P=(33\times25+130)\times2\times0.1=191\ \text{kN}$$

单支点分配的制动力：

$$P=191/6=31.8\ \text{kN}$$

支座顶面至墩柱底高度：

$$h=0.042+1.1+1.147=2.289\ \text{m}$$

制动力产生的中墩单柱墩底弯矩：

$$M=63.6\times2.289/5=29.1\ \text{kN}\cdot\text{m}$$

2. 温度力

求解温度零点距 0 号台距离，由于各墩刚度相同，故温度零点距桥台 16.5 m。

(1)桥墩与支座联合抗推刚度

桥墩悬臂刚度：

$$I=0.021\ \text{m}^4$$
$$k_1=71\ 960\ \text{kN/m}$$

每个支座的抗推刚度：

$$k_2=45\ 714\ \text{kN/m}$$

桥墩与支座串联后的联合刚度：

$$k=27\ 960\ \text{kN/m}$$

(2)桥墩温度力

$$P=6.5\times0.000\ 01\times20\times27\ 960=36.3\ \text{kN}$$

(3)桥台温度力

$$P=6.5\times0.000\ 01\times20\times45\ 714/2=29.7\ \text{kN}$$

(4)温度力产生的墩底内力

中墩单柱：

$$M=36.3\times2.289/5=16.7\ \text{kN}\cdot\text{m}$$

桥台：

$$M=29.7\times2.289=68\ \text{kN}\cdot\text{m}$$

4.3.5 撑杆抗压验算

撑杆压力线与系杆拉力线的夹角 θ 为

$$\arctan[h_0/(a+x)]=65.4^\circ$$

式中 h_0——承台有效高度，$h_0=1.0-0.04=0.96$ m；

a——撑杆压力线在承台顶面的作用点至墩台边缘的距离，取 $a=0.14$ m；

x——桩中心至墩台边缘的距离，$x=0.3$m。

撑杆轴向力为 6 550 kN，撑杆压力设计值为

$$D_d=N_d/\sin\theta=7\ 203.9\ \text{kN};$$

式中 N_d——撑杆的轴向力，kN。

系杆水平拉力为 6 550 kN，系杆拉力设计值为

$$T_d=T/\tan\theta=2\ 998.8\ \text{kN};$$

式中 T——系杆水平拉力，kN。

系杆高度：

$$h_1=s+6d=0.04+6\times0.025=0.19\ \text{m};$$

式中 s——系杆钢筋的顶层钢筋中心至承台底的距离，$s=40$ mm；

d——系杆钢筋直径，$d=25$ mm。

撑杆高度：

$$h_2=b\sin\theta+h_1\cos\theta=0.43\ \text{m};$$

式中 b——撑杆的支撑宽度，$b=0.4$ m。

系杆钢筋单根截面积为 1 131 mm^2，计算宽度范围内系杆钢筋截面积：

$$A_s=120\times113.1=13\ 572\ \text{mm}^2。$$

系杆弯曲变形：

$$\varepsilon_1=[T_d/(A_sE_s)+0.02]\cot\theta=0.000\ 4;$$

式中 E_s——钢筋弹性模量，N/mm^2。

撑杆混凝土轴心抗压强度设计值：

$$f_{cds}=f_{cuk}/(1.43+304\ \varepsilon_1)=16.1>0.48\ f_{cuk}=12\ \text{MPa}$$

式中 f_{cuk}——混凝土立方抗压强度标准值，取 25 MPa。

$$x_0D_d=7\ 203.9\ \text{kN}<h_2\ b_sf_{cds}=0.43\times16.6\times12\ 000=85\ 656\ \text{kN}$$

式中 x_0——结构重要性系数，取 1.0；

b_s——撑杆计算宽度，3 倍桩径为 1.2 m，故取$b_s=16.6$ m，表示承台全宽。

通过以上计算，撑杆抗压满足要求。

4.3.6 系杆抗拉验算

$$x_0 T_d = 2\ 998.8\ \text{kN} < f_{sd} h_2 A_s = 3\ 800.16\ \text{kN}$$

式中 f_{sd}——系杆钢筋抗拉强度设计值，取 280 MPa。

通过计算，系杆抗拉满足要求。

4.3.7 斜截面抗剪验算

剪跨比：

$$m = a_x / h_0 = 0.25/0.96 = 0.26 < 0.5$$

式中 a_x——墩台边缘至桩边缘的距离，取 0.25 m。

因此，取 $m=0.5$。

斜截面内纵向受拉钢筋的配筋百分率：

$$P = 100A_s/(b_s h_0) = 0.085 < 2.5$$

因此，取 $P=0.085$。

$$P = \gamma_0 V_d = 6\ 550\ \text{kN} < 0.9 \times 10 \times (2+0.6P) f_{cuk} b_s h_0 / m = 14\ 708$$

式中 V_d——剪力设计值，其值为 6 550/1=6 550 kN。

通过以上计算，斜截面抗剪满足要求。

第 5 章　16 m 标准跨度装配式 T 形梁桥

装配式 T 形梁桥作为一种新型的桥梁结构，具有施工简便、耗时短、质量可控的特点。本章重点讲解 16 m 标准跨度装配式 T 形梁桥的设计，旨在帮助桥梁设计师和工程师深入了解该类桥梁结构的设计原理，提高桥梁设计和施工的水平。

5.1　设计说明

5.1.1　设计规范

(1)《公路工程技术标准》(JTG B01—2014)。

(2)《公路桥涵设计通用规范》(JTG D60—2015)。

(3)《公路圬工桥涵设计规范》(JTG D61—2005)。

(4)《公路钢筋混凝土及预应力混凝土桥涵设计规范》(JTG 3362—2018)。

(5)《公路桥涵地基与基础设计规范》(JTG 3363—2019)。

5.1.2　设计标准

(1)汽车荷载等级：公路—Ⅱ级。

(2)设计安全等级：一级。

(3)设计洪水频率：1/100。

(4)设计使用寿命：50 年以上。

5.1.3　技术参数

(1)跨径及结构形式：16.0 m 预应力混凝土简支空心板桥。

(2)桥梁全宽：26.0 m(0.5 m 护栏＋11.5 m 行车道＋2.0 m 中央分隔带＋11.5 m 行车道＋0.5 m 护栏)。

(3)桥面横坡：双向 2.0％。

(4)桥上纵坡：1.0％。

(5)地震烈度：Ⅵ度。

(6)梁板参数：① 预制板高：0.8 m；② 预制板长：15.95 m；③ 预制安装重量：中板

232.0 kN,边板 238.6 kN;④横桥向板块数:中板 12 块,边板 4 块。

(7)环境类别:Ⅱ类。

5.1.4 工程地质条件

桥位区内未发现滑坡、泥石流及地下采空区等不良地质现象,桥址区整体稳定,适宜建桥。

侏罗系中统沙溪庙组砂岩、泥岩为桥位区下伏基岩,是桥梁主要的基础持力层,而覆盖层主要为第四系全新统残坡积亚黏土。其中强风化砂岩、泥岩地基容许承载力建议设计值为 0.4 MPa。弱风化泥岩地基容许承载力建议设计值为 0.8 MPa。

5.1.5 主要材料

1. 混凝土

预制空心板 40 号混凝土,现浇企口缝 40 号小石子混凝土,桥面现浇层 40 号防水混凝土;台帽、护栏、搭板 30 号混凝土;台身 20 号片石混凝土;基础 15 号片石混凝土。混凝土用细集料必须符合相应技术规范的要求。

2. 水泥

预制空心板、现浇企口缝及桥面现浇层等 40 号混凝土采用的水泥强度等级不宜小于 42.5 MPa。质量符合最新国家标准《通用硅酸盐水泥》(GB 175—2007)等的规定。

3. 钢筋

普通钢筋采用Ⅰ、Ⅱ级钢筋,相应抗拉设计强度分别为 240 MPa、340 MPa。钢筋的技术标准必须符合最新国家标准《钢筋混凝土用钢 第 1 部分:热轧光圆钢筋》(GB/T 1499.1—2017)和《钢筋混凝土用钢 第 2 部分:热轧带肋钢筋》(GB/T 1499.2—2018)的规定。

4. 预应力钢束

预应力钢束采用标准 ASTM A416-98 的 270 级高强低松弛钢绞线(ϕ^j15.24 mm),其标准抗拉强度为 1 860 MPa。要求钢绞线及其锚固体系供货厂商具有 ISO 9002 质量体系认证证书,产品质量有部级以上鉴定证书。预应力钢束管道采用镀锌波纹管。

5.2 实例建模

打开桥梁博士软件,单击“新建”按钮 ,弹出“新建项目”对话框,项目名称填写“装配式 T 形梁桥”,指定项目保存路径,其余参数采用默认值。单击“确定”按钮,即可创建一个装配式 T 形梁桥项目,如图 5-1 所示。

5.2.1 总体信息

总体信息部分定义了“装配式 T 形梁桥” 项目的基本信息、土层参数和钻孔信息。在项目管理树上双击“总体信息”,默认进入总体信息的“基本”一栏进行规范输入。

新建项目

项目名　装配式T形梁桥

项目路　C:\Users\dell\Desktop　...

□创建空项目

模型名　模型1

模型类　三维计算模型

计算规　2018公路规范

确定(O)　取消(C)

图 5-1　新建项目

1. 基本信息

基本信息包括常规信息、计算内容、计算设置和材料定义。首先定义常规信息，“计算规范”选择“2018 公路规范”，“环境类别”选择“Ⅰ类”，如图 5-2 所示。

常规	
模型说明	
计算规范	2018公路规范
结构重要性系数	1.1
环境相对湿度	0.8
环境类别	Ⅰ类
模型类别	空间杆系

图 5-2　定义常规信息

在“基本”→“计算内容”中，勾选需要计算的内容，如图 5-3 所示。

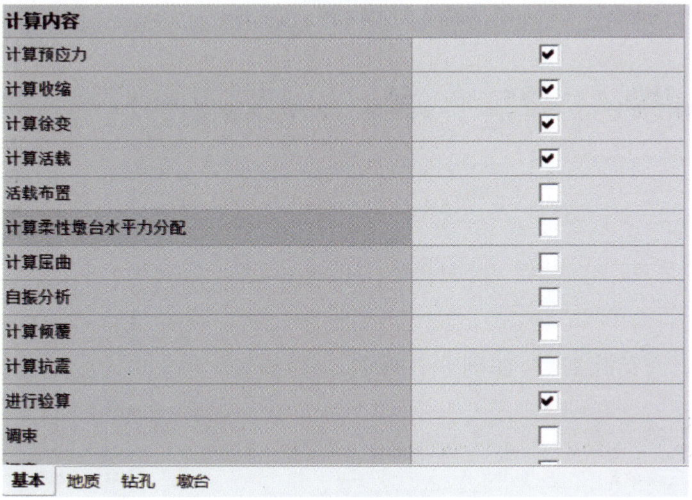

计算内容	
计算预应力	☑
计算收缩	☑
计算徐变	☑
计算活载	☑
活载布置	☐
计算柔性墩台水平力分配	☐
计算屈曲	☐
自振分析	☐
计算倾覆	☐
计算抗震	☐
进行验算	☑
调束	☐

基本　地质　钻孔　墩台

图 5-3　定义计算内容

在“基本”→“计算设置”中，采用默认选项，不考虑负弯矩折减，如图 5-4 所示。

计算设置	
考虑切线拼装	☐
是否考虑负弯矩折减	☐
截面钢筋应力计算点限定	2
阶段徐变天数细分原则	1|30, 2; 90, 3; 1000, 6
是否考虑几何非线性	☐
活载是否考虑非线性	☐
刚性单元刚度调整系数	1
施工阶段分析考虑材料弹模变化	☐

图 5-4　定义计算设置

在“基本”→“材料定义”中，选择所需材料，如图 5-5 所示。

材料定义

编号	名称	材料类型	材料索引	收缩调整系数	徐变调整系数	粉煤灰掺量(%)	说明
1	主梁材料	混凝土	C50	1	1	0	
2	墩柱材料	混凝土	C45	1	1	0	
3	基础材料	混凝土	C35	1	1	0	
4	高强钢绞线	预应力	钢绞线d=15.2_fpk=1860				
5	普通钢筋（高）	钢筋	HRB400				
6	普通钢筋（低）	钢筋	HRB400				

图 5-5　材料定义

2. 土层参数

在“地质”→“土层”中，填入土层参数，如图 5-6 所示。

土层

编号	索引名称	重度(kN/m^3)	是否透水	压缩模量(MPa)	m/m0(kN/m^4)	土内摩擦角(度)	侧摩阻(kPa)
1	人工填土	20, 20	透水	压缩模量#13#	6000, 6000	0	22
2	粉细砂	18, 18	透水	压缩模量#13#	7000, 7000	24	30
3	粉质黏土	16, 16	透水	压缩模量#...	8000, 8000	22	60

承载力基本容许值(kPa)	宽度修正系数	深度修正系数	承载力容许值上限(kPa)	基底摩擦系数	颜色
70	0	1，1	90	0.25	■ 黑
80	1.5	3，3	100	0.4	■ 黑
100	0	2.5, 5.5	150	0.25	■ 黑

图 5-6　定义土层参数

3. 新建钻孔

在“钻孔”中，填入钻孔参数，如图 5-7 所示。

钻孔

编号	索引名称	孔口（地面）标高(m)	常水位标高(m)	钻孔土层
1	1#桥墩	0	0	人工填土, 6; 粉细砂, 2...
2				
3				

图 5-7　新建钻孔

填写 1 号桥墩的“钻孔土层”二级表格中的参数，如图 5-8 所示。

钻孔土层

钻孔土层		
编号	土/岩层索引名称	层厚(m)
1	人工填土	6
2	粉细砂	20.5
3	粉质黏土	30

确定　取消

图 5-8　定义钻孔土层参数

5.2.2　结构建模

1. 定义上部结构截面

(1)在项目管理树上双击“结构建模”，进入结构建模界面。开始定义上部结构截面，在图形区右侧单击“截面”标签，进入截面定义窗口。在截面名称处右击鼠标，选择“修改截面名称”，将默认的截面名称修改为“中梁”，如图 5-9 所示。

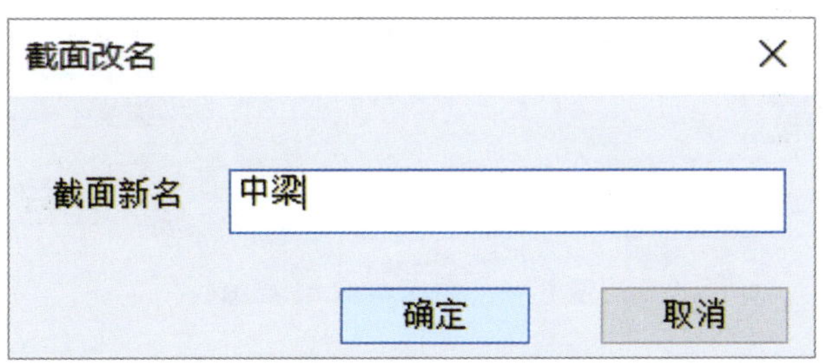

图 5-9　修改截面名称

(2)导入截面。单击“截面几何”→“导入区域”，弹出“导入区域”对话框，填入相应信息，将预先准备好的中梁截面(dwg、dxf 格式)导入程序，导入中梁截面如图 5-10 所示。

(3)定义参数。单击“截面几何”→“水平标注”，标注腹板厚度，定义为参数 w。单击“竖直标注”，标注底部马蹄高度，分别定义为参数 h1 和 h2。定义中梁标注参数如图 5-11 所示。

(4)参数赋值。按【Ctrl】键并双击参数 w，进入参数编辑器窗口。双击图形中的线条，弹出截面参数定义表格，输入控制点 X 和控制点 Y 的参数，选择相应的曲线类型，填入曲线参数值，参数 w 赋值如图 5-12 所示。

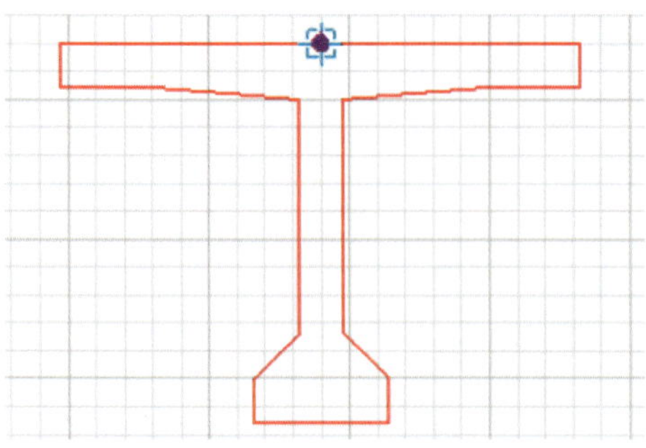

图 5-10 导入中梁截面

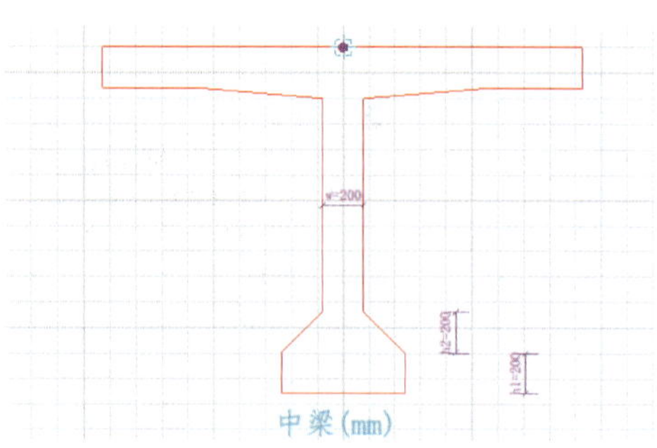

图 5-11 定义中梁标注参数

截面参数w定义

编号	控制点X(m)	控制点Y(mm)	特征点名称	曲线类型	曲线参数值
1	0	400		直线	
2	0.9344	400			
3	2.6624	200			
4	13.2864	200			
5	15.0144	400			
6	15.9488	400			

确定 取消

图 5-12 截面参数 w 赋值

用同样的方法给参数 h1 和 h2 赋值，参数 h1 赋值如图 5-13 所示，参数 h2 赋值如图 5-14 所示。

截面参数h1定义

编号	控制点X(m)	控制点Y(mm)	特征点名称	曲线类型	曲线参数值
1	0	700			
2	0.9344	700			
3	2.6624	200			
4	13.2864	200			
5	15.0144	700			
6	15.9488	700			

确定 取消

图 5-13 截面参数 h1 赋值

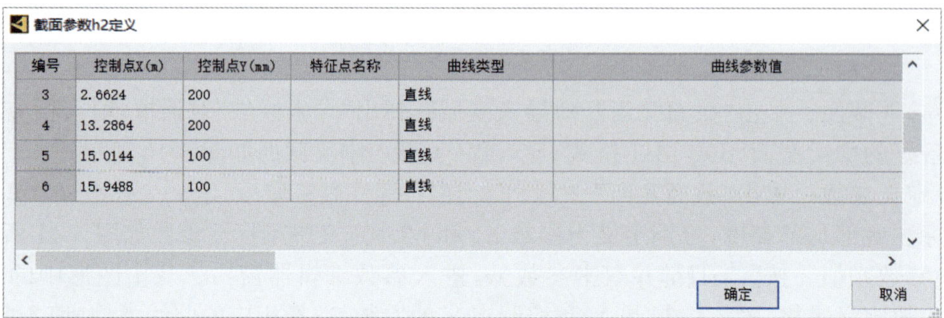

截面参数h2定义

编号	控制点X(m)	控制点Y(mm)	特征点名称	曲线类型	曲线参数值
3	2.6624	200		直线	
4	13.2864	200		直线	
5	15.0144	100		直线	
6	15.9488	100		直线	

确定 取消

图 5-14 截面参数 h2 赋值

(5)截面区域点的位置参数化。在“截面计算”工具栏,勾选“区域点号”,图形区显示出 T 形梁轮廓线的区域点号,显示截面区域点号如图 5-15 所示。双击轮廓线,弹出“截面区域属性”表格,将区域点的位置参数化,如图 5-16 所示。

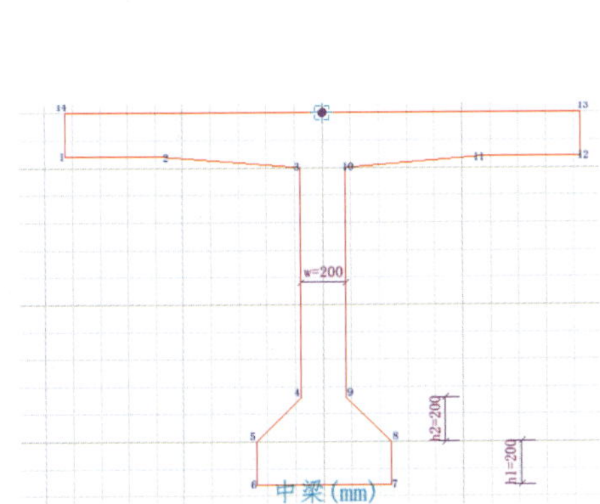

图 5-15　显示截面区域点号

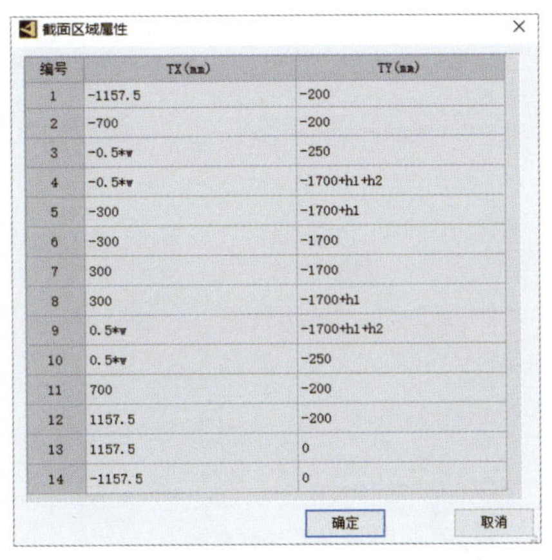

截面区域属性

编号	TX(mm)	TY(mm)
1	-1157.5	-200
2	-700	-200
3	-0.5*w	-250
4	-0.5*w	-1700+h1+h2
5	-300	-1700+h1
6	-300	-1700
7	300	-1700
8	300	-1700+h1
9	0.5*w	-1700+h1+h2
10	0.5*w	-250
11	700	-200
12	1157.5	-200
13	1157.5	0
14	-1157.5	0

确定　取消

图 5-16　截面区域点参数

(6)查看截面沿程变化。在参数编辑器窗口右击鼠标,在弹出的快捷菜单中选择“退出参数编辑器”,在下部界面显示“中梁”截面的沿程变化。截面沿程变化如图 5-17 所示。

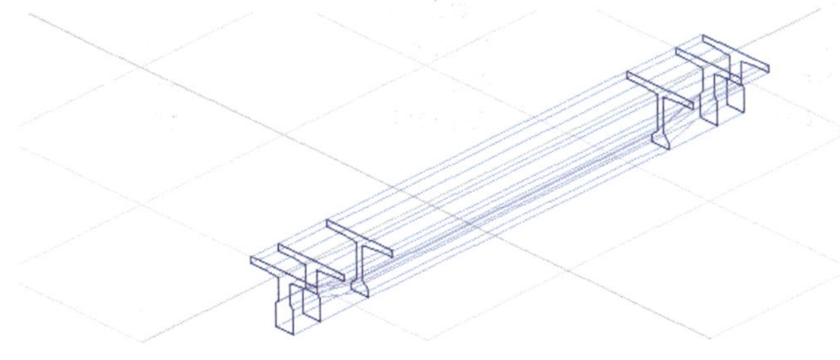

图 5-17　截面沿程变化

(7)定义腹板线。单击“截面计算”→“腹板线”,单击 T 形梁翼缘板顶部中心线位置,完成腹板线的定义。定义腹板线如图 5-18 所示。在图形区单击腹板线标记,在“对象属性”中把“腹板顶宽度(剪力键外距)”的参数修改为“w”,其余保持不变。编辑腹板线属性如图 5-19 所示。

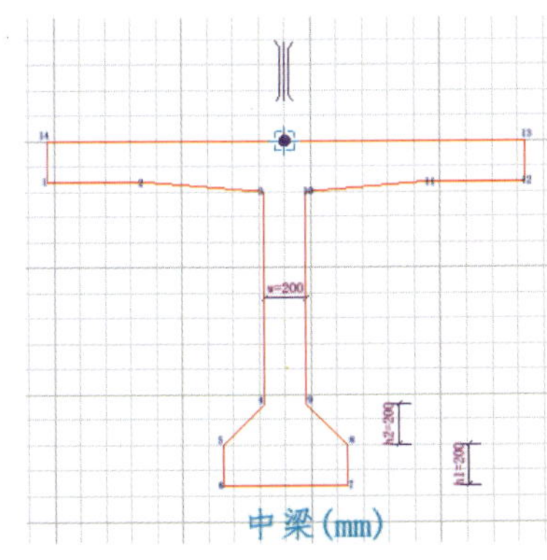

图 5-18　定义腹板线

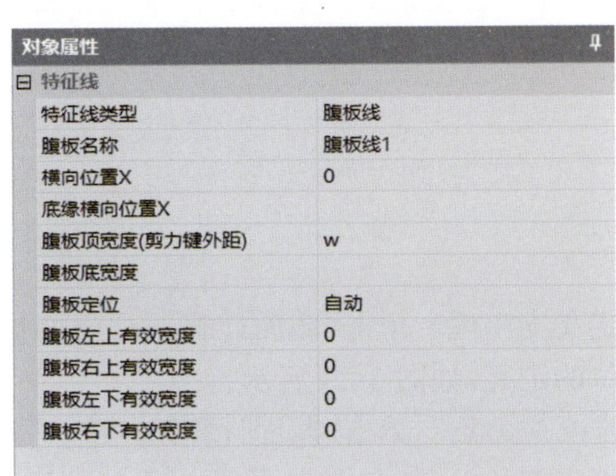

对象属性

⊟ 特征线

特征线类型	腹板线
腹板名称	腹板线1
横向位置X	0
底缘横向位置X	
腹板顶宽度(剪力键外距)	w
腹板底宽度	
腹板定位	自动
腹板左上有效宽度	0
腹板右上有效宽度	0
腹板左下有效宽度	0
腹板右下有效宽度	0

图 5-19　腹板线属性

(8)定义悬臂线。单击“截面计算”→“悬臂线”,在图形区依次单击 T 形梁翼缘板顶部的左、右悬臂最外侧点,完成悬臂线的定义,如图 5-20 所示。

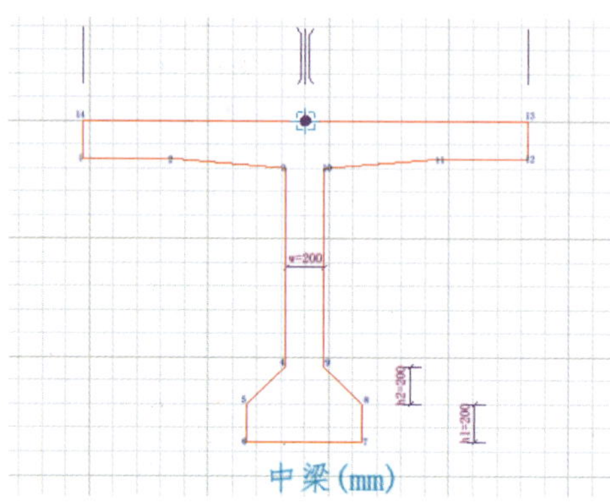

图 5-20　定义悬臂线

(9)定义施工缝。单击“截面计算”→“施工缝”,在图形区随意单击 T 形梁翼缘板顶部上的两个点,然后调整对象属性,编辑施工缝属性如图 5-21 所示。

对象属性		对象属性	
⊟ 施工缝		⊟ 施工缝	
子截面名称	S2	子截面名称	S1
横向位置	875	横向位置	-875
朝向	朝右	朝向	朝左
适用子截面	主截面	适用子截面	主截面

图 5-21　施工缝属性

施工缝定义完成,如图 5-22 所示。

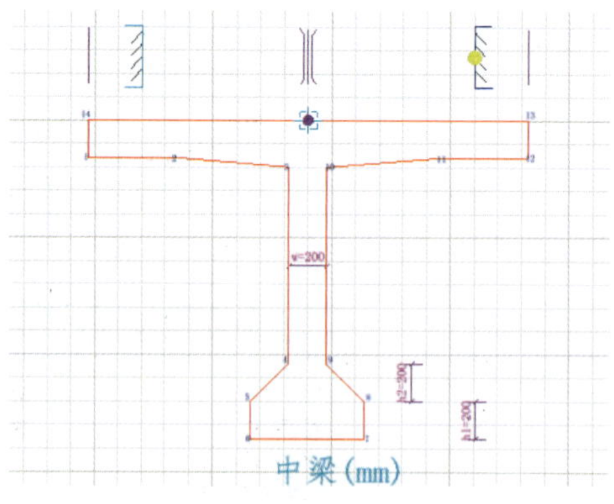

图 5-22　定义施工缝

(10)定义支座位。单击“截面计算”→“支座位”,在图形区单击 T 形梁腹板底部的中点,完成支座位的定义,如图 5-23 所示。

(11)定义应力点。单击“截面计算”→“应力点”,在图形区依次单击 T 形梁翼缘板顶部的中点和腹板底部的中点,完成 T 形梁上缘应力点和下缘应力点的定义,如图 5-24 所示。

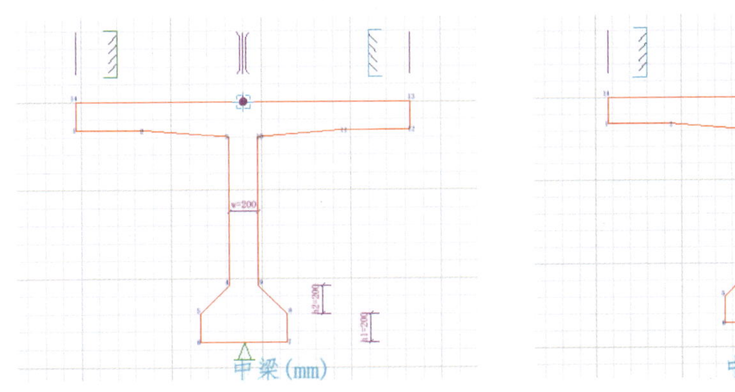

图 5-23　定义支座位　　　图 5-24　定义应力点

（12）截面信息定义。单击“截面计算”→“截面定义”，弹出“截面定义”对话框。在“截面定义”栏定义截面信息，如图 5-25 所示。

截面定义

编号	子截面名称	材料名称	安装序号	有效宽度模式	有效宽度类型	默认应力点数	大气接触周长	加固截面
1	主截面	主梁材料	1	公路T形梁	上下缘	5	0	不加固
2	S1	主梁材料	1	全部有效	上下缘	5	0	不加固
3	S2	主梁材料	1	全部有效	上下缘	5	0	不加固

图 5-25　定义截面信息

在“截面总体”栏中输入截面信息，如图 5-26 所示。在“梯度温度”栏中，“梯度温度模式”项同时勾选“公路 15 混凝土桥升温模式”和“公路 15 混凝土桥降温模式”，“沥青铺装厚(mm)”项填入“100”，如图 5-27 所示。

截面总体

三角形划分个数	0
构件轴线竖向位置	顶缘
构件轴线水平位置	中点
截面形状力学类型	自动判断
梁格法纵梁剖分	用户指定
梁格法纵梁中性轴	全截面中性轴
抗扭惯矩计算	汉勃利法

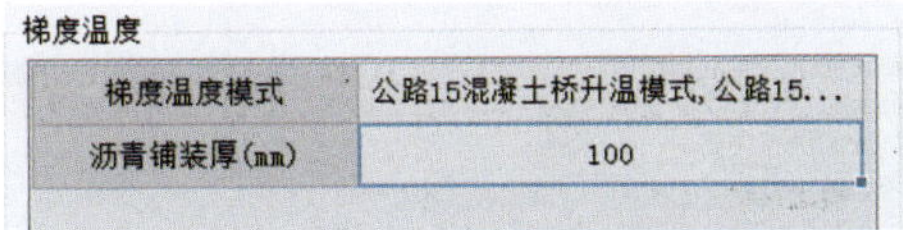

图 5-26　定义截面信息　　　图 5-27　定义截面信息

（13）定义左边梁截面。在图形区右击鼠标，在弹出的快捷菜单中选择“新建空白截面”，并将截面名称修改为“左边梁”，采用导入区域的方法将左边梁截面导入。导入左边梁如图 5-28 所示。

（14）定义参数。参照步骤（3），定义参数 w、h1 和 h2。

（15）参数赋值。参照步骤（4），对参数赋值。

（16）截面区域点的位置参数化。在“截面计算”工具栏，勾选“区域点号”，图形区显示出 T 形梁轮廓线的区域点号，如图 5-29 所示。

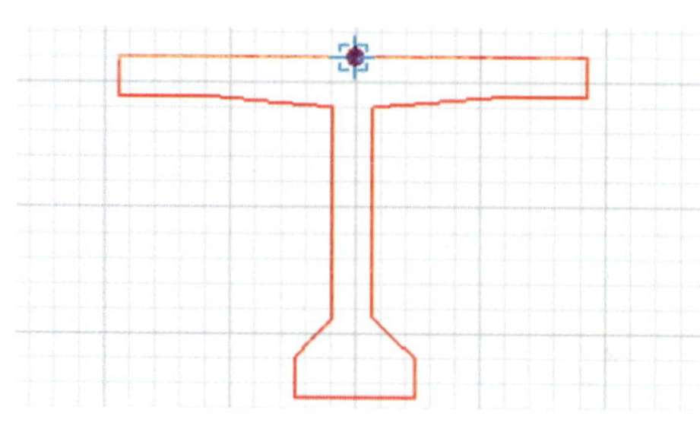

图 5-28　导入左边梁

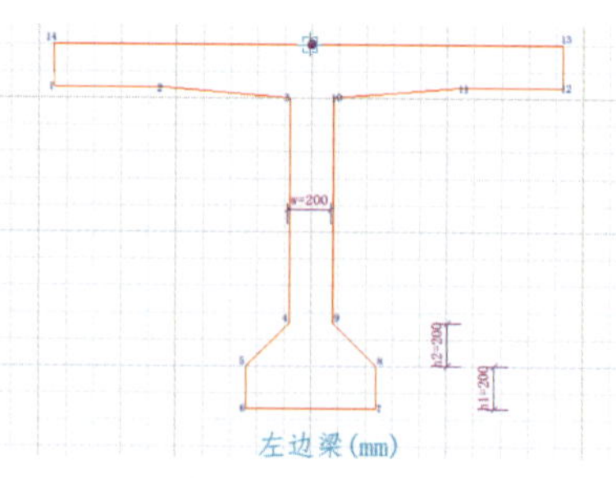

图 5-29　显示左边梁区域点号

双击轮廓线，弹出“截面区域属性”表格，将区域点的位置参数化，如图 5-30 所示。

截面区域属性

编号	TX(mm)	TY(mm)
1	-1180	-200
2	-700	-200
3	-0.5*w	-250
4	-0.5*w	-1700+h1+h2
5	-300	-1700+h1
6	-300	-1700
7	300	-1700
8	300	-1700+h1
9	0.5*w	-1700+h1+h2
10	0.5*w	-250
11	700	-200
12	1157.5	-200
13	1157.5	0
14	-1180	0

确定　取消

图 5-30　左边梁区域点参数

(17)定义腹板线。参照步骤(7)，定义腹板线。

(18)定义悬臂线。参照步骤(8)，定义左、右悬臂线。

(19)定义施工缝。参照步骤(9)，定义施工缝，施工缝属性如图 5-31 所示。

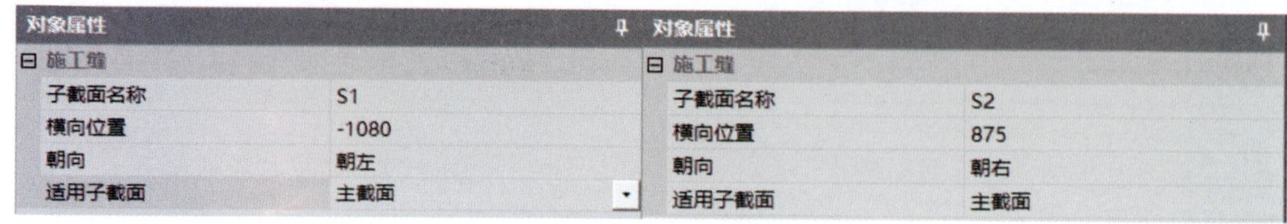

图 5-31　施工缝属性

(20)定义支座位。参照步骤(10)，在 T 形梁腹板底部的中点创建支座位。

(21)定义应力点。参照步骤(11)，在 T 形梁翼缘板顶部的中点和腹板底部的中点创建应力点，如图 5-32 所示。

(22)截面信息定义。参照步骤(12)，输入截面相关信息。

(23)定义右边梁截面。在图形区右击鼠标，在弹出的快捷菜单中选择“新建空白截面”，并将截面名称修改为“右边梁”，采用导入区域的方法将右边梁截面导入，如图 5-33 所示。

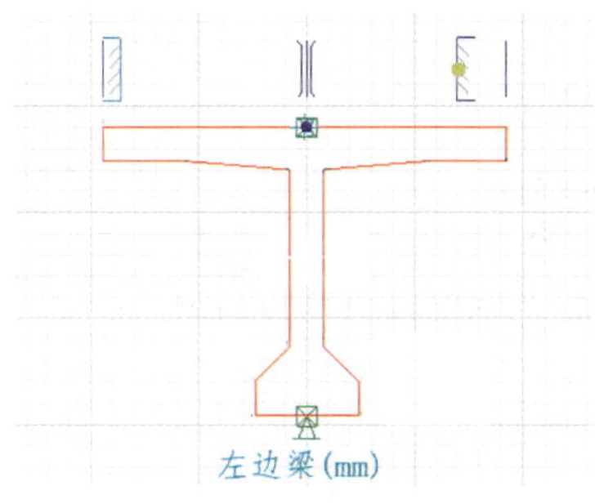

图 5-32　定义应力点

右边梁(mm)

图 5-33　导入右边梁截面

(24)定义参数。参照步骤(3)，定义参数 w、h1 和 h2，定义右边梁截面标注参数，如图 5-34 所示。

(25)参数赋值。参照步骤(4)，对参数赋值。

(26)截面区域点的位置参数化。在“截面计算”工具栏，勾选“区域点号”，图形区显示出 T 形梁轮廓线的区域点号，显示右边梁区域点号如图 5-35 所示。

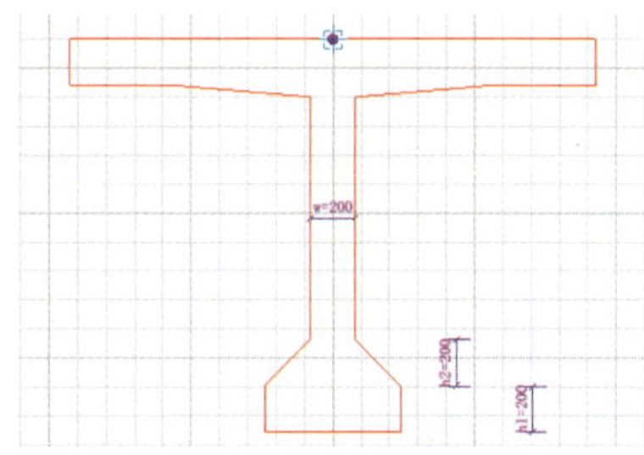

图 5-34　定义右边梁截面标注参数

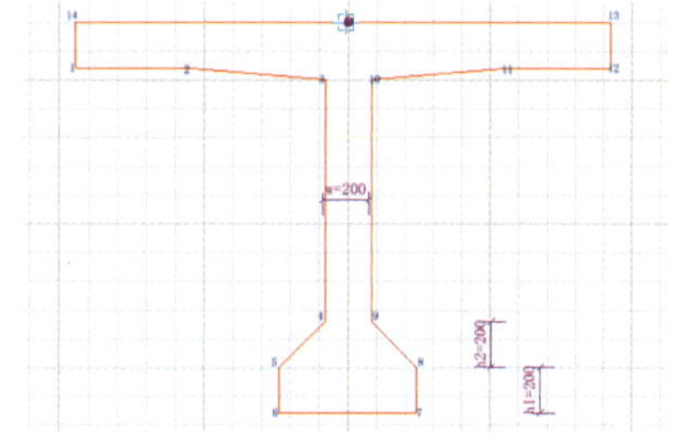

图 5-35　显示右边梁区域点号

双击轮廓线，弹出“截面区域属性”表格，将区域点的位置参数化，右边梁区域点参数化如图 5-36 所示。

截面区域属性

编号	TX (mm)	TY (mm)
1	-1157.5	-200
2	-700	-200
3	-0.5*w	-250
4	-0.5*w	-1700+h1+h2
5	-300	-1700+h1
6	-300	-1700
7	300	-1700
8	300	-1700+h1
9	0.5*w	-1700+h1+h2
10	0.5*w	-250
11	700	-200
12	1180	-200
13	1180	0
14	-1157.5	0

确定　取消

图 5-36　右边梁区域点参数

(27)定义腹板线。参照步骤(7),定义腹板线。

(28)定义悬臂线。参照步骤(8),定义左、右悬臂线。

(29)定义施工缝。参照步骤(9),定义施工缝,施工缝属性如图 5-37 所示。

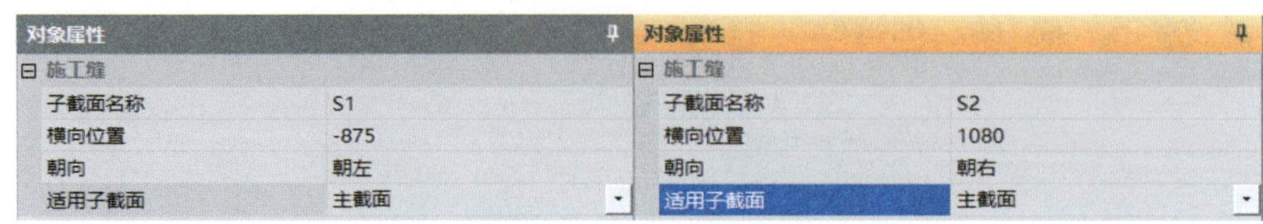

对象属性	
⊟ 施工缝	
子截面名称	S1
横向位置	-875
朝向	朝左
适用子截面	主截面

对象属性	
⊟ 施工缝	
子截面名称	S2
横向位置	1080
朝向	朝右
适用子截面	主截面

图 5-37 施工缝属性

(30)定义支座位。参照步骤(10),在 T 形梁腹板底部的中点创建支座位。

(31)定义应力点。参照步骤(11),在 T 形梁翼缘板顶部的中点和腹板底部的中点创建应力点,设置应力点如图 5-38 所示。

(32)截面信息定义。参照步骤(12),输入截面相关信息。

(33)定义跨中横隔板截面。在图形区右击鼠标,在弹出的快捷菜单中选择“新建空白截面”,并将截面名称修改为“横隔板-跨中”,采用导入区域的方法导入跨中横隔板截面,如图 5-39 所示。

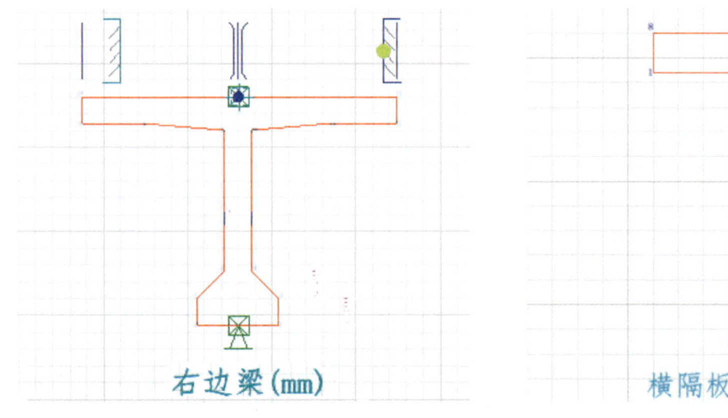

图 5-38 定义应力点

图 5-39 导入跨中横隔板截面

(34)定义支点横隔板截面。在图形区右击鼠标,在弹出的快捷菜单中选择“新建空白截面”,并将截面名称修改为“横隔板-支点”,采用导入区域的方法导入跨中支点截面,如图 5-40 所示。

(35)定义桥墩盖梁截面。在图形区右击鼠标,在弹出的快捷菜单中选择“新建空白截面”,并将截面名称修改为“桥墩盖梁”,采用导入区域的方法导入桥墩盖梁截面,如图 5-41 所示。

在“截面定义”中,将“材料名称”修改为“墩柱材料”,其余保持不变。

(36)定义支座位。单击“截面计算”→“支座位”,在图形区随意单击盖梁顶部的两个点,通过“对象属性”调整其位置,支座位属性如图 5-42 所示,设置支座位如图 5-43 所示。

(37)定义虚拟横梁截面。在图形区右击鼠标,在弹出的快捷菜单中选择“新建空白截面”,并将截面名称修改为“虚拟横梁”,采用导入区域的方法导入虚拟横梁截面,如图 5-44 所示。

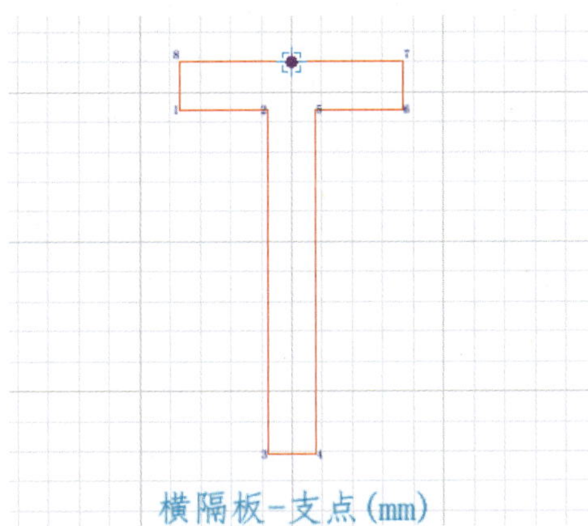

图 5-40　导入跨中支点截面

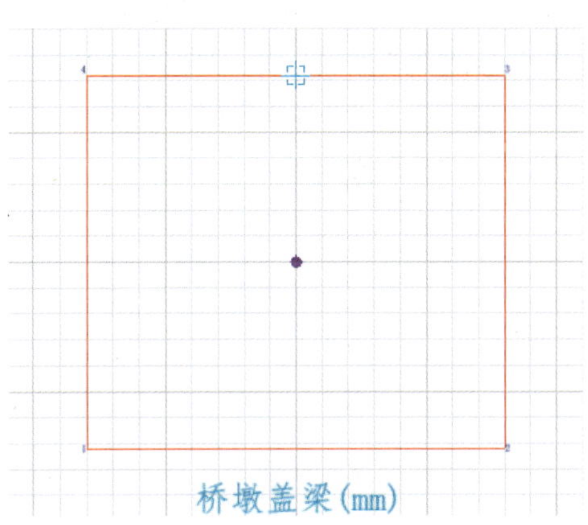

图 5-41　导入桥墩盖梁截面

对象属性

⊟ 支座位置点

支座位名称	支座位1
X	-500
Y	900

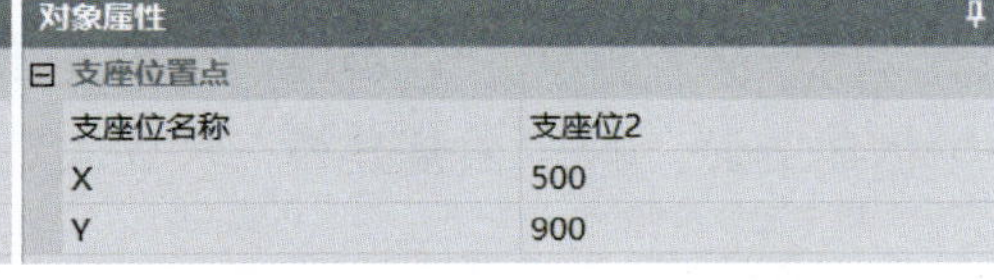

对象属性

⊟ 支座位置点

支座位名称	支座位2
X	500
Y	900

图 5-42　支座位属性

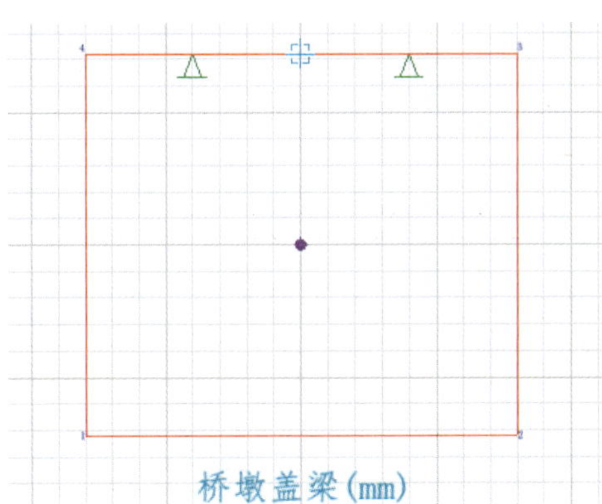

图 5-43　设置支座位

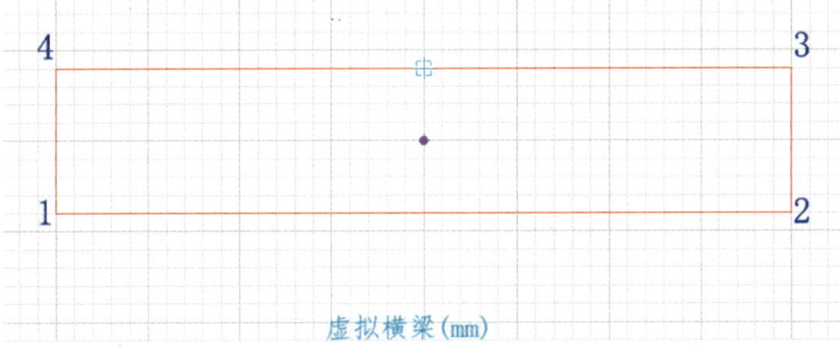

图 5-44　导入虚拟横梁截面

(38)定义桥墩截面。在图形区右击鼠标,在弹出的快捷菜单中选择“新建空白截面”,并将截面名称修改为“桥墩”,采用导入区域的方法导入截面。在“截面定义”中,将“材料名称”修改为“墩柱材料”。在“截面定义”→“截面总体”中,将“构件轴线竖向位置”修改为“中点”,其余保持不变,导入桥墩截面如图 5-45 所示。

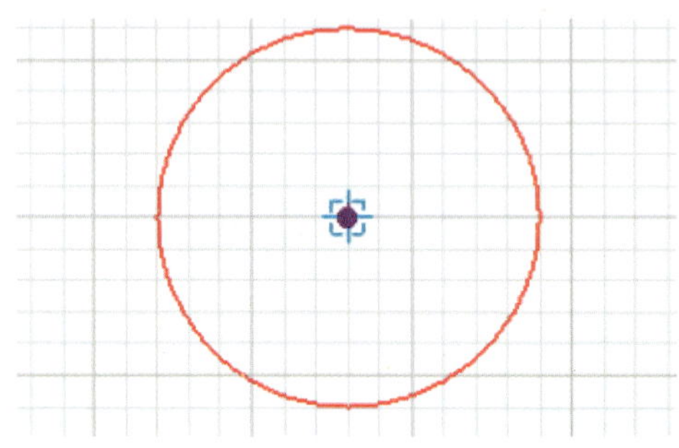

图 5-45　导入桥墩截面

(39)在图形区右侧单击“建模”标签,进入建模窗口。

(40)创建主梁。单击“常规建模”→“建梁”,按如下命令行提示输入数据:

```
输入梁起点或中点<0,0>:
指定跨径方式[顺序跨径(K)/对称跨径(M)]<M>:K
输入跨径布置:16
指定支座到梁端距离<0,0>:0.5
```

创建主梁完成,如图 5-46 所示。

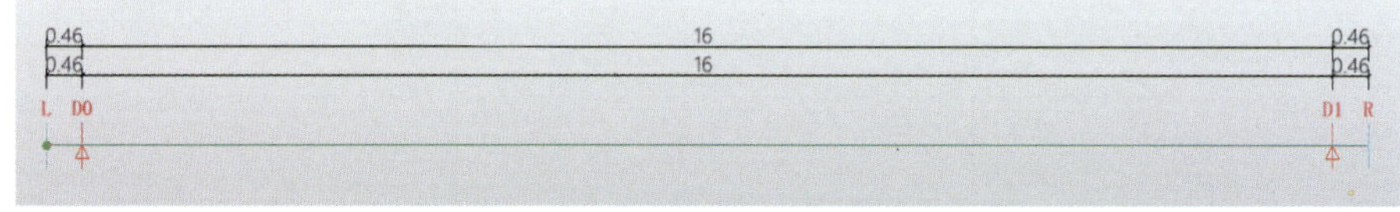

图 5-46　创建主梁

(41)装截面。单击“常规建模”→“装截面”,选择主梁起点为安装点,在弹出的对话框中选择截面“中梁”,安装中梁截面如图 5-47 所示。

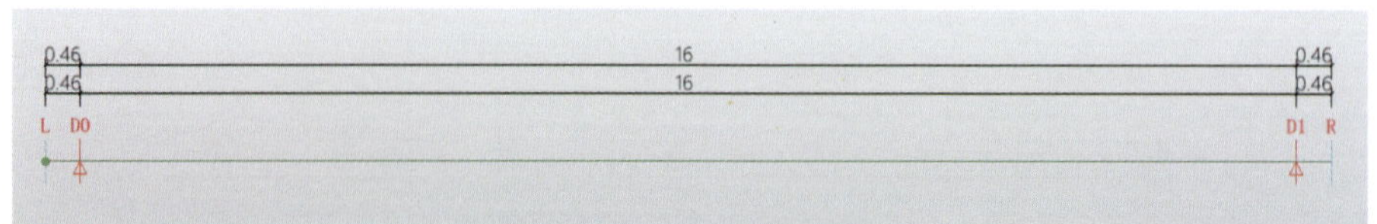

图 5-47　安装中梁截面

(42)主梁节点加密。单击“常规建模”→“加密”,按如下命令行提示操作:

```
选择节点:(选择主梁特征节点 D0 和 D1)
加密解释方向[从左到右(L)/从中间到两侧(M)/从右到左(R)]<L>:
指定加密间距<2>:1
```

主梁节点加密完成，如图 5-48 所示。

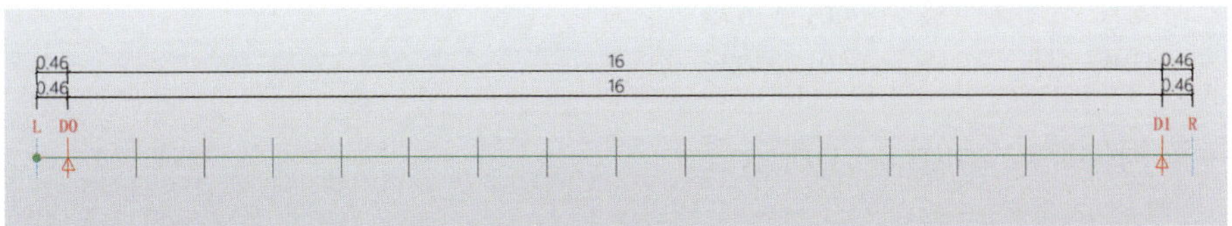

图 5-48　主梁节点加密

(43)创建特征节点。双击构件，弹出“构件节点属性汇总”表格，将位置 4.46 m、8.46 m 和 12.46 m 的一般节点修改为特征节点，分别命名为 M1、M2 和 M3，创建特征节点如图 5-49 所示。

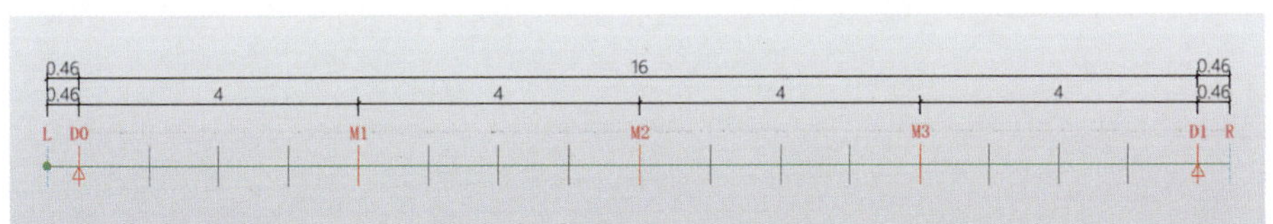

图 5-49　创建特征节点

(44)定义构件属性。单击主梁，在左侧“对象属性”中，“构件验算类型”选择“预制 A 类预应力梁”，“构件模板”选择“常规空间砼主梁”，“自重系数”修改为 1.04，其余参数采用默认值。修改主梁属性如图 5-50 所示。

对象属性	
⊟ 构件信息	
构件名称	梁1
构件验算类型	预制A类预应力梁
构件模板	常规空间砼主梁
自重系数	1.04
加载龄期(天)	28
计算长度(m)	
截面镜像	☐
竖直构件	☐
竖直截面	☐
构件截面β角(度)	0
截面β角参考系	整体坐标系
⊟ 其他信息	
轴线	轴线1
起点位置	0
终点位置	L
显示加劲肋	☐

图 5-50　修改主梁属性

(45)复制构件。单击“高级建模”→“复制”，按如下命令行提示输入数据：

```
选择对象:(选择梁 1)
指定基点:(指定左端点)
指定第二个点或 <指定位移>:@0,2.315
指定第二个点或 <指定位移>:@0,4.63
指定第二个点或 <指定位移>:@0,6.945
```

```
指定第二个点或＜指定位移＞:@0,9.26
指定第二个点或＜指定位移＞:@0,11.575
指定第二个点或＜指定位移＞:@0,13.89
```

复制主梁构件完成,如图5-51所示。

图5-51　复制主梁构件

(46)修改边梁截面。单击选中左边梁,右击弹出快捷菜单,选择“快速设置截面”,将截面修改为“左边梁”。用同样的方法将右边梁的截面修改为“右边梁”。

(47)创建支点横隔梁。单击“常规建模”→“建梁”→“三维建梁”,按如下命令行提示输入数据:

```
输入梁起点＜0,0,0＞:(指定右边梁D0节点)
指定下一个点:(指定左边梁D0节点)
```

用同样的方法创建右支点横隔梁。

创建支点横隔梁完成,如图5-52所示。

(48)定义支点横隔梁截面。依次单击选中左支点和右支点横隔梁,右击弹出快捷菜单,选择“快速设置截面”,将截面修改为“横隔板-支点”。

(49)定义构件属性。依次单击左支点和右支点横隔梁,在左侧“对象属性”中,“构件验算类型”选择“非验算构件”,“构件模板”选择“梁格砼实横梁”,“自重系数”修改为“0.5”,其余参数采用默认值。左支点横隔梁属性如图5-53所示,右支点横隔梁属性如图5-54所示。

图 5-52　创建支点横隔梁

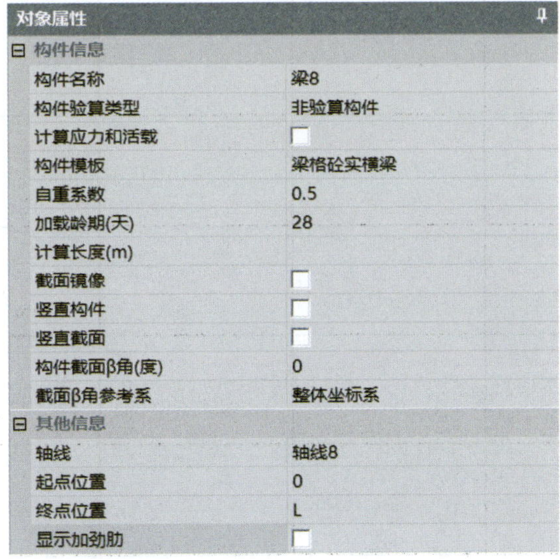

对象属性	
⊟ 构件信息	
构件名称	梁8
构件验算类型	非验算构件
计算应力和活载	☐
构件模板	梁格砼实横梁
自重系数	0.5
加载龄期(天)	28
计算长度(m)	
截面镜像	☐
竖直构件	☐
竖直截面	☐
构件截面β角(度)	0
截面β角参考系	整体坐标系
⊟ 其他信息	
轴线	轴线8
起点位置	0
终点位置	L
显示加劲肋	☐

图 5-53　左支点横隔梁属性

(50)创建跨中横隔梁。参照步骤(47),创建跨中横隔梁,创建跨中横隔梁如图 5-55 所示。

(51)定义跨中横隔梁截面。参照步骤(48),将跨中横隔梁截面修改为“横隔板-跨中”。

(52)定义构件属性。依次单击跨中横隔梁,在左侧“对象属性”中,“构件验算类型”选择“非验算构件”,“构件模板”选择“梁格砼实横梁”,“自重系数”修改为 0.53,其余参数采用默认值。

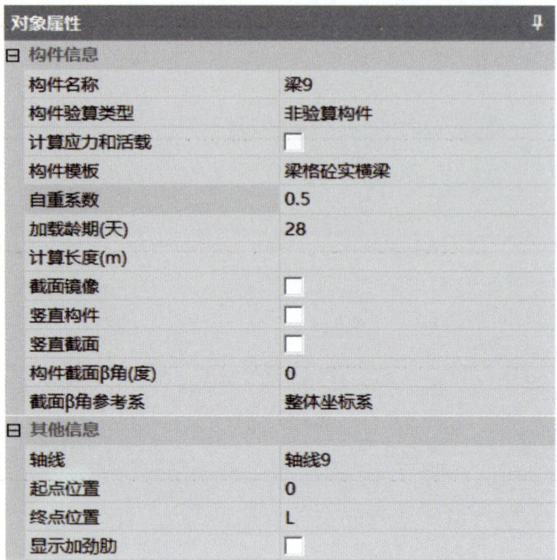

图 5-54　右支点横隔梁属性

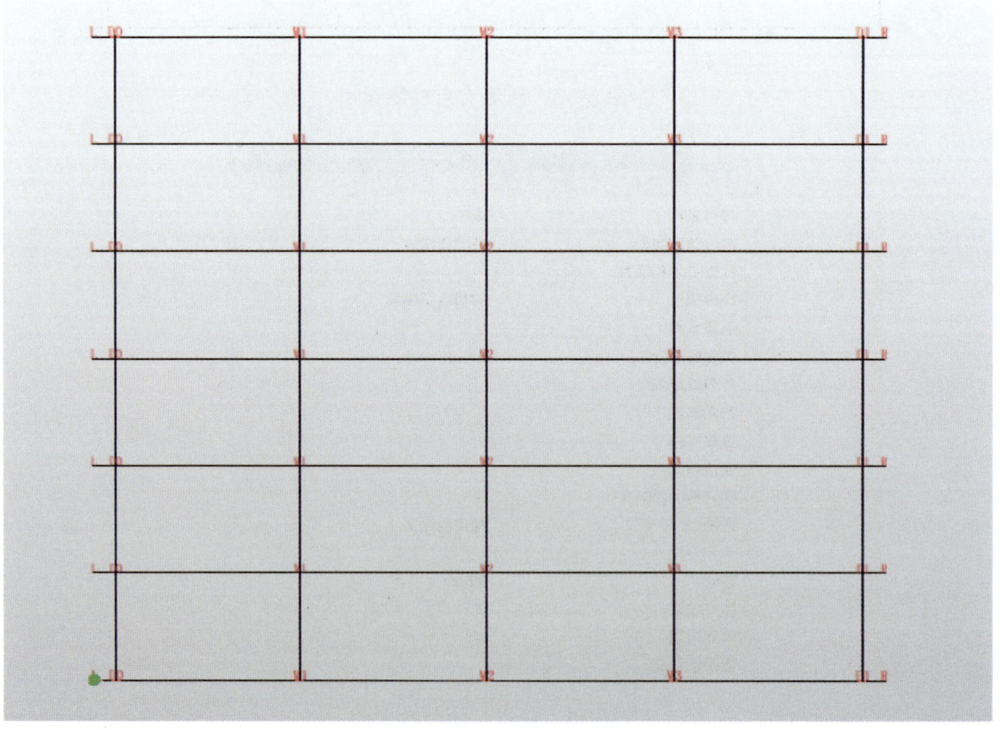

图 5-55　创建跨中横隔梁

(53)创建虚拟横梁。参照步骤(47),创建虚拟横梁。

(54)定义虚拟横梁截面。参照步骤(48),将虚拟横梁截面修改为“虚拟横梁”。

(55)定义构件属性。单击虚拟横梁,在左侧“对象属性”中,“构件验算类型”选择“非验算构件”,“构件模板”选择“梁格砼虚拟横梁”,“自重系数”选择为 0,其余参数选择默认值。

(56)复制构件。参照步骤(44),将虚拟横梁复制到其他节点位置,复制构件如图 5-56 所示。

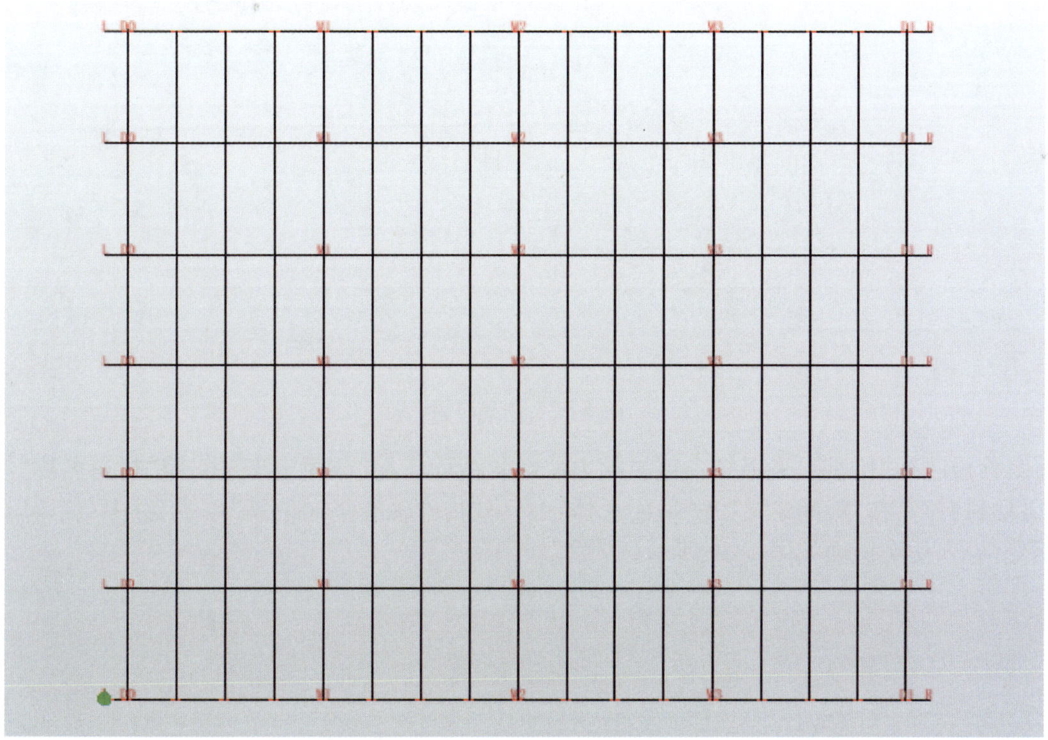

图 5-56　复制构件

(57)复制构件。单击“高级建模”→“复制”,按如下命令行提示操作:

```
选择对象:(选择所有构件)
指定基点:(指定左边梁左端点)
指定第二个点或 <指定位移>:@17
指定第二个点或 <指定位移>:@34
```

(58)创建纵梁与横梁间的刚臂。单击“常规建模”→“交叉”,按如下命令行提示操作:

```
选择交叉梁:(选中所有构件)
是否生成刚臂[是[Y]/否(N)]<Y>:
选择相交面[构件工作面 N]/XOY 平面 P:P
```

创建刚臂完成,如图 5-57 所示。

2. 定义下部结构截面

(1)定义桥墩盖梁截面。在图形区右击鼠标,在弹出的快捷菜单中选择“新建空白截面”,并将截面名称修改为“桥墩盖梁”,采用导入区域的方法导入桥墩盖梁截面,如图 5-58 所示。

在“截面定义”中,将“材料名称”修改为“墩柱材料”,其余保持不变。

(2)定义桥墩截面。在图形区右击鼠标,在弹出的快捷菜单中选择“新建空白截面”,并将

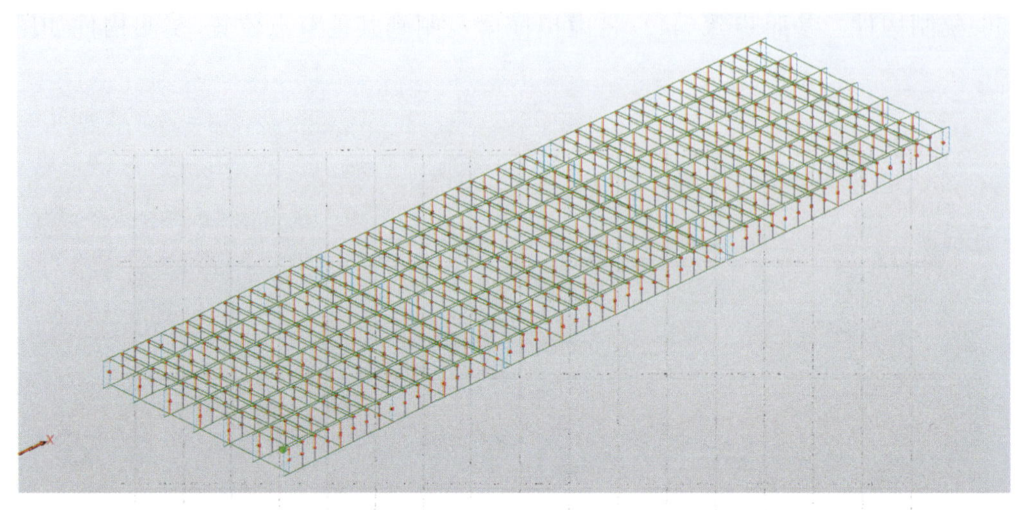

图 5-57　创建刚臂

截面名称修改为“桥墩”，采用导入区域的方法导入截面。在“截面定义”中，将“材料名称”修改为“墩柱材料”。在“截面定义”→“截面总体”中，将“构件轴线竖向位置”修改为“中点”，其余保持不变，导入桥墩截面如图 5-59 所示。

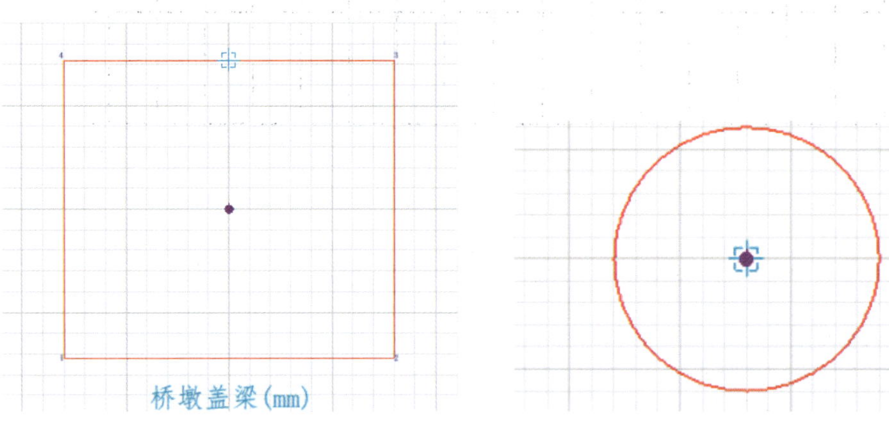

图 5-58　导入桥墩盖梁截面　　　　图 5-59　导入桥墩截面

(3)创建桥墩和基础。单击“常规建模”→“墩”，在表格中输入如图 5-60 所示参数。

批量创建墩台

编号	墩台名称	轴线	到轴线起点距离(m)	斜交角(°)	墩柱横向布置(m)	竖向位置(m)	墩台...	截面
1	P1	轴线4	0	90	4.65,-4.65	3.7	6	桥墩
2								

截面	承台尺寸(m)	桩基布置(m)	桩径(m)	桩长(m)	整体式基础	地质钻孔
桥墩	2.8,12.19,1.5	1,0,2,1.39	1.8	55	☑	1#桥墩

图 5-60　创建桥墩和基础

创建桥墩和基础完成，如图 5-61 所示。

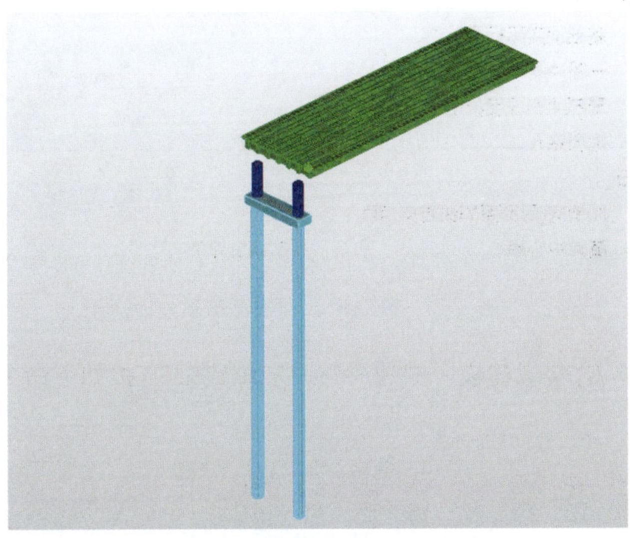

图 5-61　桥墩和基础

（4）定义桥墩属性。依次单击左、右桥墩，在左侧“对象属性”中，“构件验算类型”选择“钢筋砼柱”，“构件模板”选择“常规空间砼塔墩柱”，其余参数采用默认值。

（5）桥墩节点加密。选中左、右桥墩，单击“常规建模”→“加密”，按如下命令行提示输入数据：

```
加密解释方向[从左到右(L)/从中间到两侧(M)/从右到左(R)]<L>:
指定加密间距<2>:1
```

（6）修改承台和桩基信息。单击基础，在左侧“对象属性”中修改相关信息，如图 5-62 和图 5-63所示。

对象属性	
⊟ 基本信息	
名称	P1_基础
基础类型	承台桩基础
是否验算	是
⊟ 承台	
承台类型	矩形
承台材料	基础材料
承台厚度(m)	1.5
顺桥向边长(m)	2.8
横桥向边长(m)	12.19
布桩类型	行列式
顺桥向桩排数	1
横桥向桩排数	2
顺桥向桩中心距(m)	0
横桥向桩中心距(m)	9.39
承台钢筋种类	普通钢筋（高）
顺桥向钢筋直径(mm)	25
横桥向钢筋直径(mm)	25
顺桥向钢筋高度(mm)	160
横桥向钢筋高度(mm)	160
顺桥向钢筋根数	162
横桥向钢筋根数	54

对象属性	
横桥向钢筋根数	54
⊟ 桩基	
桩基类型	灌注桩
桩身材料	基础材料
设计桩径(m)	1.8
桩长(m)	55
桩基纵筋种类	普通钢筋（高）
纵筋中心到桩边缘距离(mm)	80
纵筋直径(mm)	28
纵筋长度(m)	55
纵筋根数	34
箍筋种类	
箍筋直径(mm)	
箍筋间距(m)	
箍筋间距长度(m)	
⊟ 计算	
考虑承台侧面土的约束	是
m值计算方法	精确算法
抗弯刚度折减系数	
单桩顺桥向计算宽度(m)	
单桩横桥向计算宽度(m)	
单桩计算长度(m)	
清底系数	0.8
桩身计算截面位置(m)	

图 5-62　修改承台和桩基信息（一）

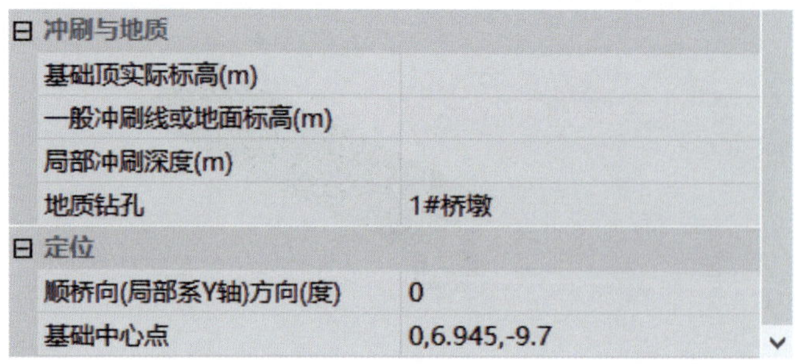

图 5-63　修改承台和桩基信息(二)

(7)创建盖梁。单击"常规建模"→"建梁"→"三维建梁"，按如下命令行提示输入数据：

```
输入梁起点<0,0,0>:0,-1.055,-1.9
指定下一个点:0,16,0
```

(8)装截面。单击选中盖梁，右击弹出快捷菜单，选择"快速设置截面"，将截面修改为"桥墩盖梁"。

(9)创建特征节点。单击"常规建模"→"创建"，按如下命令行提示输入数据：

```
指定参考节点或[左端(L)/中点(M)/右端(R)]<L>:(选择盖梁左侧梁端线)
指定生成方向[左向右(L)/双向(S)/右向左(R)]<L>:
指定间距:1.055+6*2.315+1.055
指定节点类型[一般节点(C)/特征节点(T)/施工缝(S)]<T>:
```

将生成的特征节点依次命名为 GL1～GL7，如图 5-64 所示。

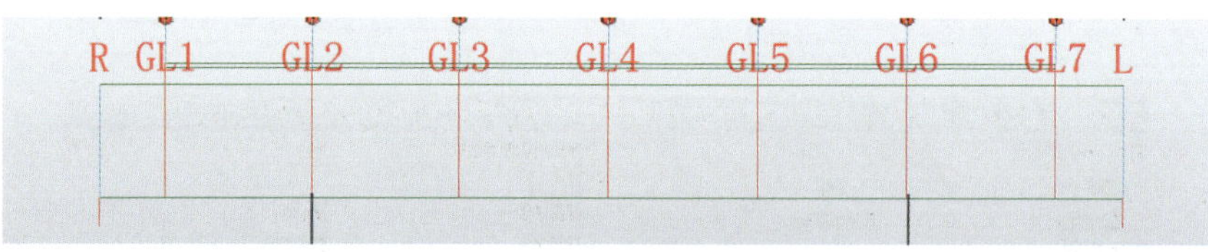

图 5-64　GL1-GL7 特征节点

(10)复制构件。单击"高级建模"→"复制"，按如下命令行提示输入数据：

```
选择对象:(选择盖梁、桥墩、基础)
指定基点:(指定左边梁左端点)
指定第二个点或 <指定位移>:@24.96
指定第二个点或 <指定位移>:@49.96
```

修改后盖梁、桥墩、基础位置如图 5-65 所示。复制完成后，将起始位置的盖梁、桥墩和基础删除。

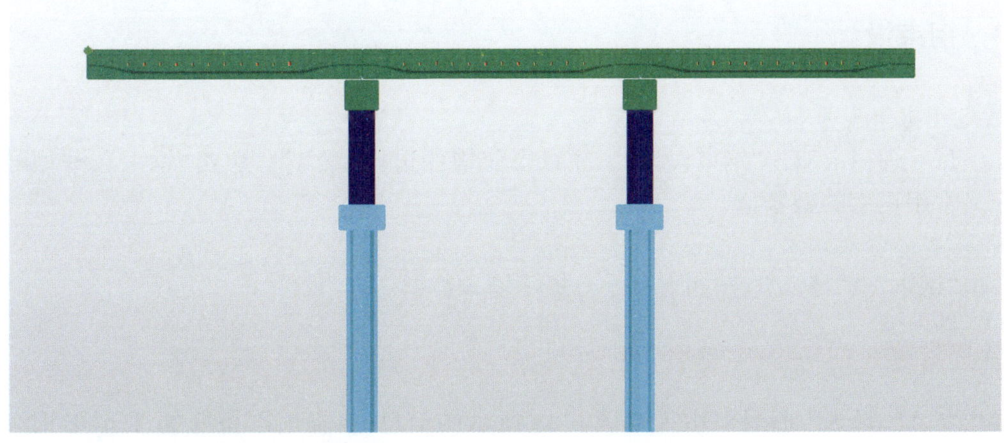

图 5-65　修改后盖梁、桥墩、基础位置

(11)创建盖梁与桥墩间的刚臂。单击“常规建模”→“刚臂”，按如下命令行提示输入数据：

```
选择生成刚性连接模式[直接节点式(J)/构件相交式(M)/杆端连接式(E)]<J>：
选择节点(或者基础)：(选择盖梁 GL2 节点)
选择节点(或者基础)：(选择桥墩顶部节点)
```

GL1～GL7 刚臂如图 5-66 所示。用同样的方法创建盖梁 GL6 节点与桥墩的刚臂。

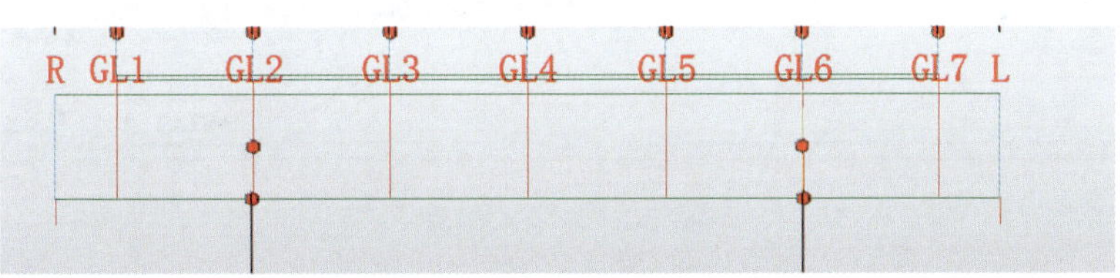

图 5-66　GL1～GL7 刚臂

(12)创建桥墩与基础间的刚臂。参照步骤(11)，创建桥墩与基础之间的刚臂，桥墩与基础间刚臂如图 5-67 所示。

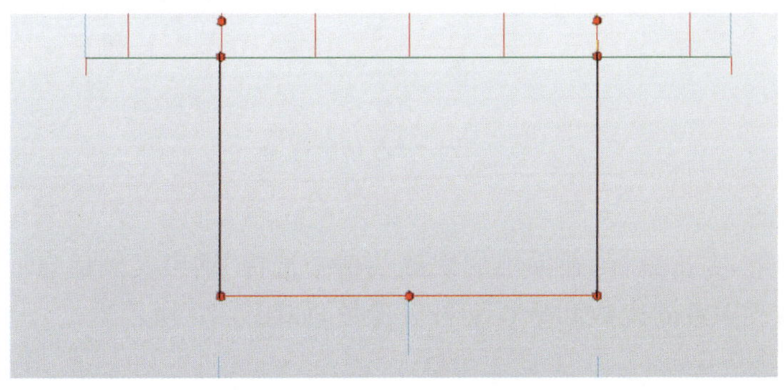

图 5-67　桥墩与基础间刚臂

5.2.3 钢束设计

1. 定义钢束型号

在项目管理树上双击“钢束设计”。注意当前构件选择“梁 1”。单击“钢束”→“型号”，程序已定义常用钢束的型号。

2. 创建 T 形梁钢束

单击“钢束”→“导入”，按如下命令行提示输入数据：

```
请选择导入的格式[CAD 格式(D)/CSV 格式(C)]<D>
```

弹出“CAD 导入”对话框，填入如图 5-68 所示的信息，将提前准备好的 T 形梁钢束信息 CAD 文件导入程序，导入钢束模型如图 5-69 所示。

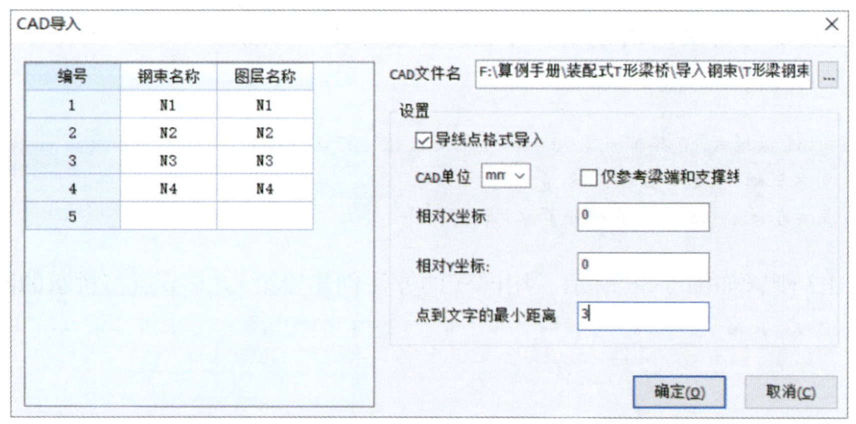

图 5-68 导入钢束

立面

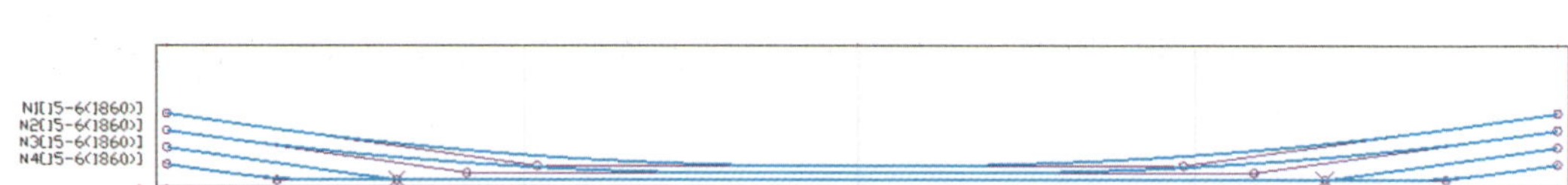

图 5-69 导入钢束模型

3. 修改钢束属性

选择生成的钢束，右击鼠标，在弹出的快捷菜单中选择“钢束实例信息汇总”，弹出“钢束实例汇总”对话框，修改钢束的束数和材料型号等参数，如图 5-70 所示。

4. 钢束重用

单击“钢束”→“重用”，弹出“设置应用构件”对话框，在“应用构件名称”中填入其余 T 形梁的构件名称，如图 5-71 所示，即可快速完成其余 T 形梁的钢束布置。

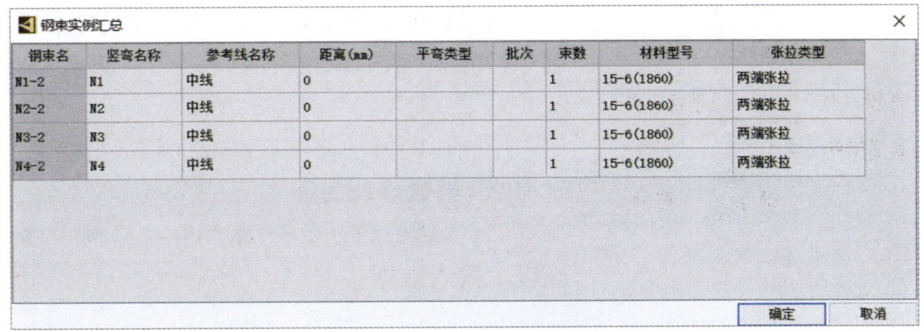

钢束实例汇总

钢束名	竖弯名称	参考线名称	距离(mm)	平弯类型	批次	束数	材料型号	张拉类型
N1-2	N1	中线	0			1	15-6(1860)	两端张拉
N2-2	N2	中线	0			1	15-6(1860)	两端张拉
N3-2	N3	中线	0			1	15-6(1860)	两端张拉
N4-2	N4	中线	0			1	15-6(1860)	两端张拉

确定　取消

图 5-70　修改钢束属性

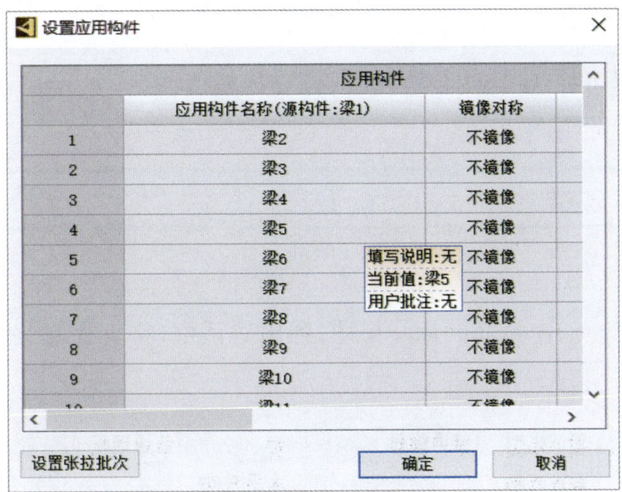

设置应用构件

	应用构件名称(源构件:梁1)	镜像对称
1	梁2	不镜像
2	梁3	不镜像
3	梁4	不镜像
4	梁5	不镜像
5	梁6	不镜像
6	梁7	不镜像
7	梁8	不镜像
8	梁9	不镜像
9	梁10	不镜像

填写说明:无
当前值:梁5
用户批注:无

设置张拉批次　确定　取消

图 5-71　钢束重用

5.2.4　钢筋设计

1. 创建纵向钢筋

(1)在项目管理树上双击“钢筋设计”。当前构件选择“梁 1”。单击“钢筋”→“纵筋”,按如下命令行提示输入数据:

```
指定偏移距离(正值表示距梁底、负值表示距梁顶)<60,-60>:65,-65
指定左右端距<0,0>:20,-20
```

纵向钢筋创建完成,如图 5-72 所示。

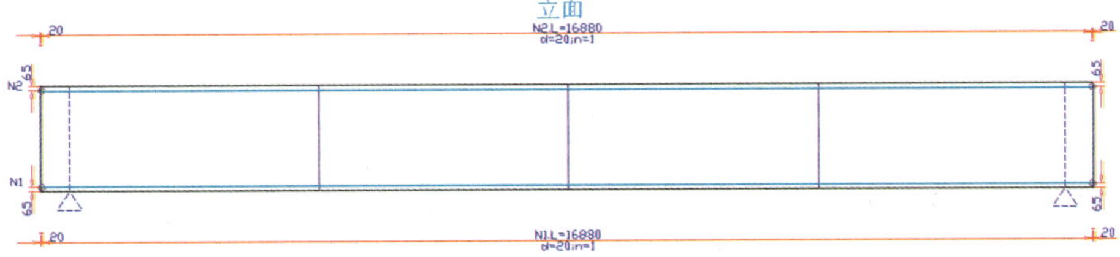

图 5-72　纵向钢筋

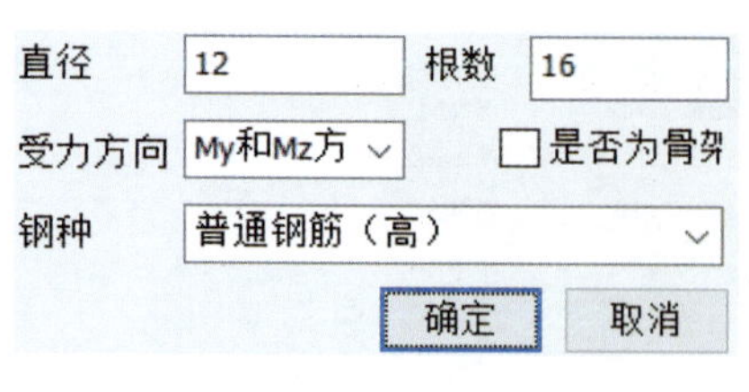

图 5-73 纵向钢筋信息

(2)修改纵向钢筋信息。双击顶部纵向钢筋的标注尺寸，弹出对话框，将直径修改为 12，根数修改为 16，如图 5-73 所示。

用同样的方法修改底部纵向钢筋的信息，将直径修改为 25，根数修改为 6。

(3)创建箍筋。单击“钢筋”→“箍筋”，按如下命令行提示输入数据：

```
请指定布置起点:(单击左端线)
指定首距和布置间距＜100,100＞:100,100
指定布置范围或[最后一根边距控制值(D)]或[布置根数(C)]＜2500＞:3000
```

(4)拓展箍筋。双击标注尺寸“29×100”，将标注修改为“31×100+70×150+31×100”，T 形梁箍筋创建完成，如图 5-74 所示。

图 5-74 创建箍筋

(5)修改箍筋信息。双击箍筋的标注尺寸，弹出对话框，将直径修改为 16，肢数修改为 4，如图 5-75 所示。

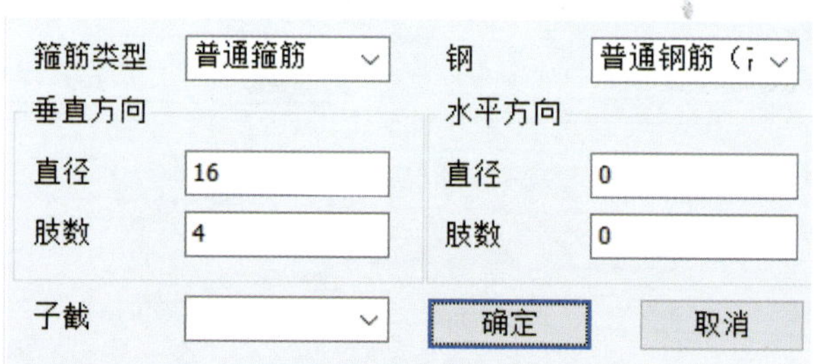

图 5-75 箍筋信息

箍筋总体布置如图 5-76 所示。

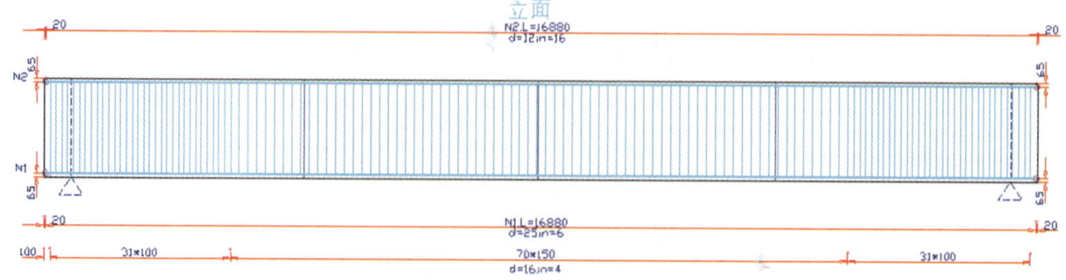

图 5-76 钢筋总体布置

(6)钢筋重用。单击“钢筋”→“重用”，弹出“设置应用构件”对话框，在“应用构件名称”中填入其余 T 形梁的构件名称，即可快速完成其余 T 形梁的钢筋布置，如图 5-77 所示。

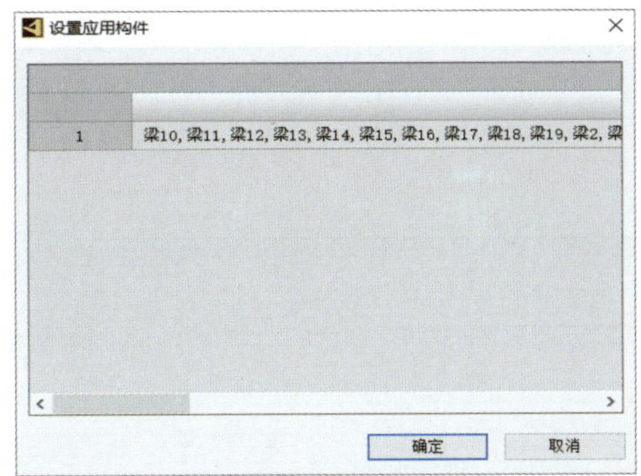

图 5-77　钢筋重用

2. 切换当前构件为“梁 77”,开始创建桥墩的钢筋布置

(1)创建纵向钢筋。单击“钢筋”→“纵筋”,按如下命令行提示输入数据:

```
指定偏移距离(正值表示距梁底、负值表示距梁顶)<60,-60>:60,-60
指定左右端距<0,0>:
```

创建纵向钢筋如图 5-78 所示。

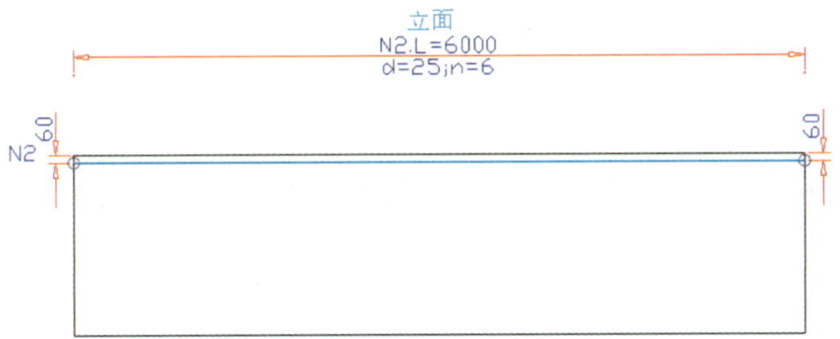

图 5-78　创建纵向钢筋

删除底部的纵向钢筋,只保留顶部的纵向钢筋。

(2)修改纵向钢筋信息。双击顶部的纵向钢筋,弹出“钢筋编辑”对话框,将直径修改为 28,勾选“是否圆形布置”,布置根数修改为 34,如图 5-79 所示。

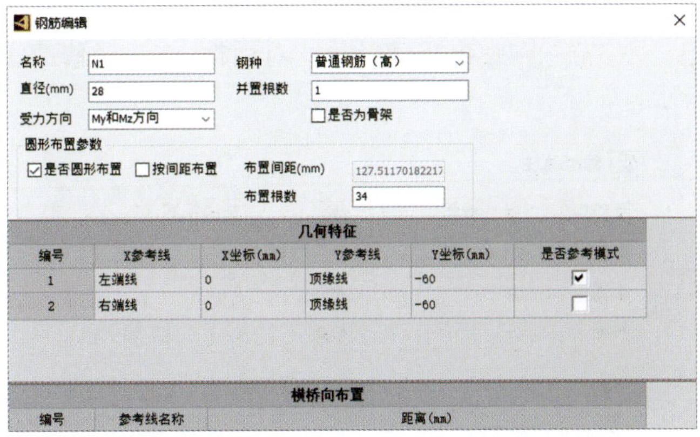

图 5-79　纵向钢筋信息

纵向钢筋模型如图 5-80 所示。

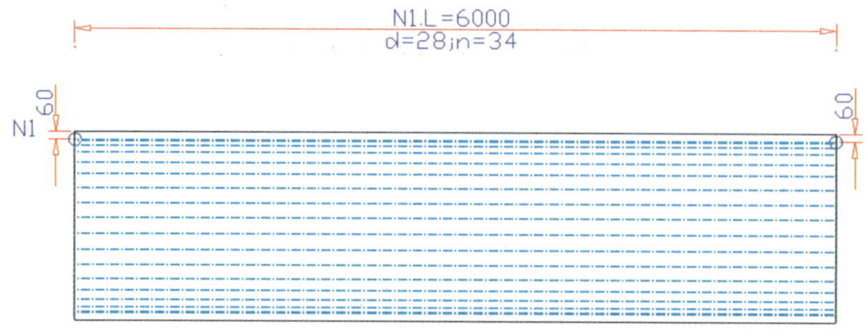

图 5-80　纵向钢筋模型

(3)创建箍筋。单击“钢筋”→“箍筋”，按如下命令行提示输入数据：

```
请指定布置起点:(单击左端线)
指定首距和布置间距<100,100>:0,100
指定布置范围或[最后一根边距控制值(D)]或[布置根数(C)]<2500>:6000
```

创建箍筋完成，如图 5-81 所示。

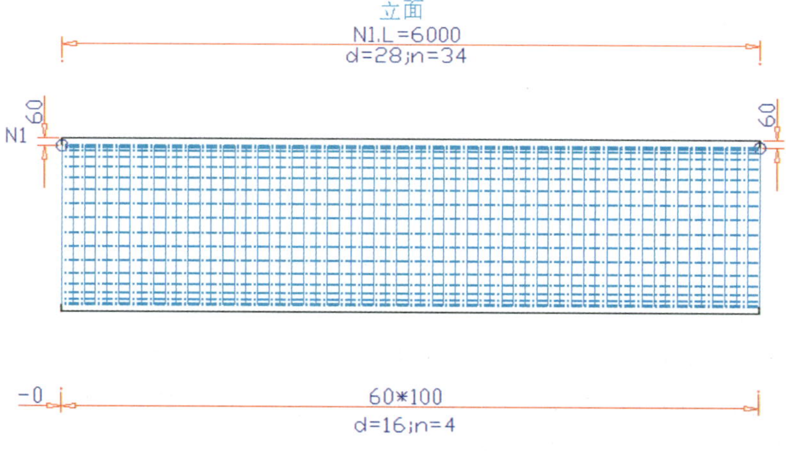

图 5-81　创建箍筋

(4)修改箍筋信息。双击箍筋，弹出“箍筋属性”对话框，将直径修改为 16，肢数修改为 2，箍筋信息如图 5-82 所示。

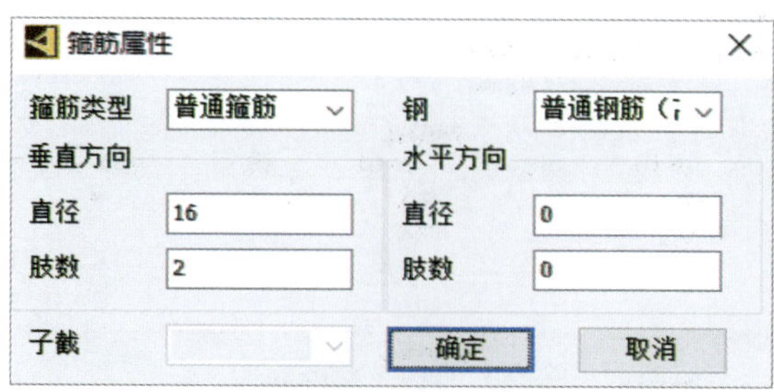

图 5-82　箍筋信息

箍筋模型如图 5-83 所示。

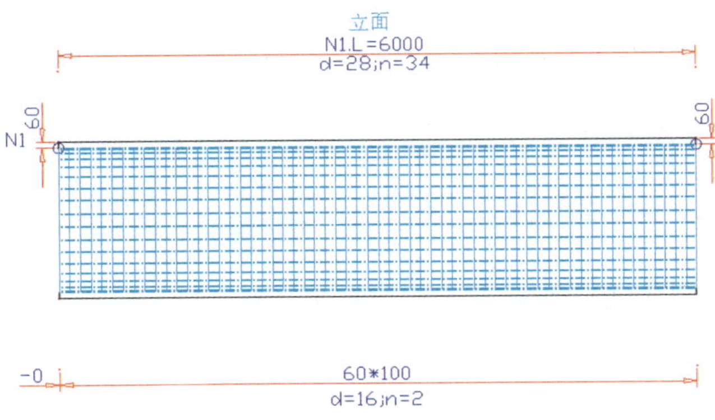

图 5-83　箍筋模型

(5)钢筋重用。单击“钢筋”→“重用”，弹出“设置应用构件”对话框，填入如图 5-84 所示信息，即可快速完成其余桥墩的钢筋布置。

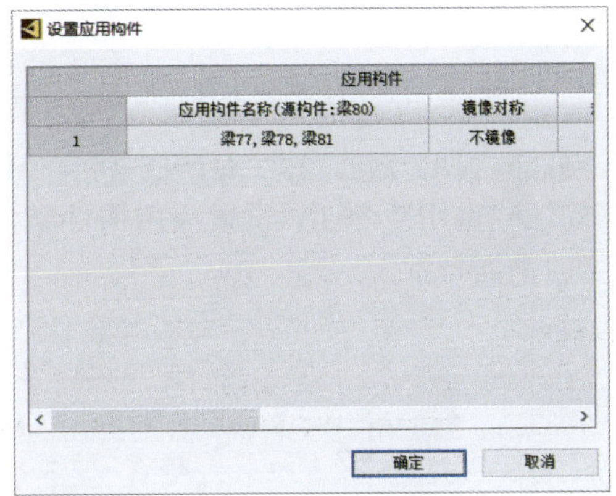

图 5-84　钢筋重用

3. 切换当前构件为“梁 76”，开始创建盖梁的钢筋布置

(1)创建纵向钢筋。单击“钢筋”→“纵筋”，按如下命令行提示输入数据：

```
指定偏移距离(正值表示距梁底、负值表示距梁顶)<60,-60>:50,-50
指定左右端距<0,0>:20,-20
```

纵向钢筋如图 5-85 所示。

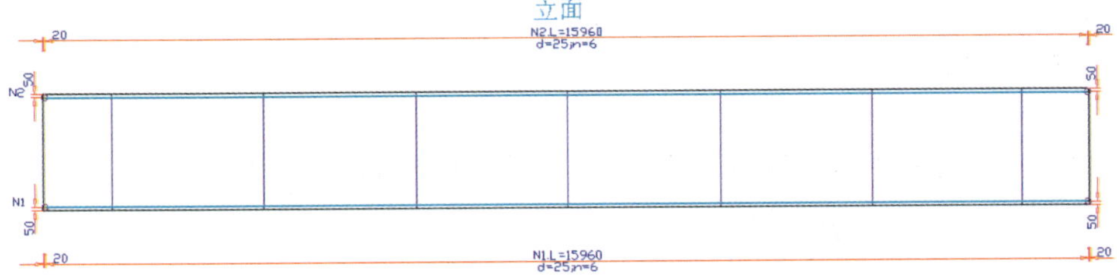

图 5-85　纵向钢筋

(2)修改纵向钢筋信息。依次双击顶部和底部的纵向钢筋的标注尺寸，弹出对话框，将直径修改为 28，根数修改为 19。

(3)创建箍筋。单击“钢筋”→“箍筋”，按如下命令行提示输入数据：

```
请指定布置起点:(单击左端线)
指定首距和布置间距<100,100>:100,100
指定布置范围或[最后一根边距控制值(D)]或[布置根数(C)]<2500>:15900
```

创建箍筋完成，如图 5-86 所示。

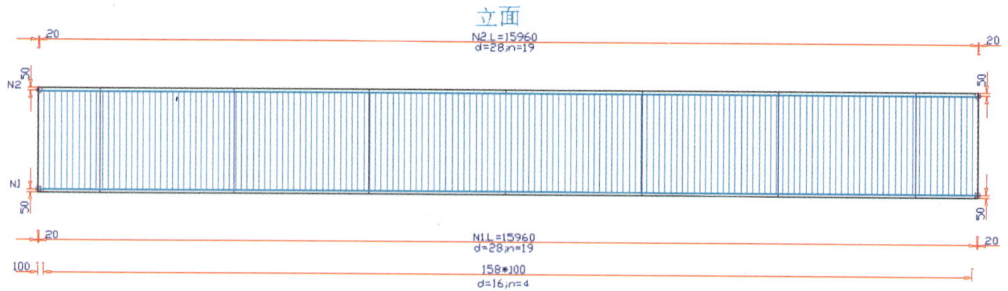

图 5-86 创建箍筋

(4)修改箍筋信息。双击箍筋，弹出“钢筋属性”对话框，将直径修改为 12，肢数修改为 6。

(5)钢筋重用。单击“钢筋”→“重用”，弹出“设置应用构件”对话框，填入如图 5-87 所示信息，即可快速完成其余盖梁的钢筋布置。

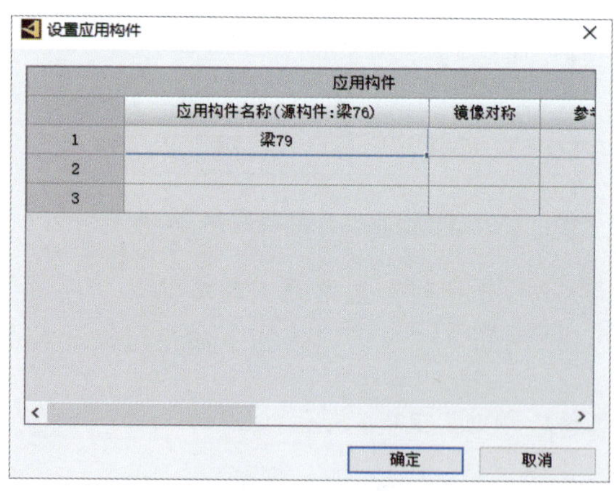

图 5-87 钢筋重用

5.2.5 施工分析

施工阶段主要包括下部结构、安装构件、桥面铺装和收缩徐变四个阶段。在项目管理树上双击“施工分析”，开始定义施工阶段。

1. 定义第 1 个施工阶段

(1)在项目管理树上双击“施工分析”，修改“当前阶段”名称为“下部结构”。

(2)安装构件。在图形区双击盖梁、桥墩和基础,完成本阶段构件安装,施工阶段-构件安装如图 5-88 所示。

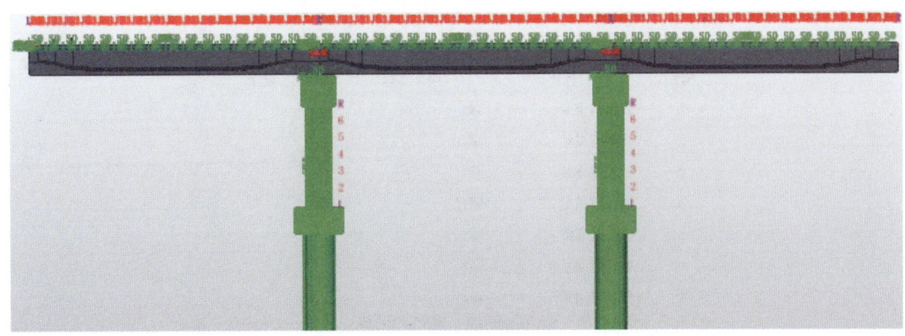

图 5-88　施工阶段-构件安装

表格栏转到“构件安装拆除”显示本阶段的安装和拆除信息,构件安装信息如图 5-89 所示。

当前阶段:下部结构

构件安装拆除

编号	操作	构件	施工段
1	安装	基础1	R
2	安装	梁77	S0
3	安装	梁80	S0
4	安装	基础2	R
5	安装	梁76	S0
6	安装	梁79	S0

施工汇总　总体信息　构件安装拆除　钢束安装拆除　支座　主从约束　弹

图 5-89　构件安装信息

2. 定义第 2 个施工阶段

(1)修改“当前阶段”名称为“安装构件”。

(2)安装构件。在图形区双击上部结构的构件,完成本阶段构件安装,构件安装如图 5-90 所示。

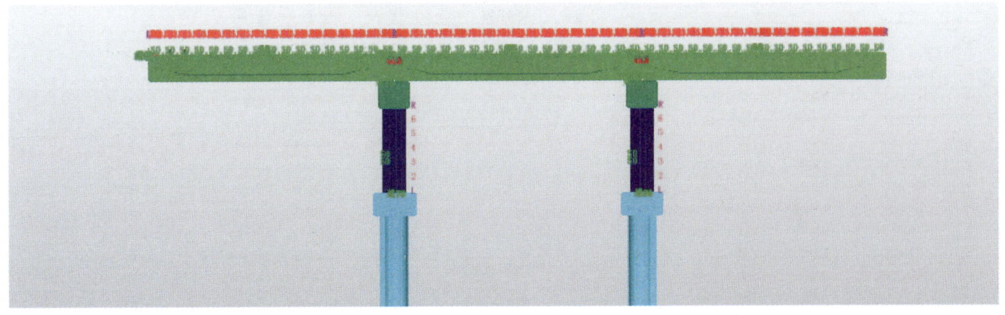

图 5-90　构件安装

(3)安装钢束。表格栏转到"钢束安装拆除",填入如图 5-91 所示的信息,完成所有 T 形梁的钢束安装。

当前阶段:安装构件

钢束安装拆除

编号	操作	构件名称	批次
1	张拉且灌浆	梁1	
2	张拉且灌浆	梁10	
3	张拉且灌浆	梁11	
4	张拉且灌浆	梁12	
5	张拉且灌浆	梁13	
6	张拉且灌浆	梁14	
7	张拉且灌浆	梁2	

施工汇总　总体信息　构件安装拆除　钢束安装拆除　支座　主从约束　弹性

图 5-91　钢束安装

(4)安装边跨支座。表格栏转到"支座",填入相关信息,安装边跨支座。边跨支座安装信息如图 5-92 所示。

当前阶段:安装构件　批量复制　更新同

支座

<table>
<tr><th>编号</th><th>名称</th><th>节点</th><th>支座位置</th><th>支座类型</th><th>一般支座</th><th>耦合弹性支座</th></tr>
<tr><td>1</td><td>梁1.1(L)</td><td>1|梁1|L|0</td><td>支座位1</td><td>一般支座</td><td>0|双向|0|0...</td><td></td></tr>
<tr><td>2</td><td>梁2.1(L)</td><td>1|梁2|L|0</td><td>支座位1</td><td>一般支座</td><td>0|双向|0|0...</td><td></td></tr>
<tr><td>3</td><td>梁3.1(L)</td><td>1|梁3|L|0</td><td>支座位1</td><td>一般支座</td><td>0|双向|0|0...</td><td></td></tr>
<tr><td>4</td><td>梁4.1(L)</td><td>1|梁4|L|0</td><td>支座位1</td><td>一般支座</td><td>0|双向|0|0...</td><td></td></tr>
<tr><td>5</td><td>梁5.1(L)</td><td>1|梁5|L|0</td><td>支座位1</td><td>一般支座</td><td>0|双向|0|0...</td><td></td></tr>
<tr><td>6</td><td>梁6.1(L)</td><td>1|梁6|L|0</td><td>支座位1</td><td>一般支座</td><td>0|双向|0|0...</td><td></td></tr>
<tr><td>7</td><td>梁7.1(L)</td><td>1|梁7|L|0</td><td>支座位1</td><td>一般支座</td><td>0|双向|0|0...</td><td></td></tr>
<tr><td>8</td><td>梁8.1(L)</td><td>1|梁54|R|0</td><td>支座位1</td><td>一般支座</td><td>0|双向|0|0...</td><td></td></tr>
<tr><td>9</td><td>梁9.1(L)</td><td>1|梁70|R|0</td><td>支座位1</td><td>一般支座</td><td>0|双向|0|0...</td><td></td></tr>
<tr><td>10</td><td>梁10.1(L)</td><td>1|梁53|R|0</td><td>支座位1</td><td>一般支座</td><td>0|双向|0|0...</td><td></td></tr>
<tr><td>11</td><td>梁11.1(L)</td><td>1|梁51|R|0</td><td>支座位1</td><td>一般支座</td><td>0|双向|0|0...</td><td></td></tr>
<tr><td>12</td><td>梁12.1(L)</td><td>1|梁52|R|0</td><td>支座位1</td><td>一般支座</td><td>0|双向|0|0...</td><td></td></tr>
<tr><td>13</td><td>梁13.1(L)</td><td>1|梁49|R|0</td><td>支座位1</td><td>一般支座</td><td>0|双向|0|0...</td><td></td></tr>
<tr><td>14</td><td>梁14.1(L)</td><td>1|梁56|R|0</td><td>支座位1</td><td>一般支座</td><td>0|双向|0|0...</td><td></td></tr>
</table>

施工汇总　总体信息　构件安装拆除　钢束安装拆除　支座　主从约束　弹性连接　自由度释放　集中荷载　线性荷载　强迫位移

图 5-92　边跨支座安装信息

(5)定义弹性连接。表格栏转到"弹性连接",填入如图 5-93～图 5-95 所示信息,完成 T 形梁与盖梁之间的弹性连接,模拟支座的作用。

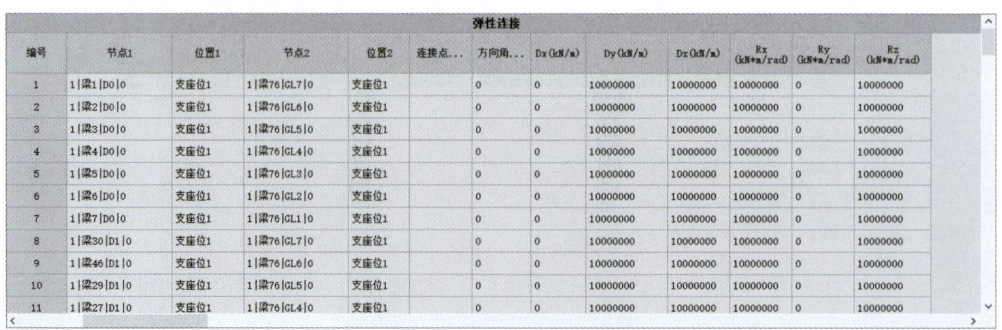

弹性连接

<table>
<tr><th>编号</th><th>节点1</th><th>位置1</th><th>节点2</th><th>位置2</th><th>连接点...</th><th>方向角...</th><th>Dx (kN/m)</th><th>Dy (kN/m)</th><th>Dz (kN/m)</th><th>Rx (kN*m/rad)</th><th>Ry (kN*m/rad)</th><th>Rz (kN*m/rad)</th></tr>
<tr><td>1</td><td>1|梁1|D0|0</td><td>支座位1</td><td>1|梁76|GL7|0</td><td>支座位1</td><td></td><td>0</td><td>0</td><td>10000000</td><td>10000000</td><td>10000000</td><td>0</td><td>10000000</td></tr>
<tr><td>2</td><td>1|梁2|D0|0</td><td>支座位1</td><td>1|梁76|GL6|0</td><td>支座位1</td><td></td><td>0</td><td>0</td><td>10000000</td><td>10000000</td><td>10000000</td><td>0</td><td>10000000</td></tr>
<tr><td>3</td><td>1|梁3|D0|0</td><td>支座位1</td><td>1|梁76|GL5|0</td><td>支座位1</td><td></td><td>0</td><td>0</td><td>10000000</td><td>10000000</td><td>10000000</td><td>0</td><td>10000000</td></tr>
<tr><td>4</td><td>1|梁4|D0|0</td><td>支座位1</td><td>1|梁76|GL4|0</td><td>支座位1</td><td></td><td>0</td><td>0</td><td>10000000</td><td>10000000</td><td>10000000</td><td>0</td><td>10000000</td></tr>
<tr><td>5</td><td>1|梁5|D0|0</td><td>支座位1</td><td>1|梁76|GL3|0</td><td>支座位1</td><td></td><td>0</td><td>0</td><td>10000000</td><td>10000000</td><td>10000000</td><td>0</td><td>10000000</td></tr>
<tr><td>6</td><td>1|梁6|D0|0</td><td>支座位1</td><td>1|梁76|GL2|0</td><td>支座位1</td><td></td><td>0</td><td>0</td><td>10000000</td><td>10000000</td><td>10000000</td><td>0</td><td>10000000</td></tr>
<tr><td>7</td><td>1|梁7|D0|0</td><td>支座位1</td><td>1|梁76|GL1|0</td><td>支座位1</td><td></td><td>0</td><td>0</td><td>10000000</td><td>10000000</td><td>10000000</td><td>0</td><td>10000000</td></tr>
<tr><td>8</td><td>1|梁30|D1|0</td><td>支座位1</td><td>1|梁76|GL7|0</td><td>支座位1</td><td></td><td>0</td><td>0</td><td>10000000</td><td>10000000</td><td>10000000</td><td>0</td><td>10000000</td></tr>
<tr><td>9</td><td>1|梁46|D1|0</td><td>支座位1</td><td>1|梁76|GL6|0</td><td>支座位1</td><td></td><td>0</td><td>0</td><td>10000000</td><td>10000000</td><td>10000000</td><td>0</td><td>10000000</td></tr>
<tr><td>10</td><td>1|梁29|D1|0</td><td>支座位1</td><td>1|梁76|GL5|0</td><td>支座位1</td><td></td><td>0</td><td>0</td><td>10000000</td><td>10000000</td><td>10000000</td><td>0</td><td>10000000</td></tr>
<tr><td>11</td><td>1|梁27|D1|0</td><td>支座位1</td><td>1|梁76|GL4|0</td><td>支座位1</td><td></td><td>0</td><td>0</td><td>10000000</td><td>10000000</td><td>10000000</td><td>0</td><td>10000000</td></tr>
</table>

图 5-93　弹性连接信息(一)

弹性连接												
编号	节点1	位置1	节点2	位置2	连接点...	方向角...	Dx(kN/m)	Dy(kN/m)	Dz(kN/m)	Rx(kN*m/rad)	Ry(kN*m/rad)	Rz(kN*m/rad)
12	1|梁28|D1|0	支座位1	1|梁76|GL3|0	支座位1		0	0	10000000	10000000	10000000	0	10000000
13	1|梁25|D1|0	支座位1	1|梁76|GL2|0	支座位1		0	0	10000000	10000000	10000000	0	10000000
14	1|梁32|D1|0	支座位1	1|梁76|GL1|0	支座位1		0	0	10000000	10000000	10000000	0	10000000
15	1|梁30|D0|0	支座位1	1|梁79|GL7|0	支座位1		0	10000000	10000000	10000000	10000000	0	10000000
16	1|梁46|D0|0	支座位1	1|梁79|GL6|0	支座位1		0	10000000	10000000	10000000	10000000	0	10000000
17	1|梁29|D0|0	支座位1	1|梁79|GL5|0	支座位1		0	10000000	10000000	10000000	10000000	0	10000000
18	1|梁27|D0|0	支座位1	1|梁79|GL4|0	支座位1		0	10000000	10000000	10000000	10000000	0	10000000
19	1|梁28|D0|0	支座位1	1|梁79|GL3|0	支座位1		0	10000000	10000000	10000000	10000000	0	10000000
20	1|梁25|D0|0	支座位1	1|梁79|GL2|0	支座位1		0	10000000	10000000	10000000	10000000	0	10000000
21	1|梁32|D0|0	支座位1	1|梁79|GL1|0	支座位1		0	10000000	10000000	10000000	10000000	0	10000000
22	1|梁54|D1|0	支座位1	1|梁79|GL7|0	支座位1		0	10000000	10000000	10000000	10000000	0	10000000

图 5-94　弹性连接信息(二)

弹性连接												
编号	节点1	位置1	节点2	位置2	连接点...	方向角...	Dx(kN/m)	Dy(kN/m)	Dz(kN/m)	Rx(kN*m/rad)	Ry(kN*m/rad)	Rz(kN*m/rad)
23	1|梁70|D1|0	支座位1	1|梁79|GL6|0	支座位1		0	10000000	10000000	10000000	10000000	0	10000000
24	1|梁53|D1|0	支座位1	1|梁79|GL5|0	支座位1		0	10000000	10000000	10000000	10000000	0	10000000
25	1|梁51|D1|0	支座位1	1|梁79|GL4|0	支座位1		0	10000000	10000000	10000000	10000000	0	10000000
26	1|梁52|D1|0	支座位1	1|梁79|GL3|0	支座位1		0	10000000	10000000	10000000	10000000	0	10000000
27	1|梁49|D1|0	支座位1	1|梁79|GL2|0	支座位1		0	10000000	10000000	10000000	10000000	0	10000000
28	1|梁56|D1|0	支座位1	1|梁79|GL1|0	支座位1		0	10000000	10000000	10000000	10000000	0	10000000

图 5-95　弹性连接信息(三)

3. 定义第 3 个施工阶段

(1)修改“当前阶段”名称为“桥面铺装”。

(2)添加线性荷载。表格栏转到“线性荷载”,填入线性荷载信息,如图 5-96 和图 5-97 所示,桥面铺装模型如图 5-98 所示。

当前阶段:桥面铺装　批量复制　更新同名边界条件　文字比例(%

线性荷载								
编号	名称	类型	方向	起点位置	起点荷载(kN/m, kN*m/m)	终点位置	终点荷载(kN/m, kN*m/m)	坐标系
1	桥面铺装	结构重力及附...	Fz	1|梁1|L|0||	-12.13	1|梁1|R|0||	-12.13	整体坐标系
2	桥面铺装	结构重力及附...	Fz	1|梁2|L|0||	-12.13	1|梁2|R|0||	-12.13	整体坐标系
3	桥面铺装	结构重力及附...	Fz	1|梁3|L|0||	-12.13	1|梁3|R|0||	-12.13	整体坐标系
4	桥面铺装	结构重力及附...	Fz	1|梁4|L|0||	-12.13	1|梁4|R|0||	-12.13	整体坐标系
5	桥面铺装	结构重力及附...	Fz	1|梁5|L|0||	-12.13	1|梁5|R|0||	-12.13	整体坐标系
6	桥面铺装	结构重力及附...	Fz	1|梁6|L|0||	-12.13	1|梁6|R|0||	-12.13	整体坐标系
7	桥面铺装	结构重力及附...	Fz	1|梁7|L|0||	-12.13	1|梁7|R|0||	-12.13	整体坐标系
8	桥面铺装	结构重力及附...	Fz	1|梁54|L|0||	-12.13	1|梁54|R|0||	-12.13	整体坐标系
9	桥面铺装	结构重力及附...	Fz	1|梁70|L|0||	-12.13	1|梁70|R|0||	-12.13	整体坐标系
10	桥面铺装	结构重力及附...	Fz	1|梁53|L|0||	-12.13	1|梁53|R|0||	-12.13	整体坐标系

图 5-96　线性荷载信息(一)

编号	名称	类型	方向	起点位置	起点荷载	终点位置	终点荷载	坐标系
11	桥面铺装	结构重力及附...	Fz	1|梁51|L|0||	-12.13	1|梁51|R|0||	-12.13	整体坐标系
12	桥面铺装	结构重力及附...	Fz	1|梁52|L|0||	-12.13	1|梁52|R|0||	-12.13	整体坐标系
13	桥面铺装	结构重力及附...	Fz	1|梁49|L|0||	-12.13	1|梁49|R|0||	-12.13	整体坐标系
14	桥面铺装	结构重力及附...	Fz	1|梁56|L|0||	-12.13	1|梁56|R|0||	-12.13	整体坐标系
15	桥面铺装	结构重力及附...	Fz	1|梁30|L|0||	-12.13	1|梁30|R|0||	-12.13	整体坐标系
16	桥面铺装	结构重力及附...	Fz	1|梁46|L|0||	-12.13	1|梁46|R|0||	-12.13	整体坐标系
17	桥面铺装	结构重力及附...	Fz	1|梁29|L|0||	-12.13	1|梁29|R|0||	-12.13	整体坐标系
18	桥面铺装	结构重力及附...	Fz	1|梁27|L|0||	-12.13	1|梁27|R|0||	-12.13	整体坐标系
19	桥面铺装	结构重力及附...	Fz	1|梁28|L|0||	-12.13	1|梁28|R|0||	-12.13	整体坐标系
20	桥面铺装	结构重力及附...	Fz	1|梁25|L|0||	-12.13	1|梁25|R|0||	-12.13	整体坐标系
21	桥面铺装	结构重力及附...	Fz	1|梁32|L|0||	-12.13	1|梁32|R|0||	-12.13	整体坐标系

施工汇总　总体信息　构件安装拆除　钢束安装拆除　支座　主从约束　弹性连接　自由度释放　集中荷载　线性荷载　强迫位移　梯度温度　挂篮操作

图 5-97　线性荷载信息(二)

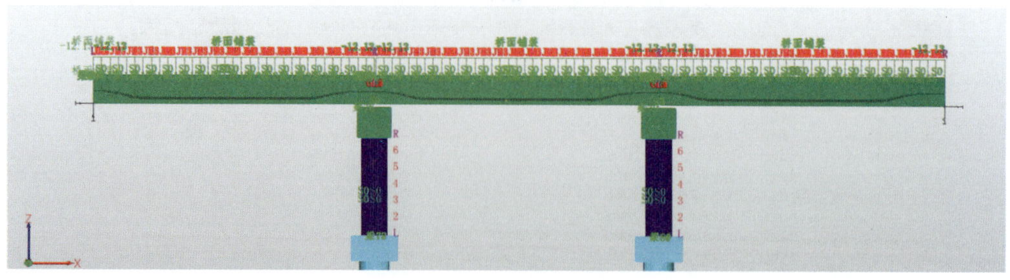

图 5-98　桥面铺装模型

4. 定义第 4 个施工阶段

修改“当前阶段”名称为“收缩徐变”。添加收缩徐变信息，表格栏转到“总体信息”，填入如图 5-99 所示参数。

基本	
阶段信息	第 4 阶段，共 4 阶段
阶段备忘	
温度	
施工持续天数(天)	3650
阶段升温(℃)	0
阶段降温(℃)	0
平均温度(℃)	20

图 5-99　收缩徐变阶段

通过以上操作，施工分析设置完成。

5.2.6　运营分析

1. 定义总体信息

在项目管理树上双击“运营分析”。然后进入“总体信息”表格，升温温差和降温温差均考虑 20 ℃，如图 5-100 所示。

显示工况:　　文字比例(%): 100　　单位(m)

总体信息	
收缩徐变天数(天)	0
升温温差(℃)	20
降温温差(℃)	20
考虑正负向的荷载	
挠度验算位置	
穷举法验算截面	

图 5-100　定义总体信息

2. 添加梯度温度

表格栏转到“梯度温度”，选中所有的 T 形梁作为施加梯度温度的构件，填写梯度温度信息，如图 5-101 所示。

梯度温度			
编号	名称	构件	温度模式
1	梯度温升	梁1, 梁2, 梁3, 梁4, 梁5, 梁6, 梁7, ...	公路15混凝土桥升温模式
2	梯度温降	梁1, 梁2, 梁3, 梁4, 梁5, 梁6, 梁7, ...	公路15混凝土桥降温模式
3			
4			
5			

图 5-101　梯度温度信息

3. 添加车道荷载

表格栏转到“影响面加载”，填入如图 5-102 所示信息。

显示工况:　文字比例(%): 100　单位(m)

影响面加载定义												
编号	名称	桥面纵梁	桥面定位线	计算跨径(m)	横向布置方式	横向布置	车载	车载系数	人群	人群系数	冲击系数	加载步长(m)
1	CD1	梁1, 梁2, 梁...	轴线8|0|0|	16			公路-I级车道荷载	1	公路人群	1	0~2; ;...	0
2	CD2	梁25, 梁27, ...	轴线76|0|0|	16			公路-I级车道荷载	1	公路人群	1	0~2; ;0, 0	0
3	CD3	梁49, 梁51, ...	轴线79|0|0|	16			公路-I级车道荷载	1	公路人群	1	0~2; ;0, 0	0
4												

图 5-102　车道荷载信息

荷载 CD1 的桥面单元选择左边跨的 T 形梁，荷载 CD2 的桥面单元选择中跨的 T 形梁，荷载 CD3 的桥面单元选择右边跨的 T 形梁，荷载 CD1、CD2 和 CD3 的横向布置如图 5-103～图 5-105 所示。

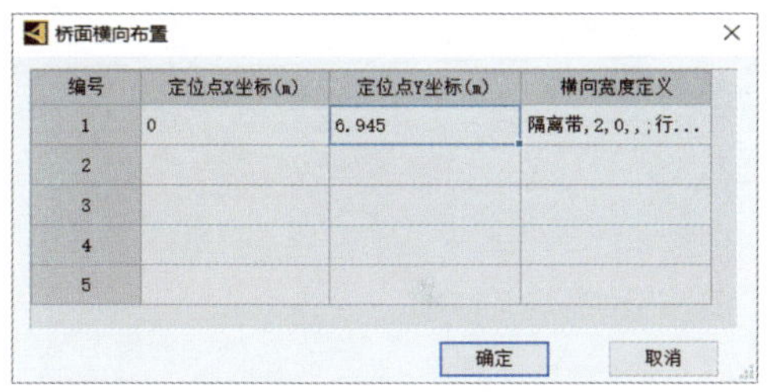
桥面横向布置

编号	定位点X坐标(m)	定位点Y坐标(m)	横向宽度定义
1	0	6.945	隔离带, 2, 0, , ;行...
2			
3			
4			
5			

确定　取消

图 5-103　CD1 桥面横桥向布置

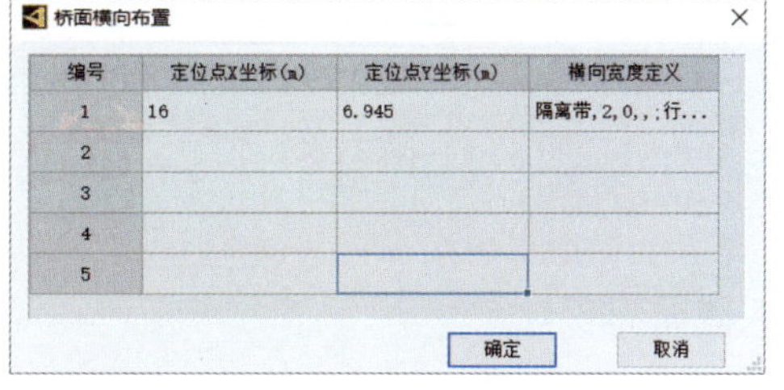
桥面横向布置

编号	定位点X坐标(m)	定位点Y坐标(m)	横向宽度定义
1	16	6.945	隔离带, 2, 0, , ;行...
2			
3			
4			
5			

确定　取消

图 5-104　CD2 横桥向布置

荷载 CD1、CD2 和 CD3 的横向宽度定义相同，如图 5-106 所示。

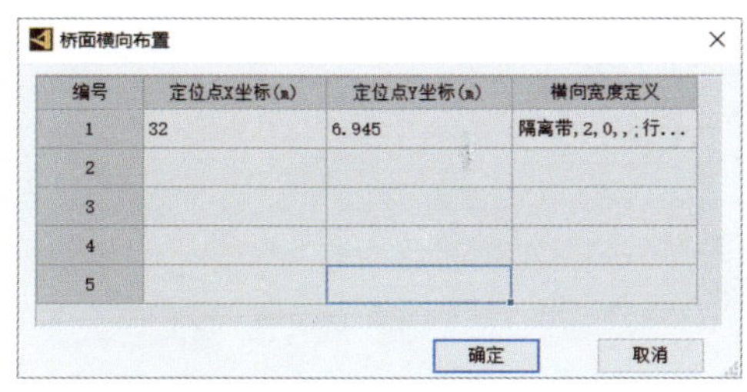
桥面横向布置

编号	定位点X坐标(m)	定位点Y坐标(m)	横向宽度定义
1	32	6.945	隔离带, 2, 0, , ;行...
2			
3			
4			
5			

确定　取消

图 5-105　CD3 横桥向布置

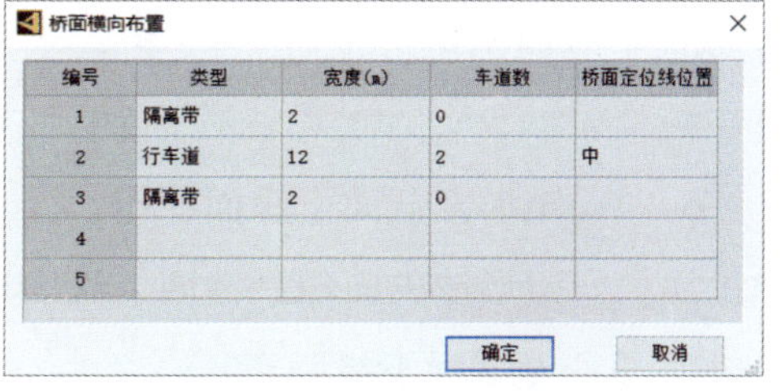
桥面横向布置

编号	类型	宽度(m)	车道数	桥面定位线位置
1	隔离带	2	0	
2	行车道	12	2	中
3	隔离带	2	0	
4				
5				

确定　取消

图 5-106　横向宽度定义信息

5.2.7　执行计算

(1)在菜单栏中选择“项目”→“全部诊断”，程序将对全部前处理的内容进行检查。

(2)在菜单栏中选择“项目”→“计算当前”，程序将对当前模型执行计算操作。

5.2.8 后处理查看

(1)右击项目管理树中的“结果查询”,选择“新文件夹”,在弹出的“新建查询文件夹”中填写“01 总体信息”。

(2)右击新建的文件夹,在快捷菜单中选择“新建查询”,在弹出的“新建查询” 中填写名称,并选择所需的工况和内容。

(3)查看结果。双击查询项,程序默认以图形和表格并存的方式显示计算结果。

5.3 手动验算

空心板的毛截面几何特性通过求得的矩形轮廓和缺失部分的几何特性,用前者减去后者所得的差得到。

计算各部分几何特性时,取空心板底边为几何特性计算坐标轴。本设计桥面布置如图 5-107 所示,各板挖空后所需计算的几何特性包括以下内容。

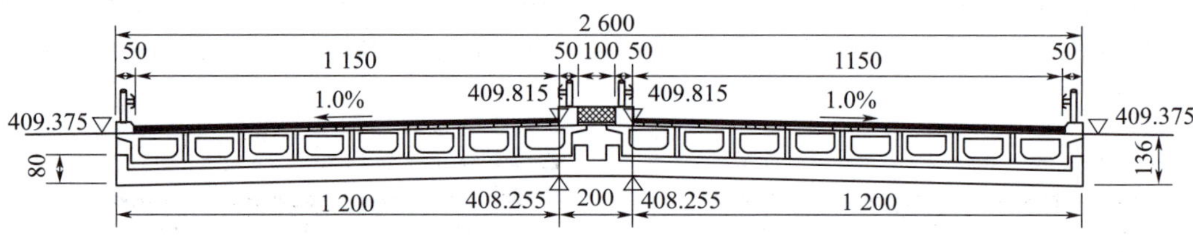

图 5-107 桥面布置

毛截面面积:

$$A_h = A - \sum A_i \qquad \text{式(5-1)}$$

式中 A ——矩形面积;

$\sum A_i$ ——矩形缺失面积和。

至截面下缘面积矩:

$$S = Ay - \sum (A_i y_i) \qquad \text{式(5-2)}$$

式中 Ay ——矩形至截面下缘面积矩;

$\sum (A_i y_i)$ ——矩形缺失面积至截面下缘面积矩和。

毛截面重心至截面下缘距离:

$$y_c = \frac{S}{A_h} \qquad \text{式(5-3)}$$

毛截面对自身重心轴的惯性矩:

$$I_c = I - \sum I_i \qquad \text{式(5-4)}$$

式中 I ——矩形面积对自身重心轴的惯性矩;

$\sum I_i$——矩形缺失面积对自身重心轴的惯性矩和。

弓形面积：

$$A=\frac{1}{2}R^2\frac{[2\theta-\sin(2\theta)]}{2} \quad 式(5\text{-}5)$$

式中 R——弓形截面有效半径。

5.3.1 毛截面面积及重心

1. 中板

矩形轮廓面积：

$$A_{中}=149\times80=11\ 920\ \text{cm}^2$$

左半部分空缺部分面积：

$$A_{中1}=\frac{1}{2}\times(6+12)\times3=27\ \text{cm}^2$$

$$A_{中2}=67\times2.5=167.5\ \text{cm}^2$$

$$A_{中3}=\frac{1}{2}\times3\times2.5=3.75\ \text{cm}^2$$

弓形半夹角：

$$\theta_{中}=\arcsin\left(\frac{60}{260.64}\right)=0.232\ \text{rad}$$

$$A_{中4}=\frac{1}{2}\times260.64^2\times\frac{[2\times0.232-\sin(2\times0.232)]}{2}=279.74\ \text{cm}^2$$

$$A_{中5}=41\times60=2\ 460\ \text{cm}^2$$

$$A_{中6}=\frac{1}{2}\times10\times10=50\ \text{cm}^2$$

$$A_{中7}=50\times10=500\ \text{cm}^2$$

总毛截面面积：

$$\begin{aligned}A_{中h}&=A-\sum A_{中i}\\&=149\times80-2\times(27+167.5+3.75+279.74+2\ 460+50+500)\\&=4\ 944.02\ \text{cm}^2\end{aligned}$$

弓形重心距板底处：

$$y_{中c4}=\frac{4\times260.64\times\left(\frac{60}{260.64}\right)^3}{3\times[2\times0.232-\sin(2\times0.232)]}-\sqrt{260.64^2-60^2}+80-17=75.99\ \text{cm}$$

毛截面净矩：

$$\begin{aligned}S_{中}&=A_{中}y_{中}-2\times(A_{中1}y_{中c1}+A_{中2}y_{中c2}+A_{中3}y_{中c3}+A_{中4}y_{中c4}+A_{中5}y_{中c5}+A_{中6}y_{中c6}+A_{中7}y_{中c7})\\&=192\ 543.98\ \text{cm}^3\end{aligned}$$

毛截面重心至板底的距离：

$$y_{中c}=\frac{S_{中}}{A_{中h}}=38.95\ \text{cm}$$

2. 边板

矩形轮廓面积：

$$A_{边}=174\times80=13\ 920\ \text{cm}^2$$

空缺部分面积：

$$A_{边1}=\frac{1}{2}\times(6+12)\times3=27\ \text{cm}^2$$
$$A_{边2}=67\times2.5=167.5\ \text{cm}^2$$
$$A_{边3}=\frac{1}{2}\times3\times2.5=3.75\ \text{cm}^2$$

弓形半夹角：

$$\theta_{边}=\arcsin\left(\frac{60}{260.64}\right)=0.232\ \text{rad}$$
$$A_{边4}=260.64^2\times\frac{[2\times0.232-\sin(2\times0.232)]}{2}=559.48\ \text{cm}^2$$
$$A_{边5}=41\times120=4\ 920\ \text{cm}^2$$
$$A_{边6}=10\times10=100\ \text{cm}^2$$
$$A_{边7}=100\times10=1\ 000\ \text{cm}^2$$
$$A_{边8}=\frac{15\times5}{2}=37.5\ \text{cm}^2$$
$$A_{边9}=5\times10=50\ \text{cm}^2$$
$$A_{边10}=25\times63=1\ 575\ \text{cm}^2$$

总毛截面面积：

$$\begin{aligned}A_{边h}&=A_{边}-\sum A_{边i}\\&=174\times80-(27+167.5+3.75+559.48+4\ 920+100+1\ 000+37.5+50+1\ 575)\\&=5\ 479.77\ \text{cm}^2\end{aligned}$$

弓形重心距板底处：

$$y_{边c4}=\frac{4\times260.64\times\left(\frac{60}{260.64}\right)^3}{3\times[2\times0.232-\sin(2\times0.232)]}-\sqrt{260.64^2-60^2}+80-17=75.99\ \text{cm}$$

毛截面净矩：

$$\begin{aligned}S_{边}=&A_{边}\ y_{边}-(A_{边1}y_{边c1}+A_{边2}y_{边c2}+A_{边3}y_{边c3}+A_{边4}y_{边c4}+A_{边5}y_{边c5}+A_{边6}y_{边c6}\\&+A_{边7}y_{边c7}+A_{边8}y_{边c8}+A_{边9}y_{边c9}+A_{边10}y_{边c10})\\=&218\ 900.71\ \text{cm}^3\end{aligned}$$

毛截面重心至板底的距离：

$$y_{边c}=\frac{S_{边}}{A_{边h}}=39.95\ \text{cm}$$

3. 铰缝

铰缝面积：

$$A_{铰h}=2\times\left[\frac{1}{2}\times(6+12)\times3+67\times2.5+\frac{1}{2}\times3\times2.5\right]+1\times80=476.5\ \text{cm}^2$$

铰缝重心至板底的距离：

$$y_{铰c}=\frac{2\times\left[\frac{1}{2}\times(6+12)\times3\times(80-3-9)+67\times2.5\times\left(80-\frac{67}{2}\right)+\frac{1}{2}\times3\times2.5\times\left(\frac{2}{3}\times3+10\right)+0.5\times80\times40\right]}{476.5}$$

$=47.30\ \text{cm}$

5.3.2　毛截面对重心的惯矩

弓形惯性矩公式：

$$I_0=\left[\frac{(4\theta-\sin 4\theta)}{16}-\frac{8\sin^6\theta}{9(2\theta-\sin 2\theta)}\right]R^4 \qquad 式(5\text{-}6)$$

毛截面对重心的惯性矩：

中板：

$$I_{中c}=I_{中}-\sum I_{中i}=4\ 484\ 430.99\ \text{cm}^4$$

边板：

$$I_{边c}=I_{边}-\sum I_{边i}=4\ 842\ 317.48\ \text{cm}^4$$

5.3.3　主梁作用效应计算

5.3.3.1　自重恒载集度计算

1. 板自重计算(一期永久作用)

已知板的毛截面面积A_h，采用40号普通混凝土，容重为25 kN/m^3。

中板：

$$q_1=A_{中h}\gamma=4\ 944.02\times10^{-4}\times25=12.36\ \text{kN/m}$$

边板：

$$q_2=A_{边h}\gamma=5\ 479.77\times10^{-4}\times25=13.69\ \text{kN/m}$$

2. 桥面系自重(二期永久作用)

护栏混凝土采用C30，边、中护栏高为32.3 cm、50 cm，每延米重力计算式分别为0.323×0.5×24=3.88 kN/m，0.5×0.5×24=6 kN/m。

预制板上应铺装100 mm厚的防水混凝土+100 mm厚的沥青混凝土，则每延米单幅桥横断面的铺装总重为0.1×11.5×23+0.1×11.5×24=54.05 kN/m。

将桥面系自重平均至每块板上，得到单块板所承担的每延米桥面系重力为

$$q_3=\frac{1}{8}\times(3.88+6.25+54.05)=8.02\ \text{kN/m}$$

3. 铰缝自重(二期永久作用)

铰缝面积经既算内容可知，为473×10^{-4} m^2，现浇企口缝40号小石子混凝土，容重为25 kN/m^3，每延米铰缝重力为

$$q_4=473\times10^{-4}\times25=1.18\ \text{kN/m}$$

5.3.3.2　永久作用效应计算

经既算内容可计算空心板的每延米一期永久作用q_{I}和二期永久作用q_{II}。

边板每延米永久作用：

$$q_{\mathrm{I}}=q_2=13.69\ \text{kN/m}$$

$$q_{\mathrm{II}}=q_3+q_4=8.02+1.18=9.20\ \text{kN/m}$$

中板每延米永久作用：

$$q_{\mathrm{I}}=q_1=12.36\ \mathrm{kN/m}$$

$$q_{\mathrm{II}}=q_3+q_4=8.02+1.18=9.20\ \mathrm{kN/m}$$

跨中和四分点处的弯矩与剪力计算式如下。

跨中：

$$M_{\frac{l}{2}}=\frac{1}{8}ql^2 \qquad \text{式(5-7)}$$

$$Q_{\frac{l}{2}}=\frac{1}{2}ql \qquad \text{式(5-8)}$$

四分点处：

$$M_{\frac{l}{4}}=\frac{3}{32}ql^2 \qquad \text{式(5-9)}$$

$$Q_{\frac{l}{4}}=\frac{1}{4}ql \qquad \text{式(5-10)}$$

5.3.4 汽车荷载作用下内力计算

5.3.4.1 汽车荷载的冲击系数

由已计算内容知$I_c=0.044\ 844\ \mathrm{m}^4$，C40混凝土的弹性模量$E=3.25\times10^4$ MPa；基于《公路桥涵设计通用规范》4.3.2对汽车荷载的冲击系数μ的规定，简支梁桥应按式(5-11)计算：

$$\begin{cases}\text{当 } f<1.5\ \mathrm{Hz}\ \text{时}, & \mu=0.05\\ \text{当 } 1.5\ \mathrm{Hz}\leqslant f\leqslant 14\ \mathrm{Hz}\ \text{时}, & \mu=0.176\ln f-0.0157\\ \text{当 } f>14\ \mathrm{Hz}\ \text{时}, & \mu=0.45\end{cases} \qquad \text{式(5-11)}$$

$$f_1=\frac{\pi}{2l^2}\sqrt{\frac{EI_c}{m_c}} \qquad \text{式(5-12)}$$

$$m_c=\frac{G}{g} \qquad \text{式(5-13)}$$

式中 f——结构基频，Hz；

E——空心板混凝土的弹性模量，Pa；

I_c——空心板$L/2$截面的惯矩，m^4；

l——空心板梁的计算跨径，m；

m_c——空心板跨中处的每延米质量，kg/m；

G——桥面跨中处延米重力，N/m；

g——重力加速度，$\mathrm{m/s^2}$，取9.81。

代入式(5-12)和式(5-13)，得

$$m_c=\frac{G}{g}=\frac{8.02}{9.81}=0.82\ \mathrm{kg/m}$$

$$f=\frac{\pi}{2l^2}\sqrt{\frac{EI_c}{m_c}}=\frac{\pi}{2\times15.95^2}\times\sqrt{\frac{3.25\times10^{10}\times0.044\ 844}{0.82\times10^3}}=8.22\ \mathrm{Hz}$$

当 1.5 Hz≤f≤14 Hz 时，

$$\mu=0.1767\ln f-0.0157=0.1767\ln 8.22-0.0157=0.36$$

可得，$1+\mu=1.36$。

5.3.4.2　跨中及四分之一处的弯剪受力计算

弯矩的计算可参照式(5-14)。

$$M=(1+\mu)\xi m_c(q_k\Omega+P_k y_i) \tag{式(5-14)}$$

车道荷载按照《公路桥涵设计通用规范》要求，双车道横向布载系数 $\xi=1.0$；公路—Ⅰ级时，均布荷载标准值 $q_k=10.5$ kN/m，集中荷载标准值按《公路桥涵设计通用规范》中第 4.3.1 条取用：

$$\begin{cases} \text{当}L_0\leqslant 5\text{ m时}, & P_k=270\text{ kN} \\ \text{当}5\text{ m}<L_0<50\text{ m时}, & P_k=2(L_0+130)\text{kN} \\ \text{当}L_0\geqslant 50\text{ m时}, & P_k=360\text{ kN} \end{cases} \tag{式(5-15)}$$

式中　L_0——计算跨径，即两端支座中心间的直线间隔；

Ω——影响线面积。

因此，集中荷载标准值为

$$P_k=2\times(15.56+130)=291.1\text{ kN/m}$$

5.3.4.3　支点剪力

可以看出，m 在跨中至四分点处的高度保持不变，然后均匀增加至支点处，如图 5-108 所示。

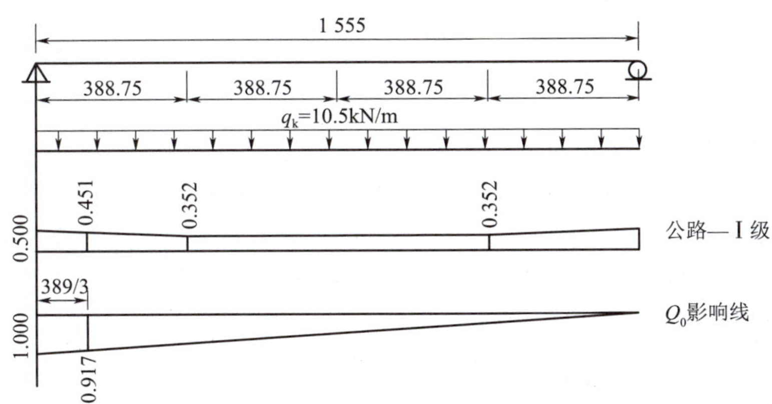

图 5-108　荷载横向分布系数和支点剪力影响线(单位：m)

变化区形心对应的剪力影响线坐标为

$$y=1\times(15.55-3.89/3)/15.55=0.917$$

影响线的面积为

$$\Omega=1/2\times 15.55\times 1=7.78\text{ m}^2$$

得

$$\begin{aligned} Q_{0\text{均}} &=(1+\mu)\xi q_k[m_c\Omega+(m_0-m_c)y/8] \\ &=1.36\times 1\times 10.5\times[0.352\times 7.78+(0.5-0.352)\times 0.917/8] \\ &=39.35\text{ kN} \end{aligned}$$

$$Q_{0\text{集}}=(1+\mu)\xi+m_i P_k y_i=1.36\times 1+0.5\times 349.3\times 1=176.01\text{ kN}$$

则在公路—Ⅰ级荷载作用效应下，1 号板梁端所受竖向剪切变形最大影响力为

$$Q_0=Q_{0均}+Q_{0集}=39.35+176.01=215.36\ \text{kN}$$

5.3.5 普通钢筋数量及布置

根据持久状况承载能力极限状态要求的必要条件估算正截面非预应力钢筋数量。依照截面几何特性（毛截面面积、惯性积和重心高度）保持一致的原则，将主梁单块板横断面换算成等效工字形截面来计算和验算，如图 5-109 所示。

$$b_k h_k=2\ 827.43\ \text{cm}^2$$

$$\frac{1}{2}b_k h_k^3=3\ 816\ 419.95\ \text{cm}^4$$

解得：$b_k=54.41$ cm，$h_k=51.96$ cm。

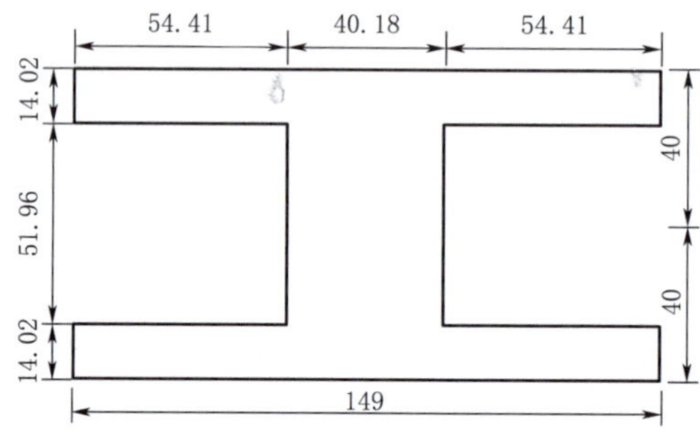

图 5-109 空心板等效工字形截面（单位：m）

上、下翼缘板厚度：

$$h_f=h_f'=y_1-h_k/2=40-51.96/2=14.02\ \text{cm}$$

腹板厚度：

$$300\times2\ 210+1\ 260\times1\ 680=2\ 779\ 800<右侧=18.4\times1\ 490\times140.2+300\times1\ 130$$

设普通钢筋合力点至相邻边缘距离：

$$a_s=a_s{}'=4\ \text{cm}$$

截面有效高度：

$$h_0=h-a_s=80-4=76\ \text{cm}$$

受压区普通钢筋采用 HRB400 钢筋，10B12，钢筋面积 $A_s'=1\ 130\ \text{mm}^2$，$E_p=1.95\times10^5$ MPa。

设 $h_0=h-a_s=800-40=760$ mm。

$$\gamma_0 M_d\leqslant f_{cd}bx\left(h_0-\frac{x}{2}\right)+f'_{sd}A'_s(h_0-a'_s) \qquad 式(5\text{-}16)$$

式中 γ_0——结构重要性系数；

M_d——弯矩组合设计值，kN·m；

f_{cd}——混凝土轴心抗压强度设计值，N/mm²；

b——截面腹板宽度，mm；

x——截面受压区高度，mm；

h_0——截面有效高度，mm；

f'_{sd}——纵向钢筋抗压强度设计值，N/mm^2；

A'_s——钢筋截面面积，N/mm^2；

a'_s——受压区钢筋至边缘距离，mm。

根据《公路钢筋混凝土及预应力混凝土桥涵设计规范》，选用 C40 混凝土，结构重要新系数 $\gamma_0=1.0$，$f_{cd}=18.4\ N/mm^2$。

由 $M_{ud}=1\ 579.74\ kN\cdot m=1\ 579.74\times10^6\ N\cdot mm$，$b_f^1=1\ 490\ mm$，代入式(5-16)得

$$1.0\times1\ 579.74\times10^6<18.4\times1\ 490x\left(760-\frac{x}{2}\right)+400\times1\ 130\times(760-40)$$

整理后得

$$x^2-1\ 495.2x+97\ 743.2\leqslant0$$

求得

$$x=102.7\ mm<h_f=140.2\ mm$$

且

$$x<\xi_b h_0=0.55\times760=418\ mm$$

即法向应力为零的轴在翼缘板内，求得非预应力钢筋面积A_s为

$$A_s=\frac{f_{cd}b_f^1x+f'_{sd}A'_s-f_{pd}A_p}{f_{sd}}=\frac{18.4\times1\ 490\times102.7+400\times1\ 130-1\ 260\times1\ 668}{400}=3\ 239.7\ cm^2$$

普通钢筋选用 HRB 400，$f_y=400\ N/mm^2$，$E_s=2\times10^5$ MPa。

受压区截面面积 $A_p=1\ 668\ mm^2$，钢筋设计抗拉强度 $f_{pd}=1\ 260$ MPa。

按《公路钢筋混凝土及预应力混凝土桥涵设计规范》，得

$$A_s\geqslant0.003bh_0=0.003\times490\times760=1\ 117.2\ mm^2。$$

受拉区布设普通钢筋 11B20，钢筋面积 $A_s=3\ 456.2mm^2$，钢筋合力点至板下缘 40 mm 处，即 $a_s=40$ mm。

5.3.6　换算截面的面积

钢筋对中板与边板的面积比例系数：

$$\alpha_{Ep}=\frac{E_p}{E_c}=\frac{1.95\times10^5}{3.25\times10^4}=6$$

$$\alpha_{Es}=\frac{E_s}{E_c}=\frac{2\times10^5}{3.25\times10^4}=6.2$$

中板：

$$A_{中0}=A_{中h}+(\alpha_{Ep}-1)A_p+(\alpha_{Es}-1)A_s$$
$$=4\ 944.02+(6-1)\times16.88+(6.2-1)\times34.56=5\ 208.13\ cm^2；$$

边板：

$$A_{边0}=A_{边h}+(\alpha_{Ep}-1)A_p+(\alpha_{Es}-1)A_s$$
$$=5\ 479.77+(6-1)\times16.88+(6.2-1)\times34.56=5\ 743.88\ cm^2。$$

5.3.7 换算截面的重心位置

1. 钢筋换算截面对空心板毛截面重心的净矩

中板：

$$S_{中0}=(\alpha_{Ep}-1)A_p(y_n-a_s')+(\alpha_{Es}-1)[A_s(y_n-a_s)+A_s'(h-y_n-a_s')]$$
$$=(6-1)\times16.7\times(38.96-5.5)+(6.2-1)\times[34.56\times(38.96-4)+11.31\times(80-38.96-4)]$$
$$=11\ 255.04\ \text{cm}^3$$

边板：

$$S_{边0}=(\alpha_{Ep}-1)A_p(y_n-a_s')+(\alpha_{Es}-1)[A_s(y_n-a_s)+A_s'(h-y_n-a_s')]$$
$$=(6-1)\times16.7\times(41.48-5.5)+(6.2-1)\times[34.56\times(41.48-4)+11.31\times(80-41.48-4)]$$
$$=11\ 770.13\ \text{cm}^3$$

2. 换算截面重心至毛截面重心的距离

中板：

$$d_{中}=S_{中0}/A_{中0}=11\ 255.04/5\ 208.13=2.16\ \text{cm(下移)}$$

边板：

$$d_{边}=S_{边0}/A_{边0}=11\ 770.13/5\ 743.88=2.05\ \text{cm(下移)}$$

3. 换算截面重心至空心板截面下缘的距离

中板：

$$y_{中下}=38.96-2.16=36.8\ \text{cm}$$

边板：

$$y_{边下}=41.48-2.05=39.43\ \text{cm}$$

4. 换算截面重心至空心板截面上缘的距离

中板：

$$y_{中上}=80-38.96+2.16=43.2\ \text{cm}$$

边板：

$$y_{边上}=80-41.48+2.05=40.57\ \text{cm}$$

5. 预应力钢筋重心至换算截面重心的距离

中板：

$$y_{中p}=36.8-5.24=31.56\ \text{cm}$$

边板：

$$y_{边p}=39.43-5.24=34.19\ \text{cm}$$

6. 普通钢筋重心至换算截面重心的距离

中板：

$$y_{s1}=36.8-4=32.8\ \text{cm}$$
$$y_{s2}=43.2-4=39.2\ \text{cm}$$

边板：

$$y_{s3}=39.43-4=35.43\ \text{cm}$$
$$y_{s4}=40.57-4=36.57\ \text{cm}$$

5.3.8 换算截面的惯矩

中板：

$$\begin{aligned}I_{中0}&=I_{中c}+A_{中h}d_{中}^{2}+(\alpha_{Ep}-1)A_{p}y_{p}{}^{2}+(\alpha_{Es}-1)A_{s}y_{s1}^{2}+(\alpha_{Es}-1)A'_{s}y_{s2}^{2}\\&=44\ 844\ 430.99+4\ 944.02\times2.16^{2}+(6-1)\times16.7\times31.56^{2}+\\&\quad(6.2-1)\times34.56\times32.8^{2}+(6.2-1)\times11.31\times39.2^{2}\\&=4\ 874\ 380.85\ \text{cm}^{4}\end{aligned}$$

边板：

$$\begin{aligned}I_{边0}&=I_{边c}+A_{边h}d_{边}{}^{2}+(\alpha_{Ep}-1)A_{p}y_{p}^{2}+(\alpha_{Es}-1)A_{s}y_{s3}^{2}+(\alpha_{Es}-1)A'_{s}y_{s4}^{2}\\&=4\ 842\ 317.48+5\ 477.72\times2.12^{2}+(6-1)\times16.7\times34.12^{2}+\\&\quad(6.2-1)\times34.56\times35.43^{2}+(6.2-1)\times11.31\times36.57^{2}\\&=5\ 268\ 387.96\ \text{cm}^{4}\end{aligned}$$

5.3.9 换算截面的弹性抵抗矩

1. 中板换算截面弹性抵抗矩

下缘：

$$W_{中下}=\frac{I_{中0}}{y_{中下}}=\frac{4\ 874\ 380.85}{36.8}=132\ 456\ \text{cm}^{3}$$

上缘：

$$W_{中上}=\frac{I_{中}}{y_{中上}}=\frac{4\ 874\ 380.85}{43.2}=112\ 832.89\ \text{cm}^{3}$$

2. 边板换算截面弹性抵抗矩

下缘：

$$W_{边下}=\frac{I_{边0}}{y_{边下}}=\frac{5\ 268\ 387.96}{39.43}=133\ 613.69\ \text{cm}^{3}$$

上缘：

$$W_{边上}=\frac{I_{边0}}{y_{边上}}=\frac{5\ 268\ 387.96}{40.57}=129\ 859.21\ \text{cm}^{3}$$

3. 净截面的弹性抵抗矩

中板净截面惯性矩为 4.48×10^{6} cm^4，弹性抵抗有效距离上缘为 387.7 mm、下缘为 412.3 mm；边板净截面惯性矩为 4.85×10^{6} cm^4，弹性抵抗有效距离上缘为 413.1 mm、下缘为 386.9 mm。

(1)中板

下缘：
$$W_{n1}=\frac{I_{n}}{y_{n}}=\frac{4.48\times10^{10}}{387.7}=115.55\times10^{6}\text{mm}^{3}$$

上缘：
$$W_{n2}=\frac{I_{n}}{y_{n}}=\frac{4.48\times10^{10}}{412.3}=108.66\times10^{6}\text{mm}^{3}$$

(2)边板

下缘：
$$W_{n3}=\frac{I_{n}}{y_{n}}=\frac{4.85\times10^{10}}{413.1}=117.41\times10^{6}\text{mm}^{3}$$

上缘：
$$W_{n4}=\frac{I_{n}}{y_{n}}=\frac{4.85\times10^{10}}{386.9}=125.36\times10^{6}\text{mm}^{3}$$

5.3.10 正截面抗弯承载力计算

判断截面类型的公式为

$$f_{sd}A_s+f_{pd}A_p\leqslant f_{cd}b_f'h_f'+f_{sd}'A_s'$$

$$400\times3\ 456.2+1\ 260\times1\ 668=3\ 484\ 160<18.4\times1\ 490\times140.2+400\times1\ 130=4\ 295\ 723.2$$

故按矩形截面计算混凝土受压区高度 x。

根据《公路钢筋混凝土及预应力混凝土桥涵设计规范》，可知

$$f_{sd}A_s+f_{pd}A_p=f_{cd}bx+f_{sd}'A_s' \qquad \text{式(5-17)}$$

式中，$f_{sd}=f_{sd}'=400$ MPa，$f_{pd}=1\ 260$ MPa，C40，$f_{cd}=18.4$ MPa，$b=149$ cm。代入得

$$400\times3\ 456.2+1\ 260\times1\ 668=18.4\times1\ 490x+400\times1\ 130$$

求得：$x=111.51\text{ mm}<\xi_b h_0=0.55\times760=418\text{ mm}$

$<h_f'=140.2$ mm

$>2a_s'=80$ mm

故按式(5-17)进行跨中正截面强度计算：

$$\gamma_0 M_d\leqslant f_{cd}bx\left(h_0-\frac{x}{2}\right)+f_{sd}'A_s'(h_0-a_s') \qquad \text{式(5-18)}$$

式中，$\gamma_0=1.0$，$M_d=1\ 579.74$ kN·m。代入得

$$1.0\times1\ 579.74\times10^6<18.4\times1\ 490\times115.51\times\left(760-\frac{111.51}{2}\right)+400\times1\ 130\times(760-40)=2\ 555.66\times10^6$$

即跨中截面抗弯承载力满足要求。

按构造要求，$A_s=3\ 456.2\text{ cm}^2\geqslant0.003bh_0=0.003\times1\ 490\times760=3\ 397.2\text{ cm}^2$，满足要求。

5.3.11 斜截面抗剪性能验算

简支梁按如下两处截面进行板斜截面抗剪承载力计算。

(1)距支点 400 mm($h/2$)处截面

斜截面抗剪承载力：

$$V_{cs}=0.45\times10^{-3}\alpha_1\alpha_2\alpha_3 b h_0\sqrt{(2+0.6P)\sqrt{f_{uc,k}}\rho_{sv}f_{sv}}$$

式中 α_1、α_2、α_3——系数，取决于板的几何特性和加载方式；

P——板上的集中荷载，N；

$f_{uc,k}$——混凝土抗拉强度，MPa；

ρ_{sv}——纵向钢筋配筋率；

f_{sv}——纵向钢筋的抗拉强度，MPa。

$$V_{cs}=0.45\times10^{-3}\alpha_1\alpha_2\alpha_3 bh_0\sqrt{(2+0.6P)\sqrt{f_{cu,k}}\rho_{sv}f_{sv}}$$

$$=0.45\times10^{-3}\times1.0\times1.1\times1.0\times401.8\times745\times\sqrt{(2+0.6\times1.70)\times\sqrt{40}\times0.005\ 2\times250}$$

$$=738.35\text{ kN}$$

$$\gamma_0V_d=1.0\times540.95=540.95\text{ kN}<V_{cs}=738.35\text{ kN}$$

因此，该截面满足抗剪承载力要求。

(2)距跨中660 mm处截面(箍筋间距变化处)

$$\rho_{sv}=\frac{A_{sv}}{b_{sv}}=\frac{157.08}{401.8\times200}=0.0020=0.2\%>\rho_{svmin}=0.14\%$$

$$V_{cs}=0.45\times10^{-3}\alpha_1\alpha_2\alpha_3bh_0\sqrt{(2+0.6P)\sqrt{f_{cu,k}}\rho_{sv}f_{sv}}$$

$$=0.45\times10^{-3}\times1.0\times1.1\times1.0\times401.8\times745\times\sqrt{(2+0.6\times1.70)\times\sqrt{40}\times0.0039\times250}$$

$$=639.43\ \text{kN}$$

$$\gamma_0V_d=1.0\times540.95=540.95\ \text{kN}<V_{cs}=639.43\ \text{kN}$$

故截面均满足抗剪承载力要求。

5.3.12　正截面抗裂验算

简支桥梁需对开裂抵抗能力进行验算，应符合《公路钢筋混凝土及预应力混凝土桥涵设计规范》第6.3.1条规定。对于本设计桥预制空心板，应符合以下条件：

$$\sigma_{st}-\sigma_{pc}\leqslant0.7f_{tk}$$

$$\sigma_{lt}-\sigma_{pc}\leqslant0$$

式中 σ_{st}——作用频遇组合时，空心板抗裂边沿受拉混凝土的法向应力，已知空心板跨中断面弯矩$M_{sd}=647.58\ \text{kN}\cdot\text{m}$；

σ_{lt}——作用准永久组合时，空心板抗裂边沿受拉混凝土的法向应力，跨中截面$M_l=650.48\ \text{kN}\cdot\text{m}=650.48\times10^6\ \text{N}\cdot\text{mm}$；

σ_{pc}——最大拉应力，MPa；

f_{tk}——混凝土极限抗拉强度，MPa，取2.4；

σ_{pe}——钢筋弹性模量，MPa。

混凝土收缩、徐变引起的预应力损失σ_{l6}为178.78 MPa；传力锚固时的预应力钢筋应力，对后张法构件，$\sigma_{pe}=1\,023.51$ MPa。

$$N_p=\sigma_{pe}A_p-\sigma_{l6}A_s=1\,023.51\times1\,668-178.78\times3\,456.2=1\,089\,315.24\ \text{N}$$

$$e_{pn}=\frac{\sigma_{pe}A_py_{pn}-\sigma_{l6}A_sy_{sn}}{N_p}=\frac{1\,023.51\times1\,668\times341.1-178.78\times3\,456.2\times353.5}{1\,089\,315.24}=334.1\ \text{mm}$$

主梁跨中截面下缘的预压应力σ_{pc}为

$$\sigma_{pc}=\frac{N_p}{A_{中0}}+\frac{N_pe_{pn}}{I_{中0}}y_{边下}=\frac{1\,089\,315.24}{520\,813}+\frac{1\,089\,315.24\times334.1}{4.874\,4\times10^{10}}\times394.3=5.04\ \text{MPa}$$

代入公式，得

$$\sigma_{st}=\frac{M_{sd}}{W_n}=\frac{647.58}{131.89}=4.91\ \text{MPa}$$

$$\sigma_{lt}=\frac{M_l}{W_n}=\frac{650.48\times10^6}{131.89\times10^6}=4.93\ \text{MPa}$$

由此，得

$$\sigma_{st}-\sigma_{pc}=4.91-5.04=-0.13<0.7f_{tk}=0.7\times2.40=1.68\ \text{MPa}$$

$$\sigma_{lt}-\sigma_{pc}=4.93-5.04=-0.11\ \text{MPa}<0$$

通过以上计算，正截面抗裂满足要求。

第 6 章　30 m 标准跨度连续预应力箱梁桥

在现代道路与高速公路建设中，预制箱梁桥是一种常见的桥梁结构形式，具有施工简便、工期短、质量可控等特点。其中，连续预应力箱梁桥在大跨度桥梁设计中被广泛应用，在此过程中，软件设计已成为有效提高设计效率与精度的重要手段。本章重点介绍 30 m 标准跨度连续预应力箱梁桥的设计，以期为设计者提供一定的借鉴参考。

6.1　设计说明

6.1.1　设计规范

(1)《公路工程技术标准》(JTG B01—2014)。
(2)《公路桥涵设计通用规范》(JTG D60—2015)。
(3)《公路钢筋混凝土及预应力混凝土桥涵设计规范》(JTG 3362—2018)。
(4)《公路桥涵施工技术规范》(JTG/T 3650—2020)。
(5)《钢筋焊接及验收规程》(JGJ 18—2012)。
(6)《预应力混凝土用钢绞线》(GB/T 5224—2014)。
(7)《公路桥梁板式橡胶支座》(JT/T 4—2019)。
(8)《公路桥梁伸缩装置通用技术条件》(JT/T 327—2016)。
(9)《公路交通安全设施设计规范》(JTG D81—2017)。
(10)《公路交通安全设施设计细则》(JTG/T D81—2017)。

6.1.2　设计标准

(1)设计速度：100 km/h。
(2)汽车荷载等级：公路—Ⅰ级。
(3)设计安全等级：一级。
(4)设计使用寿命：50 年以上。

6.1.3　技术参数

(1)桥梁宽度：处于双向四车道整体式路基，宽度为 26.0 m，外侧收窄 25.0 cm。桥梁按上、下行分离设置。

(2)环境类别：Ⅰ类。

(3)环境作用等级:B 级、C 级(用于干湿交替环境)。

(4)地震作用:按地震动峰值加速度系数为 0.05 g 进行设计，抗震设防烈度为Ⅶ度。

6.1.4　工程地质条件

桥址区上覆第四系人工筑填土、冲洪积淤泥质土、碎石土、坡积粉质黏土、残积砂质黏性土;下伏岩性为侏罗系中上统高基坪群全-中风化砂岩、砂砾岩。未见不良地质，地下水位较深。

6.1.5　主要材料

1. 混凝土

混凝土材料见表 6-1，基层采用天然级配砂砾。桥背回填上部采用 2 m 厚水稳砂砾。

表 6-1　混凝土材料

结构名称	混凝土材料	结构名称	混凝土材料
主梁	C40 混凝土	桩基	C30 水下混凝土
墩台帽	C35 混凝土	翼墙身	M10 浆砌块石
墩柱	C35 混凝土	勾缝、抹面	M10 水泥砂浆
系梁	C30 混凝土	引道混凝土路面	C35 混凝土

2. 钢筋

普通钢筋采用 HPB300 和 HRB400 钢筋。

6.2　实例建模

打开桥梁博士软件，单击“新建”按钮，弹出“新建项目”对话框，修改项目名称为“连续预应力箱梁桥”，指定保存路径，其余参数采用默认值。单击“确定”按钮，即可创建一个连续预应力箱梁桥项目，如图 6-1 所示。

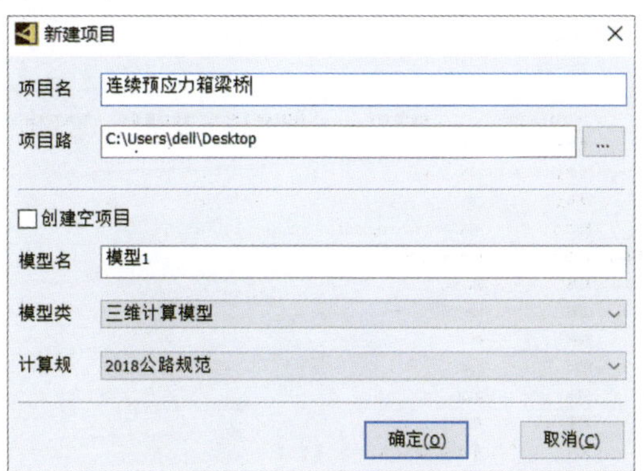

图 6-1　新建项目

6.2.1 总体信息

总体信息部分定义了“连续预应力箱梁桥” 项目的基本信息、地质参数和钻孔信息。在项目管理树上双击“总体信息”,默认进入总体信息的“基本”一栏进行规范输入。

1. 基本信息

基本信息包括常规信息、计算内容和材料定义。首先定义常规信息,在“基本”→“常规”中,选择相应的计算规范、环境类别和模型类别,如图 6-2 所示。

常规	
模型说明	
计算规范	2018公路规范
结构重要性系数	1.1
环境相对湿度	0.8
环境类别	Ⅱ类
模型类别	空间杆系

图 6-2 定义常规信息

在“基本”→“计算内容”中,勾选所需的计算项,如图 6-3 所示。

计算内容	
计算预应力	☑
计算收缩	☑
计算徐变	☑
计算活载	☑
活载布置	☐
计算柔性墩台水平力分配	☐
计算屈曲	☐
自振分析	☐
计算倾覆	☐
计算抗震	☐
进行验算	☑
调束	☐
调索	☐

图 6-3 定义计算内容信息

在“基本”→“材料定义”中,定义所需的材料信息,如图 6-4 所示。

材料定义

编号	名称	材料类型	材料索引	收缩调整系数	徐变调整系数	粉煤灰掺量(%)	说明
1	主梁材料	混凝土	C50	1	1	0	
2	墩柱材料	混凝土	C40	1	1	0	
3	基础材料	混凝土	C30	1	1	0	
4	高强钢绞线	预应力	钢绞线d=15.2_fpk=1860				
5	预应力螺纹钢筋	预应力	螺纹钢筋d=25_fpk=785				
6	普通钢筋(高)	钢筋	HRB400				
7	普通钢筋(低)	钢筋	HPB300				
8	钢管	钢板	Q345				
9	钢板(高)	钢板	Q345				
10	钢板(低)	钢板	Q235				
11	主缆材料	缆索	平行钢丝fk=1770				
12	拉索材料	缆索	平行钢丝fk=1770				

图 6-4 定义材料信息

2. 地质参数

单击“地质”界面,在“土层”“岩层”中填写地质参数,如图 6-5 所示。

土层

编号	索引名称	重度 (kN/m^3)	是否透水	压缩模量 (MPa)	m/m0 (kN/m^4)	土内摩擦角 (度)	侧摩阻 (kPa)	承载力 基本容许值(kPa)	宽度 修正系数	深度 修正系数	承载力 容许值上限(kPa)	基底摩擦系数	颜色
1	粘土	9.8, 9.8	不透水	压缩模量#20#	10000...	45	30	300	1	1.1	360	0.7	■ 黑

图 6-5　定义地质参数

3. 钻孔信息

单击“钻孔”界面,填写钻孔信息,如图 6-6 所示。

钻孔

编号	索引名称	孔口(地面)...	常水位标高(m)	钻孔土层
1	钻孔	0	0	粘土, 100;, 0;, 0
2				
3				

图 6-6　定义钻孔信息

6.2.2　结构建模

1. 定义上部结构截面

(1)在项目管理树上双击“结构建模”,进入结构建模界面。开始定义上部结构截面,进入“截面”界面,右击“截面 1”,在弹出的快捷菜单中单击“修改截面名称”,如图 6-7 所示,将截面名称改为“箱梁”。单击“区域式”→“导入区域”,指定 CAD 文件,选择截面所在图层,如图 6-8 所示。导入后得到箱梁截面,如图 6-9 所示。

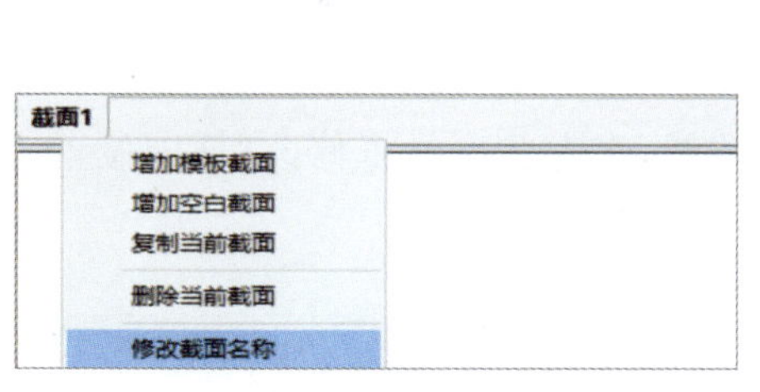

图 6-7　定义截面名称

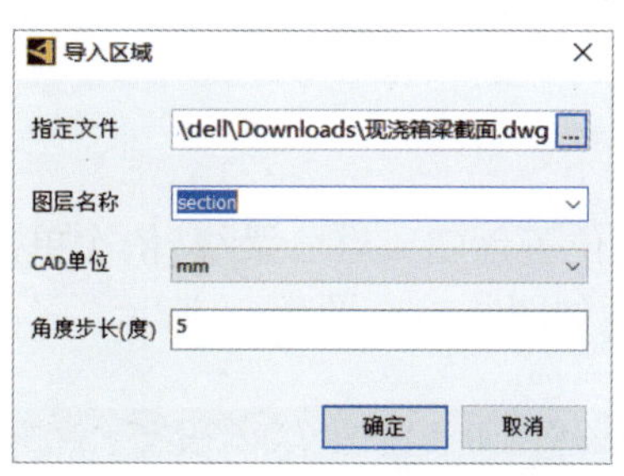

图 6-8　导入 CAD 截面文件

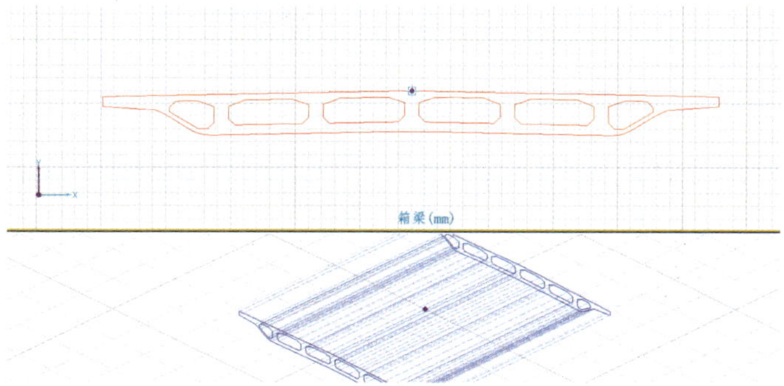

图 6-9　箱梁截面

(2)定义悬臂线。单击“截面计算”→“显示”→“区域点号”，显示区域点号。单击“截面计算”→“悬臂线”，按如下命令行提示操作：

```
指定横向位置:(单击外边区域点号 29)
下一个横向位置:(单击外边区域点号 27)
下一个横向位置:ESC
```

定义悬臂线完成，如图 6-10 所示。

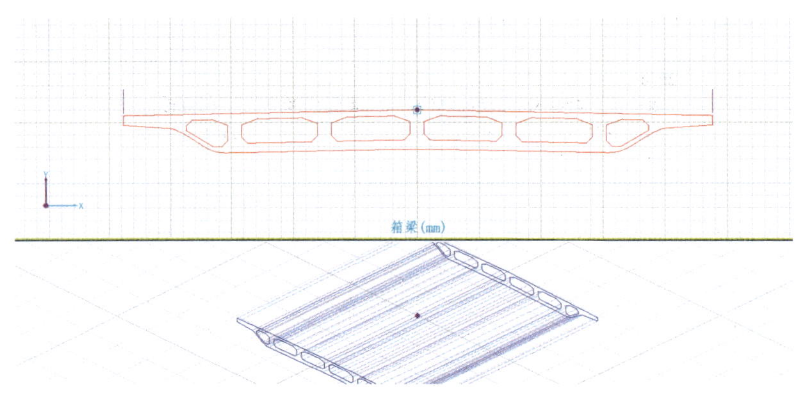

图 6-10 定义悬臂线

(3)定义分梁线。单击“截面计算”→“分梁线”，按如下命令行提示操作：

```
指定横向位置:(单击任意位置)
下一个横向位置:(单击任意位置)
下一个横向位置:(单击任意位置)
下一个横向位置:(单击任意位置)
下一个横向位置:ESC
```

在任意位置创建 4 道分梁线，依次单击分梁线，在左侧属性框修改“横向位置 X”。分梁线 1～4 的属性如图 6-11～图 6-14 所示。

对象属性	
⊟ 特征线	
特征线类型	分梁线
横向位置X	-6976
底缘横向位置X	-6976

图 6-11 分梁线 1 属性

对象属性	
⊟ 特征线	
特征线类型	分梁线
横向位置X	-2326
底缘横向位置X	-2326

图 6-12 分梁线 2 属性

对象属性	
⊟ 特征线	
特征线类型	分梁线
横向位置X	2326
底缘横向位置X	2326

图 6-13 分梁线 3 属性

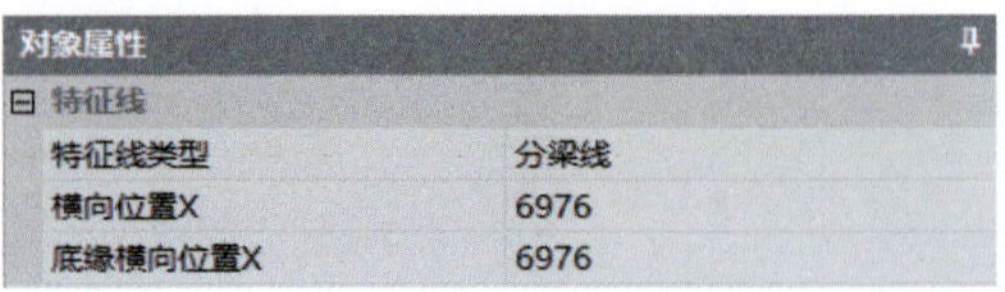

对象属性	
⊟ 特征线	
特征线类型	分梁线
横向位置X	6976
底缘横向位置X	6976

图 6-14 分梁线 4 属性

得到分梁线，如图 6-15 所示。

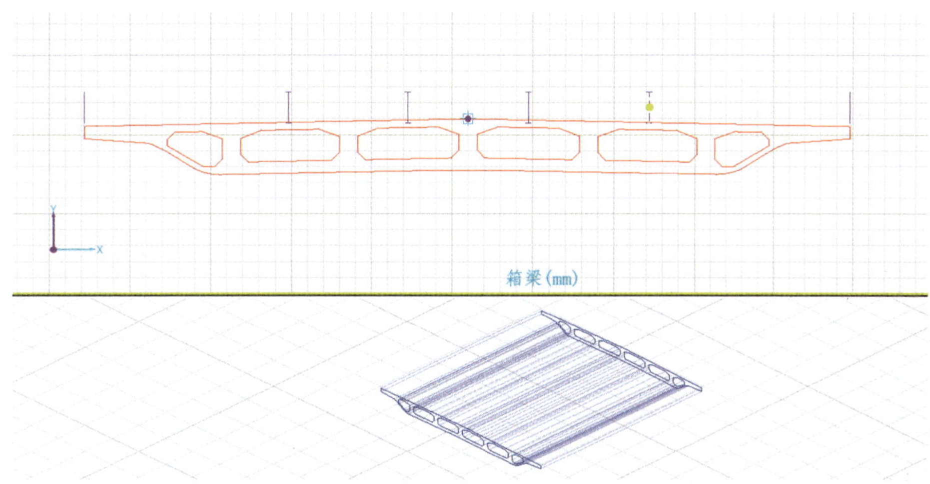

图 6-15　分梁线

(4)新建参数。右击“截面”下部界面，选择“参数编辑器”进入参数编辑状态，右击选择“添加参数”，按如下命令行提示操作：

```
指定变量名称:a1
指定默认值<1000>:
指定参数注释:ESC
```

双击新建的参数，在截面参数属性中修改属性，添加参数 a1 并做属性定义，如图 6-16 和图 6-17 所示。

图 6-16　添加参数 a1

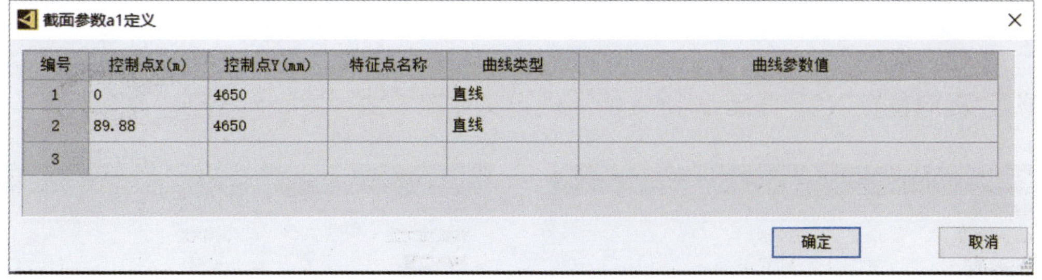
截面参数a1定义

编号	控制点X(m)	控制点Y(mm)	特征点名称	曲线类型	曲线参数值
1	0	4650		直线	
2	89.88	4650		直线	
3					

确定　取消

图 6-17　定义参数 a1

得到参数 a1，如图 6-18 所示。

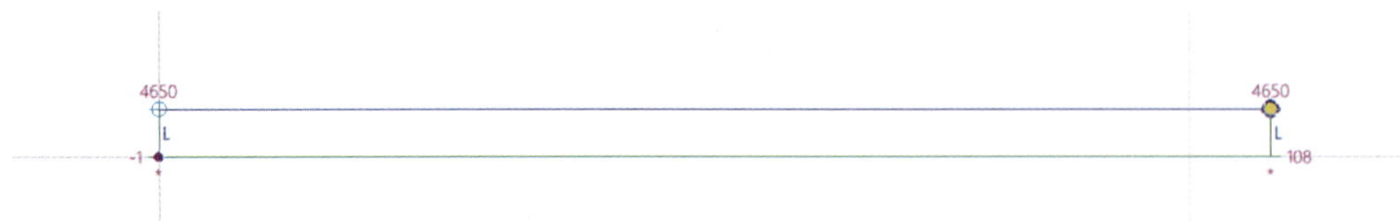

图 6-18　参数 a1

添加参数 a2，按如下命令行提示操作：

```
指定变量名称：a2
指定默认值<1000>：
指定参数注释：ESC
```

定义参数 a2，如图 6-19 所示。

截面参数a2定义

编号	控制点X(m)	控制点Y(mm)	特征点名称	曲线类型	曲线参数值
1	0	9200		直线	
2	89.88	9200		直线	
3					

确定　取消

图 6-19　定义参数 a2

得到参数 a2，如图 6-20 所示。

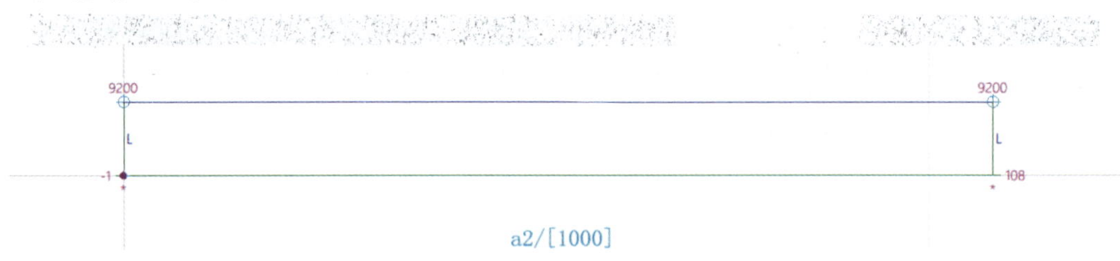

图 6-20　参数 a2

(5)定义分梁线。用含参数 a1 的表达式表示分梁线的横向位置。单击分梁线，在左侧属性框修改“横向位置 X”。分梁线 1～4 的属性定义如图 6-21～图 6-24 所示。

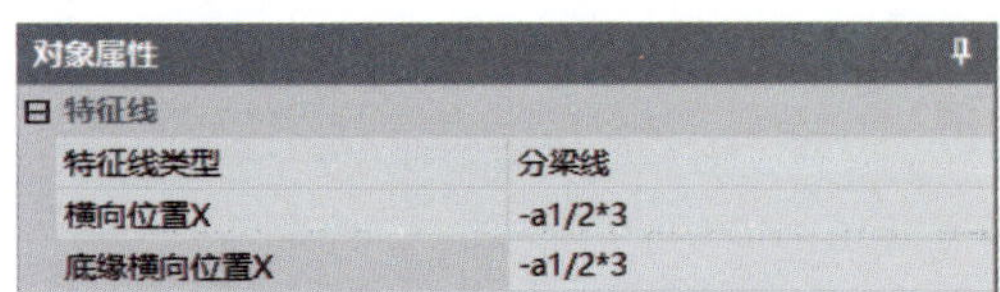

对象属性

特征线	
特征线类型	分梁线
横向位置X	-a1/2*3
底缘横向位置X	-a1/2*3

图 6-21　定义分梁线 1 属性

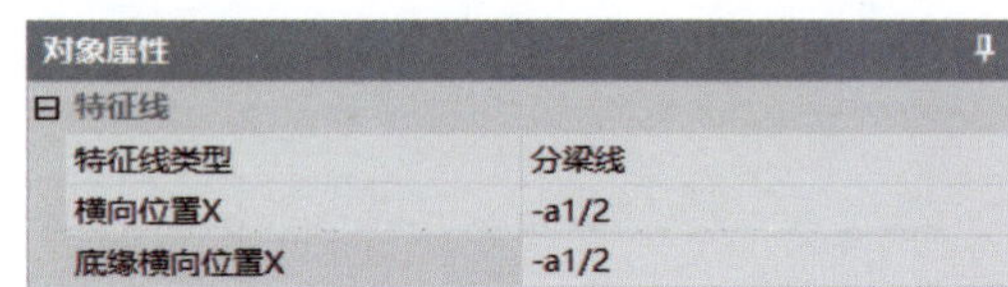

对象属性

特征线	
特征线类型	分梁线
横向位置X	-a1/2
底缘横向位置X	-a1/2

图 6-22　定义分梁线 2 属性

对象属性	
⊟ 特征线	
特征线类型	分梁线
横向位置X	a1/2
底缘横向位置X	a1/2

图 6-23　定义分梁线 a3 属性

对象属性	
⊟ 特征线	
特征线类型	分梁线
横向位置X	a1/2*3
底缘横向位置X	a1/2*3

图 6-24　定义分梁线 a4 属性

分梁线定义完成，如图 6-25 所示。

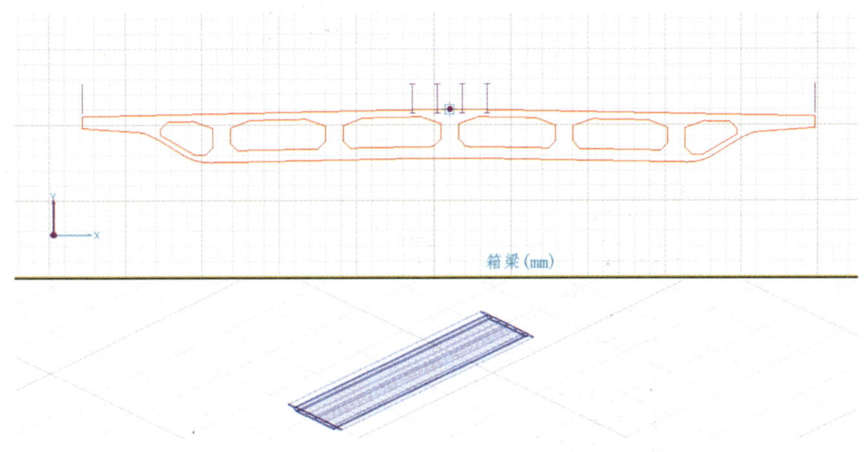

图 6-25　分梁线

(6)定义腹板线。单击“截面计算”→“腹板线”，按如下命令行提示操作：

```
指定横向位置:(单击 1 号箱室区域点号 5)
下一个横向位置:(单击 2 号箱室区域点号 5)
下一个横向位置:(单击 3 号箱室区域点号 5)
下一个横向位置:(单击 4 号箱室区域点号 5)
下一个横向位置:(单击 5 号箱室区域点号 5)
下一个横向位置:ESC
```

单击腹板线，修改“对象属性”，腹板线属性如图 6-26～图 6-30 所示。属性中参数含义参考步骤(5)和(7)。

对象属性	
⊟ 特征线	
特征线类型	腹板线
腹板名称	腹板线1
横向位置X	-a2
底缘横向位置X	
腹板顶宽度(剪力键外距)	2*c
腹板底宽度	2*c
腹板定位	自动
腹板左上有效宽度	0
腹板右上有效宽度	0
腹板左下有效宽度	0
腹板右下有效宽度	0

图 6-26　定义腹板线 1 属性

对象属性	
⊟ 特征线	
特征线类型	腹板线
腹板名称	腹板线2
横向位置X	-a1
底缘横向位置X	
腹板顶宽度(剪力键外距)	2*h
腹板底宽度	2*h
腹板定位	自动
腹板左上有效宽度	0
腹板右上有效宽度	0
腹板左下有效宽度	0
腹板右下有效宽度	0

图 6-27　定义腹板线 2 属性

对象属性	
⊟ 特征线	
特征线类型	腹板线
腹板名称	腹板线3
横向位置X	0
底缘横向位置X	
腹板顶宽度(剪力键外距)	2*h
腹板底宽度	2*h
腹板定位	自动
腹板左上有效宽度	0
腹板右上有效宽度	0
腹板左下有效宽度	0
腹板右下有效宽度	0

图 6-28 定义腹板线 3 属性

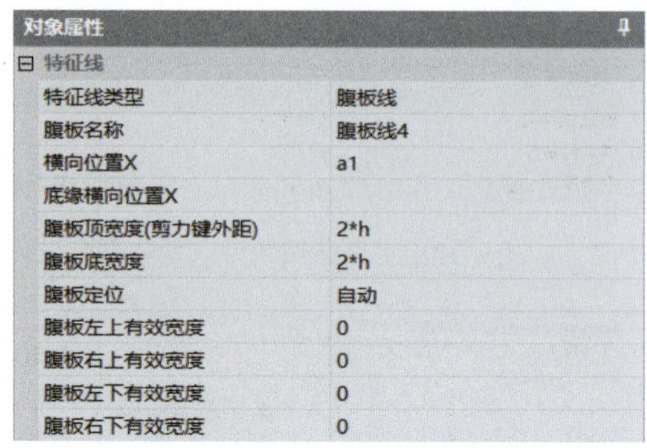

对象属性	
⊟ 特征线	
特征线类型	腹板线
腹板名称	腹板线4
横向位置X	a1
底缘横向位置X	
腹板顶宽度(剪力键外距)	2*h
腹板底宽度	2*h
腹板定位	自动
腹板左上有效宽度	0
腹板右上有效宽度	0
腹板左下有效宽度	0
腹板右下有效宽度	0

图 6-29 定义腹板线 4 属性

对象属性	
⊟ 特征线	
特征线类型	腹板线
腹板名称	腹板线5
横向位置X	a2
底缘横向位置X	
腹板顶宽度(剪力键外距)	2*c
腹板底宽度	2*c
腹板定位	自动
腹板左上有效宽度	0
腹板右上有效宽度	0
腹板左下有效宽度	0
腹板右下有效宽度	0

图 6-30 定义腹板线 5 属性

腹板线定义完成，如图 6-31 所示。

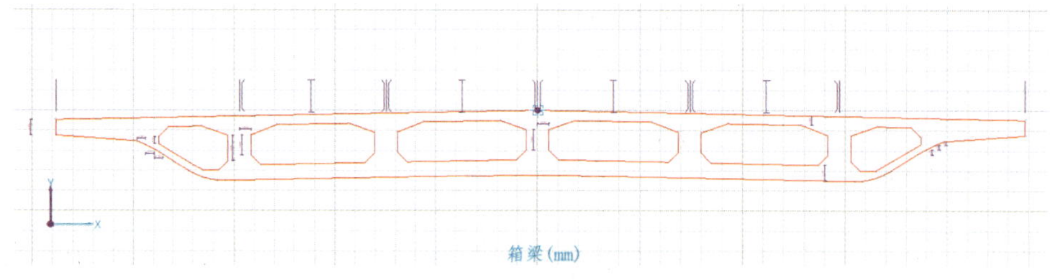

图 6-31 腹板线

(7)新建其他参数。单击“编辑”→“水平标注”或“竖直标注”，按如下命令行提示操作：

```
“竖直标注”
指定第一个点位置：(选择外边区域点号 1)
指定第二个点位置：(选择内边区域点号 29)
指定标注位置：(指定到合适的位置)
指定变量名称：m
指定变量值<480>：
“水平标注”
指定第一个点位置：(选择外边区域点号 28)
指定第二个点位置：(选择 4 号箱室区域点号 8)
```

指定标注位置:(指定到合适的位置)

指定变量名称:h

指定变量值<349>:

“竖直标注”

指定第一个点位置:(选择 3 号箱室区域点号 4)

指定第二个点位置:(选择 3 号箱室区域点号 5)

指定标注位置:(指定到合适的位置)

指定变量名称:f

指定变量值<630>:

“水平标注”

指定第一个点位置:(选择腹板线 1)

指定第二个点位置:(选择 2 号箱室区域点号 8)

指定标注位置:(指定到合适的位置)

指定变量名称:c

指定变量值<350>:

“竖直标注”

指定第一个点位置:(选择 2 号箱室区域点号 1)

指定第二个点位置:(选择 2 号箱室区域点号 8)

指定标注位置:(指定到合适的位置)

指定变量名称:l

指定变量值<630>:

“竖直标注”

指定第一个点位置:(选择 1 号箱室区域点号 1)

指定第二个点位置:(选择 1 号箱室区域点号 8)

指定标注位置:(指定到合适的位置)

指定变量名称:e

指定变量值<221>:

“竖直标注”

指定第一个点位置:(选择 1 号箱室区域点号 4)

指定第二个点位置:(选择 1 号箱室区域点号 5)

指定标注位置:(指定到合适指定变量名称):d

指定变量值<793>:

“水平标注”

指定第一个点位置:(选择外边区域点号 2)

指定第二个点位置:(选择外边区域点号 3)

指定标注位置:(指定到合适的位置)

指定变量名称:o

指定变量值<282>:

“水平标注”

指定第一个点位置:(选择外边区域点号 3)

指定第二个点位置:(选择外边区域点号 4)

指定标注位置:(指定到合适的位置)

指定变量名称:p

指定变量值<274>:

“水平标注”

指定第一个点位置：(选择外边区域点号 4)

指定第二个点位置：(选择外边区域点号 5)

指定标注位置：(指定到合适的位置)

指定变量名称：q

指定变量值＜264＞：

“竖直标注”

指定第一个点位置：(选择外边区域点号 24)

指定第二个点位置：(选择外边区域点号 25)

指定标注位置：(指定到合适的位置)

指定变量名称：r

指定变量值＜118＞：

“竖直标注”

指定第一个点位置：(选择外边区域点号 23)

指定第二个点位置：(选择外边区域点号 24)

指定标注位置：(指定到合适的位置)

指定变量名称：s

指定变量值＜136＞：

“竖直标注”

指定第一个点位置：(选择外边区域点号 22)

指定第二个点位置：(选择外边区域点号 23)

指定标注位置：(指定到合适的位置)

指定变量名称：u

指定变量值＜155＞：

“竖直标注”

指定第一个点位置：(选择顶板顶缘)

指定第二个点位置：(选择顶板底缘)

指定标注位置：(指定到合适的位置)

指定变量名称：t

指定变量值＜295＞：

“竖直标注”

指定第一个点位置：(选择底板顶缘)

指定第二个点位置：(选择底板底缘)

指定标注位置：(指定到合适的位置)

指定变量名称：b

指定变量值＜475＞：

新建参数如图 6-32 所示。

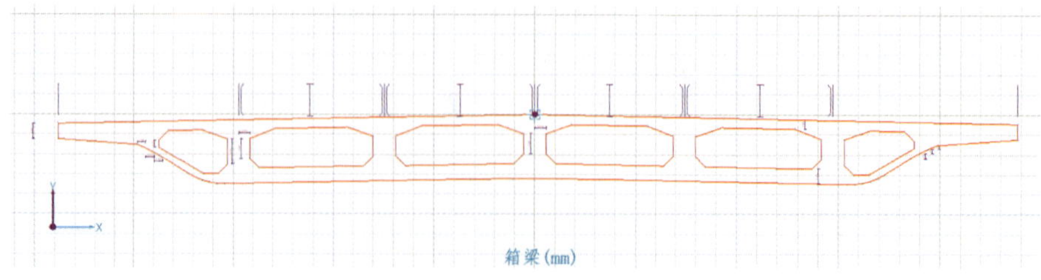

图 6-32 新建参数

(8)编辑参数。按【Ctrl】键并双击参数,进入参数编辑器,双击参数图形,在“截面参数属性”中输入准备好的控制点 X 和控制点 Y。

(9)将参数赋予截面。双击截面,在“截面区域属性”中输入准备好的数据。参数赋予截面如图 6-33 所示。

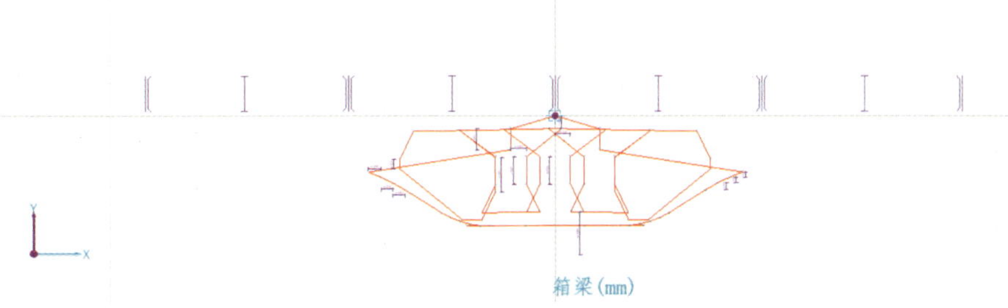

图 6-33 参数赋予截面

(10)截面定义。单击“截面计算”→“计算”→“截面定义”,定义截面有效宽度模式;在“梯度温度”中定义截面的梯度温度模式,如图 6-34 所示。

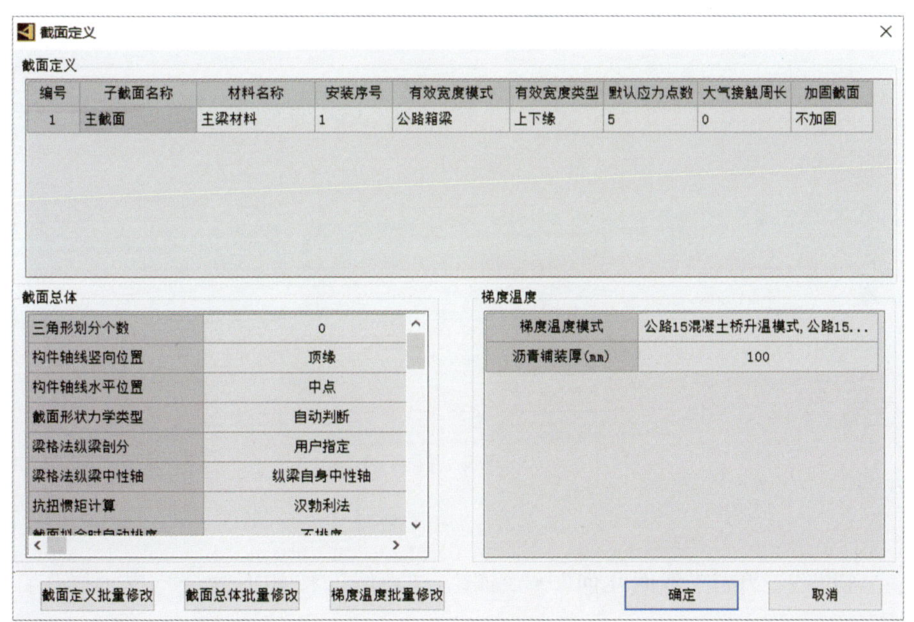

图 6-34 截面定义

(11)定义支座位。单击“截面计算”→“控制点”→“支座位”,设置在底缘两侧。单击支座位,在左侧的属性栏修改参数,支座位属性如图 6-35 和图 6-36 所示。

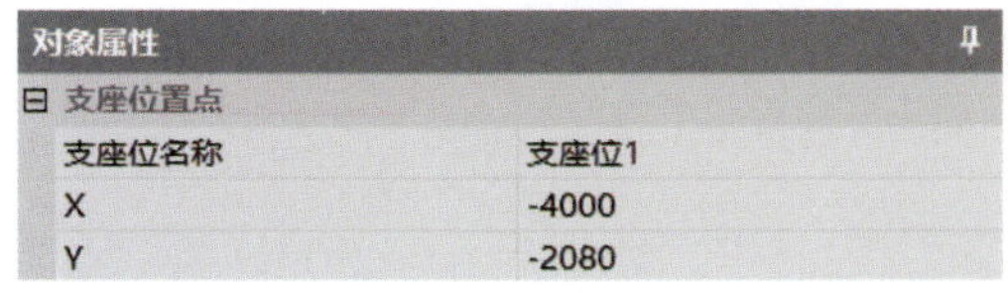

图 6-35 支座位 1 属性

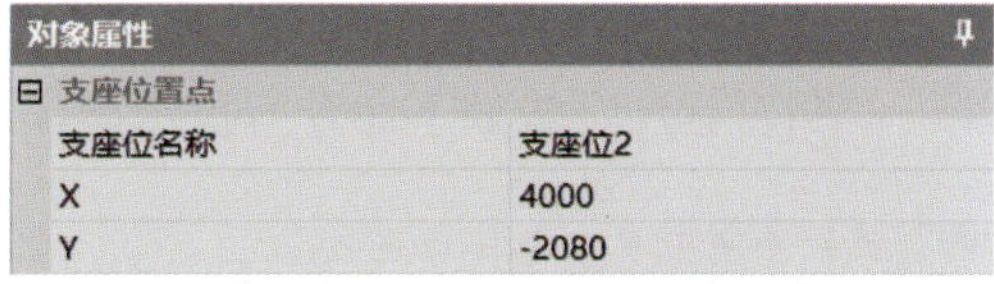

图 6-36 支座位 2 属性

(12)定义应力点。单击“截面计算”→“应力点”,按如下命令行提示操作:

```
指定点位:(选择顶缘中点)
指定下一个点:(选择底缘中点)
指定下一个点:ESC
```

2. 定义下部结构截面

(1)进入“截面”界面,右击“箱梁”标签,单击“增加空白截面”,新建一个名为“TP0-1”的截面。

(2)绘制墩 TP0-1 底部截面。单击“截面几何”→“区域”,按如下命令行提示操作:

```
指定起点<0,0>:-900,0
指定下一个点:-900,-1800
指定下一个点:900,-1800
指定下一个点或[闭合(C)]:900,0
指定下一个点或[闭合(C)]:C
```

TP0-1 截面绘制完成,如图 6-37 所示。

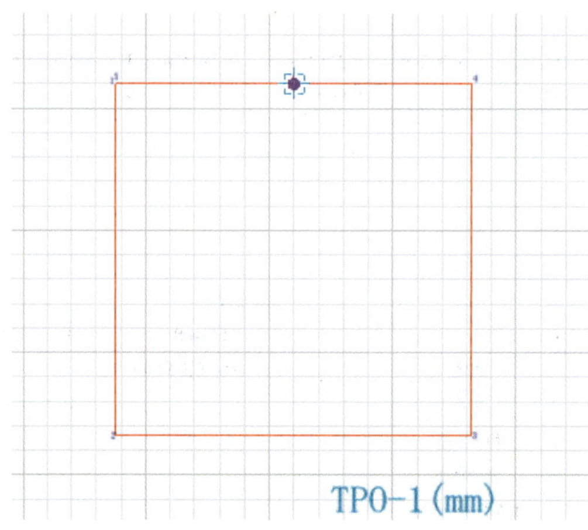

图 6-37 TP0-1 截面

(3)建立辅助线。单击“截面几何”→“编辑”→“直线”,按如下命令行提示操作:

```
指定起点<0,0>:-900,850
指定下一个点:900,850
指定下一个点:ESC
```

新建辅助线完成,如图 6-38 所示。

(4)建立参数。单击“截面计算”→“显示”→“区域点号”,显示区域点号。单击“截面几何”→“编辑”→“竖直标注”,按如下命令行提示操作:

```
指定第一个点位置:(选择原点)
指定第二个点位置:(选择辅助线上任意一点)
```

```
指定标注位置:(选择任意合理位置)
指定变量名称:H
指定变量值<850>:
指定第一个点位置:(选择辅助线上任意一点)
指定第二个点位置:(选择底缘上任意一点)
指定标注位置:(选择任意合理位置)
指定变量名称:h
指定变量值<2650>:
指定第一个点位置:(选择原点)
指定第二个点位置:(选择区域点号 4)
指定标注位置:(选择任意合理位置)
指定变量名称:L
指定变量值<900>:
```

建立辅助线参数完成，如图 6-39 所示。

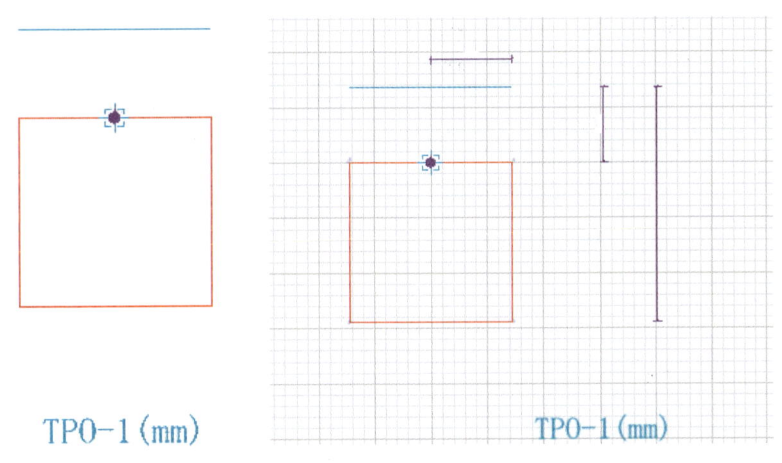

图 6-38　新建辅助线　　　　图 6-39　建立辅助线参数

(5)编辑参数。按【Ctrl】键并双击已建立的辅助线参数，进入参数编辑器窗口，双击参数图形，在“截面参数属性”中填写控制点 X 和控制点 Y。定义截面参数 H 如图 6-40 所示。

截面参数H定义

编号	控制点X(m)	控制点Y(mm)	特征点名称	曲线类型	曲线参数值
1	0	850		直线	
2	3.5	850		直线	
3	6.2	0		圆弧	4713
4	6.5	0		直线	

确定　取消

图 6-40　定义截面参数 H

截面参数 H 定义完成，如图 6-41 所示。

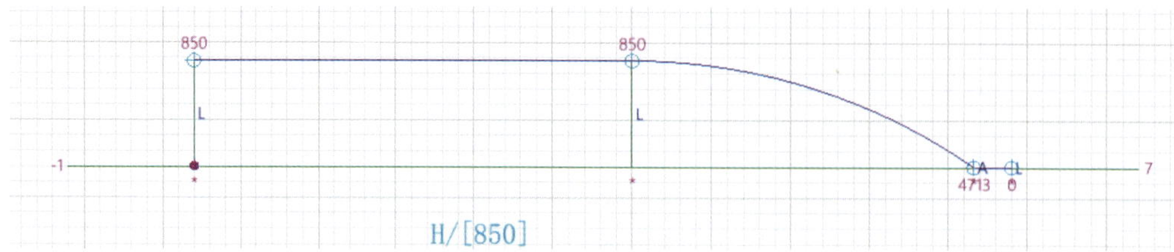

图 6-41　截面参数 H

定义截面参数 L 如图 6-42 所示。

截面参数L定义

编号	控制点X(m)	控制点Y(mm)	特征点名称	曲线类型	曲线参数值
1	0	900		直线	
2	3.5	900		直线	
3	6.2	1400		直线	
4	6.5	1400		直线	

确定　取消

图 6-42　定义截面参数 L

截面参数 L 定义完成，如图 6-43 所示。

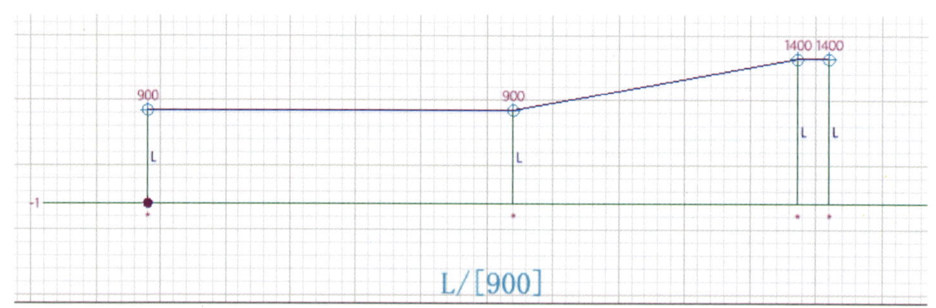

图 6-43　截面参数 L

定义截面参数 h 如图 6-44 所示。

截面参数h定义

编号	控制点X(m)	控制点Y(mm)	特征点名称	曲线类型	曲线参数值
1	0	2650		直线	
2	4.657	2650		直线	
3	6.5	2300		圆弧	4945

确定　取消

图 6-44　定义截面参数 h

截面参数 h 定义完成，如图 6-45 所示。

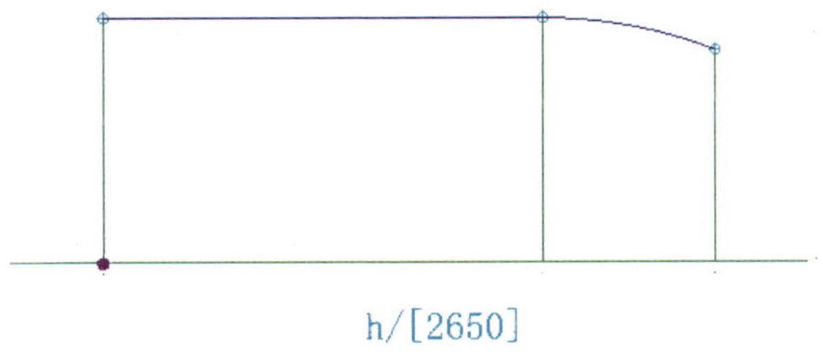

图 6-45　定义截面参数 h

(6)将参数赋予截面。双击截面，在“截面区域属性”输入准备好的数据，参数赋予截面如图 6-46 所示。

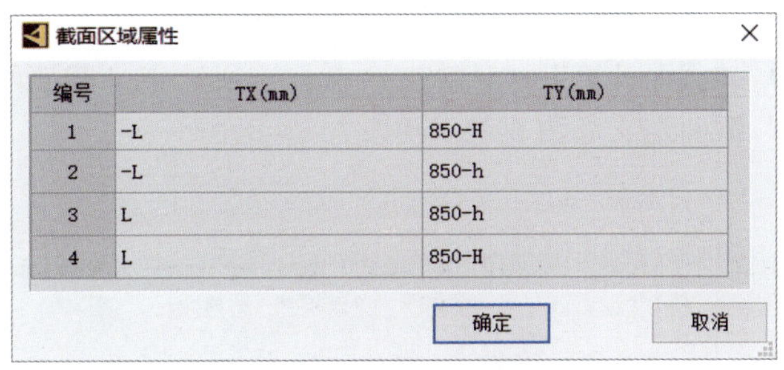
截面区域属性

编号	TX(mm)	TY(mm)
1	-L	850-H
2	-L	850-h
3	L	850-h
4	L	850-H

确定　取消

图 6-46　参数赋予截面

(7)截面变化。右击“参数编辑器”，在快捷菜单中选择“退出参数编辑器”，可以观察截面在纵桥向的变化，截面变化如图 6-47 所示。

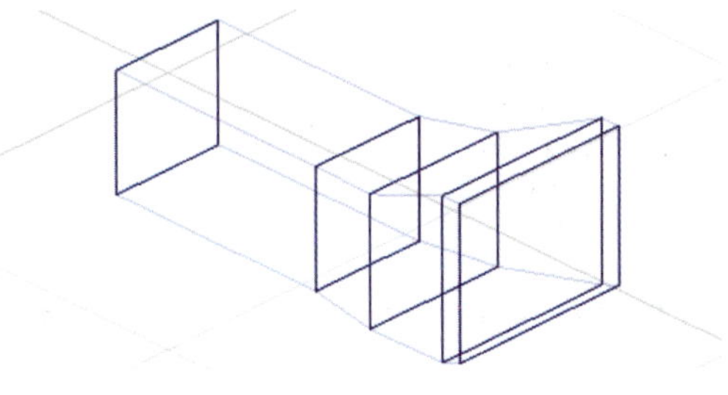

图 6-47　截面变化

(8)定义支座位。单击“截面计算”→“支座位”，在任意位置单击两次，单击新建的支座位，在左侧属性栏修改位置，支座位属性如图 6-48 和图 6-49 所示。

对象属性

⊟ 支座位置点

支座位名称	支座位1
X	-570
Y	-400

图 6-48　支座位 1 属性

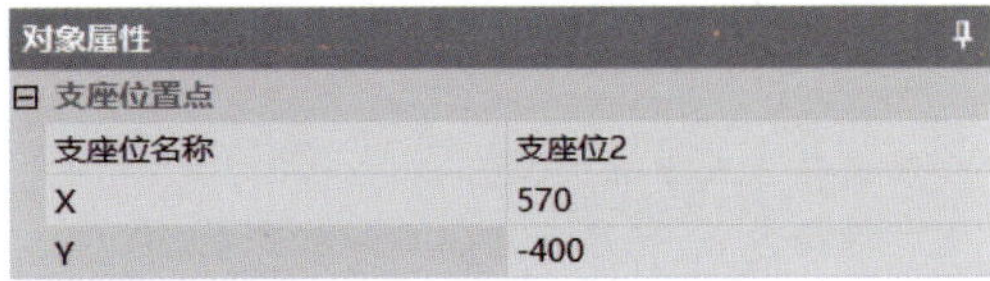
对象属性

⊟ 支座位置点

支座位名称	支座位2
X	570
Y	-400

图 6-49　支座位 2 属性

支座位如图 6-50 所示。

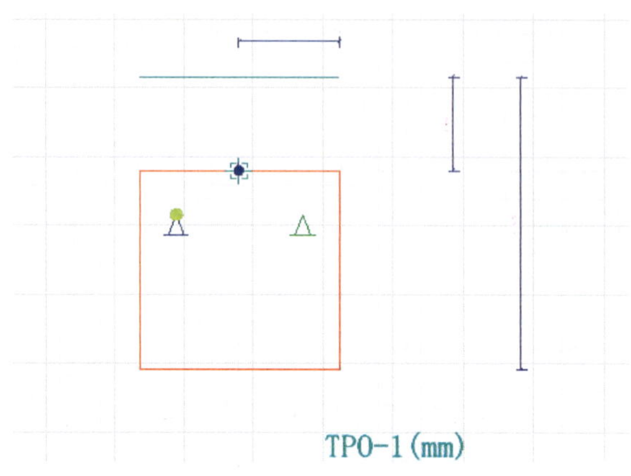

图 6-50 支座位

(9)截面定义。单击“截面计算”→“计算”→“截面定义”,定义截面的材料;在“截面总体”中,定义构件轴线位置,截面定义如图 6-51 所示。

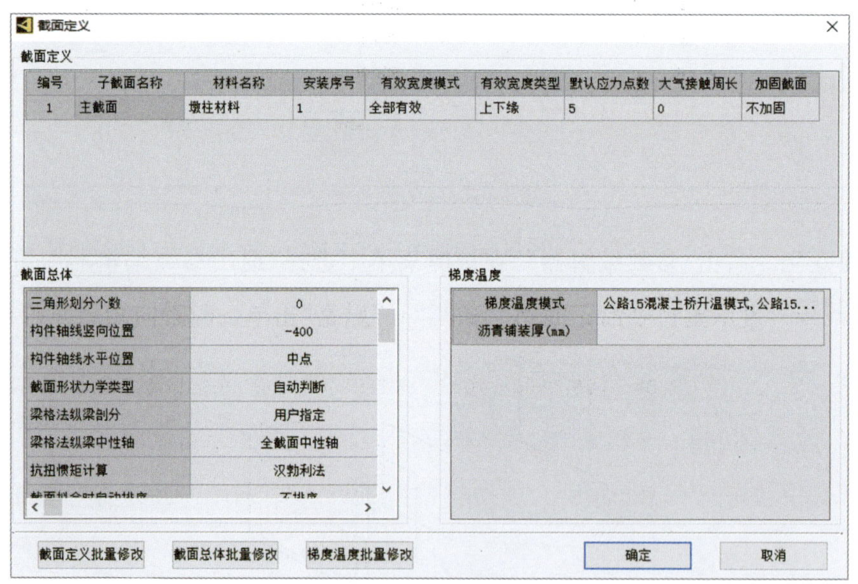

图 6-51 截面定义

(10)按照步骤(1)~(8),完成所有墩与系梁截面。也可单击“截面几何”→“模板”→“读模板”,导入参考墩截面。

3. 创建上部结构构件

(1)创建纵梁。单击“常规建模”→“建梁”,按如下命令行提示操作:

```
输入梁起点或中点<0,0>:
指定跨径方式[顺序跨径(K)/对称跨径(M)]<M>:K
输入跨径布置:29.94+59.94+89.94
指定支座到梁端距离<0,0>:0.6
```

创建纵梁完成，如图 6-52 所示。

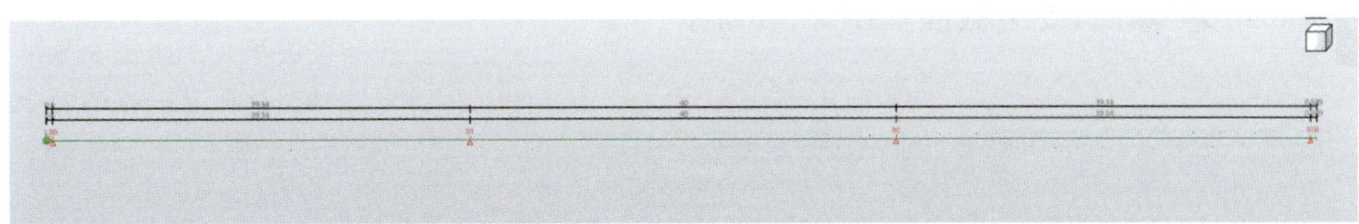

图 6-52　创建纵梁

(2)定义构件属性。单击梁，在左侧对象属性选择构件验算类型和构件模板，自重系数填入 1.04。定义梁 1 属性如图 6-53 所示。

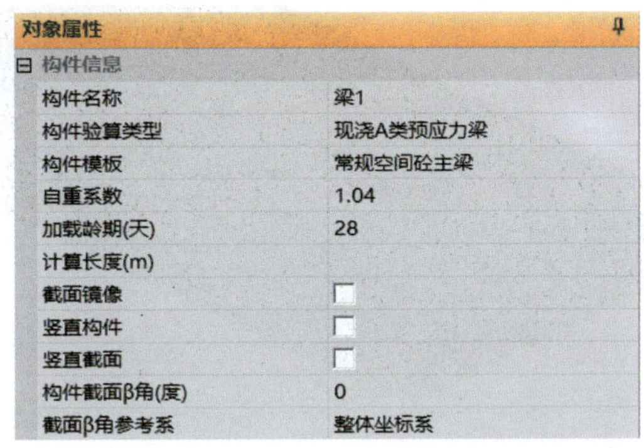

图 6-53　定义梁 1 属性

(3)节点加密。单击"节点"→"加密"，以 2 m 为间距加密节点，按如下命令行提示操作：

```
选择节点：(选择最左端和最右端节点)
加密解释方向[从左到右(L)/从中间到两侧(M)/从右到左(R)]<L>：
指定加密间距<2>：
```

梁 1 节点加密如图 6-54 所示。

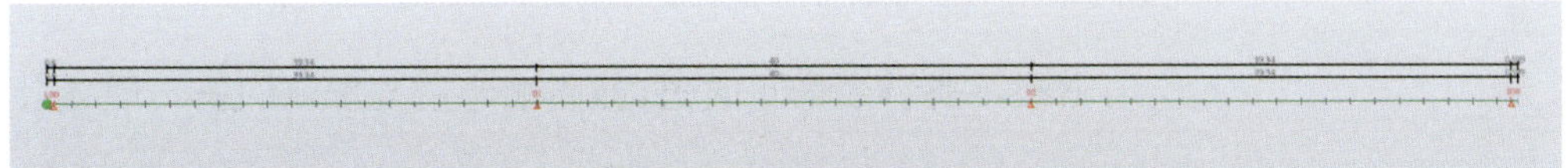

图 6-54　梁 1 节点加密

(4)双击梁构件，在弹出的"构件节点属性汇总"中填写附加重力。

特征名称所对应的附加重力见表 6-2。

表 6-2　附加重力

特征名称	附加重力/kN
D0	−600
D1	−1 250
D2	−1 250
D3	−600

(5)安装截面。进入“建模”界面,单击“常规建模”→“装截面”→“突变截面”,单击最左侧节点,选择“箱梁”截面,安装截面如图 6-55 所示。

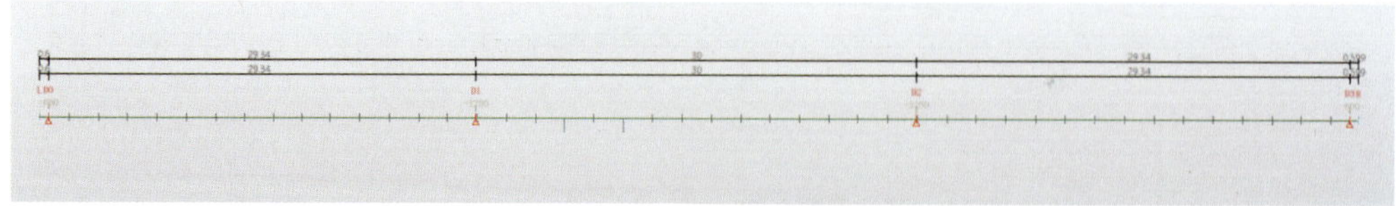

图 6-55　安装截面

(6)上部结构创建完成,单击建模界面右侧可观察构件实体模式,梁 1 如图 6-56 所示。

图 6-56　梁 1

4. 创建下部结构构件

(1)创建墩。单击“常规建模”→“构件”→“墩”,在弹出的“批量创建墩台”中填写参数,批量创建墩台如图 6-57 所示,桥墩如图 6-58 所示。

批量创建墩台

编号	墩台名称	轴线	到轴线起点距离(m)	斜交角(°)	墩柱横向布置(m)	竖向位置(m)	墩台高度(m)	截面	承台尺寸(m)	桩基布置(m)	桩径(m)	桩长(m)	整体式基础
1	TP04	轴线14	0.03	90	-4,4	3.32	6.5		6.5,14.5...	2,4,4,4	1.5	20	☑
2	TP05	轴线14	39.94	90	-4,4	4.197	7.5		9.2,14.5...	3,4,4,4	1.5	20	☑
3	TP06	轴线14	79.94	90	-4,4	3.788	8.5		9.2,14.5...	3,4,4,4	1.5	20	☑
4	TP07	轴线14	119.862	90	-4,4	2.4	9.5		6.5,14.5...	2,4,4,4	1.5	20	☑
5													☐

确定　取消

图 6-57　批量创建墩台

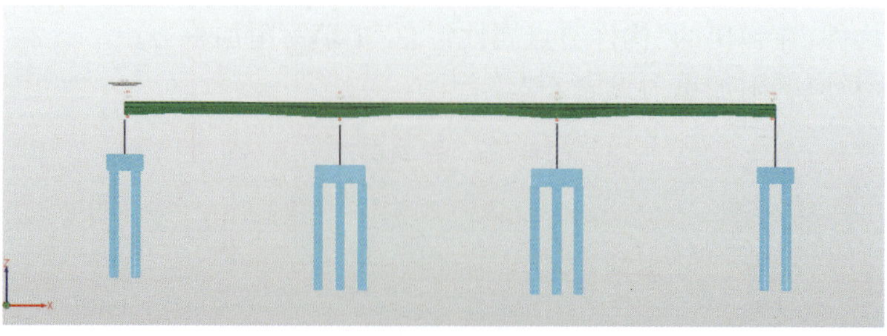

图 6-58　桥墩

（2）创建系梁。单击“常规建模”→“节点”→“创建”，按如下命令行提示操作：

```
选择构件：(选择 TP04_1 构件)
指定参考节点或[左端(L)/中点(M)/右端(R)]<L>：R
指定生成方向[左向右(L)/双向(S)/右向左(R)]<L>：R
指定间距：0.3
指定节点类型[一般节点(C)/特征节点(T)/施工缝(S)]<T>：
选择构件：(选择 TP04_2 构件)
指定参考节点或[左端(L)/中点(M)/右端(R)]<L>：R
指定生成方向[左向右(L)/双向(S)/右向左(R)]<L>：R
指定间距：0.3
指定节点类型[一般节点(C)/特征节点(T)/施工缝(S)]<T>：
单击“常规建模”→“构件”→“三维建梁”，按如下命令行提示操作：
输入梁起点<0,0,0>：(选择节点 T1)
指定下一个点：(选择节点 T2)
输入支座到梁段距离<0,0>：
```

单击产生的系梁，在左侧属性栏修改“构件名称”为“1 系梁”。

将产生的节点分别命名为“t1”“t2”，创建系梁 1 如图 6-59 所示。

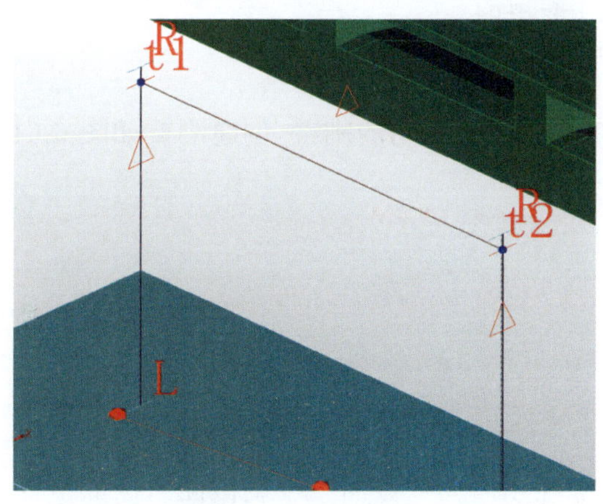

图 6-59　创建系梁 1

（3）加密墩和系梁节点。单击“常规建模”→“节点”→“加密”，按如下命令行提示操作：

```
选择节点：(选择 TP04_1 特征节点 L)
选择节点：(选择 TP04_1 特征节点 R)
加密解释方向[从左到右(L)/从中间到两侧(M)/从右到左(R)]<L>：
指定加密间距<->：1
选择节点：(选择 TP04_2 特征节点 L)
选择节点：(选择 TP04_2 特征节点 R)
加密解释方向[从左到右(L)/从中间到两侧(M)/从右到左(R)]<L>：
指定加密间距<2>：1
选择节点：(选择 1 系梁特征节点 L)
选择节点：(选择 1 系梁特征节点 R)
```

```
加密解释方向[从左到右(L)/从中间到两侧(M)/从右到左(R)]<L>:
指定加密间距<2>:1
```

节点加密如图 6-60 所示。

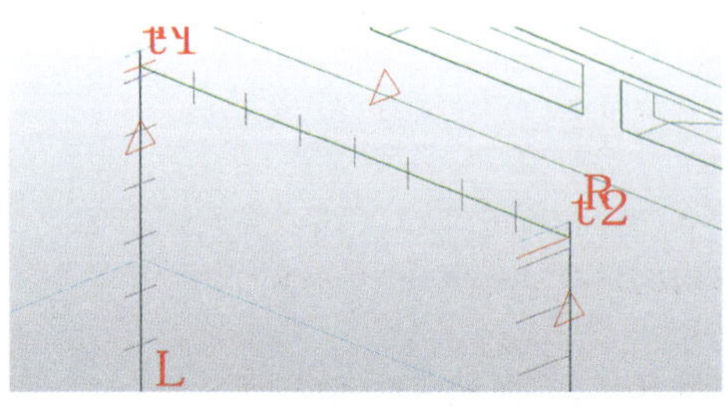

图 6-60　节点加密

(4)参照"3. 创建上部结构构件"中的步骤(1),建立墩 TP05 、TP06 、TP07 的系梁,分别命名为系梁 2、系梁 3、系梁 4。

(5)建立系梁与墩之间刚臂。单击"常规建模"→"构件"→"刚臂",按如下命令行提示操作:

```
选择生成刚性连接模式[直接节点式(J)/构件相交式(M)/杆端连接式(E)]<J>:M
选择相交构件:(选择系梁 1 和 TP04_1)
指定判断交点精度(m)<0.01>:
```

参照此操作,建立所有系梁与墩之间的刚臂,创建刚臂如图 6-61 所示。

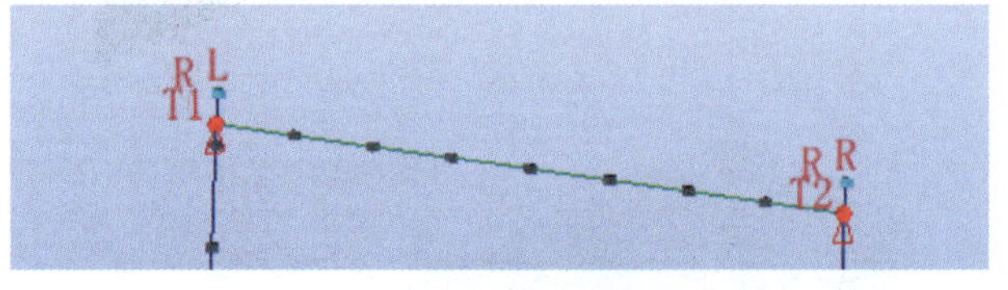

图 6-61　创建刚臂

(6)安装截面。单击"常规建模"→"截面"→"装截面",按如下命令行提示操作:

```
选择安装点:(单击系梁 1 节点 L)
选择截面:(选择系梁截面)
```

参照此步骤对所有系梁安装系梁截面,对所有墩台安装相应的截面,安装系梁截面如图 6-62 所示。

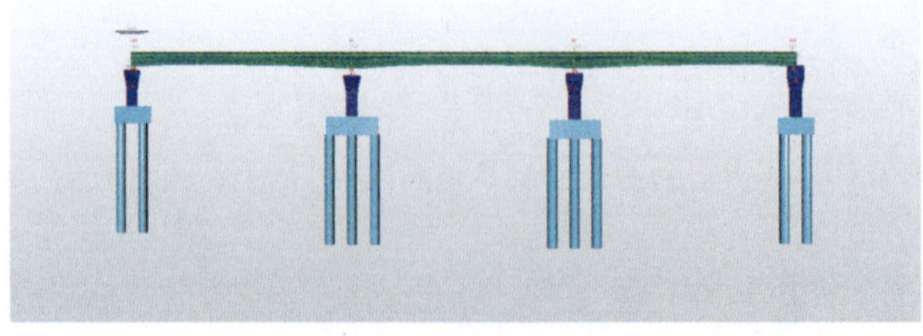

图 6-62　安装系梁截面

(7)定义承台属性。单击 TP04_基础,在左侧属性栏“承台”中修改材料和钢筋信息,定义承台属性如图 6-63 所示。参照此操作,修改 TP05_基础、TP06_基础、TP07_基础的材料属性。

日 承台	
承台类型	矩形
承台材料	墩柱材料
承台厚度(m)	2.8
顺桥向边长(m)	6.5
横桥向边长(m)	14.5
布桩类型	行列式
顺桥向桩排数	2
横桥向桩排数	4
顺桥向桩中心距(m)	4
横桥向桩中心距(m)	4
承台钢筋种类	普通钢筋（高）
顺桥向钢筋直径(mm)	25
横桥向钢筋直径(mm)	28
顺桥向钢筋高度(mm)	70
横桥向钢筋高度(mm)	70
顺桥向钢筋根数	194
横桥向钢筋根数	132

图 6-63　定义承台属性

(8)定义桩基属性。单击 TP04_基础,在左侧属性栏“桩基”中修改材料和钢筋信息,定义桩基属性如图 6-64 所示。参照此操作,修改 TP05_基础、TP06_基础、TP07_基础的材料属性。

日 桩基	
桩基类型	灌注桩
桩身材料	基础材料
设计桩径(m)	1.5
桩长(m)	20
桩基纵筋种类	普通钢筋（高）
纵筋中心到桩边缘距离(mm)	70
纵筋直径(mm)	20
纵筋长度(m)	19.9
纵筋根数	30
箍筋种类	
箍筋直径(mm)	
箍筋间距(m)	
箍筋间距长度(m)	

图 6-64　定义桩基属性

(9)定义地质钻孔。单击 TP04_基础,在左侧属性栏“地质”中选择钻孔,并填写“基础顶实际标高”和“地面标高”为 0,定义钻孔信息如图 6-65 所示。参照此操作,修改 TP05_基础、TP06_基础、TP07_基础的材料属性。

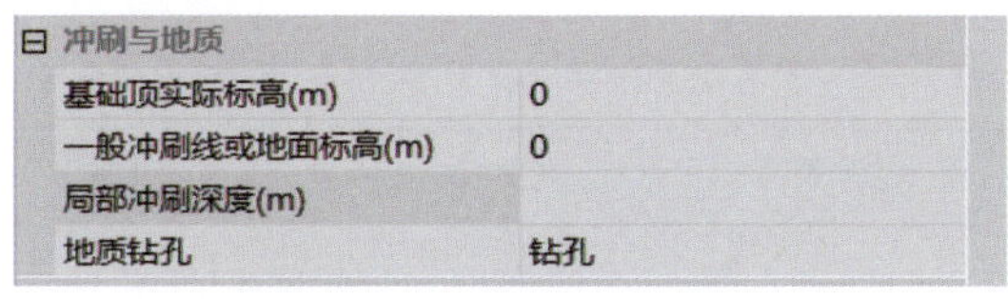

日 冲刷与地质	
基础顶实际标高(m)	0
一般冲刷线或地面标高(m)	0
局部冲刷深度(m)	
地质钻孔	钻孔

图 6-65　定义钻孔信息

6.2.3 钢束设计

1. 定义钢束型号

在项目管理树上双击“钢束设计”。单击“常规”→“型号”，采用默认型号。

2. 建立钢束竖弯

单击“常规”→“建钢束”，随意单击如图七个点，先形成钢束大致轮廓，然后双击钢束，在属性中输入正确参数，钢束 w1 左半侧建立完成，定义钢束 w1 属性如图 6-66 所示。

钢束属性

名称 w1　材料型号 15-3(1860)　张拉类型 两端张拉

竖弯线形					
X参考线	X坐标(mm)	Y参考线	Y坐标(mm)	过渡半径(mm)	是否参考模式
D0	5200	顶缘线	-190	0	□
D0	7815	底缘线	552	6000	□
D0	14240	底缘线	639	6000	□
D1	-7300	顶缘线	-150	6000	□
D1	4300	顶缘线	-150	6000	□
D1	16100	底缘线	650	6000	□
D2	-15000	底缘线	650	0	□

图 6-66　定义钢束 w1 属性

按照本步骤，分别建立 w2、w3、t1～t5、b1～b6 钢束竖弯，左半侧钢束竖弯建立完成，定义钢束 w2 属性，如图 6-67 所示。

钢束属性

名称 w2　材料型号 15-3(1860)　张拉类型 两端张拉

竖弯线形					
X参考线	X坐标(mm)	Y参考线	Y坐标(mm)	过渡半径(mm)	是否参考模式
D0	3350	顶缘线	-190	0	□
D0	6380	底缘线	350	6000	□
D1	-11800	底缘线	531	6000	□
D1	-3000	顶缘线	-370	6000	□
D1	2000	顶缘线	-370	6000	□
D1	11000	底缘线	450	6000	□
D2	-15000	底缘线	450	0	□

图 6-67　定义钢束 w2 属性

钢束 w3、t1～t5、b1～b6 几何特征参数见表 6-2～表 6-13。

表 6-2　钢束 w3 几何特征参数

X 参考线	*X* 坐标/mm	*Y* 参考线	*Y* 坐标/mm	过渡半径/mm	是否参考模式
D0	1 500	顶缘线	−190	0	
D0	4 945	底缘线	150	6 000	

续上表

X 参考线	X 坐标/mm	Y 参考线	Y 坐标/mm	过渡半径/mm	是否参考模式
D0	22 340	底缘线	526	6 000	
D1	−1 000	顶缘线	−590	6 000	√
D1	1 000	顶缘线	−590	6 000	
D1	8 000	底缘线	250	6 000	√
D1	15 000	底缘线	250	0	

表 6-3　钢束 t1 几何特征参数

X 参考线	X 坐标/mm	Y 参考线	Y 坐标/mm	过渡半径/mm	是否参考模式
D0	100	顶缘线	−120	0	√
D2	−15 000	顶缘线	−120	0	

表 6-4　钢束 t2 几何特征参数

X 参考线	X 坐标/mm	Y 参考线	Y 坐标/mm	过渡半径/mm	是否参考模式
左端线	150	顶缘线	−400	0	
D0	1 550	顶缘线	−120	6 000	√
D1	12 000	顶缘线	−120	6 000	
D1	14 000	顶缘线	−590	0	

表 6-5　钢束 t3 几何特征参数

X 参考线	X 坐标/mm	Y 参考线	Y 坐标/mm	过渡半径/mm	是否参考模式
左端线	150	顶缘线	−400	0	
D0	1 550	顶缘线	−120	6 000	√
D1	8 000	顶缘线	−120	6 000	
D1	10 000	顶缘线	−540	0	

表 6-6　钢束 t4 几何特征参数

X 参考线	X 坐标/mm	Y 参考线	Y 坐标/mm	过渡半径/mm	是否参考模式
D1	−6 000	顶缘线	−540	0	
D1	−4 000	顶缘线	−120	6 000	√
D1	4 000	顶缘线	−120	6 000	
D1	6 000	顶缘线	−540	0	

表 6-7　钢束 t5 几何特征参数

X 参考线	X 坐标/mm	Y 参考线	Y 坐标/mm	过渡半径/mm	是否参考模式
D0	13 340	顶缘线	−540	0	
D1	−14 000	顶缘线	−120	6 000	√
D2	−15 000	顶缘线	−120	0	

表 6-8 钢束 b1 几何特征参数

X 参考线	*X* 坐标/mm	*Y* 参考线	*Y* 坐标/mm	过渡半径/mm	是否参考模式
左端线	150	底缘线	400	0	
D0	1 550	底缘线	110	6 000	√
D0	5 824	底缘线	110	6 000	
D0	7 820	底缘线	540	0	

表 6-9 钢束 b2 几何特征参数

X 参考线	*X* 坐标/mm	*Y* 参考线	*Y* 坐标/mm	过渡半径/mm	是否参考模式
左端线	150	底缘线	400	0	
D0	1 550	底缘线	110	6 000	√
D0	9 800	底缘线	110	6 000	
D0	11 820	底缘线	540	0	

表 6-10 钢束 b3 几何特征参数

X 参考线	*X* 坐标/mm	*Y* 参考线	*Y* 坐标/mm	过渡半径/mm	是否参考模式
D1	18 000	底缘线	540	0	
D1	20 018	底缘线	110	6 000	√
D2	−15 000	底缘线	110	0	

表 6-11 钢束 b4 几何特征参数

X 参考线	*X* 坐标/mm	*Y* 参考线	*Y* 坐标/mm	过渡半径/mm	是否参考模式
D1	14 500	底缘线	540	0	
D1	16 522	底缘线	110	6 000	√
D2	−15 000	底缘线	110	0	

表 6-12 钢束 b5 几何特征参数

X 参考线	*X* 坐标/mm	*Y* 参考线	*Y* 坐标/mm	过渡半径/mm	是否参考模式
D1	11 000	底缘线	540	0	
D1	12 955	底缘线	110	6 000	√
D2	−15 000	底缘线	110	0	

表 6-13 钢束 b6 几何特征参数

X 参考线	*X* 坐标/mm	*Y* 参考线	*Y* 坐标/mm	过渡半径/mm	是否参考模式
D1	7 500	底缘线	540	0	
D1	9 329	底缘线	110	6 000	√
D2	−15 000	底缘线	110	0	

钢束布置如图 6-68 所示。

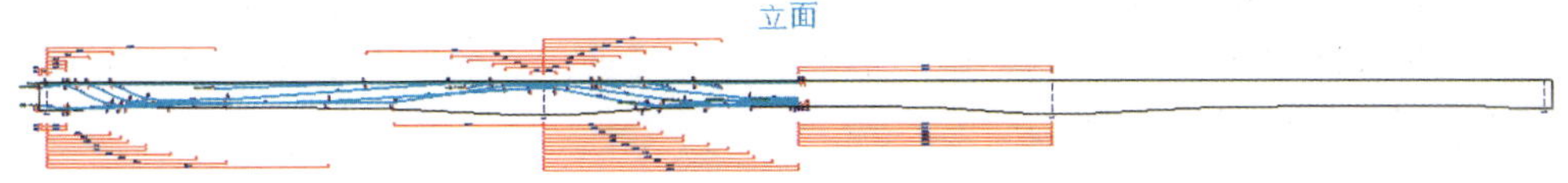

图 6-68　钢束布置

3. 建立右半侧钢束

单击“编辑”→“块镜像”，按如下命令行提示操作：

```
选择对象:(选择全部钢束)
指定镜像线的第一点:(单击中线)
指定镜像线的第二点:(单击中线)
```

总体钢束布置如图 6-69 所示。

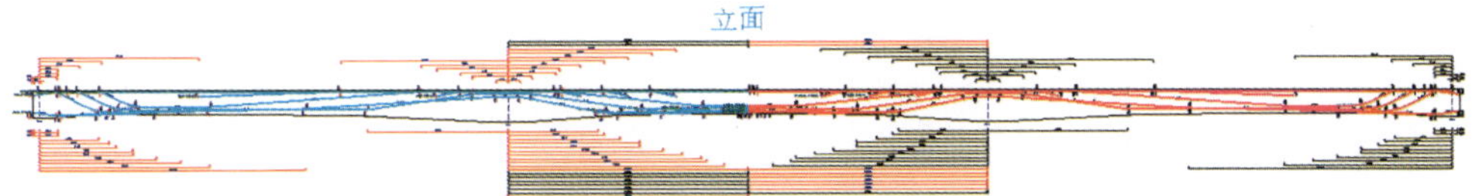

图 6-69　总体钢束布置

4. 建立钢束平弯视口

单击“视图”→“新建视口”，在弹出的窗口中定义类型与名称，如图 6-70 所示。

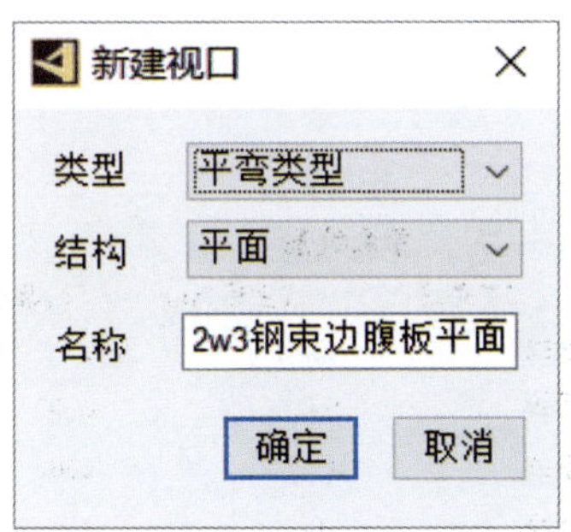

图 6-70　新建钢束视口

单击“视图”→“重排”，重新排布多个窗口，钢束边腹板平面如图 6-71 所示。

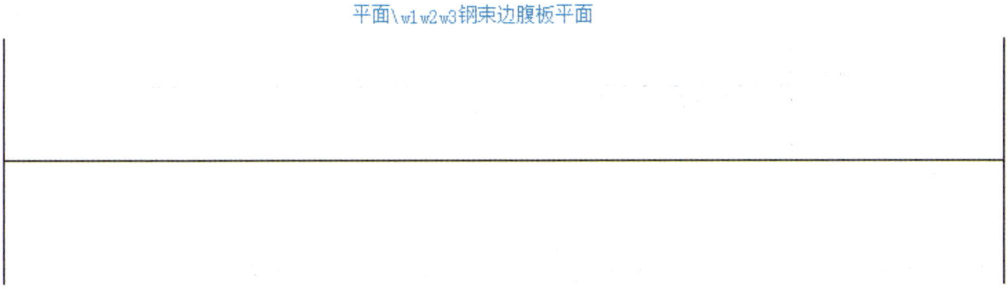

平面\w1w2w3钢束边腹板平面

图 6-71　钢束边腹板平面

5. 建立 w1、w2、w3 钢束边腹板平弯

单击“常规”→“建钢束”，单击如图 6-73 和图 6-75 所示四个点，先形成钢束大致轮廓，然后双击钢束，在属性中输入正确参数，第一根平弯建立完成。参照此方法建立第二根平弯，钢束 PW1、PW2 如图 6-72～图 6-75 所示。

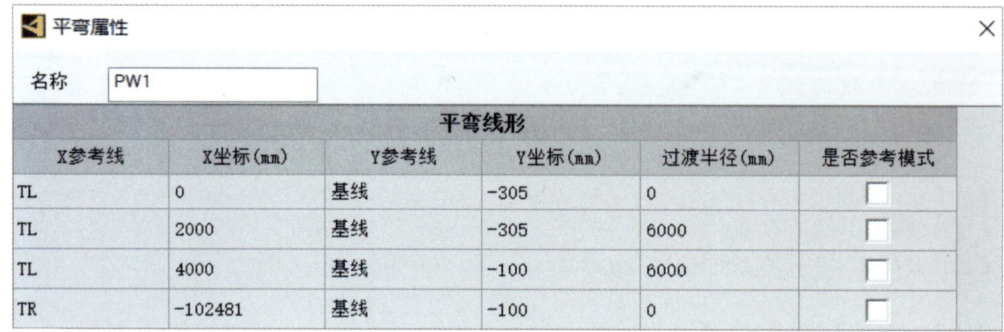

平弯属性

名称 PW1

平弯线形					
X参考线	X坐标(mm)	Y参考线	Y坐标(mm)	过渡半径(mm)	是否参考模式
TL	0	基线	-305	0	☐
TL	2000	基线	-305	6000	☐
TL	4000	基线	-100	6000	☐
TR	-102481	基线	-100	0	☐

图 6-72　钢束 PW1 属性

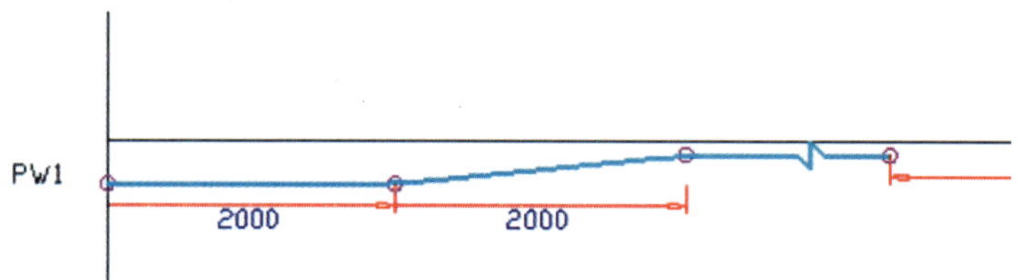

图 6-73　钢束 PW1

平弯属性

名称 PW2

平弯线形					
X参考线	X坐标(mm)	Y参考线	Y坐标(mm)	过渡半径(mm)	是否参考模式
TL	0	基线	55	0	☑
TL	2000	基线	55	6000	☐
TL	4000	基线	100	6000	☑
TR	-102481	基线	100	0	☐

图 6-74　钢束 PW2 属性

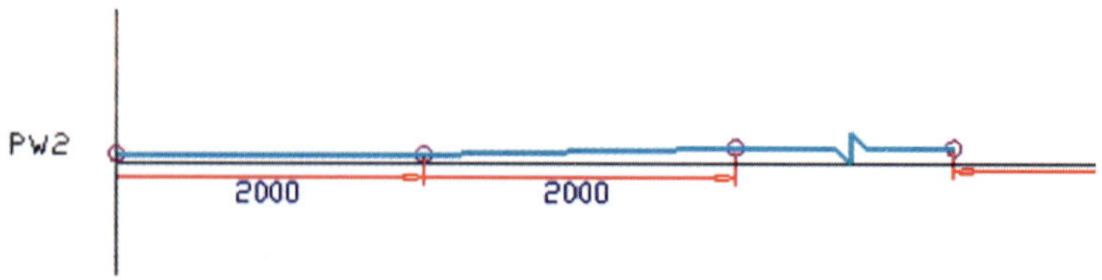

图 6-75　钢束 PW2

参照本步骤建立 PW3、PW4 与 PW1、PW2 平弯属性 X 坐标相同，Y 坐标相反。使用“mi”命令使 PW1、PW2 沿基线镜像，钢束图如图 6-76 所示。

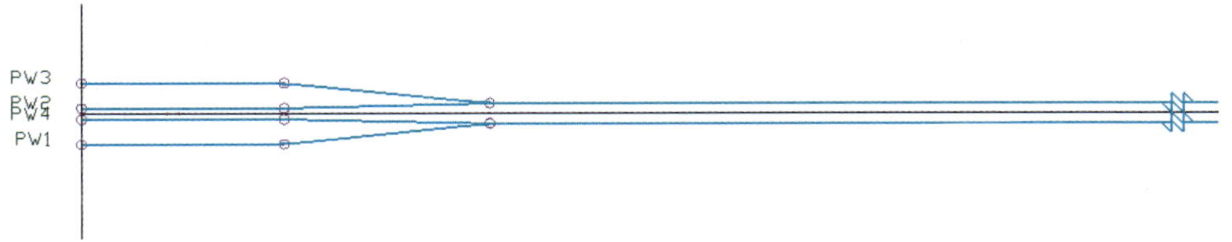

图 6-76　钢束

6. 定义右半侧钢束平弯

双击进入 w1、w2、w3 钢束边腹板平弯视口，选中所有钢束，右击选择设置对称。钢束总体布置如图 6-77 所示。

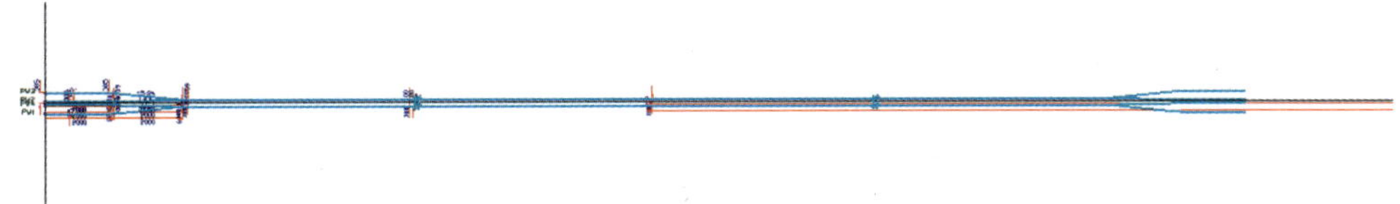

图 6-77　钢束总体布置

参照步骤 3～5，建立 w1、w2、w3 钢束中腹板平弯、b6 钢束平弯和 t3 钢束平弯。其中 t3 钢束在立面视口中未设置对称，因此平弯不应设置对称，需新建一个平弯视口，重新绘制一个相反的平弯类型。

7. 定义钢束横桥向布置

在“立面”视图中双击钢束 w1，在弹出的“钢束属性”中填写“横桥向布置”参数。参照此步骤定义其他钢束的横桥向布置，见表 6-14～表 6-26。

表 6-14　钢束 w1 腹板平弯属性(横桥向布置)

钢束名	参考线名称	距离/mm	平弯类型	批次	束数
w1-7	中线	4 650	PW6	1	1
w1-8	中线	9 300	PW4	1	1
w1-9	中线	9 300	PW3	1	1
w1-2	中线	−4 650	PW5	1	1
w1-1	中线	−9 300	PW2	1	1
w1	中线	−9 300	PW1	1	1
w1-3	中线	−4 650	PW6	1	1
w1-4	中线	0	PW5	1	1
w1-5	中线	0	PW6	1	1
w1-6	中线	4 650	PW5	1	1

表 6-15　钢束 w2 腹板平弯属性(横桥向布置)

钢束名	参考线名称	距离/mm	平弯类型	批次	束数
w2-7	中线	4 650	PW6	1	1
w2-8	中线	9 300	PW4	1	1

续上表

钢束名	参考线名称	距离/mm	平弯类型	批次	束数
w2-9	中线	9 300	PW3	1	1
w2-2	中线	−4 650	PW5	1	1
w2-1	中线	−9 300	PW2	1	1
w2	中线	−9 300	PW1	1	1
w2-3	中线	−4 650	PW6	1	1
w2-4	中线	0	PW5	1	1
w2-5	中线	0	PW6	1	1
w2-6	中线	4 650	PW5	1	1

表 6-16　钢束 w3 腹板平弯属性(横桥向布置)

钢束名	参考线名称	距离/mm	平弯类型	批次	束数
w3-7	中线	4 650	PW6	1	1
w3-8	中线	9 300	PW4	1	1
w3-9	中线	9 300	PW3	1	1
w3-2	中线	−4 650	PW5	1	1
w3-1	中线	−9 300	PW1	1	1
w3	中线	−9 300	PW2	1	1
w3-3	中线	−4 650	PW6	1	1
w3-4	中线	0	PW5	1	1
w3-5	中线	0	PW6	1	1
w3-6	中线	4 650	PW5	1	1

表 6-17　钢束 t1 腹板平弯属性(横桥向布置)

钢束名	参考线名称	距离/mm	批次	束数
t1-2	中线	−11 900	1	1
t1-1	中线	11 900	1	1
t1	中线	12 260	1	1
t1-3	中线	−12 260	1	1

表 6-18　钢束 t2 腹板平弯属性(横桥向布置)

钢束名	参考线名称	距离/mm	批次	束数
t2-7	中线	−8 500	1	1
t2-2	中线	3 850	1	1
t2	中线	8 500	1	1
t2-1	中线	5 450	1	1
t2-3	中线	800	1	1

续上表

钢束名	参考线名称	距离/mm	批次	束数
t2-4	中线	−800	1	1
t2-5	中线	−3 850	1	1
t2-6	中线	−5 450	1	1

表 6-19　钢束 t3 腹板平弯属性(横桥向布置)

钢束名	参考线名称	距离/mm	平弯类型	批次	束数
t3-7	中线	9 300	PW9	1	1
t3-2	中线	−4 650	PW10	1	1
t3-1	中线	−4 650	PW9	1	1
t3-3	中线	0	PW9	1	1
t3	中线	−9 300	PW10	1	1
t3-4	中线	0	PW10	1	1
t3-5	中线	4 650	PW9	1	1
t3-6	中线	4 650	PW10	1	1

表 6-20　钢束 t4 腹板平弯属性(横桥向布置)

钢束名	参考线名称	距离/mm	批次	束数
t4-7	中线	−8 140	1	1
t4-2	中线	3 490	1	1
t4-1	中线	5 810	1	1
t4	中线	8 140	1	1
t4-3	中线	1 160	1	1
t4-4	中线	−1 160	1	1
t4-5	中线	−3 490	1	1
t4-6	中线	−5 810	1	1

表 6-21　钢束 t5 腹板平弯属性(横桥向布置)

钢束名	参考线名称	距离/mm	批次	束数
t5-7	中线	−8 320	1	1
t5	中线	8 320	1	1
t5-2	中线	3 670	1	1
t5-1	中线	5 630	1	1
t5-3	中线	980	1	1
t5-4	中线	−980	1	1
t5-5	中线	−3 670	1	1
t5-6	中线	−5 630	1	1

表 6-22　钢束 b1 腹板平弯属性(横桥向布置)

钢束名	参考线名称	距离/mm	批次	束数
b1-7	中线	3 700	1	1
b1-8	中线	3 400	1	1
b1-9	中线	1 250	1	1
b1-10	中线	950	1	1
b1-11	中线	−950	1	1
b1-2	中线	−8 050	1	1
b1-12	中线	−1 250	1	1
b1-13	中线	−3 400	1	1
b1-14	中线	−3 700	1	1
b1-15	中线	−5 600	1	1
b1	中线	8 350	1	1
b1-1	中线	−5 900	1	1
b1-3	中线	−8 350	1	1
b1-4	中线	8 050	1	1
b1-5	中线	5 900	1	1
b1-6	中线	5 600	1	1

表 6-23　钢束 b2 腹板平弯属性(横桥向布置)

钢束名	参考线名称	距离/mm	批次	束数
b2-7	中线	−8 650	1	1
b2-2	中线	4 000	1	1
b2	中线	8 650	1	1
b2-3	中线	650	1	1
b2-1	中线	5 300	1	1
b2-4	中线	−650	1	1
b2-5	中线	−4 000	1	1
b2-6	中线	−5 300	1	1

表 6-24　钢束 b3 腹板平弯属性(横桥向布置)

钢束名	参考线名称	距离/mm	批次	束数
b4-7	中线	−8 470	1	1
b4-2	中线	3 820	1	1
b4-1	中线	5 480	1	1
b4	中线	8 470	1	1
b4-3	中线	830	1	1
b4-4	中线	−830	1	1

续上表

钢束名	参考线名称	距离/mm	批次	束数
b4-5	中线	−3 820	1	1
b4-6	中线	−5 480	1	1

表 6-25　钢束 b4 腹板平弯属性(横桥向布置)

钢束名	参考线名称	距离/mm	批次	束数
b4-7	中线	−8 470	1	1
b4-2	中线	3 820	1	1
b4-1	中线	5 480	1	1
b4	中线	8 470	1	1
b4-3	中线	830	1	1
b4-4	中线	−830	1	1
b4-5	中线	−3 820	1	1
b4-6	中线	−5 480	1	1

表 6-26　钢束 b5 腹板平弯属性(横桥向布置)

钢束名	参考线名称	距离/mm	批次	束数
b5-7	中线	−8 290	1	1
b5-1	中线	5 660	1	1
b5-2	中线	3 640	1	1
b5	中线	8 290	1	1
b5-3	中线	1 010	1	1
b5-4	中线	−1 010	1	1
b5-5	中线	−3 640	1	1
b5-6	中线	−5 660	1	1

表 6-27　钢束 b6 腹板平弯属性(横桥向布置)

钢束名	参考线名称	距离/mm	平弯类型	批次	束数
b6-7	中线	8 110	PW8	1	1
b6-1	中线	−5 840	PW8	1	1
b6-2	中线	−3 460	PW7	1	1
b6-3	中线	−1 190	PW8	1	1
b6	中线	−8 110	PW7	1	1
b6-4	中线	1 190	PW7	1	1
b6-5	中线	3 460	PW8	1	1
b6-6	中线	5 840	PW7	1	1

单击“汇总”，在弹出的“钢束示例汇总”中修改“材料类型”和“张拉类型”，钢束信息汇总如图 6-78 所示。

钢束实例汇总

钢束名	竖弯名称	参考线名称	距离(mm)	平弯类型	批次	束数	材料型号	张拉类型
b1	b1	中线	3700		1	1	15-3(1860)	两端张拉
b1-1	b1	中线	3400		1	1	15-3(1860)	两端张拉
b1-2	b1	中线	1250		1	1	15-3(1860)	两端张拉
b1-3	b1	中线	950		1	1	15-3(1860)	两端张拉
b1-4	b1	中线	-950		1	1	15-3(1860)	两端张拉
b1-5	b1	中线	-8050		1	1	15-3(1860)	两端张拉
b1-6	b1	中线	-1250		1	1	15-3(1860)	两端张拉
b1-7	b1	中线	-3400		1	1	15-3(1860)	两端张拉

确定　取消

图 6-78　钢束信息汇总

通过以上操作，钢束设计全部完成。

6.2.4　钢筋设计

1. 建立主梁钢筋

(1)在项目管理树上双击“钢筋设计”，选择“当前构件”为“梁 14”，进入主梁钢筋设计界面，主梁钢筋设计如图 6-79 所示。

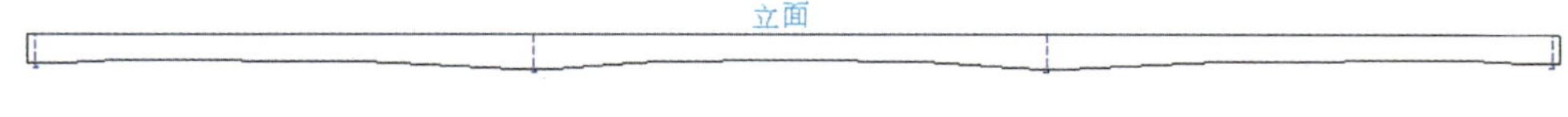

图 6-79　主梁钢筋设计

(2)建立顶底缘纵向钢筋。单击“常规”→“纵筋”，按如下命令行提示操作：

指定偏移距离(正值表示距梁底、负值表示距梁顶)<60, - 60>:48, - 48
指定左右端距<0,0>:48, - 48

双击钢筋标注进入钢筋编辑，修改纵筋直径与根数。纵筋 N1、N2 布置完成，建立底顶缘纵向钢筋，如图 6-80 所示。

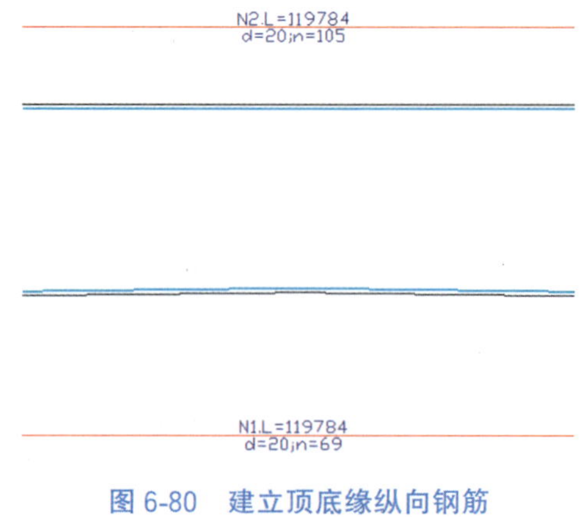

图 6-80　建立顶底缘纵向钢筋

(3)建立箍筋。单击“常规”→“箍筋”，按如下命令行提示操作：

```
请指定布置起点:(单击左端线)
指定首距和布置间距<100,100>:100,100
指定布置范围或[最后一根边距控制值(D)]或[布置根数(C)]<1000>:7200
```

双击产生的钢筋进入钢筋编辑，修改箍筋参数，左梁端箍筋布置完成，箍筋参数如图 6-81 所示。

箍筋类型	普通箍筋	钢	普通钢筋（i
垂直方向		水平方向	
直径	16	直径	0
肢数	4	肢数	0
子截		确定	取消

图 6-81　箍筋参数

箍筋图如图 6-82 所示。

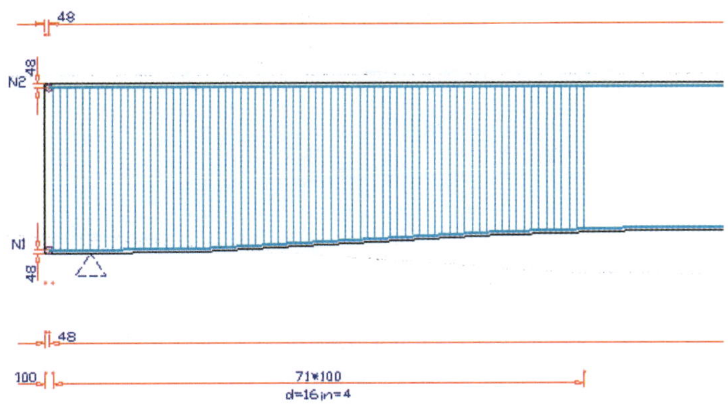

图 6-82　箍筋图

(4)参照步骤(3)，建立左半侧箍筋，按如下命令行提示操作：

```
请指定布置起点:(单击上一步骤的最后一根钢筋)
指定首距和布置间距<700,100>:150,150
指定布置范围或[最后一根边距控制值(D)]或[布置根数(C)]<7200>:19200
```

左半侧箍筋如图 6-83～图 6-86 所示。

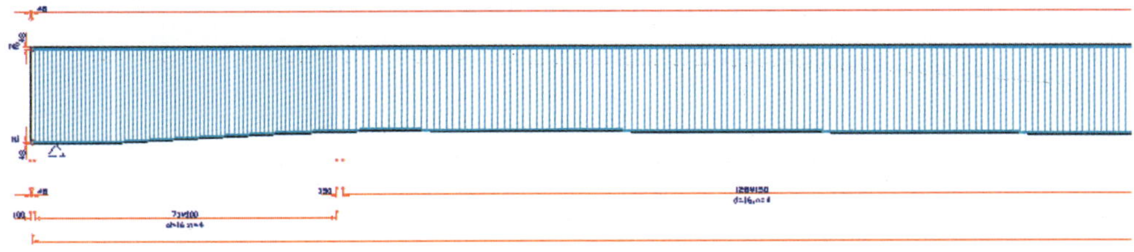

图 6-83　左半侧箍筋(一)

请指定布置起点:(单击 D1)
指定首距和布置间距<150,100>:-100,-100
指定布置范围或[最后一根边距控制值(D)]或[布置根数(C)]<7200>:13300

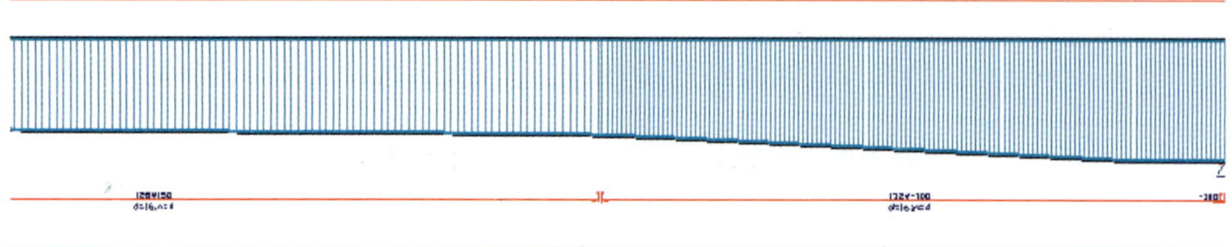

图 6-84　左半侧箍筋(二)

请指定布置起点:(单击 D1)
指定首距和布置间距<700,100>:0,100
指定布置范围或[最后一根边距控制值(D)]或[布置根数(C)]<7200>:9500

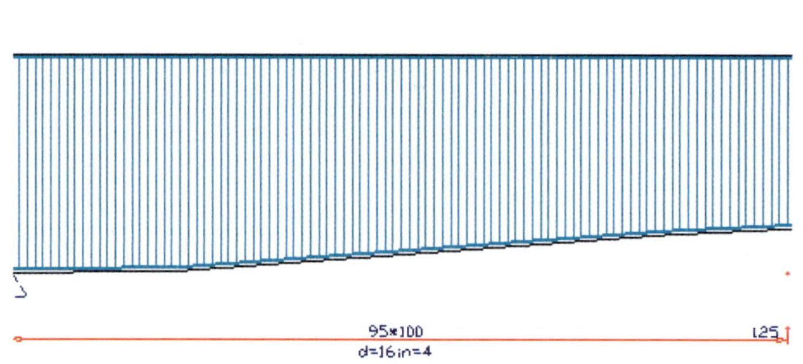

图 6-85　左半侧箍筋(三)

请指定布置起点:(单击上一步骤的最后一根钢筋)
指定首距和布置间距<700,100>:125,150
指定布置范围或[最后一根边距控制值(D)]或[布置根数(C)]<7200>:10350

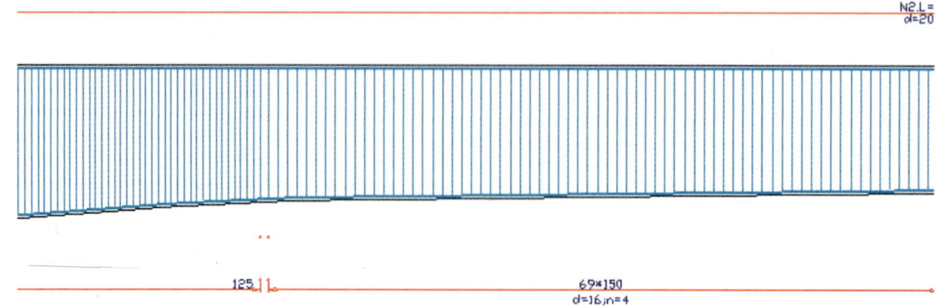

图 6-86　左半侧箍筋(四)

(5)建立右半侧箍筋。单击“高级”→“块镜像”,按如下命令行提示操作:

```
选择对象:(全选左 1/2 立面钢筋)
指定镜像线的第一点:(单击梁中点)
指定镜像线的第二点:(单击梁中点)
```

箍筋总体布置如图 6-87 所示。

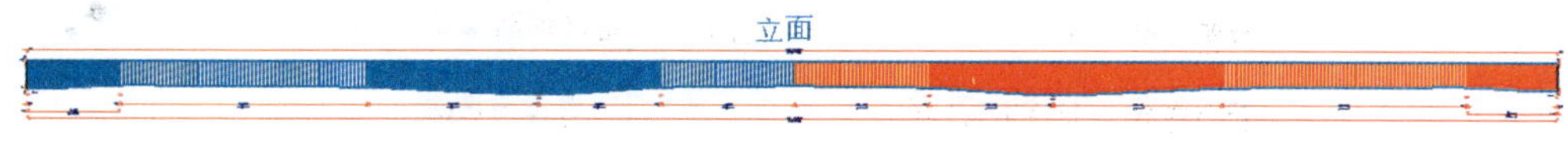

图 6-87　箍筋总体布置

通过以上操作,主梁钢筋设计完成。

2. 墩钢筋设计

(1)选择“当前构件”为“TP04_1”,进入墩钢筋设计界面。

(2)建立箍筋。单击“常规”→“箍筋”,按如下命令行提示操作:

```
请指定布置起点:(单击左端线)
指定首距和布置间距<100,100>:100,100
指定布置范围或[最后一根边距控制值(D)]或[布置根数(C)]<1000>:6400
```

双击产生的钢筋进入钢筋编辑,修改箍筋参数,箍筋布置完成。

(3)建立钢筋断面视口。单击“视图”→“新建视口”,在弹出的窗口中定义类型为“断面布置”,如图 6-88 所示。单击“视图”→“重排”,重新排布多个窗口。

(4)建立纵筋。双击“断面”标题,进入断面钢筋编辑状态。使用“ts”命令,按如下命令行提示操作:

```
指定钢筋中心距离边缘距离<60>:
指定纵向范围<0,0>:
指定首尾偏距<60,60>:
输入布置间距[或布置根数(C)]<100>:
```

双击新建的纵筋,修改钢筋直径。断面视口纵筋如图 6-89 所示,断面视口纵筋布置信息如图 6-90 所示。

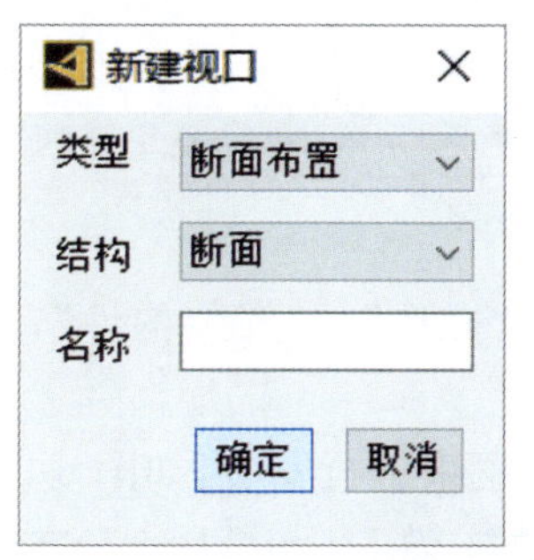

图 6-88　新建钢筋断面视口

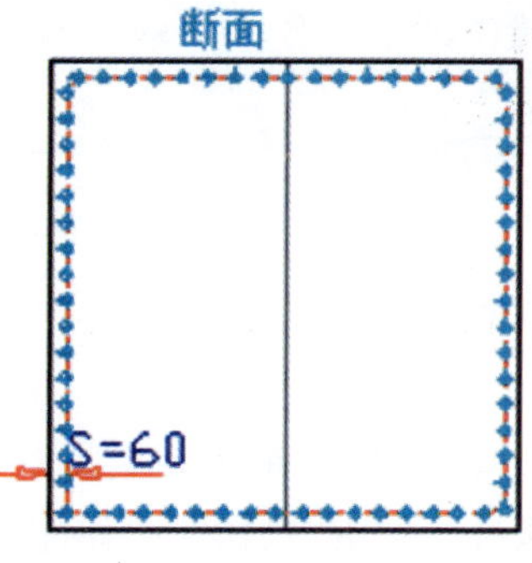

图 6-89　断面视口纵筋

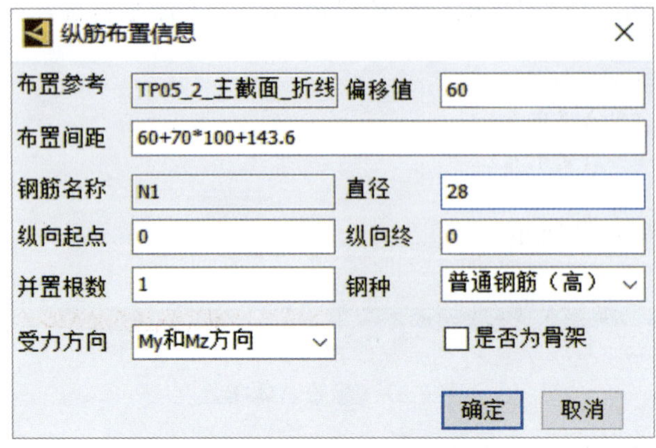

图 6-90　断面视口纵筋布置信息

(5)参照步骤(1)～(4),建立 TP04_2、TP05_1、TP05_2、TP06_1、TP06_2、TP07_1、TP07_2 钢筋。

通过以上操作,钢筋设计全部完成。

6.2.5　施工分析

施工阶段主要包括一次安装和收缩徐变两个阶段。在项目管理树上双击“施工分析”,开始定义施工阶段的内容。

1. 定义第一个施工阶段

(1)修改“当前阶段”名称为“一次安装”,单击进入“总体信息”,设定施工天数 30 天,如图 6-91所示。

当前阶段:一次安装

基本	
阶段信息	第 1 阶段,共 2 阶段
阶段备忘	
温度	
施工持续天数(天)	30
阶段升温(℃)	0
阶段降温(℃)	0
平均温度(℃)	0

图 6-91　一次安装

(2)安装构件。单击进入“构件安装拆除”,单击“操作”→“安装构件”,全选所有构件进行安装,安装构件如图 6-92 所示。

(3)安装钢束。单击进入“钢束安装拆除”,双击钢束进行安装,如图 6-93 所示。

(4)定义边界条件。单击“操作”→“弹性连接”,在主梁 D0 与 TP04_1 之间建立名为 “Z1_L” 的弹性连接,按如下命令行提示操作:

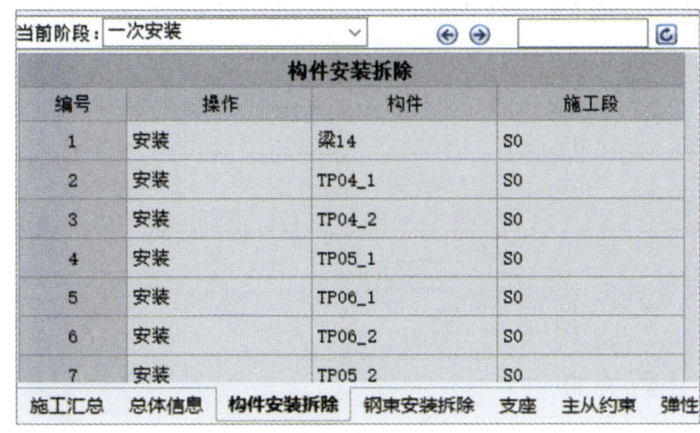

当前阶段：一次安装

编号	操作	构件	施工段
1	安装	梁14	S0
2	安装	TP04_1	S0
3	安装	TP04_2	S0
4	安装	TP05_1	S0
5	安装	TP06_1	S0
6	安装	TP06_2	S0
7	安装	TP05_2	S0

图 6-92　安装构件

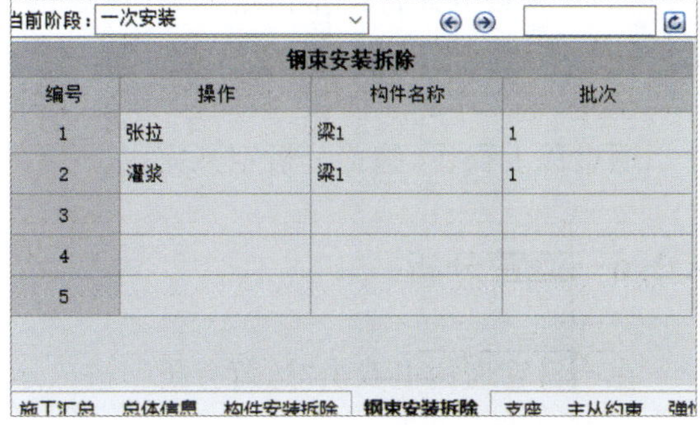

当前阶段：一次安装

编号	操作	构件名称	批次
1	张拉	梁1	1
2	灌浆	梁1	1
3			
4			
5			

图 6-93　钢束安装

指定弹性连接名称<节点 1 名称 + 节点 2 名称>:Z1_L
选择节点 1:(单击 D0)
选择节点 2(直接右键表示接地):(单击 TP04_1 节点 R)
指定弹性连接数值(Dx,Dy,Dz,Rx,Ry,Rz)<5000,5000,5000,0,0,0>:0, 0,100000000,0, 0,100000000
指定位置和方向角<0, 0> :

单击“弹性连接”进入修改参数界面,如图 6-94 所示。D1、D2、D3 处弹性连接定义方法相同。

当前阶段：一次安装

编号	名称	节点1	位置1	节点2	位置2	连接点相对位置	方向角(度)	Dx(kN/m)	Dy(kN/m)	Dz(kN/m)	Rx (kN*m/rad)	Ry (kN*m/rad)
1	Z1_L	1|梁1|D0|0	支座位1	1|TP04_1|T1|2	支座位1	0	0	0	0	100000000	0	0
2	Z1_R	1|梁1|D0|0	支座位2	1|TP04_2|R|2	支座位1	0	0	0	100000000	100000000	0	0
3	Z2_L	1|梁1|D1|0	支座位1	1|TP05_1|R|2		0	0	100000000	0	100000000	0	0
4	Z2_R	1|梁1|D1|0	支座位2	1|TP05_2|R|2		0	0	100000000	100000000	100000000	0	0
5	Z3_L	1|梁1|D2|0	支座位1	1|TP06_1|R|2		0	0	0	0	100000000	0	0

图 6-94　弹性连接

至此,第一个施工阶段“一次安装”定义完成。

2. 定义第二个施工阶段

(1)单击“新增施工阶段”,修改“当前阶段”名称为“收缩徐变”,单击进入“总体信息”,设定施工天数 3 650 天,如图 6-95 所示。

当前阶段：收缩徐变

基本	
阶段信息	第 2 阶段,共 2 阶段
阶段备忘	
温度	
施工持续天数(天)	3650
阶段升温(℃)	0
阶段降温(℃)	0
平均温度(℃)	20

图 6-95　收缩徐变

(2)定义边界条件。单击进入“弹性连接”,单击“将前一个阶段的当前界面数据复制并增量添加到本阶段”即可。

至此,第二个施工阶段“收缩徐变”定义完成。

通过以上操作,施工分析定义完成。

6.2.6 运营分析

在项目管理树上双击“运营分析”,进入运营分析界面。

1. 定义整体温度

单击进入“总体信息”,升温温差和降温温差均考虑 20 ℃,如图 6-96 所示。

显示工况: 文字比例(%): 100 单位(m)

总体信息	
收缩徐变天数(天)	0
升温温差(℃)	20
降温温差(℃)	20
考虑正负向的荷载	
挠度验算位置	
穷举法验算截面	

总体信息 集中荷载 线性荷载 强迫位移 梯度温度 纵向加载 横向加载 影响面加载 并发反力 屈

图 6-96 定义总体信息

2. 定义汽车制动力

单击“常规荷载”→“线性荷载”,按如下命令行提示操作:

```
指定荷载名称:汽车制动力
选择起点节点:(单击主纵梁节点 L)
选择终点节点:(单击主纵梁节点 R)
指定与起点的距离(m)<0,0,0>:
指定与终点的距离(m)<0,0,0>:
指定坐标系[整体坐标系(G)/构件局部坐标系(L)]<G>:
```

在弹出的“线性荷载”框中填写荷载信息,定义汽车制动力,如图 6-97 所示。

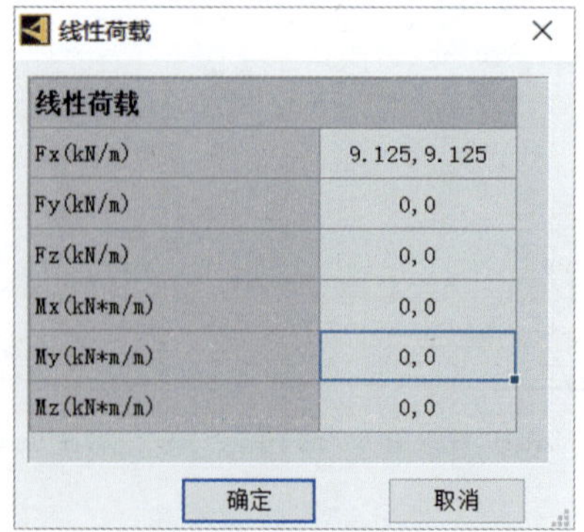

图 6-97 定义汽车制动力

单击“线性荷载”，在表格中修改“名称”为“汽车制动力”，汽车制动力信息如图 6-98 所示。

显示工况:　文字比例(%): 100　单位(m)

线性荷载								
编号	名称	类型	方向	起点位置	起点荷载 (kN/m, kN*m/m)	终点位置	终点荷载 (kN/m, kN*m/m)	坐标系
1	汽车制动力	支座摩阻力	Fx	1|梁14|L|||	9.2125	1|梁14|R|||	9.2125	整体坐标系

图 6-98　汽车制动力信息

3. 定义强迫位移

单击“常规荷载”→“强迫位移”，定义强迫位移 CJ1，按如下命令行提示操作：

指定强迫位移名称：(CJ1)
选择支座或基础：(单击 TP04_基础)

在弹出的表格中填写参数，如图 6-99 所示。参照此操作在 TP05_基础、TP06_基础、TP07_基础处建立 CJ2、JC3、CJ4。

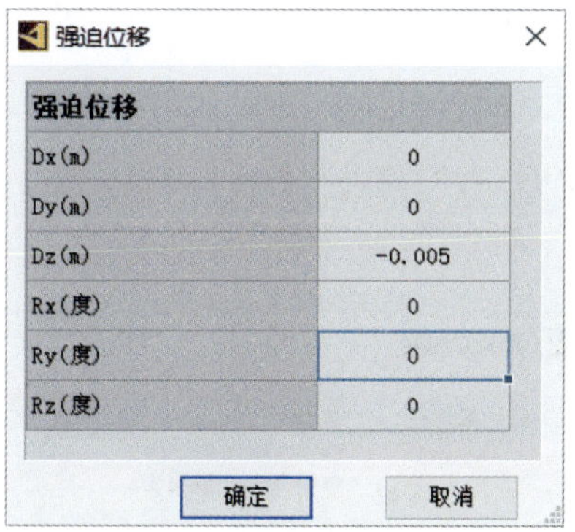

图 6-99　定义强迫位移

4. 定义梯度温度

单击“常规荷载”→“梯度温度”，按如下命令行提示操作：

指定名称：(梯度温升)
选择目标构件(右键结束选择)：(全选构件)

单击“梯度温度”，修改“梯度温升”的温度模式，选择“温度模式”为“公路 15 混凝土桥升温模式”。参照此操作定义“梯度温降”，如图 6-100 所示。

显示工况:　文字比例(%): 100　单位(m)

梯度温度			
编号	名称	构件	温度模式
1	梯度温升	梁14	公路15混凝土桥升温模式
2	梯度温降	梁14	公路15混凝土桥降温模式

图 6-100　定义梯度温度

5. 定义车道荷载

单击“纵向加载”，按如下命令行提示操作：

```
选择桥面单元(右键结束):(全选构件)
指定名称＜默认＞:ab
```

定义车道荷载如图 6-101 所示。单击“纵向加载”，修改“车载系数”，定义车道荷载系数如图 6-102 所示。

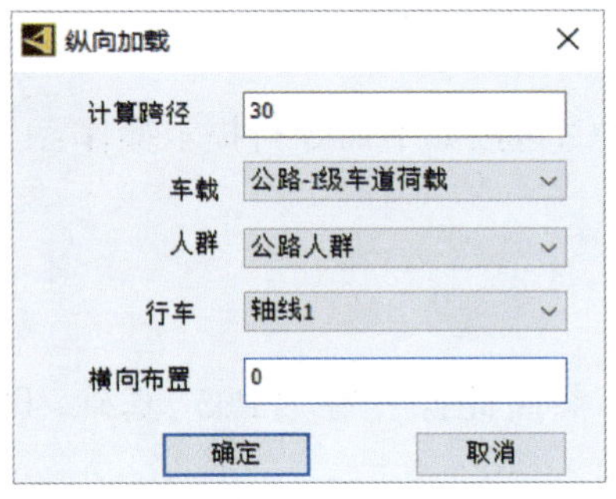

图 6-101 定义车道荷载

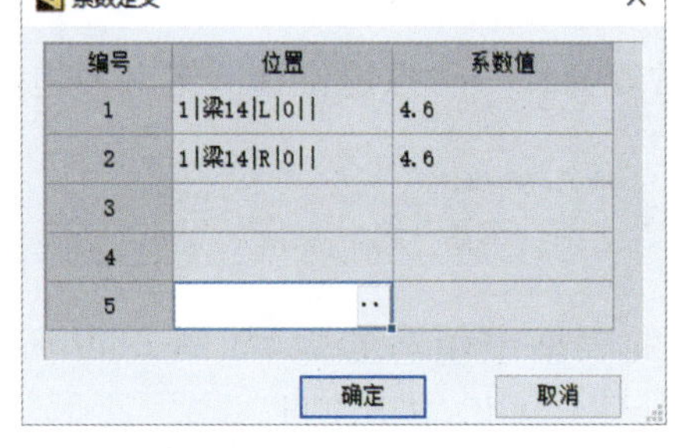

图 6-102 定义车道荷载系数

6. 定义疲劳荷载

单击“影响面加载”，“名称”为“p1”，修改“车载”为“疲劳荷载计算模型Ⅰ”，定义疲劳荷载如图 6-103 所示。

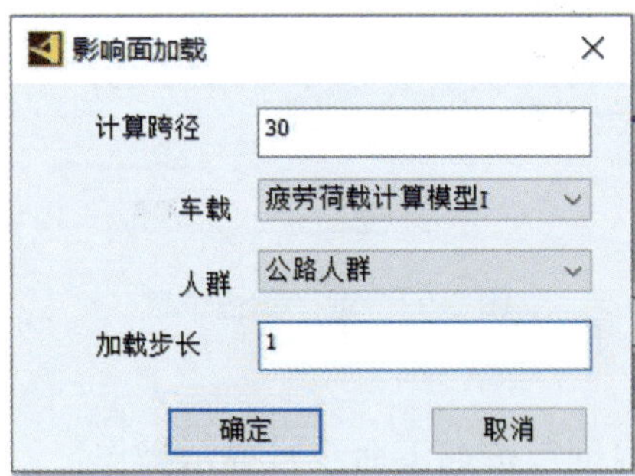

图 6-103 定义疲劳荷载

通过以上操作，运营分析设置完成。

6.2.7 执行计算

(1)在菜单栏中选择“项目”→“全部诊断”，程序将对全部前处理的内容进行检查。

(2)在菜单栏中选择“项目”→“计算当前”，程序将对当前模型执行计算操作。

6.2.8 后处理查看

(1)右击项目管理树“结果查询”，选择“新文件夹”，在弹出的“新建查询文件夹”中填写“01

总体信息”。

(2)右击新建的文件夹，在快捷菜单中选择“新建查询”，在弹出的“新建查询”中填写名称，并选择所需的工况和内容。

(3)查看结果。双击查询项，程序默认以图形和表格并存的方式显示计算结果。

6.3　手动验算

6.3.1　梁高

大跨径连续梁桥中支点主梁高度与其跨径之比一般在$\frac{1}{25}\sim\frac{1}{15}$之间，跨中梁高与主跨之比通常在$\frac{1}{50}\sim\frac{1}{40}$之间。

本设计采用等高度的箱梁，取梁高为1.5 m(等高度梁$H=\frac{1}{30}\sim\frac{1}{15}L$)，高跨比为20。

6.3.2　底板厚度

在连续梁桥中，由于桥梁正截面弯矩比较大，故底板厚度不宜太大，大多数区域为18 cm，支点厚度为25 cm。

6.3.3　顶板厚度

确定箱形截面顶板厚度时，需要考虑横向弯矩和安置预应力束和受力筋，顶板厚度取为18 cm。

6.3.4　腹板厚度

截面由两块及以上腹板构成，采用斜腹板来降低梁体自重，最小厚度应符合结构和浇筑混凝土的规定，腹板宽度在支点处加宽为25 cm，其余为18 cm，这种构造为锚固底板预应力提供了空间。

6.3.5　结构自重纵向计算

(1)一期恒载为结构的自重，主梁的自重荷载集度以中梁为例进行计算，中梁截面如图6-104所示。一片主梁的计算结果如下。

梁端至0.4 m处体积：

$$V_1=1.445\times0.4=0.578\ \text{m}^3$$

梁端0.4～1.9 m处体积：

$$V_2=\frac{(1.445+1.216)\times1.5}{2}=1.996\ \text{m}^3$$

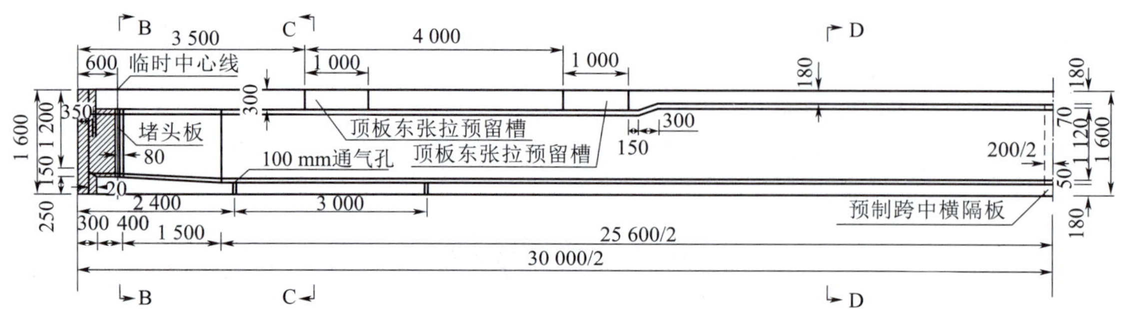

图 6-104 中梁截面(单位:mm)

梁端 1.9～8.65 m 处体积:

$$V_3 = 1.216 \times 6.75 = 8.208\ \text{m}^3$$

梁端 8.65～8.95 m 处体积:

$$V_4 = \frac{(1.251\ 6 + 1.089) \times 0.3}{2} = 0.351\ 1\ \text{m}^3$$

梁端 8.95 m 处至跨中处体积:

$$V_5 = 1.089 \times 5.75 = 6.262\ \text{m}^3$$

端横隔梁体积(外部):

$$V_6 = \left[\frac{(0.16 + 0.36) \times 0.07}{2} + \frac{(0.36 + 0.66) \times 1.2}{2}\right] \times 0.25 = 0.157\ 6\ \text{m}^3$$

端横隔梁体积(内部):

$$V_7 = \left[\frac{(0.82 + 1.12) \times 0.07}{2} + \frac{(1.12 + 0.7) \times 0.93}{2} + \frac{(0.7 + 0.6) \times 0.05}{2}\right] \times 0.25 = 0.236\ 7\ \text{m}^3$$

跨中横隔梁体积(外部):

$$V_8 = \left[\frac{(0.16 + 0.36) \times 0.07}{2} + \frac{(0.36 + 0.66) \times 1.2}{2}\right] \times 0.2 = 0.126\ \text{m}^3$$

跨中横隔梁体积(内部):

$$V_9 = 1.277 \times 0.2 = 0.255\ 4\ \text{m}^3$$

一片中间主梁的横隔梁体积:

$$V_{10} = (0.157\ 6 \times 2 + 0.236\ 7) \times 2 + (0.126 \times 2 + 0.255\ 4) \times 2 = 2.119\ \text{m}^3$$

一片中间主梁的自身体积:

$$V_{11} = (0.578 + 1.996 + 8.208 + 0.351\ 1 + 6.262) \times 2 = 34.79\ \text{m}^3$$

一片中间主梁的总体积:

$$V_{12} = 2.119 + 34.79 = 36.91\ \text{m}^3$$

一片中间主梁的自重荷载集度:

$$q_1 = \frac{36.91 \times 26}{29.4} = 32.64\ \text{kN/m}$$

端支座的剪力:

$$Q_1 = 32.64 \times \frac{29.4}{2} = 479.8\ \text{kN}$$

跨中最大弯矩:

$$M = \frac{1}{8} q l^2 = \frac{1}{8} \times 32.64 \times 29.4^2 = 3\ 526.6\ \text{kN} \cdot \text{m}$$

(2)二期恒载内力以中跨中梁的计算为例，计算结果如下。

顶板中间湿接缝的荷载集度：

$$q_2=0.75\times0.18\times25=3.375\ \text{kN/m}$$

端横梁现浇部分体积：

$$V_{13}=0.25\times0.75\times1.6=0.3\ \text{m}^3$$

中横梁现浇部分体积：

$$V_{14}=0.2\times0.75\times1.6=0.24\ \text{m}^3$$

中间主梁上的横梁荷载集度：

$$q_3=\frac{(0.3\times2+0.24)\times25}{30}=0.7\ \text{kN/m}$$

(3)桥面铺装荷载集度计算如下。

10 cm 沥青混凝土铺装：

$$q_4=0.10\times11.75\times23=27.025\ \text{kN/m}$$

10 cm 混凝土铺装：

$$q_5=0.10\times11.75\times25=29.375\ \text{kN/m}$$

桥面铺装荷载集度均分给 4 片主梁，每片主梁的荷载集度：

$$q_6=\frac{27.025+29.375}{4}=14.1\ \text{kN/m}$$

防撞梁的荷载集度：

$$q_7=7.0\times2=14\ \text{kN/m}$$

两侧防撞栏的荷载集度均分给四片主梁，每片主梁的荷载集度：

$$q_8=\frac{7.0\times2}{4}=3.5\ \text{kN/m}$$

中间主梁二期恒载集度：

$$q_9=3.375+0.7+14.1+3.5=21.675\ \text{kN/m}$$

6.3.6 斜截面抗剪性能验算

$\alpha_1=0.9$，$\alpha_2=1.0$，$\alpha_3=1.1$，$b=1\ 100$ mm，$h_0=1\ 400$ mm，混凝土抗拉强度 $f_{\text{uc,k}}=50$ MPa，规范规定 HRB400 钢筋的配箍率应不低于 0.18%，纵向钢筋配筋率 $\rho_{\text{sv}}=0.6\%$，纵向钢筋的抗拉强度 $f_{\text{sv}}=195$ MPa。

斜截面抗剪承载力：

$$V_{\text{cs}}=0.45\times10^{-3}\alpha_1\alpha_2\alpha_3bh_0\sqrt{(2+0.6P)\sqrt{f_{\text{uc,k}}}\rho_{\text{sv}}f_{\text{sv}}}=2\ 628.4\ \text{kN}$$

$$\gamma_0V_{\text{d}}=1.0\times1\ 209=1\ 209\ \text{kN}<V_{\text{cs}}=2\ 628.4\text{kN}$$

因此，该截面满足抗剪承载力要求。

6.3.7 汽车荷载的冲击系数

弹性模量 $E=3.55\times10^4$ MPa，计算得出跨中截面惯矩 $I_{\text{c}}=0.314\ \text{m}^4$，计算得 $G=26.5$ kN/m，

将数据代入式(5-11)和式(5-12),得

$$m_c=\frac{G}{g}=\frac{32.64}{9.81}=3.33\ \mathrm{kg/m}$$

$$f=\frac{\pi}{2l^2}\sqrt{\frac{EI_c}{m_c}}=\frac{\pi}{2.29.4^2}\times\sqrt{\frac{3.55\times10^{10}\times0.314}{3.33\times10^3}}=3.32\ \mathrm{Hz}$$

当 $1.5\ \mathrm{Hz}\leqslant f\leqslant14\ \mathrm{Hz}$ 时,

$$\mu=0.1767\ln f-0.0157=0.1767\ln3.32-0.0157=0.2$$

6.3.8 次内力计算

6.3.8.1 温度变化产生的次内力

中梁与边梁的温度产生的次内力见表 6-28 和表 6-29。

表 6-28 中梁温度次内力计算结果

截面位置	边跨		中跨	
	最大剪力值/kN	最大弯矩值/(kN·m)	最大剪力值/kN	最大弯矩值/(kN·m)
支点	35.9	0	−12	1 042
变化开始点	35.9	4.4	−12	1 046.6
变化结束点	35.9	58.3	−12	1 034.2
L/4	35.9	270.9	−12	964.4
L/2	35.9	522.2	−12	880.3
3L/4	35.9	773.5	−12	796.1
变化开始点	35.9	981.8	−12	726.3
变化结束点	35.9	1 029.9	−12	711.1
支点	35.9	1 042	−12	709.2

表 6-29 边梁温度次内力计算结果

截面位置	边跨		中跨	
	最大剪力值/kN	最大弯矩值/(kN·m)	最大剪力值/kN	最大弯矩值/(kN·m)
支点	36.3	0	−12.2	1 053.8
变化开始点	36.3	4.5	−12.2	1 058.6
变化结束点	36.3	59	−12.2	1 046.4
L/4	36.3	274.1	−12.2	975.9
L/2	36.3	528.3	−12.2	890.8
3L/4	36.3	782.6	−12.2	805.7
变化开始点	36.3	993.3	−12.2	735.2
变化结束点	36.3	1 041.7	−12.2	720.1
支点	36.3	1 053.8	−12.2	719.6

6.3.8.2　基础不均匀沉降产生的次内力

基础不均匀沉降产生的次内力见表 6-30。

表 6-30　基础不均匀沉降产生的次内力

截面位置	边跨		中跨	
	剪力/kN	弯矩/(kN·m)	剪力/kN	弯矩/(kN·m)
$L/4$	−4.6	−34.7	5.8	−89.9
$L/2$	−4.6	−67	5.8	−49.7
$3L/4$	−4.6	−99.2	5.8	−9.4
支点	−4.6	−132	5.8	33.9

第 7 章　40 m 标准跨度连续现浇箱梁桥

现浇箱梁桥具有结构简单、承载力强等优势，被广泛应用于公路、高速铁路等领域。本章以 40 m 标准跨度连续现浇箱梁桥为例，介绍箱梁桥设计的基本原理和步骤，旨在帮助设计者掌握桥梁设计的基本方法和技能，提高桥梁工程实践能力。

7.1　设计说明

7.1.1　设计规范

(1)《公路工程技术标准》(JTG B01—2014)。
(2)《公路桥涵设计通用规范》(JTG D60—2015)。
(3)《公路钢筋混凝土及预应力混凝土桥涵设计规范》(JTG 3362—2018)。
(4)《公路桥涵施工技术规范》(JTG/T 3650—2020)。
(5)《钢筋焊接及验收规程》(JGJ 18—2012)。
(6)《预应力混凝土用钢绞线》(GB/T 5224—2014)。
(7)《公路桥梁板式橡胶支座》(JT/T 4—2019)。
(8)《公路桥梁伸缩装置通用技术条件》(JT/T 327—2016)。
(9)《公路交通安全设施设计规范》(JTG D81—2017)。
(10)《公路交通安全设施设计细则》(JTG/T D81—2017)。
(11)《公路工程抗震规范》(JTG B02—2013)。
(12)《公路桥梁抗震设计规范》(JTG/T 2231—01—2020)。
(13)《公路桥涵地基与基础设计规范》(JTG 3363—2019)。

7.1.2　设计标准

(1)汽车荷载等级：公路—Ⅰ级。
(2)设计使用寿命：100 年。
(3)设计安全等级：一级。
(4)设计使用年限：大桥 100 年；中桥 50 年；小桥 30 年。
(5)设计洪水频率：大桥 1/100；中、小桥 1/50。

7.1.3　技术参数

(1)桥梁宽度:0.5 m 防撞墙+1.5 m 人行道+净 7.0 m 行车道+1.5 m 人行道+0.5 m 防撞墙,全宽 11.0 m。防撞墙防撞等级为 SA 级。

(2)环境类别:Ⅱ类。

(3)地震动峰值加速度系数为 0.15 *g*。

7.1.4　工程地质条件

本设计桥线路土层分布比较稳定,自上而下依次为人工填土、新近沉积土层、第四纪晚更新世冲洪积地层。现况地下水位标高 22.68~23.62 m。

7.1.5　主要材料

1. 水泥

采用强度等级为 62.5、52.5、42.5 的硅酸盐水泥,同一座桥的预制梁采用同一品种水泥。

2. 集料

粗集料采用连续级配,碎石采用锤击式破碎生产。碎石最大粒径不宜超过 40 mm,对于主梁最大粒径不宜超过 20 mm,以防混凝土浇筑困难或振捣不密实。细集料宜采用级配良好的中砂。

3. 混凝土

(1)C45 混凝土:预应力混凝土现浇连续箱梁。

(2)C40 混凝土:桥墩墩柱、桥墩系梁、支座垫石。

(3)C30 混凝土:桥台台帽、桩基础、桩顶系梁、墙式防撞护栏、搭板。

4. 普通钢材

普通钢筋采用 HPB300 和 HRB400 钢筋。钢板采用 Q235 钢板。

5. 预应力钢绞线

预应力钢绞线采用抗拉强度标准值 f_{pk}=1 860 MPa,直径 d=15.2 mm 的低松弛高强度钢绞线。

6. 预应力锚具

预应力锚具采用成品锚具及其配套设备。

7. 预应力管道

预应力管道采用金属波纹管,金属波纹管应满足规范、设计计算参数的要求。

8. 支座

现浇箱梁采用高阻尼橡胶支座及水平力分散型橡胶支座。

9. 防水层

桥面防水层采用橡胶沥青防水层。

7.2 实例建模

打开桥梁设计软件，单击“新建”按钮，弹出“新建项目”对话框，修改项目名称为“连续现浇箱梁桥”，指定项目保存路径，其余参数采用默认值。单击“确定”按钮，即可创建一个连续现浇箱梁桥项目，如图 7-1 所示。

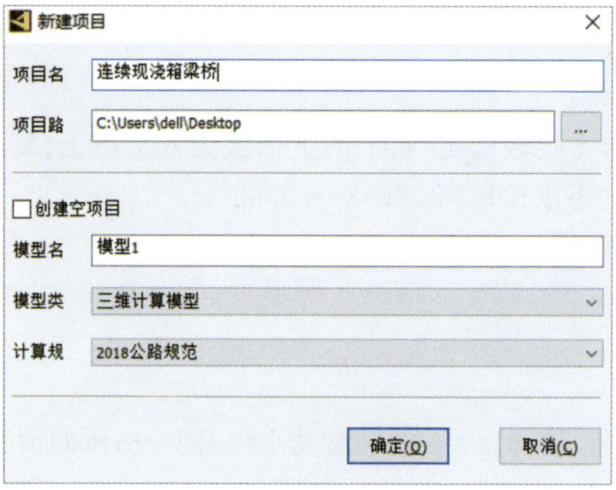

新建项目

项目名	连续现浇箱梁桥
项目路	C:\Users\dell\Desktop
□创建空项目	
模型名	模型1
模型类	三维计算模型
计算规	2018公路规范

确定(O) 取消(C)

图 7-1 新建项目

7.2.1 总体信息

总体信息部分定义了“连续现浇箱梁桥” 项目的基本信息、地质参数和钻孔信息。在项目管理树上双击“总体信息”，默认进入总体信息的“基本”一栏进行规范输入。

1. 基本信息

基本信息包括常规信息、计算内容和材料定义。在“基本”→“常规”中选择相应的计算规范、环境类别和模型类别，如图 7-2 所示。

常规	
模型说明	
计算规范	2018公路规范
结构重要性系数	1.1
环境相对湿度	0.8
环境类别	Ⅱ类
模型类别	空间杆系

图 7-2 定义常规信息

在“基本”→“计算内容”中勾选所需的计算项，如图 7-3 所示。

在“基本”→“材料定义”中定义所需的材料，如图 7-4 所示。

2. 地质参数

单击“地质”界面，在“土层”中填写地质参数，定义地质参数如图 7-5 所示。

计算内容	
计算预应力	☑
计算收缩	☑
计算徐变	☑
计算活载	☑
活载布置	☐
计算柔性墩台水平力分配	☐
计算屈曲	☐
自振分析	☐
计算倾覆	☐
计算抗震	☐
进行验算	☑
调束	☐
调索	☐

图 7-3　定义计算内容信息

材料定义

编号	名称	材料类型	材料索引	收缩调整系数	徐变调整系数	粉煤灰掺量(%)	说明
1	主梁材料	混凝土	C50	1	1	0	
2	墩柱材料	混凝土	C40	1	1	0	
3	基础材料	混凝土	C30	1	1	0	
4	高强钢绞线	预应力	钢绞线d=15.2_fpk=1860				
5	预应力螺纹钢筋	预应力	螺纹钢筋d=25_fpk=785				
6	普通钢筋（高）	钢筋	HRB400				
7	普通钢筋（低）	钢筋	HPB300				
8	钢管	钢板	Q345				
9	钢板（高）	钢板	Q345				
10	钢板（低）	钢板	Q235				
11	主缆材料	缆索	平行钢丝fk=1770				
12	拉索材料	缆索	平行钢丝fk=1770				

图 7-4　定义材料信息

土层

编号	索引名称	重度(kN/m^3)	是否透水	压缩模量(MPa)	m/m0(kN/m^4)	土内摩擦角(度)	侧摩阻(kPa)	承载力基本容许值(kPa)	宽度修正系数	深度修正系数	承载力容许值上限(kPa)	基底摩擦系数	颜色
1	粘土	9.8，9.8	不透水	压缩模量#20#	10000...	45	30	300	1	1.1	360	0.7	■ 黑

图 7-5　定义地质参数

3. 钻孔信息

单击进入“钻孔”，填写钻孔信息，定义钻孔信息如图 7-6 所示。

钻孔

编号	索引名称	孔口（地面）...	常水位标高(m)	钻孔土层
1	钻孔	0	0	粘土，100;，0;，0
2				
3				

图 7-6　定义钻孔信息

7.2.2 结构建模

1. 定义上部结构截面

(1)在项目管理树上双击“结构建模”,进入结构建模界面,开始定义上部结构截面。进入“截面”界面,右击“截面 1”,在弹出的快捷菜单中单击“修改截面名称”,如图 7-7 所示,将截面名称改为“箱梁”,即定义截面名称。然后导入 CAD 截面文件。单击“区域式”→“导入区域”,指定 CAD 文件,选择截面所在图层,填写相应参数,如图 7-8 所示。得到箱梁截面,如图 7-9 所示。

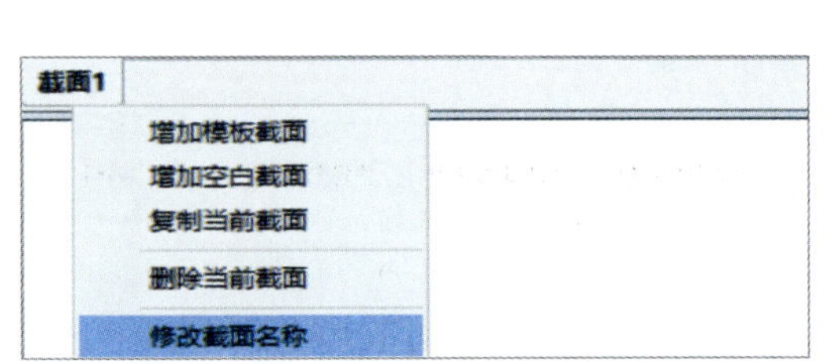

图 7-7 定义截面名称

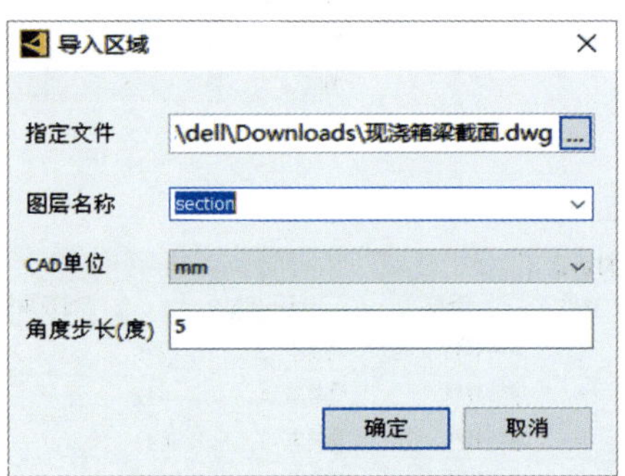

图 7-8 CAD 导入截面

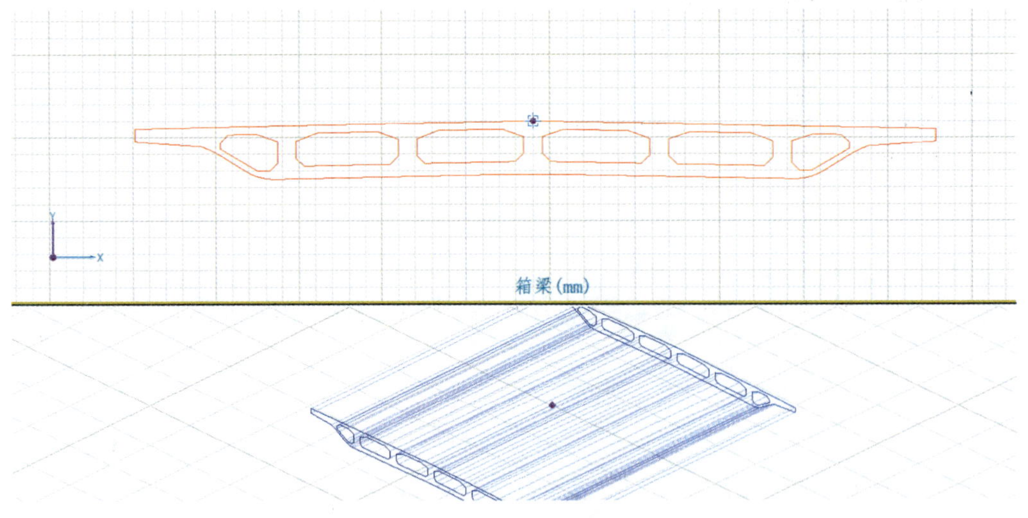

图 7-9 箱梁截面

(2)定义悬臂线。单击“截面计算”→“显示”→“区域点号”,显示区域点号。单击“截面计算”→“悬臂线”,按如下命令提示操作:

```
指定横向位置:(单击外边区域点号 29)
下一个横向位置:(单击外边区域点号 27)
下一个横向位置:ESC
```

悬臂线如图 7-10 所示。

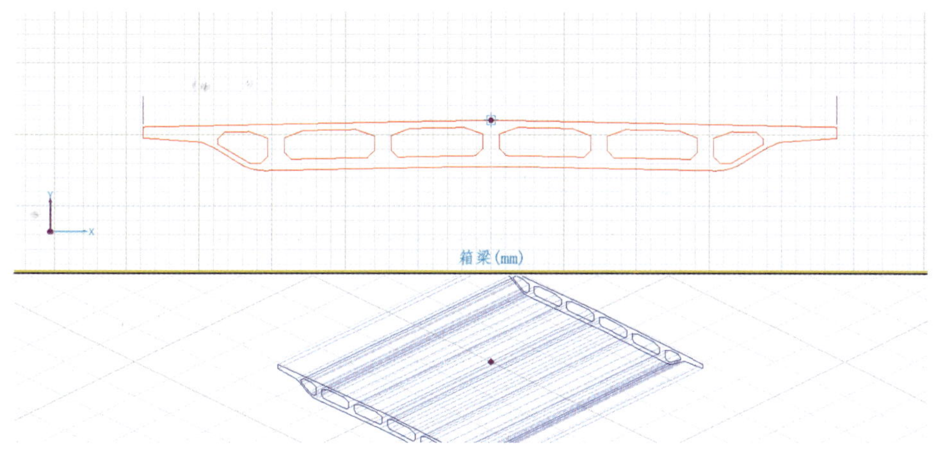

图 7-10　悬臂线

（3）定义分梁线。单击“截面计算”→“分梁线”，按如下命令行提示操作：

```
指定横向位置:(单击任意位置)
下一个横向位置:(单击任意位置)
下一个横向位置:(单击任意位置)
下一个横向位置:(单击任意位置)
下一个横向位置:ESC
```

在任意位置创建 4 道分梁线，依次单击分梁线，在左侧属性框修改“横向位置 X”，分梁线属性如图 7-11～图 7-14 所示。分梁线如图 7-15 所示。

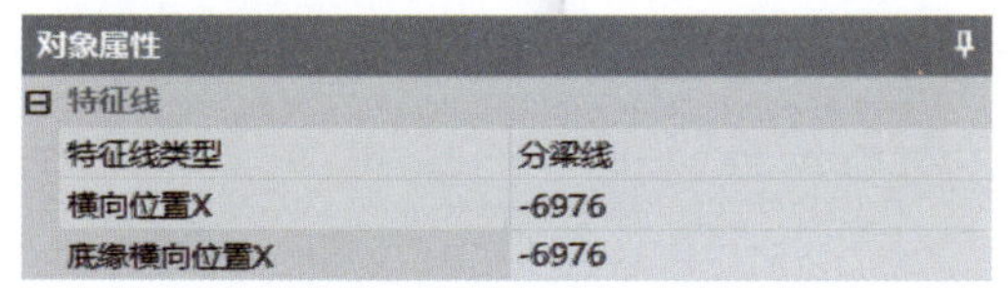

对象属性

特征线	
特征线类型	分梁线
横向位置X	-6976
底缘横向位置X	-6976

图 7-11　分梁线 1 属性

对象属性

特征线	
特征线类型	分梁线
横向位置X	-2326
底缘横向位置X	-2326

图 7-12　分梁线 2 属性

对象属性

特征线	
特征线类型	分梁线
横向位置X	2326
底缘横向位置X	2326

图 7-13　分梁线 3 属性

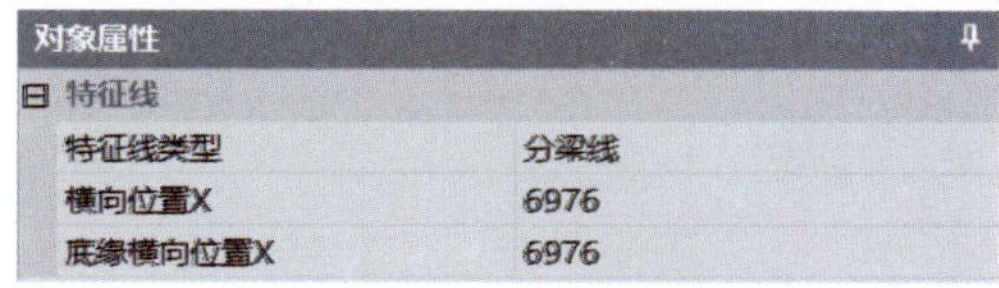

对象属性

特征线	
特征线类型	分梁线
横向位置X	6976
底缘横向位置X	6976

图 7-14　分梁线 4 属性

（4）新建参数。右击“截面”下部界面，选择“参数编辑器”进入参数编辑状态，右击选择“添加参数”，按如下命令行提示操作：

```
指定变量名称:a1
指定默认值<1000>:
指定参数注释:ESC
```

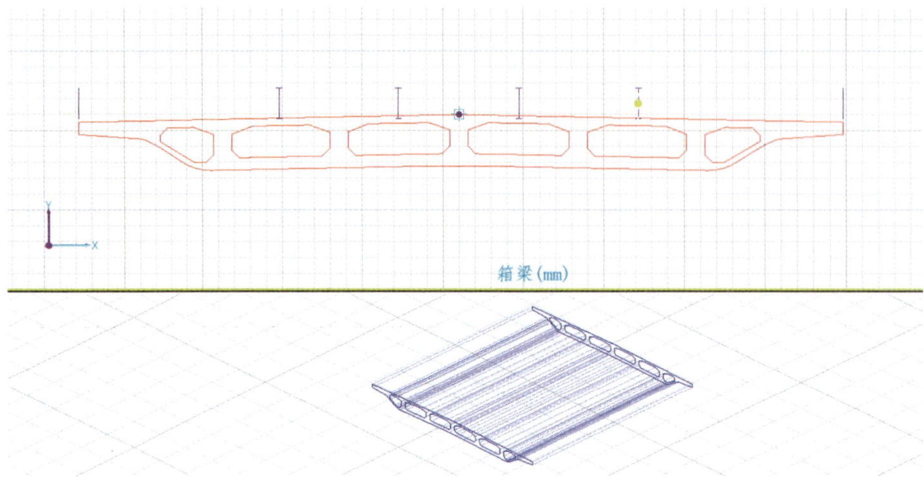

图 7-15　分梁线

双击新建的参数，在“截面参数属性”中修改属性，如图 7-16～图 7-18 所示。

图 7-16　添加参数 a1

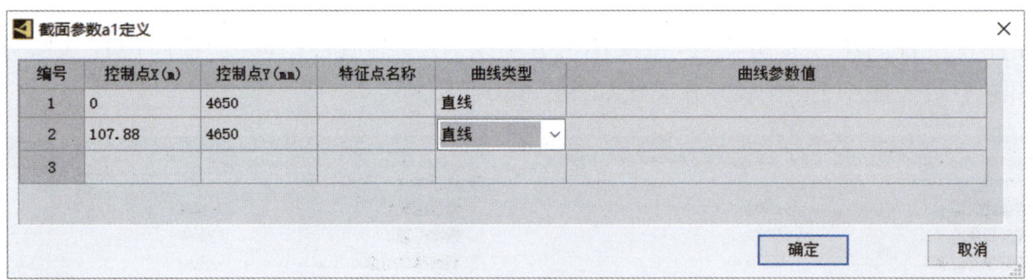

截面参数a1定义

编号	控制点X(m)	控制点Y(mm)	特征点名称	曲线类型	曲线参数值
1	0	4650		直线	
2	107.88	4650		直线	
3					

确定　取消

图 7-17　定义参数 a1

图 7-18　参数 a1

添加参数 a2，按如下命令行提示操作：

```
指定变量名称:a2
指定默认值<1000>:
指定参数注释:ESC
```

参数 a2 如图 7-19 和图 7-20 所示。

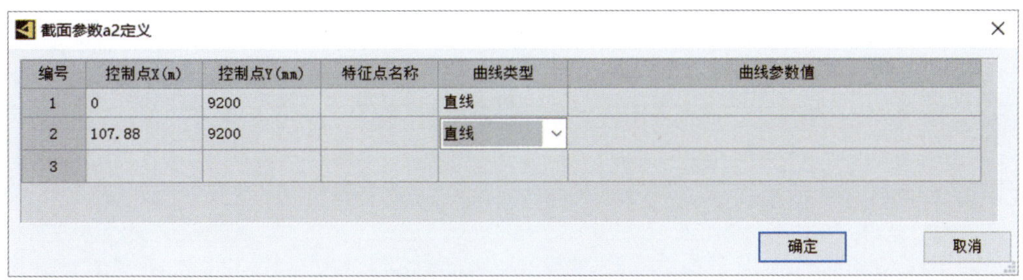

截面参数a2定义

编号	控制点X(m)	控制点Y(mm)	特征点名称	曲线类型	曲线参数值
1	0	9200		直线	
2	107.88	9200		直线	
3					

确定　取消

图 7-19　定义参数 a2

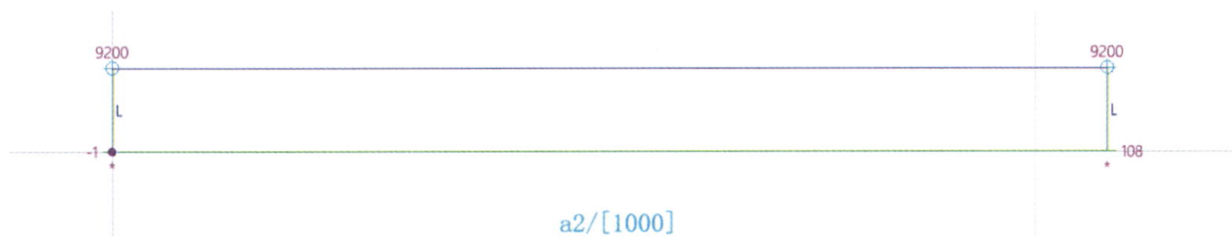

图 7-20　参数 a2

(5)用含参数 a1 的表达式表示分梁线的横向位置。单击分梁线，在左侧属性框修改“横向位置 X”。分梁线属性如图 7-21～图 7-24 所示，分梁线如图 7-25 所示。

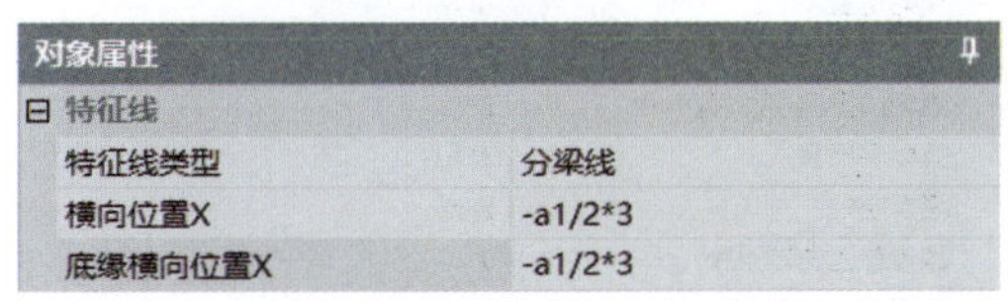

对象属性

⊟ 特征线	
特征线类型	分梁线
横向位置X	-a1/2*3
底缘横向位置X	-a1/2*3

图 7-21　分梁线 1 属性

对象属性

⊟ 特征线	
特征线类型	分梁线
横向位置X	-a1/2
底缘横向位置X	-a1/2

图 7-22　分梁线 2 属性

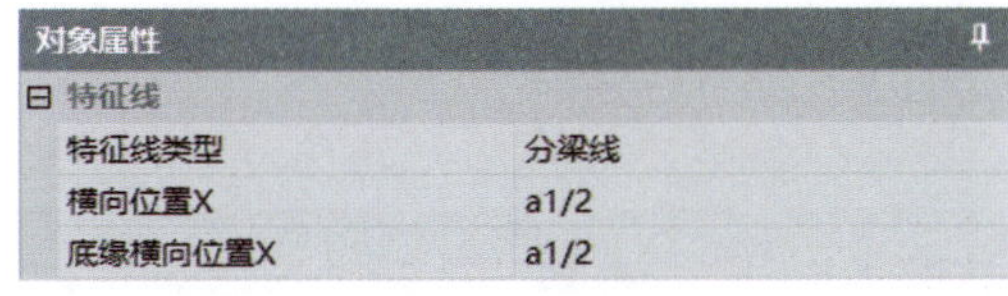

对象属性

⊟ 特征线	
特征线类型	分梁线
横向位置X	a1/2
底缘横向位置X	a1/2

图 7-23　分梁线 3 属性

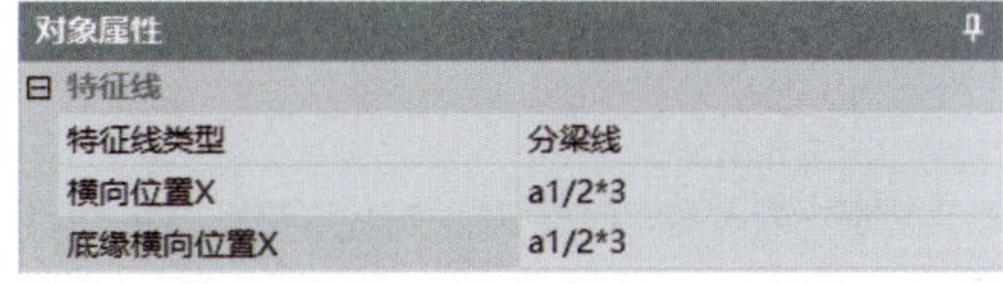

对象属性

⊟ 特征线	
特征线类型	分梁线
横向位置X	a1/2*3
底缘横向位置X	a1/2*3

图 7-24　分梁线 4 属性

(6)定义腹板线。单击“截面计算”→“腹板线”，按如下命令行提示操作：

```
指定横向位置:(单击 1 号箱室区域点号 5)
下一个横向位置:(单击 2 号箱室区域点号 5)
下一个横向位置:(单击 3 号箱室区域点号 5)
下一个横向位置:(单击 4 号箱室区域点号 5)
下一个横向位置:(单击 5 号箱室区域点号 5)
下一个横向位置:ESC
```

单击腹板线，修改“对象属性”，腹板线属性如图 7-26～图 7-30 所示，腹板线如图 7-31 所示。属性中参数含义参看步骤(5)和(7)。

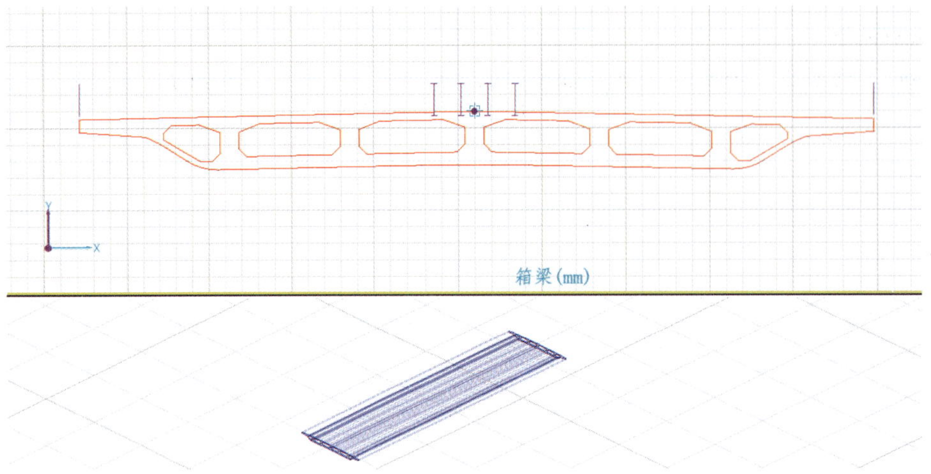

图 7-25 分梁线

对象属性	
⊟ 特征线	
特征线类型	腹板线
腹板名称	腹板线1
横向位置X	-a2
底缘横向位置X	
腹板顶宽度(剪力键外距)	2*c
腹板底宽度	2*c
腹板定位	自动
腹板左上有效宽度	0
腹板右上有效宽度	0
腹板左下有效宽度	0
腹板右下有效宽度	0

图 7-26 腹板线 1 属性

对象属性	
⊟ 特征线	
特征线类型	腹板线
腹板名称	腹板线2
横向位置X	-a1
底缘横向位置X	
腹板顶宽度(剪力键外距)	2*h
腹板底宽度	2*h
腹板定位	自动
腹板左上有效宽度	0
腹板右上有效宽度	0
腹板左下有效宽度	0
腹板右下有效宽度	0

图 7-27 腹板线 2 属性

对象属性	
⊟ 特征线	
特征线类型	腹板线
腹板名称	腹板线3
横向位置X	0
底缘横向位置X	
腹板顶宽度(剪力键外距)	2*h
腹板底宽度	2*h
腹板定位	自动
腹板左上有效宽度	0
腹板右上有效宽度	0
腹板左下有效宽度	0
腹板右下有效宽度	0

图 7-28 腹板线 3 属性

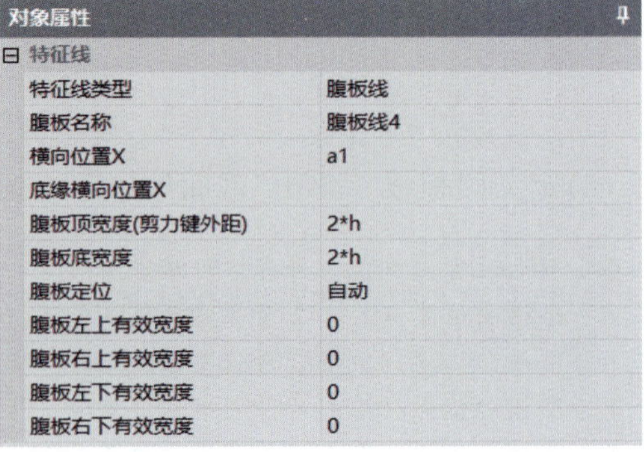

对象属性	
⊟ 特征线	
特征线类型	腹板线
腹板名称	腹板线4
横向位置X	a1
底缘横向位置X	
腹板顶宽度(剪力键外距)	2*h
腹板底宽度	2*h
腹板定位	自动
腹板左上有效宽度	0
腹板右上有效宽度	0
腹板左下有效宽度	0
腹板右下有效宽度	0

图 7-29 腹板线 4 属性

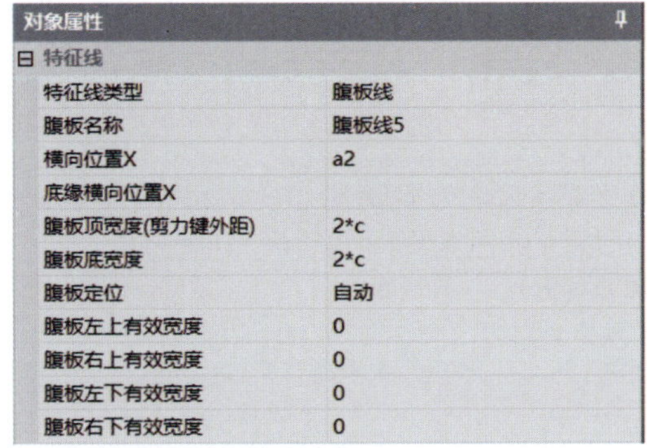

对象属性

⊟ 特征线

特征线类型	腹板线
腹板名称	腹板线5
横向位置X	a2
底缘横向位置X	
腹板顶宽度(剪力键外距)	2*c
腹板底宽度	2*c
腹板定位	自动
腹板左上有效宽度	0
腹板右上有效宽度	0
腹板左下有效宽度	0
腹板右下有效宽度	0

图 7-30　腹板线 5 属性

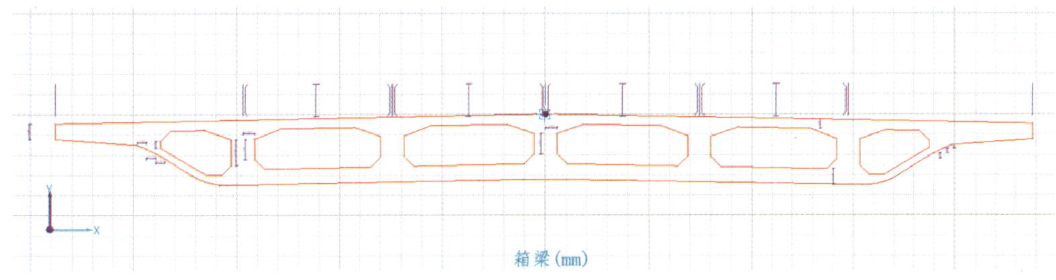

图 7-31　腹板线

(7)新建其他参数。单击“编辑”→“水平标注”或“竖直标注”,按如下命令提示操作:

```
“竖直标注”
指定第一个点位置:(选择外边区域点号 1)
指定第二个点位置:(选择内边区域点号 29)
指定标注位置:(指定到合适的位置)
指定变量名称:m
指定变量值＜480＞:
“水平标注”
指定第一个点位置:(选择外边区域点号 28)
指定第二个点位置:(选择 4 号箱室区域点号 8)
指定标注位置:(指定到合适的位置)
指定变量名称:h
指定变量值＜349＞:
“竖直标注”
指定第一个点位置:(选择 3 号箱室区域点号 4)
指定第二个点位置:(选择 3 号箱室区域点号 5)
指定标注位置:(指定到合适的位置)
指定变量名称:f
指定变量值＜630＞:
“水平标注”
指定第一个点位置:(选择腹板线 1)
指定第二个点位置:(选择 2 号箱室区域点号 8)
```

```
指定标注位置:(指定到合适的位置)
指定变量名称:c
指定变量值＜350＞:
"竖直标注"
指定第一个点位置:(选择 2 号箱室区域点号 1)
指定第二个点位置:(选择 2 号箱室区域点号 8)
指定标注位置:(指定到合适的位置)
指定变量名称:l
指定变量值＜630＞:
"竖直标注"
指定第一个点位置:(选择 1 号箱室区域点号 1)
指定第二个点位置:(选择 1 号箱室区域点号 8)
指定标注位置:(指定到合适的位置)
指定变量名称:e
指定变量值＜221＞:
"竖直标注"
指定第一个点位置:(选择 1 号箱室区域点号 4)
指定第二个点位置:(选择 1 号箱室区域点号 5)
指定标注位置:(指定到合适指定变量名称):d
指定变量值＜793＞:
"水平标注"
指定第一个点位置:(选择外边区域点号 2)
指定第二个点位置:(选择外边区域点号 3)
指定标注位置:(指定到合适的位置)
指定变量名称:o
指定变量值＜282＞:
"水平标注"
指定第一个点位置:(选择外边区域点号 3)
指定第二个点位置:(选择外边区域点号 4)
指定标注位置:(指定到合适的位置)
指定变量名称:p
指定变量值＜274＞:
"水平标注"
指定第一个点位置:(选择外边区域点号 4)
指定第二个点位置:(选择外边区域点号 5)
指定标注位置:(指定到合适的位置)
指定变量名称:q
指定变量值＜264＞:
"竖直标注"
指定第一个点位置:(选择外边区域点号 24)
指定第二个点位置:(选择外边区域点号 25)
指定标注位置:(指定到合适的位置)
指定变量名称:r
指定变量值＜118＞:
"竖直标注"
```

```
指定第一个点位置:(选择外边区域点号 23)
指定第二个点位置:(选择外边区域点号 24)
指定标注位置:(指定到合适的位置)
指定变量名称:s
指定变量值＜136＞:
"竖直标注"
指定第一个点位置:(选择外边区域点号 22)
指定第二个点位置:(选择外边区域点号 23)
指定标注位置:(指定到合适的位置)
指定变量名称:u
指定变量值＜155＞:
"竖直标注"
指定第一个点位置:(选择顶板顶缘)
指定第二个点位置:(选择顶板底缘)
指定标注位置:(指定到合适的位置)
指定变量名称:t
指定变量值＜295＞:
"竖直标注"
指定第一个点位置:(选择底板顶缘)
指定第二个点位置:(选择底板底缘)
指定标注位置:(指定到合适的位置)
指定变量名称:b
指定变量值＜475＞:
```

新建参数如图 7-32 所示。

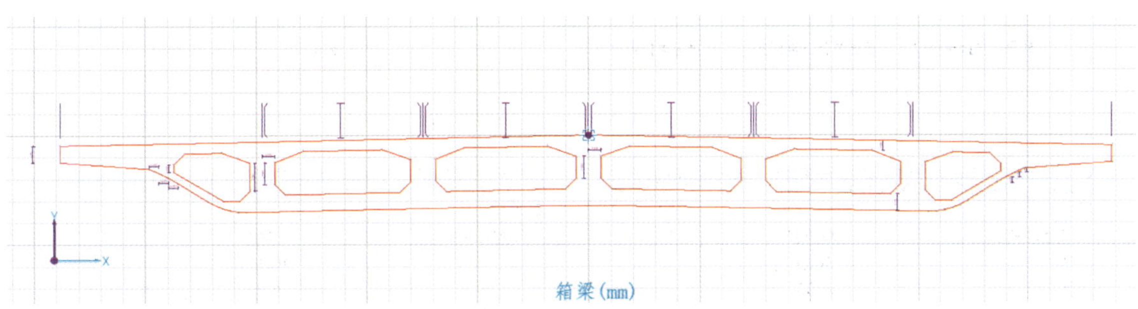

图 7-32　新建参数

(8)编辑参数。按【Ctrl】键并双击参数,进入参数编辑器,双击参数图形,在"截面参数属性"中输入准备好的控制点 X 和控制点 Y,然后将参数赋予截面。双击截面,在"截面区域属性"中输入准备好的数据,参数赋予截面如图 7-33 所示。

(9)单击"截面计算"→"计算"→"截面定义",定义截面有效宽度模式,在"梯度温度"中定义截面的梯度温度模式,如图 7-34 所示。

(10)定义支座位。单击"截面计算"→"控制点"→"支座位",设置在底缘两侧。单击支座位,在左侧的属性栏修改参数,支座位属性如图 7-35 和图 7-36 所示。

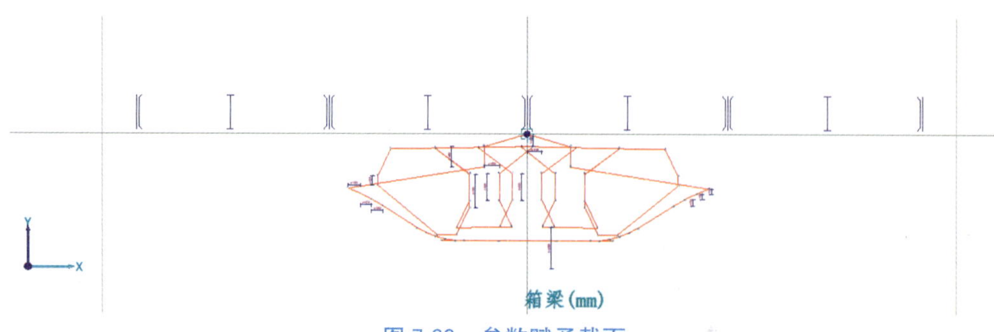

图 7-33　参数赋予截面

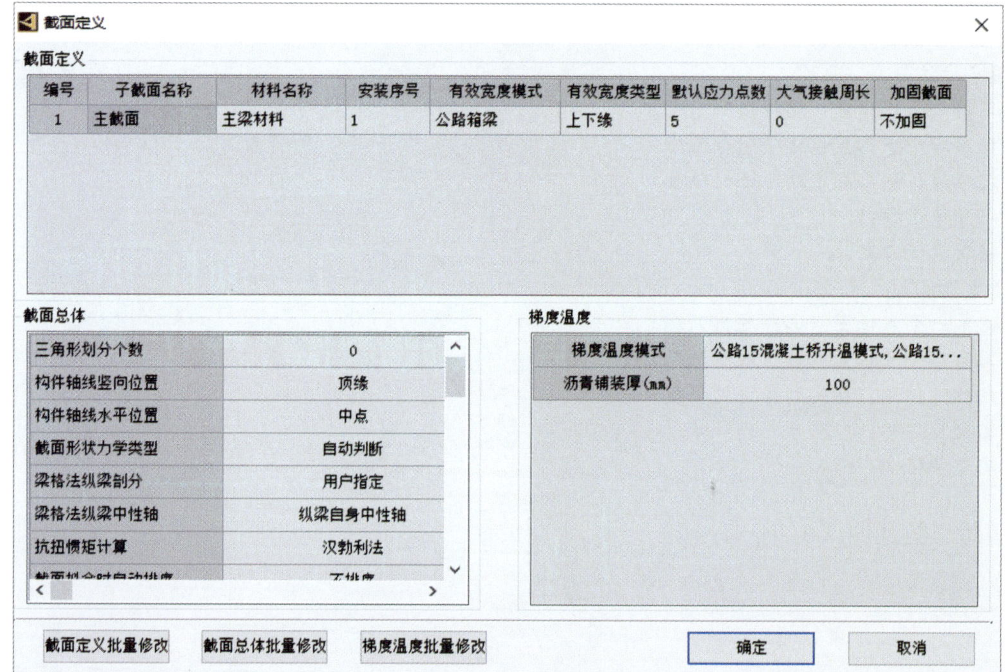

图 7-34　截面定义

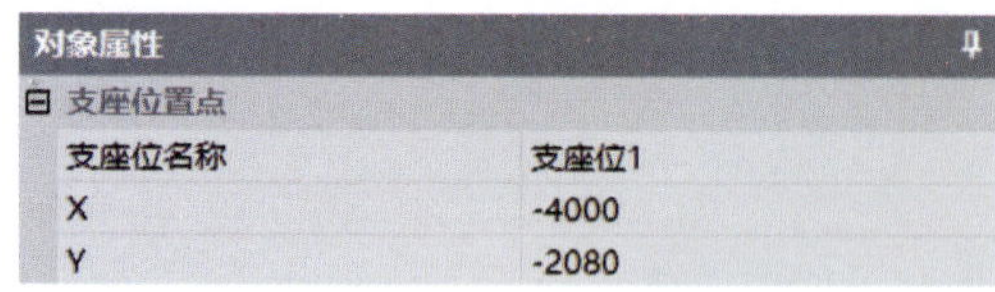

图 7-35　支座位 1 属性

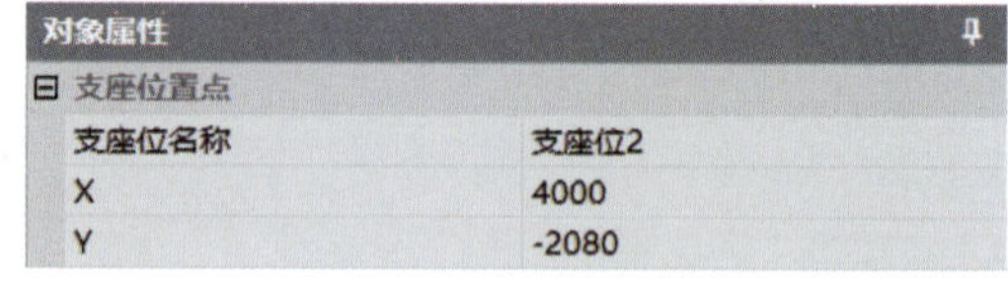

图 7-36　支座位 2 属性

(11)定义应力点,单击“截面计算”→“应力点”,按如下命令行提示操作:

```
指定点位:(选择顶缘中点)
指定下一个点:(选择底缘中点)
指定下一个点:ESC
```

2. 定义下部结构截面

(1)进入“截面”界面,右击“箱梁”标签,单击“增加空白截面”,新建一个名为“TP0-1”的截面。绘制墩 TP0-1 底部截面。单击“截面几何”→“区域”，按如下命令行提示操作：

```
指定起点<0,0->:-900,0
指定下一个点:-900,-1800
指定下一个点:900,-1800
指定下一个点或[闭合(C)]:900,0
指定下一个点或[闭合(C)]:C
```

TP0-1 截面如图 7-37 所示。

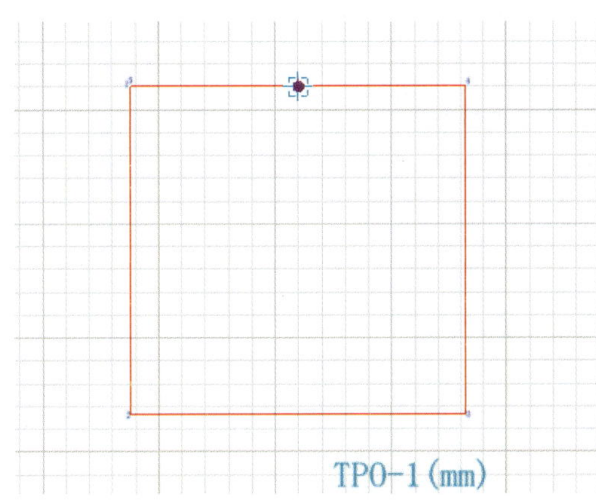

图 7-37　TP0-1 截面

(2)建立辅助线。单击“截面几何”→“编辑”→“直线”，按如下命令行提示操作：

```
指定起点<0,0>:-900,850
指定下一个点:900,850
指定下一个点:ESC
```

新建辅助线如图 7-38 所示。

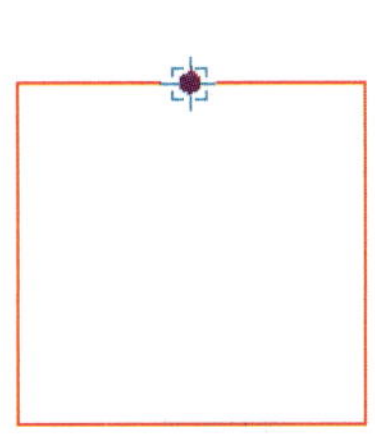

TP0-1(mm)

图 7-38　新建辅助线

(3)建立参数。单击“截面计算”→“显示”→“区域点号”，显示区域点号。单击“截面几何”→“编辑”→“竖直标注”，按如下命令行提示操作：

```
指定第一个点位置:(选择原点)
指定第二个点位置:(选择辅助线上任意一点)
指定标注位置:(选择任意合理位置)
指定变量名称:H
指定变量值<850>:
指定第一个点位置:(选择辅助线上任意一点)
指定第二个点位置:(选择底缘上任意一点)
指定标注位置:(选择任意合理位置)
指定变量名称:h
指定变量值<2650>:
指定第一个点位置:(选择原点)
指定第二个点位置:(选择区域点号 4)
指定标注位置:(选择任意合理位置)
指定变量名称:L
指定变量值<900>:
```

建立辅助线参数如图 7-39 所示。

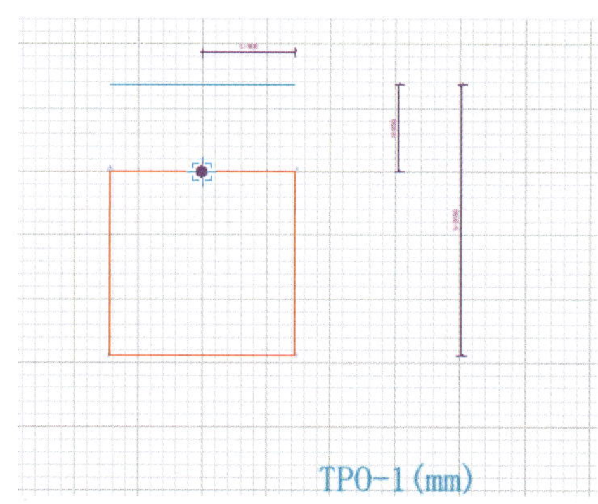

图 7-39 建立辅助线参数

(4)编辑参数。按【Ctrl】键并双击步骤(3)中建立的参数,进入参数编辑器窗口,双击参数图形,在"截面参数属性"中填写控制点 X 和控制点 Y,定义截面参数,如图 7-40～图 7-45 所示,然后将参数赋予截面。双击截面,在"截面区域属性"输入准备好的数据,参数赋予截面如图 7-46 所示。

截面参数H定义

编号	控制点X(m)	控制点Y(mm)	特征点名称	曲线类型	曲线参数值
1	0	850		直线	
2	3.5	850		直线	
3	6.2	0		圆弧	4713
4	6.5	0		直线	

确定 取消

图 7-40 定义截面参数 H

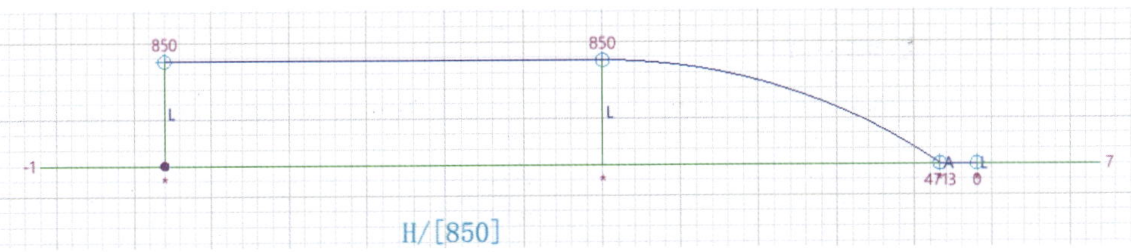

图 7-41　截面参数 H

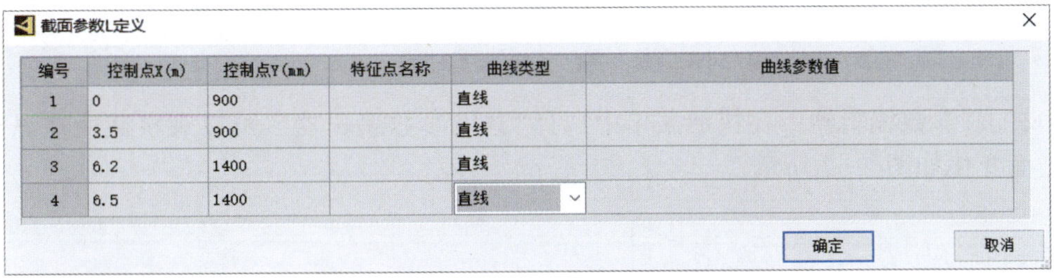

截面参数L定义

编号	控制点X(m)	控制点Y(mm)	特征点名称	曲线类型	曲线参数值
1	0	900		直线	
2	3.5	900		直线	
3	6.2	1400		直线	
4	6.5	1400		直线	

确定　取消

图 7-42　定义截面参数 L

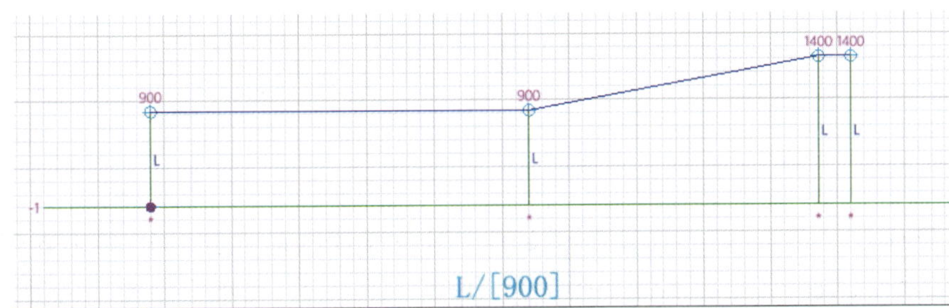

图 7-43　截面参数 L

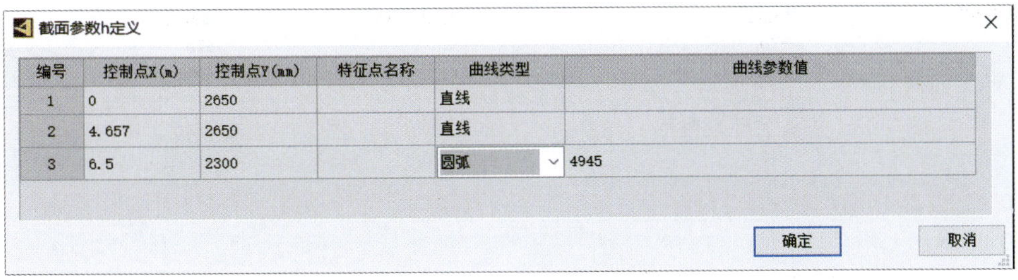

截面参数h定义

编号	控制点X(m)	控制点Y(mm)	特征点名称	曲线类型	曲线参数值
1	0	2650		直线	
2	4.657	2650		直线	
3	6.5	2300		圆弧	4945

确定　取消

图 7-44　定义截面参数 h

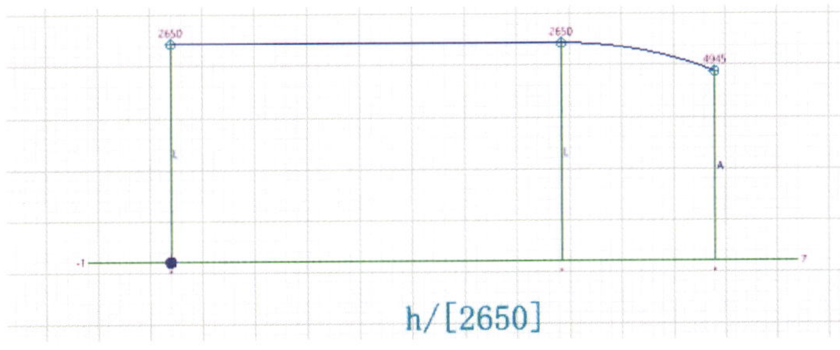

图 7-45　定义截面参数 h

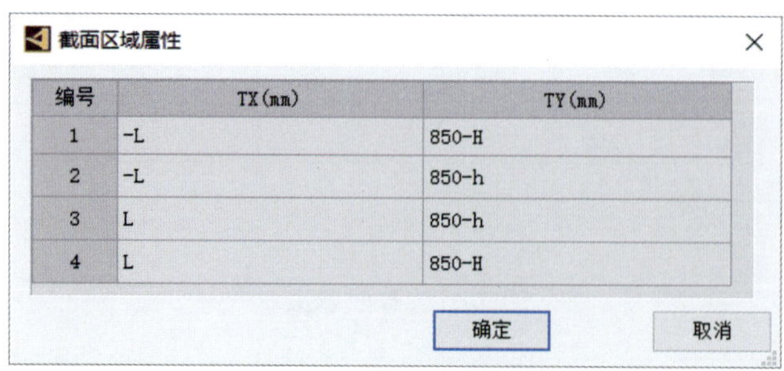

截面区域属性

编号	TX(mm)	TY(mm)
1	-L	850-H
2	-L	850-h
3	L	850-h
4	L	850-H

确定　取消

图 7-46　参数赋予截面

（5）右击“参数编辑器”，在快捷菜单中选择“退出参数编辑器”，可以观察截面在纵桥向的变化，截面变化如图 7-47 所示。

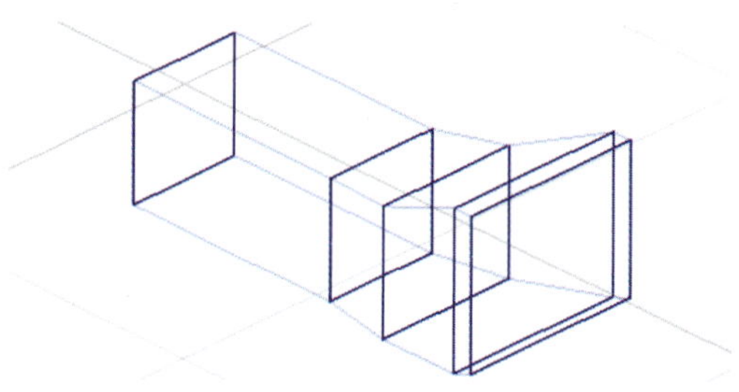

图 7-47　截面变化

（6）定义支座位。单击“截面计算”→“支座位”，在任意位置单击两次，单击新建的支座位，在左侧属性栏修改位置，支座位属性如图 7-48 和图 7-49 所示，支座位如图 7-50 所示。

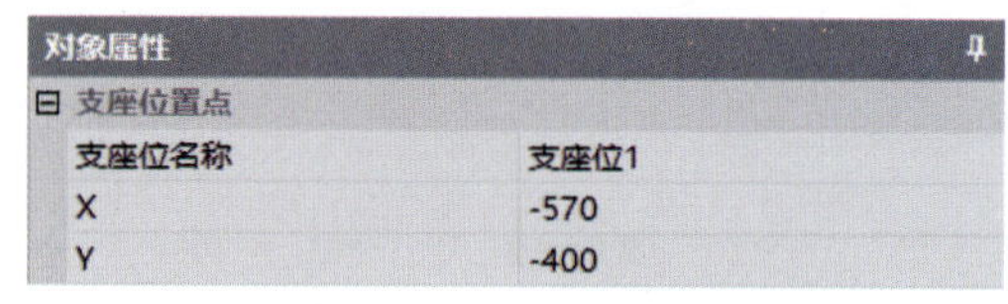

图 7-48　支座位 1 属性

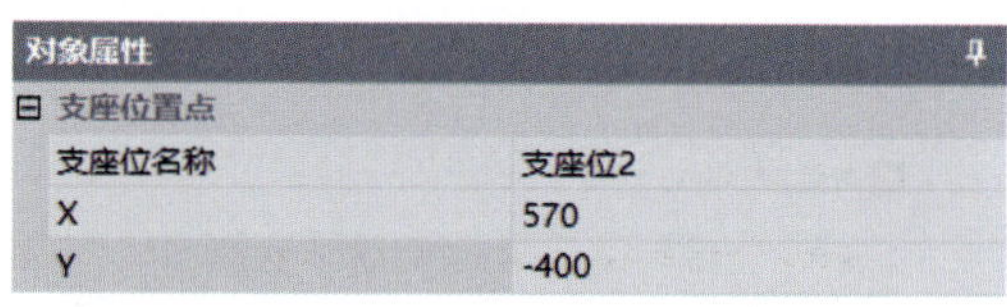

图 7-49　支座位 2 属性

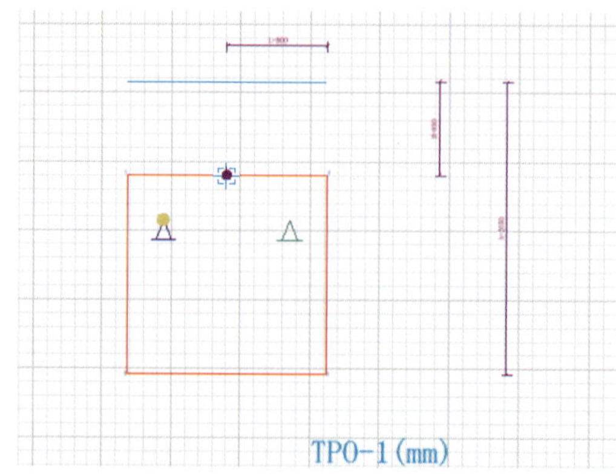

图 7-50　支座位

(7)单击“截面计算”→“计算”→“截面定义”,定义截面的材料;在“截面总体”中,定义构件轴线位置,如图 7-51 所示。

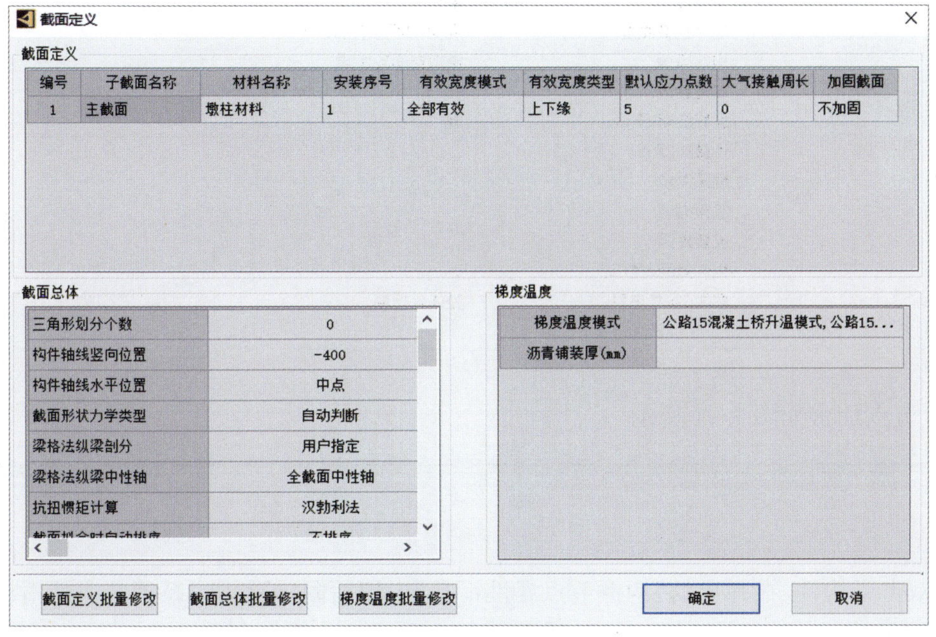

图 7-51　截面定义

(8)按照下部结构截面定义步骤,完成所有墩与系梁截面,在此不一一赘述。也可单击“截面几何”→“模板”→“读模板”,导入参考墩截面,创建纵梁,如图 7-52 所示。

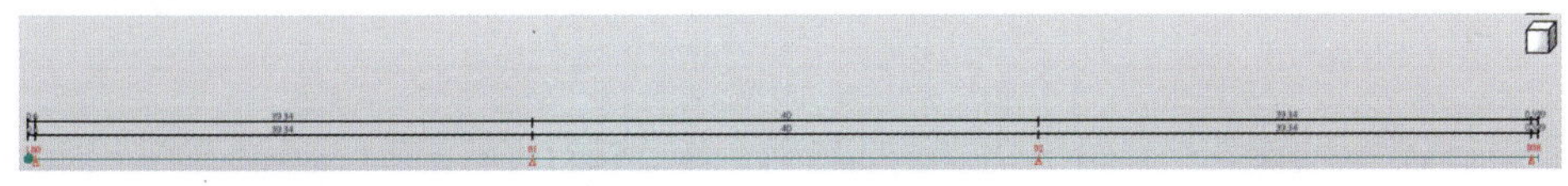

图 7-52　创建纵梁

3. 创建上部结构构件

(1)创建纵梁。单击“常规建模”→“建梁”,按如下命令行提示操作:

```
输入梁起点或中点<0,0>:
指定跨径方式[顺序跨径(K)/对称跨径(M)]<M>:K
输入跨径布置:39.94 + 40 + 39.94
指定支座到梁端距离<0,0>:0.6
```

(2)定义构件属性。单击梁,在左侧对象属性选择构件验算类型和构件模板,自重系数填入 1.04,定义梁 1 属性如图 7-53 所示。

(3)节点加密。单击“节点”→“加密”,以 2 m 为间距加密节点,按如下命令行提示操作:

```
选择节点:(选择最左端和最右端节点)
加密解释方向[从左到右(L)/从中间到两侧(M)/从右到左(R)]<L>:
指定加密间距<2>:
```

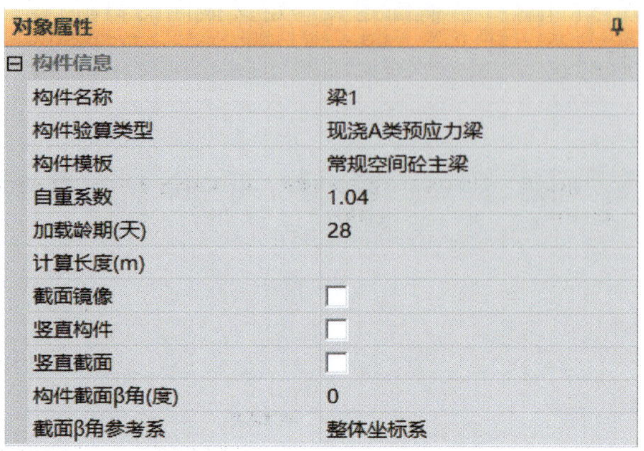

图 7-53　定义梁 1 属性

梁 1 节点加密如图 7-54 所示。

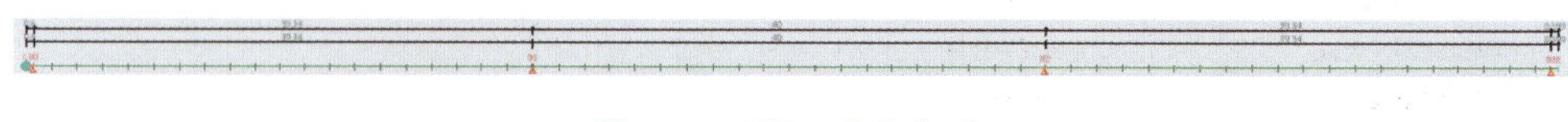

图 7-54　梁 1 节点加密

(4)双击梁构件,在弹出的“构件节点属性汇总”中填写附加重力。特征节点所对应的附加重力见表 7-1。

表 7-1　附加重力

特征节点	附加重力
D0	−600
D1	−1 250
D2	−1 250
D3	−600

(5)安装截面。进入“建模”界面,单击“常规建模”→“装截面”→“突变截面”,单击最左侧节点,选择“箱梁”截面。安装截面如图 7-55 所示。

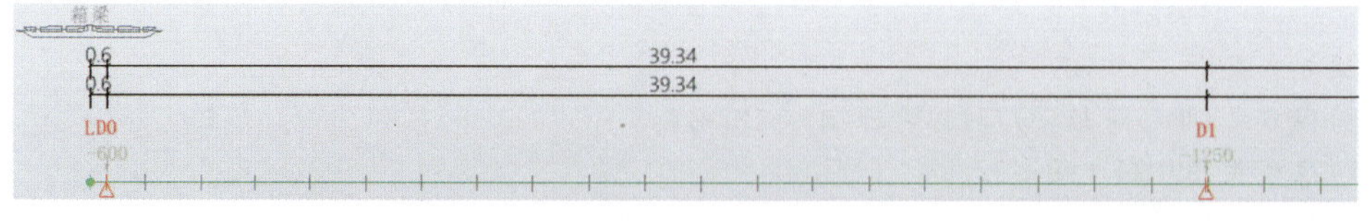

图 7-55　安装截面

(6)上部结构创建完成,单击建模界面右侧可观察构件实体模式,梁 1 如图 7-56 所示。

4. 创建下部结构构件

(1)创建墩。单击“常规建模”→“构件”→“墩”,在弹出的“批量创建墩台”中填写参数,批量创建墩台如图 7-57 所示,桥墩如图 7-58 所示。

(2)创建系梁。单击“常规建模”→“节点”→“创建”,按命令行提示操作,将产生的节点分别命名为“T1”“T2”。命令行如下:

图 7-56　梁 1

批量创建墩台

编号	墩台名称	轴线	到轴线起点距离(m)	斜交角(°)	墩柱横向布置(m)	竖向位置(m)	墩台高度(m)	截面	承台尺寸(m)	桩基布置(m)	桩径(m)	桩长(m)	整体式基础
1	TP04	轴线14	0.03	90	-4,4	3.32	6.5		6.5,14.5...	2,4,4,4	1.5	20	☑
2	TP05	轴线14	39.94	90	-4,4	4.197	7.5		9.2,14.5...	3,4,4,4	1.5	20	☑
3	TP06	轴线14	79.94	90	-4,4	3.788	8.5		9.2,14.5...	3,4,4,4	1.5	20	☑
4	TP07	轴线14	119.862	90	-4,4	2.4	9.5		6.5,14.5...	2,4,4,4	1.5	20	☑
5													☐
6													☐

确定　取消

图 7-57　批量创建墩台

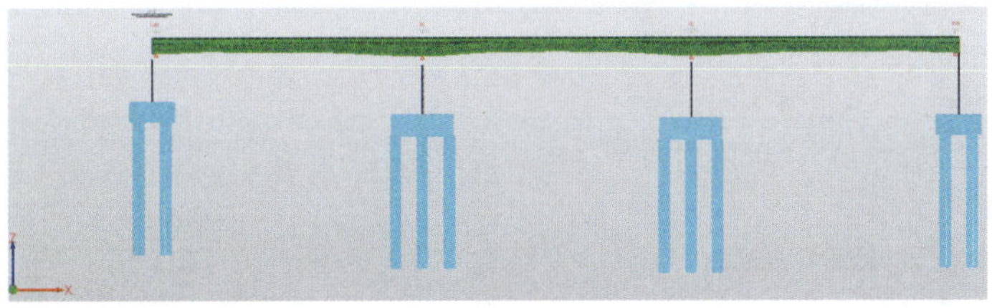

图 7-58　桥墩

选择构件:(选择 TP04_1 构件)
指定参考节点或[左端(L)/中点(M)/右端(R)]<L>:R
指定生成方向[左向右(L)/双向(S)/右向左(R)]<L>:R
指定间距:0.3
指定节点类型[一般节点(C)/特征节点(T)/施工缝(S)]<T>:
选择构件:(选择 TP04_2 构件)
指定参考节点或[左端(L)/中点(M)/右端(R)]<L>:R
指定生成方向[左向右(L)/双向(S)/右向左(R)]<L>:R
指定间距:0.3
指定节点类型[一般节点(C)/特征节点(T)/施工缝(S)]<T>:
单击“常规建模”→“构件”→“三维建梁”,按如下命令行提示操作:
输入梁起点<0,0,0>:(选择节点 T1)
指定下一个点:(选择节点 T2)
输入支座到梁段距离<0,0>:

单击产生的系梁,在左侧属性栏修改“构件名称”为“1 系梁”。

创建系梁 1 完成，如图 7-59 所示。

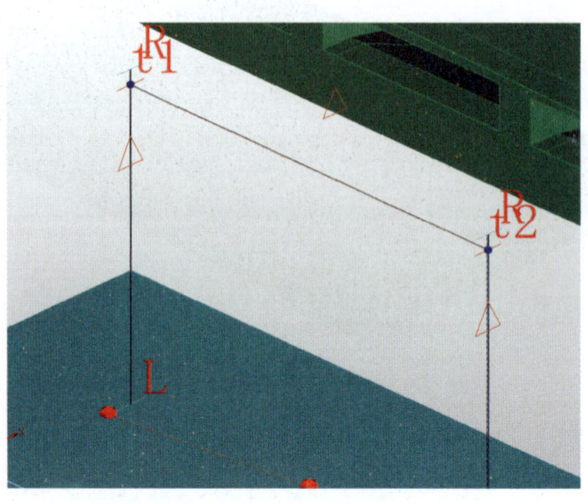

图 7-59 创建系梁 1

(3)加密墩和系梁节点。单击“常规建模”→“节点”→“加密”，按如下命令行提示操作：

```
选择节点:(选择 TP04_1 特征节点 L)
选择节点:(选择 TP04_1 特征节点 R)
加密解释方向[从左到右(L)/从中间到两侧(M)/从右到左(R)]<L>:
指定加密间距< >:1
选择节点:(选择 TP04_2 特征节点 L)
选择节点:(选择 TP04_2 特征节点 R)
加密解释方向[从左到右(L)/从中间到两侧(M)/从右到左(R)]<L>:
指定加密间距<2>:1
选择节点:(选择 1 系梁特征节点 L)
选择节点:(选择 1 系梁特征节点 R)
加密解释方向[从左到右(L)/从中间到两侧(M)/从右到左(R)]<L>:
指定加密间距<2>:1
```

节点加密如图 7-60 所示。

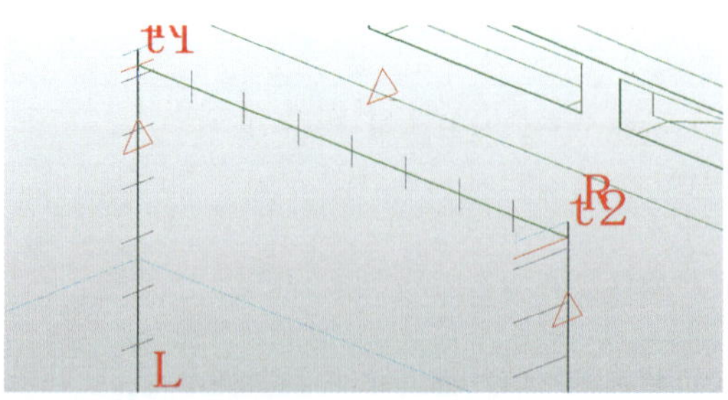

图 7-60 节点加密

(4)参照上部结构构件的创建步骤，建立墩 TP05 、TP06 、TP07 的系梁，分别命名为系梁 2、系梁 3、系梁 4。

(5)建立系梁与墩之间刚臂。单击“常规建模”→“构件”→“刚臂”，按如下命令行提示操作：

选择生成刚性连接模式[直接节点式(J)/构件相交式(M)/杆端连接式(E)]<J>:M
选择相交构件:(选择系梁 1 和 TP04_1)
指定判断交点精度(m)<0.01>:

参照此步骤,建立所有系梁与墩之间的刚臂,创建刚臂如图 7-61 所示。

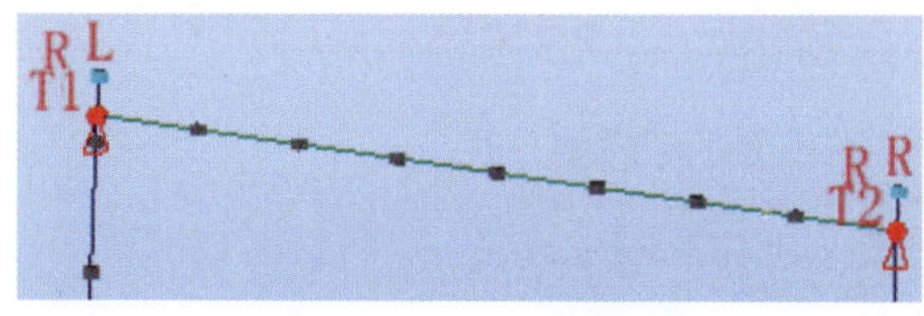

图 7-61　创建刚臂

(6)安装截面。单击"常规建模"→"截面"→"装截面",按如下命令行提示操作:

选择安装点:(单击系梁 1 节点 L)
选择截面:(选择系梁截面)

参照此步骤,对所有系梁安装系梁截面,对所有墩台安装相应截面,安装系梁截面如图 7-62 所示。

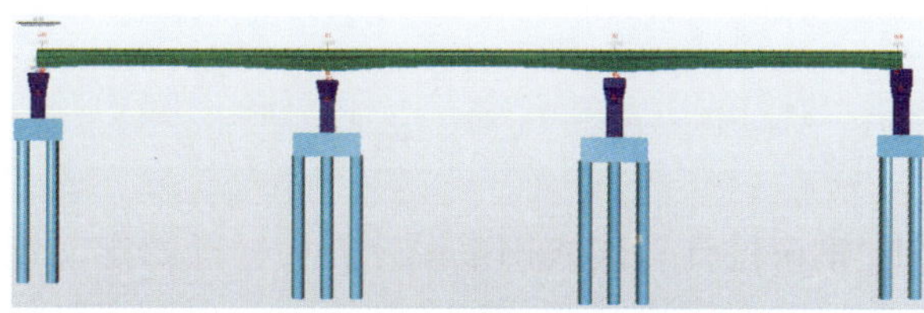

图 7-62　安装系梁截面

(7)定义承台属性。单击 TP04_基础,在左侧属性栏"承台"中修改材料和钢筋信息,定义承台属性如图 7-63 所示。参照此步骤,修改 TP05_基础、TP06_基础、TP07_基础的材料属性。

日 承台	
承台类型	矩形
承台材料	墩柱材料
承台厚度(m)	2.8
顺桥向边长(m)	6.5
横桥向边长(m)	14.5
布桩类型	行列式
顺桥向桩排数	2
横桥向桩排数	4
顺桥向桩中心距(m)	4
横桥向桩中心距(m)	4
承台钢筋种类	普通钢筋 (高)
顺桥向钢筋直径(mm)	25
横桥向钢筋直径(mm)	28
顺桥向钢筋高度(mm)	70
横桥向钢筋高度(mm)	70
顺桥向钢筋根数	194
横桥向钢筋根数	132

图 7-63　定义承台属性

(8)定义桩基属性。单击 TP04_基础,在左侧属性栏“桩基”中修改材料和钢筋信息。参照此步骤,修改 TP05_基础、TP06_基础、TP07_基础的材料属性,定义桩基属性如图 7-64 所示。

(9)定义地质钻孔。单击 TP04_基础,在左侧属性栏“地质”中选择钻孔,并填写“基础顶实际标高”和“地面标高”为 0。参照此步骤,修改 TP05_基础、TP06_基础、TP07_基础的材料属性,定义钻孔信息如图 7-65 所示。

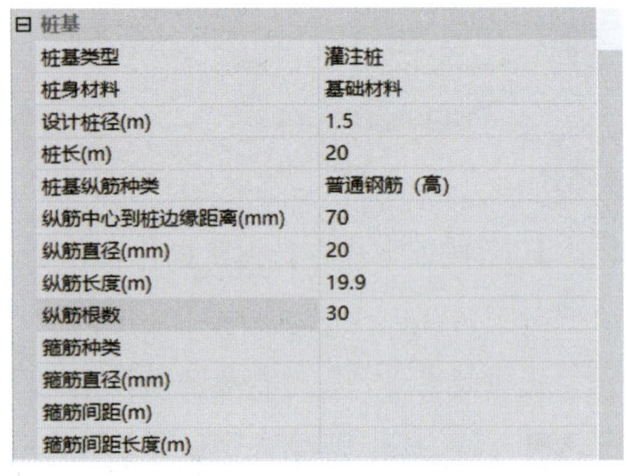

图 7-64　定义桩基属性

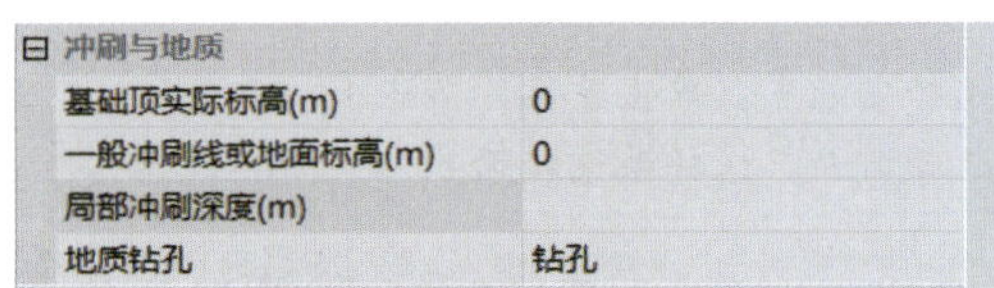

图 7-65　定义钻孔信息

7.2.3　钢束设计

在项目管理树上双击“钢束设计”,进入钢束设计界面。开始定义钢束型号,单击“常规”→“型号”,采用默认型号。然后建立钢束竖弯,单击“常规”→“建钢束”,任意单击七个点,先形成钢束大致轮廓,然后双击钢束,在属性中输入图 7-66 所示参数,钢束 w1 左半侧建立完成。参照此步骤,分别建立 w2、w3、t1～t5、b1～b6 钢束竖弯,左半侧钢束竖弯建立完成,定义钢束属性如图 7-66 和图 7-67 所示,钢束参数见表 7-2～表 7-13,钢束布置如图 7-68所示。

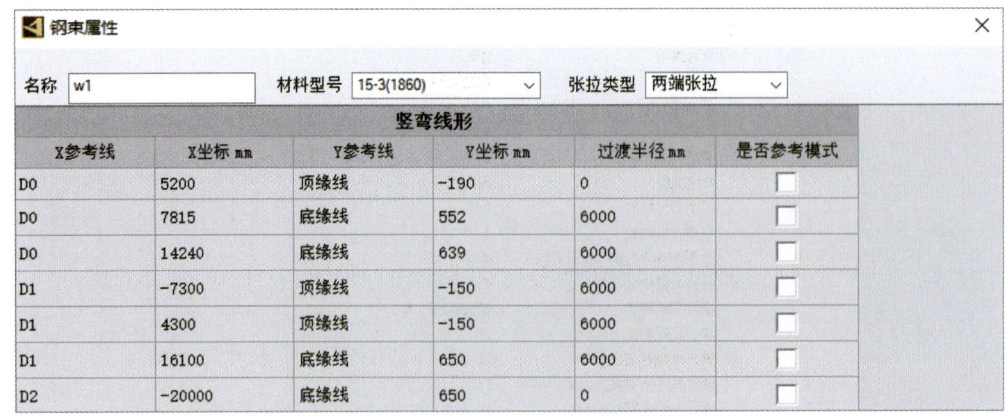

图 7-66　定义钢束 w1 属性

钢束属性

名称 w2　材料型号 15-3(1860)　张拉类型 两端张拉

竖弯线形					
X参考线	X坐标 mm	Y参考线	Y坐标 mm	过渡半径 mm	是否参考模式
D0	3350	顶缘线	-190	0	
D0	6380	底缘线	350	6000	
D1	-11800	底缘线	531	6000	
D1	-3000	顶缘线	-370	6000	
D1	2000	顶缘线	-370	6000	
D1	11000	底缘线	450	6000	
D2	-20000	底缘线	450	0	

图 7-67　定义钢束 w2 属性

表 7-2　钢束 w3 几何特征参数

X 参考线	*X* 坐标/mm	*Y* 参考线	*Y* 坐标/mm	过渡半径/mm	是否参考模式
D0	1 500	顶缘线	−190	0	
D0	4 945	底缘线	150	6 000	
D0	22 340	底缘线	526	6 000	
D1	−1 000	顶缘线	−590	6 000	√
D1	1 000	顶缘线	−590	6 000	
D1	8 000	底缘线	250	6 000	√
D1	20 000	底缘线	250	0	

表 7-3　钢束 t1 几何特征参数

X 参考线	*X* 坐标/mm	*Y* 参考线	*Y* 坐标/mm	过渡半径/mm	是否参考模式
D0	100	顶缘线	−120	0	√
D2	−20 000	顶缘线	−120	0	

表 7-4　钢束 t2 几何特征参数

X 参考线	*X* 坐标/mm	*Y* 参考线	*Y* 坐标/mm	过渡半径/mm	是否参考模式
左端线	150	顶缘线	−400	0	
D0	1 550	顶缘线	−120	6 000	√
D1	12 000	顶缘线	−120	6 000	
D1	14 000	顶缘线	−590	0	

表 7-5　钢束 t3 几何特征参数

X 参考线	*X* 坐标/mm	*Y* 参考线	*Y* 坐标/mm	过渡半径/mm	是否参考模式
左端线	150	顶缘线	−400	0	
D0	1 550	顶缘线	−120	6 000	√

续上表

X 参考线	X 坐标/mm	Y 参考线	Y 坐标/mm	过渡半径/mm	是否参考模式
D1	8 000	顶缘线	−120	6 000	
D1	10 000	顶缘线	−540	0	

表 7-6　钢束 t4 几何特征参数

X 参考线	X 坐标/mm	Y 参考线	Y 坐标/mm	过渡半径/mm	是否参考模式
D1	−6 000	顶缘线	−540	0	
D1	−4 000	顶缘线	−120	6 000	√
D1	4 000	顶缘线	−120	6 000	
D1	6 000	顶缘线	−540	0	

表 7-7　钢束 t5 几何特征参数

X 参考线	X 坐标/mm	Y 参考线	Y 坐标/mm	过渡半径/mm	是否参考模式
D0	13 340	顶缘线	−540	0	
D1	−14 000	顶缘线	−120	6 000	√
D2	−20 000	顶缘线	−120	0	

表 7-8　钢束 b1 几何特征参数

X 参考线	X 坐标/mm	Y 参考线	Y 坐标/mm	过渡半径/mm	是否参考模式
左端线	150	底缘线	400	0	
D0	1 550	底缘线	110	6 000	√
D0	5 824	底缘线	110	6 000	
D0	7 820	底缘线	540	0	

表 7-9　钢束 b2 几何特征参数

X 参考线	X 坐标/mm	Y 参考线	Y 坐标/mm	过渡半径/mm	是否参考模式
左端线	150	底缘线	400	0	
D0	1 550	底缘线	110	6 000	√
D0	9 800	底缘线	110	6 000	
D0	11 820	底缘线	540	0	

表 7-10　钢束 b3 几何特征参数

X 参考线	X 坐标/mm	Y 参考线	Y 坐标/mm	过渡半径/mm	是否参考模式
D1	18 000	底缘线	540	0	
D1	20 018	底缘线	110	6 000	√
D2	−20 000	底缘线	110	0	

表 7-11　钢束 b4 参数

X 参考线	X 坐标/mm	Y 参考线	Y 坐标/mm	过渡半径/mm	是否参考模式
D1	14 500	底缘线	540	0	
D1	16 522	底缘线	110	6 000	√
D2	−20 000	底缘线	110	0	

表 7-12　钢束 b5 几何特征参数

X 参考线	X 坐标/mm	Y 参考线	Y 坐标/mm	过渡半径/mm	是否参考模式
D1	11 000	底缘线	540	0	
D1	12 955	底缘线	110	6 000	√
D2	−20 000	底缘线	110	0	

表 7-13　钢束 b6 几何特征参数

X 参考线	X 坐标/mm	Y 参考线	Y 坐标/mm	过渡半径/mm	是否参考模式
D1	7 500	底缘线	540	0	
D1	9 329	底缘线	110	6 000	√
D2	−20 000	底缘线	110	0	

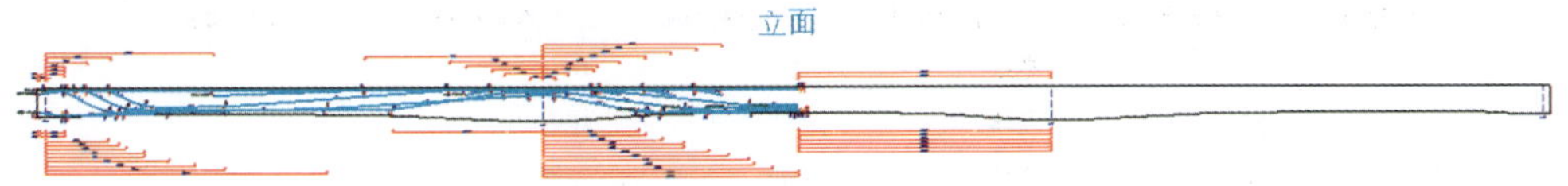

图 7-68　钢束布置

(1)建立右半侧钢束。单击“编辑”→“块镜像”,按如下命令提示操作:

```
选择对象:(选择全部钢束)
指定镜像线的第一点:(单击中线)
指定镜像线的第二点:(单击中线)
```

总体钢束布置如图 7-69 所示。

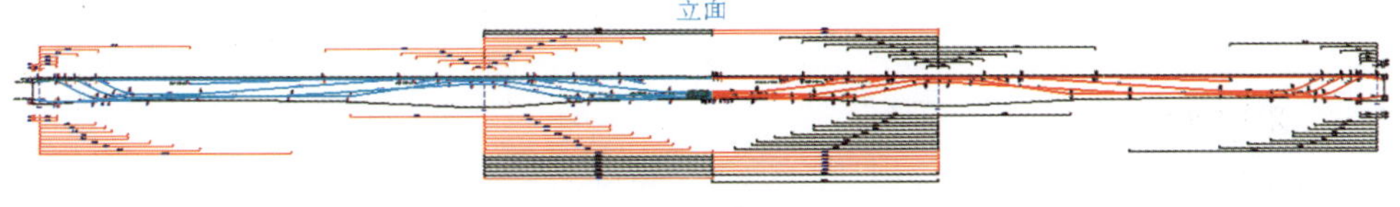

图 7-69　总体钢束布置

(2)建立钢束平弯视口。单击“视图”→“新建视口”,在弹出的窗口中定义类型与名称。单击“视图”→“重排”,重新排布多个窗口。新建钢束视口如图 7-70 所示,钢束边腹板平面如图 7-71 所示。

(3)建立 w1、w2、w3 钢束边腹板平弯。单击“常规”→“建钢束”,任意单击四个点,先形成钢束大致轮廓,然后双击钢束,在属性中输入正确参数,第一根平弯建立完成。参照此方法建立第二根平弯,钢束及其属性如图 7-72～图 7-75 所示。

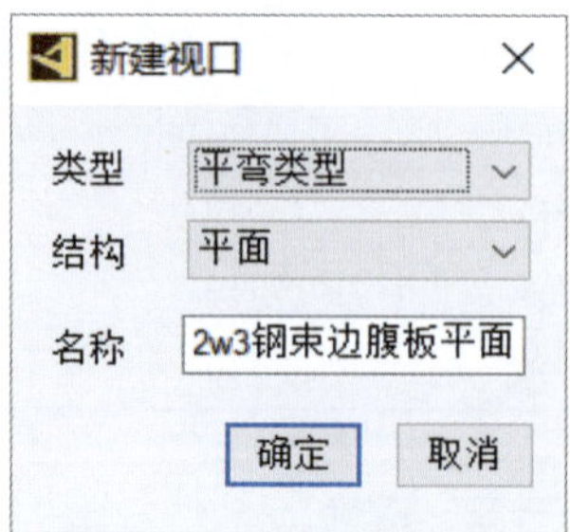

图 7-70　新建钢束视口

图 7-71　钢束边腹板平面

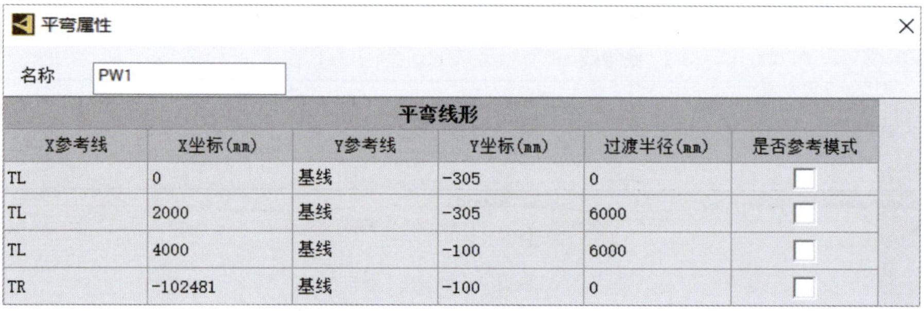

平弯属性

名称　PW1

平弯线形					
X参考线	X坐标(mm)	Y参考线	Y坐标(mm)	过渡半径(mm)	是否参考模式
TL	0	基线	-305	0	☐
TL	2000	基线	-305	6000	☐
TL	4000	基线	-100	6000	☐
TR	-102481	基线	-100	0	☐

图 7-72　钢束 PW1 属性

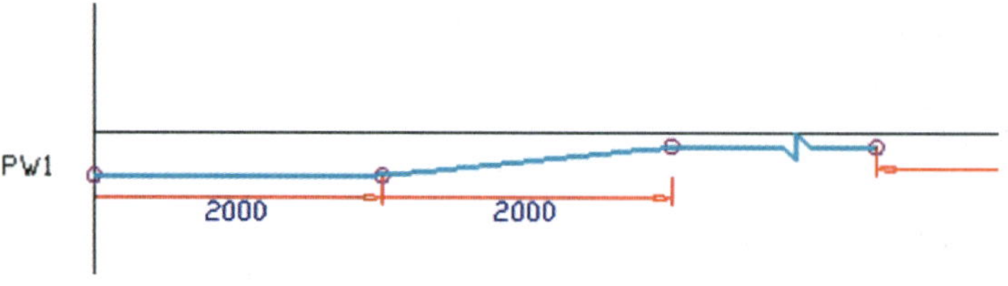

图 7-73　钢束 PW1

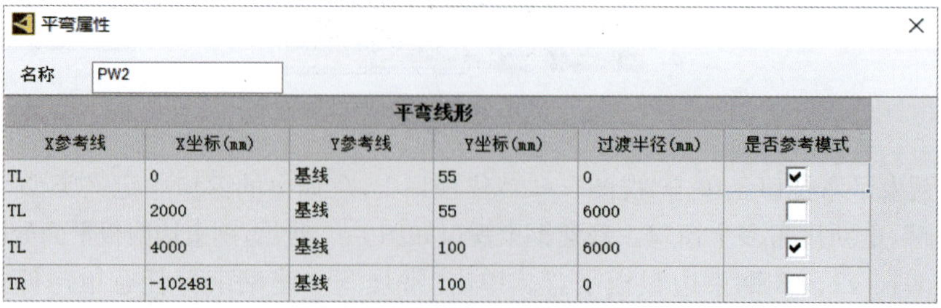

平弯属性

名称　PW2

平弯线形					
X参考线	X坐标(mm)	Y参考线	Y坐标(mm)	过渡半径(mm)	是否参考模式
TL	0	基线	55	0	☑
TL	2000	基线	55	6000	☐
TL	4000	基线	100	6000	☑
TR	-102481	基线	100	0	☐

图 7-74　钢束 PW2 属性

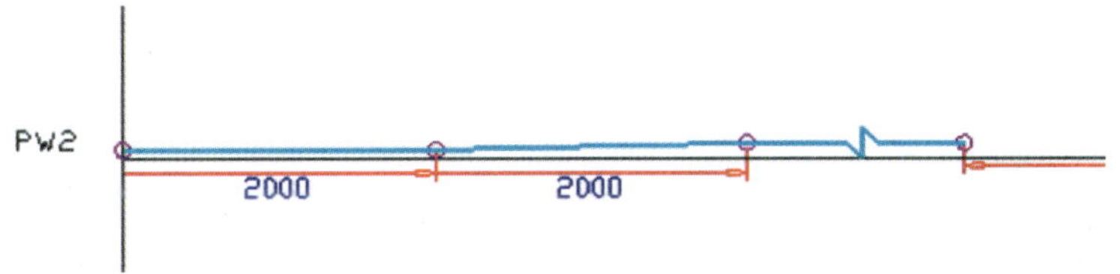

图 7-75　钢束 PW2

(4)参照步骤(2)建立 PW3、PW4 与 PW1、PW2 平弯属性 X 坐标相同,Y 坐标相反。使用"mi"命令使 PW1、PW2 沿基线镜像,钢束如图 7-76 所示。

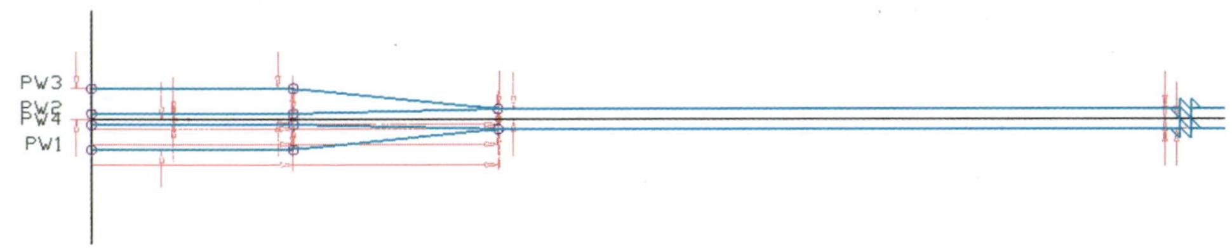

图 7-76　钢束

(5)定义右半侧钢束平弯。双击进入 w1、w2、w3 钢束边腹板平弯视口,选中所有钢束,右击选择设置对称,钢束总体布置如图 7-77 所示。

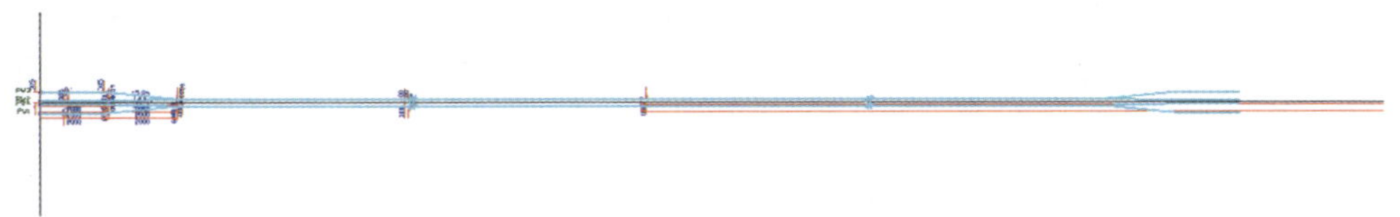

图 7-77　钢束总体布置

(6)参照步骤(1)～(4),建立 w1、w2、w3 钢束中腹板平弯、b6 钢束平弯和 t3 钢束平弯。其中 t3 钢束在立面视口中未设置对称,因此平弯不应设置对称,需新建一个平弯视口,重新绘制一个相反的平弯类型。

(7)定义钢束横桥向布置。在"立面"视图中双击钢束 w1,在弹出的"钢束属性"中填写"横桥向布置"参数。参照此步骤定义其他钢束的横桥向布置,钢束 w1～w3、t1～t5、b1～b6 腹板平弯属性见表 7-14～表 7-26。

表 7-14　钢束 w1 腹板平弯属性(横桥向布置)

钢束名称	参考线名称	距离/mm	平弯类型	批次	束数
w1-7	中线	4 650	PW6	1	1
w1-8	中线	9 300	PW4	1	1
w1-9	中线	9 300	PW3	1	1
w1-2	中线	−4 650	PW5	1	1
w1-1	中线	−9 300	PW2	1	1
w1	中线	−9 300	PW1	1	1
w1-3	中线	−4 650	PW6	1	1

续上表

钢束名称	参考线名称	距离/mm	平弯类型	批次	束数
w1-4	中线	0	PW5	1	1
w1-5	中线	0	PW6	1	1
w1-6	中线	4 650	PW5	1	1

表 7-15　钢束 w2 腹板平弯属性(横桥向布置)

钢束名称	参考线名称	距离/mm	平弯类型	批次	束数
w2-7	中线	4 650	PW6	1	1
w2-8	中线	9 300	PW4	1	1
w2-9	中线	9 300	PW3	1	1
w2-2	中线	−4 650	PW5	1	1
w2-1	中线	−9 300	PW2	1	1
w2	中线	−9 300	PW1	1	1
w2-3	中线	−4 650	PW6	1	1
w2-4	中线	0	PW5	1	1
w2-5	中线	0	PW6	1	1
w2-6	中线	4 650	PW5	1	1

表 7-16　钢束 w3 腹板平弯属性(横桥向布置)

钢束名称	参考线名称	距离/mm	平弯类型	批次	束数
w3-7	中线	4 650	PW6	1	1
w3-8	中线	9 300	PW4	1	1
w3-9	中线	9 300	PW3	1	1
w3-2	中线	−4 650	PW5	1	1
w3-1	中线	−9 300	PW1	1	1
w3	中线	−9 300	PW2	1	1
w3-3	中线	−4 650	PW6	1	1
w3-4	中线	0	PW5	1	1
w3-5	中线	0	PW6	1	1
w3-6	中线	4 650	PW5	1	1

表 7-17　钢束 t1 腹板平弯属性(横桥向布置)

钢束名称	参考线名称	距离/mm	批次	束数
t1-2	中线	−11 900	1	1
t1-1	中线	11 900	1	1
t1	中线	12 260	1	1
t1-3	中线	−12 260	1	1

表 7-18　钢束 t2 腹板平弯属性(横桥向布置)

钢束名称	参考线名称	距离/mm	批次	束数
t2-7	中线	−8 500	1	1
t2-2	中线	3 850	1	1
t2	中线	8 500	1	1
t2-1	中线	5 450	1	1
t2-3	中线	800	1	1
t2-4	中线	−800	1	1
t2-5	中线	−3 850	1	1
t2-6	中线	−5 450	1	1

表 7-19　钢束 t3 腹板平弯属性(横桥向布置)

钢束名称	参考线名称	距离/mm	平弯类型	批次	束数
t3-7	中线	9 300	PW9	1	1
t3-2	中线	−4 650	PW10	1	1
t3-1	中线	−4 650	PW9	1	1
t3-3	中线	0	PW9	1	1
t3	中线	−9 300	PW10	1	1
t3-4	中线	0	PW10	1	1
t3-5	中线	4 650	PW9	1	1
t3-6	中线	4 650	PW10	1	1

表 7-20　钢束 t4 腹板平弯属性(横桥向布置)

钢束名称	参考线名称	距离/mm	批次	束数
t4-7	中线	−8 140	1	1
t4-2	中线	3 490	1	1
t4-1	中线	5 810	1	1
t4	中线	8 140	1	1
t4-3	中线	1 160	1	1
t4-4	中线	−1 160	1	1
t4-5	中线	−3 490	1	1
t4-6	中线	−5 810	1	1

表 7-21　钢束 t5 腹板平弯属性(横桥向布置)

钢束名称	参考线名称	距离/mm	批次	束数
t5-7	中线	−8 320	1	1
t5	中线	8 320	1	1
t5-2	中线	3 670	1	1

续上表

钢束名称	参考线名称	距离/mm	批次	束数
t5-1	中线	5 630	1	1
t5-3	中线	980	1	1
t5-4	中线	−980	1	1
t5-5	中线	−3 670	1	1
t5-6	中线	−5 630	1	1

表 7-22 钢束 b1 腹板平弯属性(横桥向布置)

钢束名称	参考线名称	距离/mm	批次	束数
b1-7	中线	3 700	1	1
b1-8	中线	3 400	1	1
b1-9	中线	1 250	1	1
b1-10	中线	950	1	1
b1-11	中线	−950	1	1
b1-2	中线	−8 050	1	1
b1-12	中线	−1 250	1	1
b1-13	中线	−3 400	1	1
b1-14	中线	−3 700	1	1
b1-15	中线	−5 600	1	1
b1	中线	8 350	1	1
b1-1	中线	−5 900	1	1
b1-3	中线	−8 350	1	1
b1-4	中线	8 050	1	1
b1-5	中线	5 900	1	1
b1-6	中线	5 600	1	1

表 7-23 钢束 b2 腹板平弯属性(横桥向布置)

钢束名称	参考线名称	距离/mm	批次	束数
b2-7	中线	−8 650	1	1
b2-2	中线	4 000	1	1
b2	中线	8 650	1	1
b2-3	中线	650	1	1
b2-1	中线	5 300	1	1
b2-4	中线	−650	1	1
b2-5	中线	−4 000	1	1
b2-6	中线	−5 300	1	1

表 7-24　钢束 b3 腹板平弯属性(横桥向布置)

钢束名称	参考线名称	距离/mm	批次	束数
b4-7	中线	−8 470	1	1
b4-2	中线	3 820	1	1
b4-1	中线	5 480	1	1
b4	中线	8 470	1	1
b4-3	中线	830	1	1
b4-4	中线	−830	1	1
b4-5	中线	−3 820	1	1
b4-6	中线	−5 480	1	1

表 7-25　钢束 b4 腹板平弯属性(横桥向布置)

钢束名称	参考线名称	距离/mm	批次	束数
b4-7	中线	−8 470	1	1
b4-2	中线	3 820	1	1
b4-1	中线	5 480	1	1
b4	中线	8 470	1	1
b4-3	中线	830	1	1
b4-4	中线	−830	1	1
b4-5	中线	−3 820	1	1
b4-6	中线	−5 480	1	1

表 7-26　钢束 b5 腹板平弯属性(横桥向布置)

钢束名称	参考线名称	距离/mm	批次	束数
b5-7	中线	−8 290	1	1
b5-1	中线	5 660	1	1
b5-2	中线	3 640	1	1
b5	中线	8 290	1	1
b5-3	中线	1 010	1	1
b5-4	中线	−1 010	1	1
b5-5	中线	−3 640	1	1
b5-6	中线	−5 660	1	1

表 7-27　钢束 b6 腹板平弯属性(横桥向布置)

钢束名称	参考线名称	距离/mm	平弯类型	批次	束数
b6-7	中线	8 110	PW8	1	1
b6-1	中线	−5 840	PW8	1	1
b6-2	中线	−3 460	PW7	1	1
b6-3	中线	−1 190	PW8	1	1
b6	中线	−8 110	PW7	1	1
b6-4	中线	1 190	PW7	1	1
b6-5	中线	3 460	PW8	1	1
b6-6	中线	5 840	PW7	1	1

(8)单击“汇总”,在弹出的“钢束示例汇总”中修改“材料类型”和“张拉类型”,钢束信息汇总如图 7-78 所示。

钢束实例汇总

钢束名	竖弯名称	参考线名称	距离(mm)	平弯类型	批次	束数	材料型号	张拉类型
b1	b1	中线	3700		1	1	15-3(1860)	两端张拉
b1-1	b1	中线	3400		1	1	15-3(1860)	两端张拉
b1-2	b1	中线	1250		1	1	15-3(1860)	两端张拉
b1-3	b1	中线	950		1	1	15-3(1860)	两端张拉
b1-4	b1	中线	-950		1	1	15-3(1860)	两端张拉
b1-5	b1	中线	-8050		1	1	15-3(1860)	两端张拉
b1-6	b1	中线	-1250		1	1	15-3(1860)	两端张拉
b1-7	b1	中线	-3400		1	1	15-3(1860)	两端张拉

确定 取消

图 7-78　钢束信息汇总

通过以上操作,钢束设计全部完成。

7.2.4　钢筋设计

1. 主梁钢筋设计

(1)在项目管理树上双击“钢筋设计”,进入钢筋设计界面。选择“当前构件”为“梁 14”,进入主梁钢筋设计界面,如图 7-79 所示。

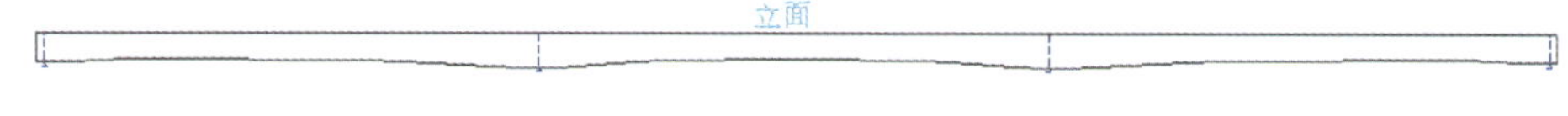

图 7-79　主梁钢筋设计

(2)建立顶底缘纵向钢筋。单击“常规”→“纵筋”,按如下命令行提示操作:

```
指定偏移距离(正值表示距梁底、负值表示距梁顶)<60,-60>:48,-48
指定左右端距<0,0>:48,-48
```

双击钢筋标注进入钢筋编辑,修改纵筋直径与根数。纵筋 N1、N2 布置完成,建立底顶缘纵向钢筋如图 7-80 所示。

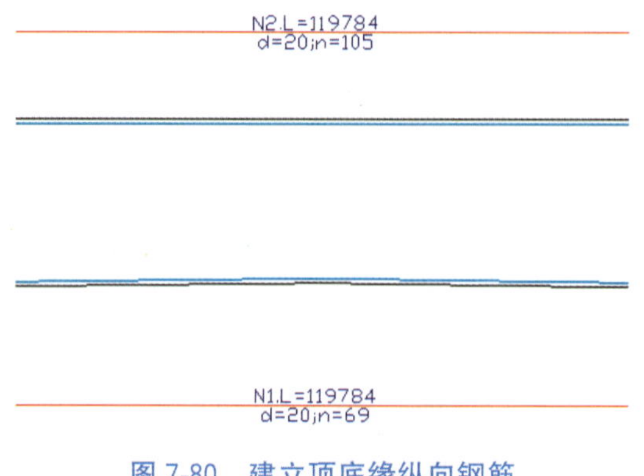

图 7-80　建立顶底缘纵向钢筋

(3)建立箍筋。单击“常规”→“箍筋”，按如下命令行提示操作：

```
请指定布置起点:(单击左端线)
指定首距和布置间距<100,100>:100,100
指定布置范围或[最后一根边距控制值(D)]或[布置根数(C)]<1000>:7200
```

双击产生的钢筋进入钢筋编辑，修改箍筋参数，左梁端箍筋布置完成。箍筋参数如图 7-81 所示，箍筋如图 7-82 所示。

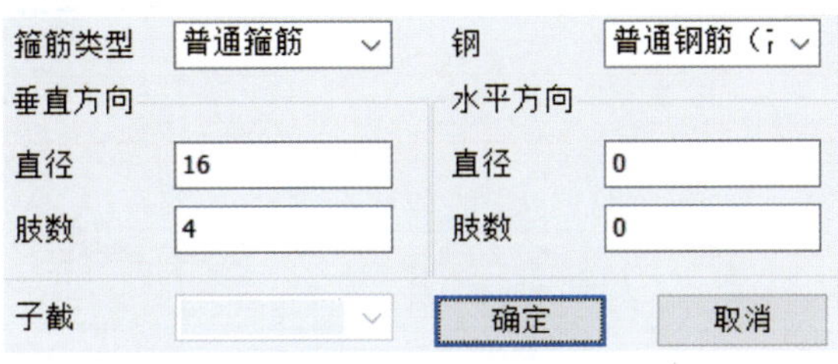

图 7-81　箍筋参数

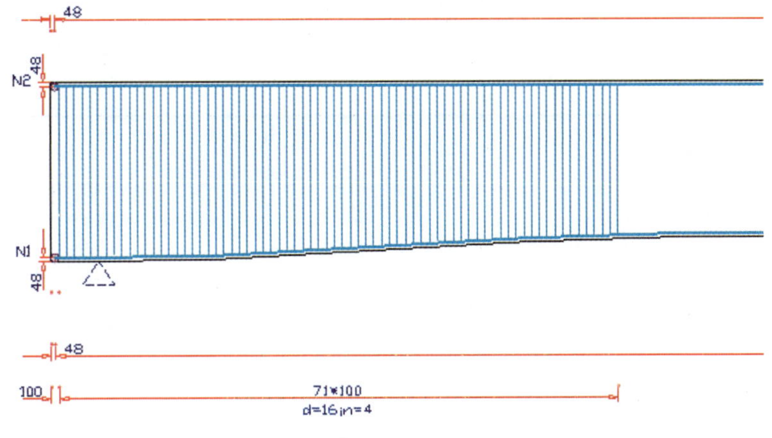

图 7-82　箍筋

(4)参照步骤(1)，按如下命令行提示操作，建立左半侧箍筋，左半侧箍筋如图 7-83～图 7-86 所示。

```
请指定布置起点:(单击上一步骤的最后一根钢筋)
指定首距和布置间距<700,100>:150,150
指定布置范围或[最后一根边距控制值(D)]或[布置根数(C)]<7200>:19200
```

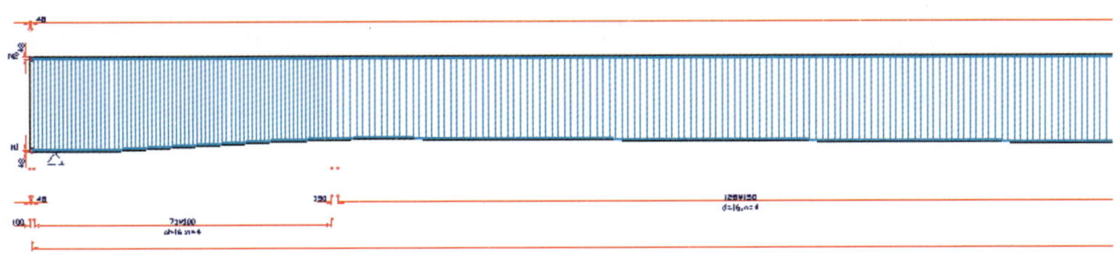

图 7-83　左半侧箍筋(一)

请指定布置起点:(单击 D1)
指定首距和布置间距<150,100>:-100,-100
指定布置范围或[最后一根边距控制值(D)]或[布置根数(C)]<7200>:13300

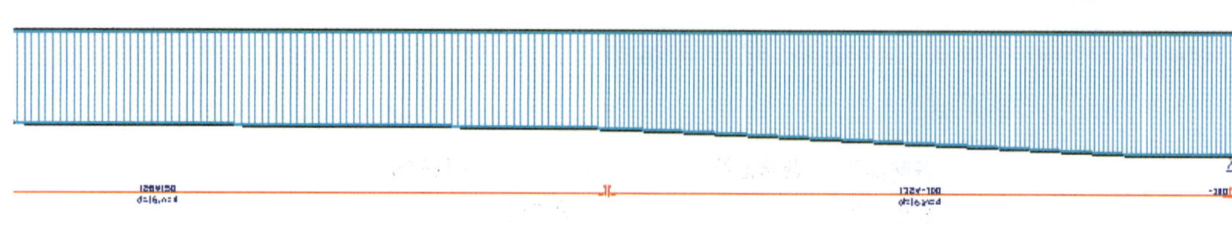

图 7-84　左半侧箍筋(二)

请指定布置起点:(单击 D1)
指定首距和布置间距<700,100>:0,100
指定布置范围或[最后一根边距控制值(D)]或[布置根数(C)]<7200>:9500

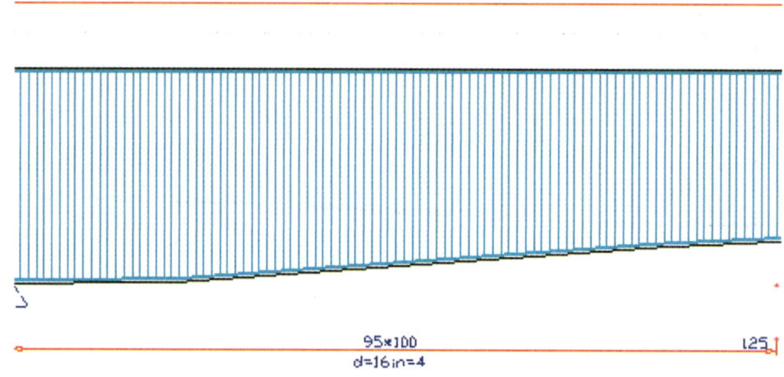

图 7-85　左半侧箍筋(三)

请指定布置起点:(单击上一步骤的最后一根钢筋)
指定首距和布置间距<700,100>:125,150
指定布置范围或[最后一根边距控制值(D)]或[布置根数(C)]<7200>:10350

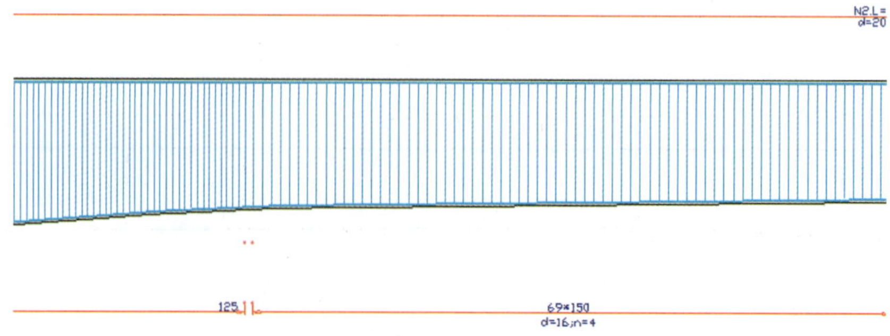

图 7-86　左半侧箍筋(四)

(5)建立右半侧箍筋。单击“高级”→“块镜像”,按如下命令行提示操作:

```
选择对象:(全选左 1/2 立面钢筋)
指定镜像线的第一点:(单击梁中点)
指定镜像线的第二点:(单击梁中点)
```

箍筋总体布置如图 7-87 所示。

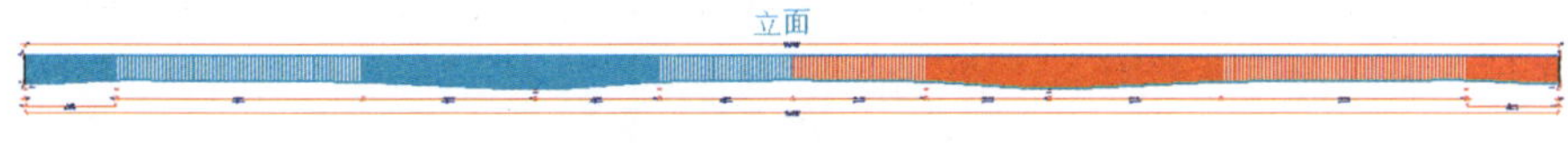

图 7-87　箍筋总体布置

通过以上操作,主梁钢筋设计完成。

2. 墩钢筋设计

(1)选择“当前构件”为“TP04_1”,进入墩钢筋设计界面。

(2)建立箍筋。单击“常规”→“箍筋”,按如下命令行提示操作:

```
请指定布置起点:(单击左端线)
指定首距和布置间距<100,100>:100,100
指定布置范围或[最后一根边距控制值(D)]或[布置根数(C)]<1000>:6400
```

双击产生的钢筋进入钢筋编辑,修改箍筋参数,箍筋布置完成,如图 7-88 所示。

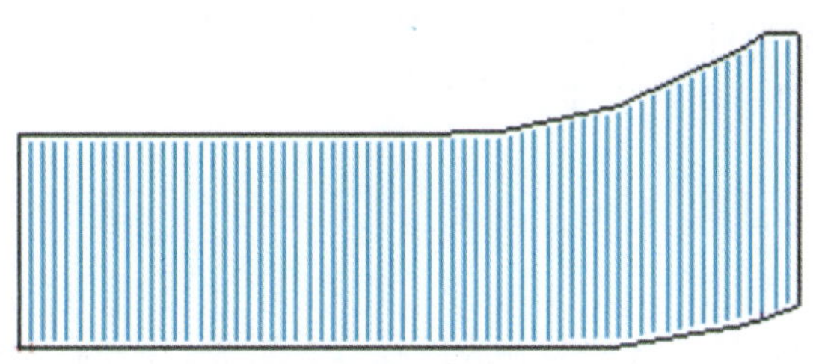

图 7-88　箍筋布置

(3)建立钢筋断面视口。单击“视图”→“建视口”,在弹出的窗口中定义类型为“断面布置”。单击“视图”→“重排”,重新排布多个窗口,新建钢筋断面视口如图 7-89 所示。

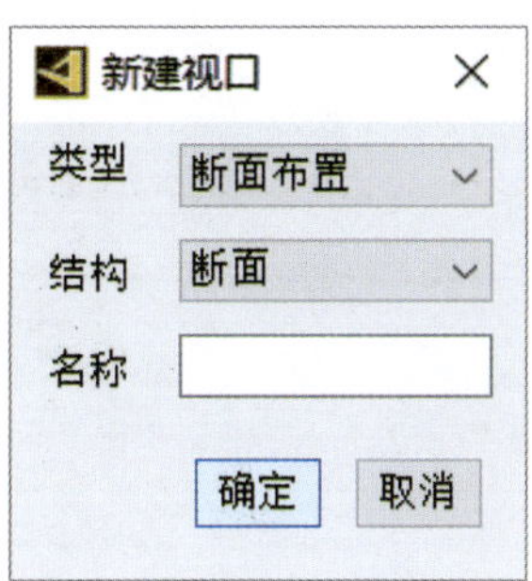

图 7-89　新建钢筋断面视口

(4)建立纵筋。双击“断面”标题,进入断面钢筋编辑状态。使用“ts”命令,按如下命令行提示操作：

```
指定钢筋中心距离边缘距离＜60＞：
指定纵向范围＜0,0＞：
指定首尾偏距＜60,60＞：
输入布置间距[或布置根数(C)]＜100＞：
```

双击新建的纵筋，修改钢筋直径，断面视口纵筋如图 7-90 所示，断面视口纵筋布置信息如图 7-91 所示。

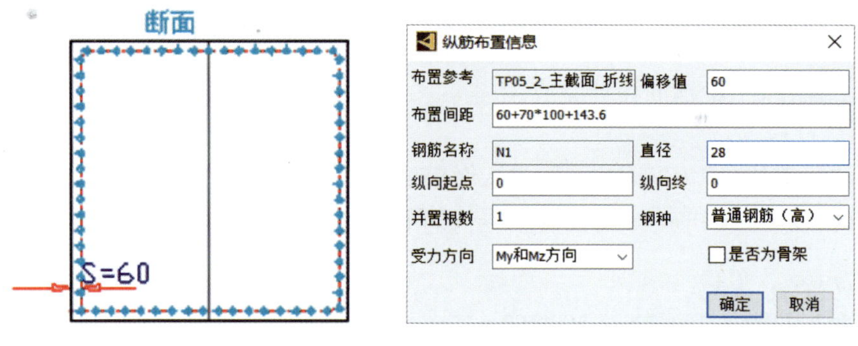

图 7-90　断面视口纵筋　　　　图 7-91　断面视口纵筋布置信息

(5)参照步骤(1)～(4)，建立 TP04_2、TP05_1、TP05_2、TP06_1、TP06_2、TP07_1、TP07_2 钢筋，完成墩钢筋设计。

通过以上操作，钢筋设计全部完成。

7.2.5　施工分析

施工阶段的基本步骤包括一次安装和收缩徐变。首先，在项目管理树上双击“施工分析”，进入施工分析界面，开始定义施工阶段。

1. 定义第一个施工阶段

(1)修改“当前阶段”名称为“一次安装”，单击进入“总体信息”，设定施工持续天数 30 天，如图 7-92 所示。

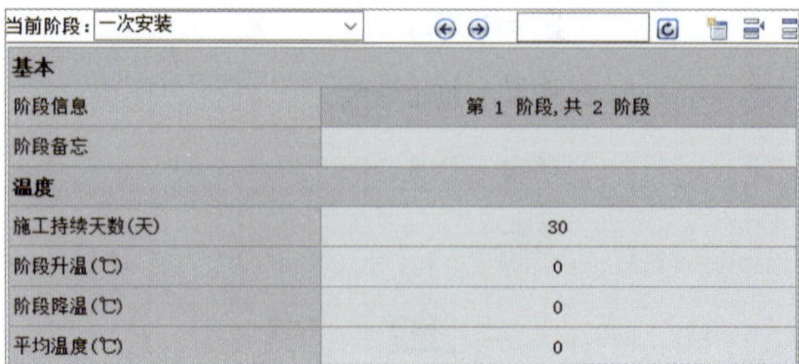

图 7-92　一次安装

(2)安装构件。单击进入“构件安装拆除”，单击“操作”→“安装构件”，全选所有构件进行安装，如图 7-93 所示。

当前阶段：一次安装

构件安装拆除			
编号	操作	构件	施工段
1	安装	梁14	S0
2	安装	TP04_1	S0
3	安装	TP04_2	S0
4	安装	TP05_1	S0
5	安装	TP06_1	S0
6	安装	TP06_2	S0
7	安装	TP05_2	S0

施工汇总　总体信息　构件安装拆除　钢束安装拆除　支座　主从约束　弹性

图 7-93　安装构件

(3)安装钢束。单击进入“钢束安装拆除”，双击钢束进行安装，如图 7-94 所示。

当前阶段：一次安装

钢束安装拆除			
编号	操作	构件名称	批次
1	张拉	梁1	1
2	灌浆	梁1	1
3			
4			
5			

施工汇总　总体信息　构件安装拆除　钢束安装拆除　支座　主从约束　弹性

图 7-94　钢束安装

(4)定义边界条件。单击“操作”→“弹性连接”，在主梁 D0 与 TP04_1 之间建立名为“Z1_L”的弹性连接，按命令行提示操作，单击进入“弹性连接”界面修改参数。命令行如下：

```
指定弹性连接名称<节点 1 名称 + 节点 2 名称>:Z1_L
选择节点 1:(单击 D0)
选择节点 2(直接右键表示接地):(单击 TP04_1 节点 R)
指定弹性连接数值(Dx,Dy,Dz,Rx,Ry,Rz)<5000,5000,5000,0,0,0>:0, 0,100000000,0, 0,100000000
指定位置和方向角<0, 0> :
```

D1、D2、D3 处弹性连接定义方法相同，弹性连接如图 7-95 所示。

当前阶段：一次安装　批量复制　更新同名边界条件　文字比例(%)：50　显示工况：

弹性连接												
编号	名称	节点1	位置1	节点2	位置2	连接点相对位置	方向角(度)	Dx(kN/m)	Dy(kN/m)	Dz(kN/m)	Rx (kN*m/rad)	Ry (kN*m/rad)
1	Z1_L	1|梁1|D0|0	支座位1	1|TP04_1|T1|2	支座位1	0	0	0	0	100000000	0	0
2	Z1_R	1|梁1|D0|0	支座位2	1|TP04_2|R|2	支座位1	0	0	0	100000000	100000000	0	0
3	Z2_L	1|梁1|D1|0	支座位1	1|TP05_1|R|2		0	0	100000000	0	100000000	0	0
4	Z2_R	1|梁1|D1|0	支座位2	1|TP05_2|R|2		0	0	100000000	100000000	100000000	0	0
5	Z3_L	1|梁1|D2|0	支座位1	1|TP06_1|R|2		0	0	0	0	100000000	0	0

施工汇总　总体信息　构件安装拆除　钢束安装拆除　支座　主从约束　弹性连接　自由度释放　集中荷载　线性荷载　强迫位移　梯度温度　挂篮操作　屈曲分析　抗倾覆　索力调整　高级

图 7-95　弹性连接

(5)第一个施工阶段“一次安装”定义完成。

2. 定义第二个施工阶段

(1)单击“新增施工阶段”，修改“当前阶段”名称为“收缩徐变”，单击进入“总体信息”，设定施工天数 3 650 天，如图 7-96 所示。

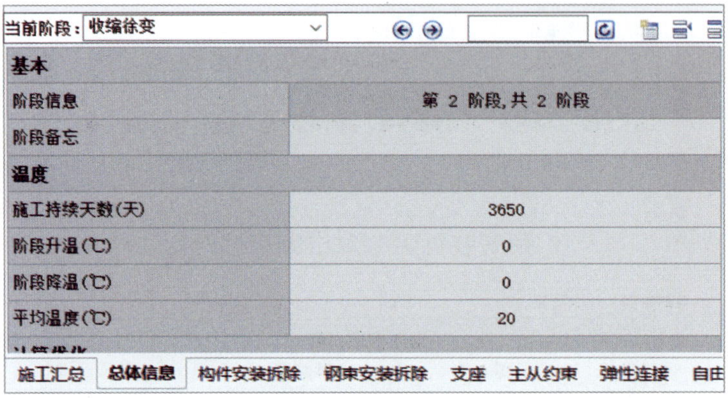

当前阶段：收缩徐变

基本	
阶段信息	第 2 阶段，共 2 阶段
阶段备忘	
温度	
施工持续天数(天)	3650
阶段升温(℃)	0
阶段降温(℃)	0
平均温度(℃)	20

施工汇总 总体信息 构件安装拆除 钢束安装拆除 支座 主从约束 弹性连接 自由

图 7-96 收缩徐变

(2)定义边界条件。单击进入“弹性连接”，单击“将前一个阶段的当前界面数据复制并增量添加到本阶段”即可。

(3)第二个施工阶段“收缩徐变”定义完成。

通过以上操作，施工分析设置完成。

7.2.6 运营分析

在项目管理树上双击“运营分析”，进入运营分析界面。

(1)定义整体温度。单击“总体信息”，升温温差和降温温差均考虑为 20 ℃，如图 7-97 所示。

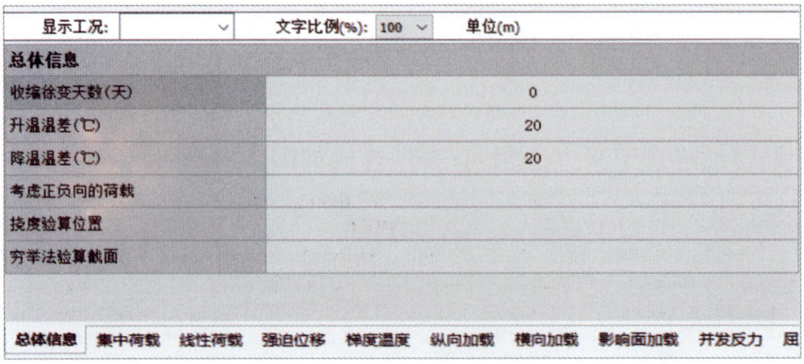

显示工况： 文字比例(%)：100 单位(m)

总体信息	
收缩徐变天数(天)	0
升温温差(℃)	20
降温温差(℃)	20
考虑正负向的荷载	
挠度验算位置	
穷举法验算截面	

总体信息 集中荷载 线性荷载 强迫位移 梯度温度 纵向加载 横向加载 影响面加载 并发反力 屈

图 7-97 定义总体信息

(2)定义汽车制动力。单击“常规荷载”→“线性荷载”，按如下命令行提示操作：

```
指定荷载名称:汽车制动力
选择起点节点:(单击主纵梁节点 L)
选择终点节点:(单击主纵梁节点 R)
指定与起点的距离(m)<0,0,0>:
指定与终点的距离(m)<0,0,0>:
指定坐标系[整体坐标系(G)/构件局部坐标系(L)]<G>:
```

在弹出的“线性荷载”框中填写荷载信息,如图 7-98 所示。

线性荷载

线性荷载	
Fx(kN/m)	9.125,9.125
Fy(kN/m)	0,0
Fz(kN/m)	0,0
Mx(kN*m/m)	0,0
My(kN*m/m)	0,0
Mz(kN*m/m)	0,0

确定　取消

图 7-98　定义汽车制动力

单击“线性荷载”,在表格中修改“类型”为“汽车制动力”,汽车制动力信息如图 7-99 所示。

线性荷载								
编号	名称	类型	方向	起点位置	起点荷载(kN/m,kN*m/m)	终点位置	终点荷载(kN/m,kN*m/m)	坐标系
1	汽车制动力	汽车制动力	Fx	1|梁14|L|||	9.2125	1|梁14|R|||	9.2125	整体坐标系

图 7-99　汽车制动力信息

(3)定义强迫位移。单击“常规荷载”→“强迫位移”,按命令行提示操作,在弹出的表格中填写参数。

```
指定强迫位移名称:(CJ1)
选择支座或基础:(单击 TP04_基础)
```

参照此操作在 TP05_基础、TP06_基础、TP07_基础处建立 CJ2、JC3、CJ4,定义强迫位移如图 7-100 所示。

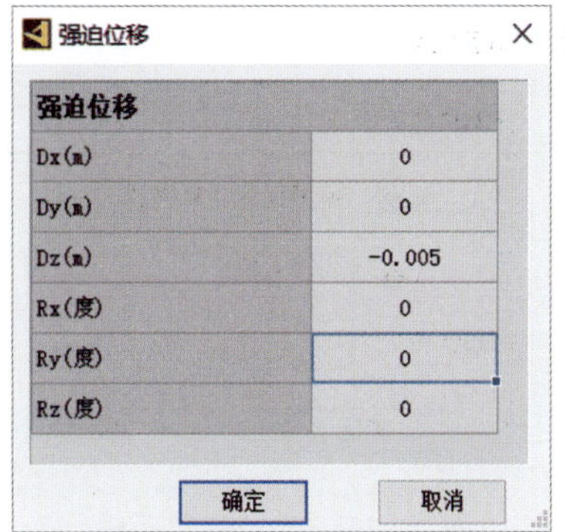

强迫位移

强迫位移	
Dx(m)	0
Dy(m)	0
Dz(m)	-0.005
Rx(度)	0
Ry(度)	0
Rz(度)	0

确定　取消

图 7-100　定义强迫位移

(4)定义梯度温度。单击“常规荷载”→“梯度温度”，按如下命令行提示操作：

```
指定名称:(梯度温升)
选择目标构件(右键结束选择):(全选构件)
```

单击“梯度温度”，修改“梯度温升”的温度模式，选择“温度模式”为“公路 15 混凝土桥升温模式”。参照此操作定义“梯度温降”，如图 7-101 所示。

显示工况: 文字比例(%): 100 单位(m)

梯度温度			
编号	名称	构件	温度模式
1	梯度温升	梁14	公路15混凝土桥升温模式
2	梯度温降	梁14	公路15混凝土桥降温模式

图 7-101 定义梯度温度

(5)定义车道荷载。单击“纵向加载”，按如下命令行提示操作：

```
选择桥面单元(右键结束):(全选构件)
指定名称<默认>:ab
```

定义车道荷载如图 7-102 所示。单击“纵向加载”，修改“车载系数”，如图 7-103 所示。

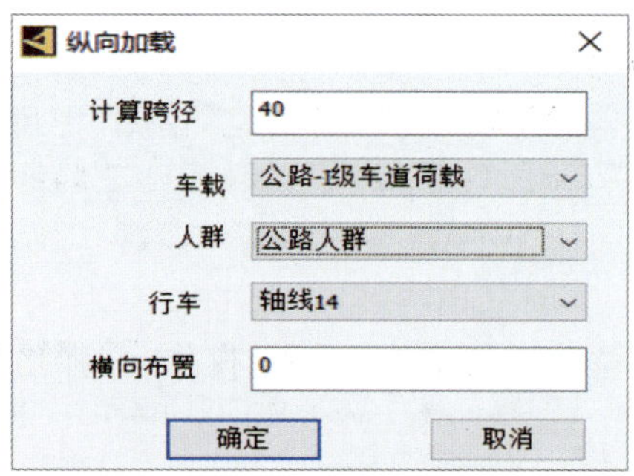

图 7-102 定义车道荷载

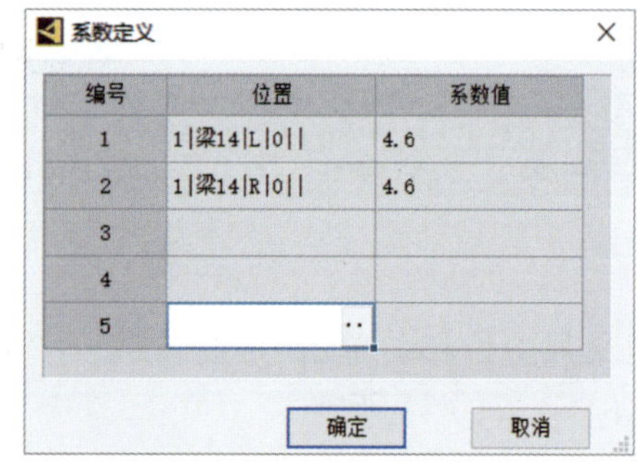

图 7-103 定义车道荷载系数

(6)定义疲劳荷载。单击“影响面加载”，“名称”为“pl”，修改“车载”为“疲劳荷载计算模型 I”，如图 6-104 所示。

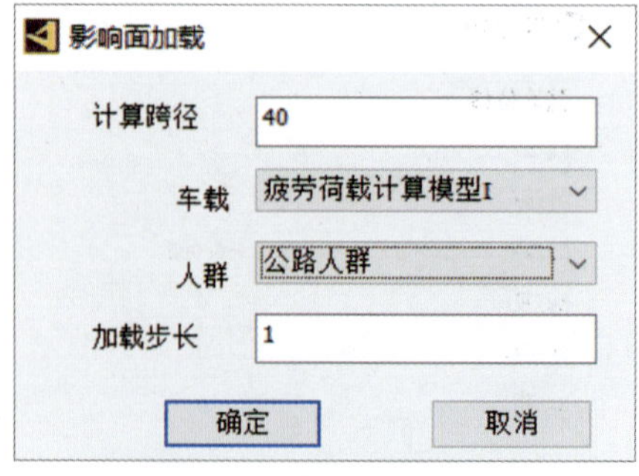

图 7-104 定义疲劳荷载

通过以上操作，运营分析定义完成。

7.2.7　执行计算

（1）在菜单栏中选择“项目”→“全部诊断”，程序将对全部前处理的内容进行检查。

（2）在菜单栏中选择“项目”→“计算当前”，程序将对当前模型执行计算操作。

7.2.8　后处理查看

（1）右击项目管理树“结果查询”，选择“新文件夹”，在弹出的“新建查询文件夹”中填写“01 总体信息”，如图 6-105 所示。

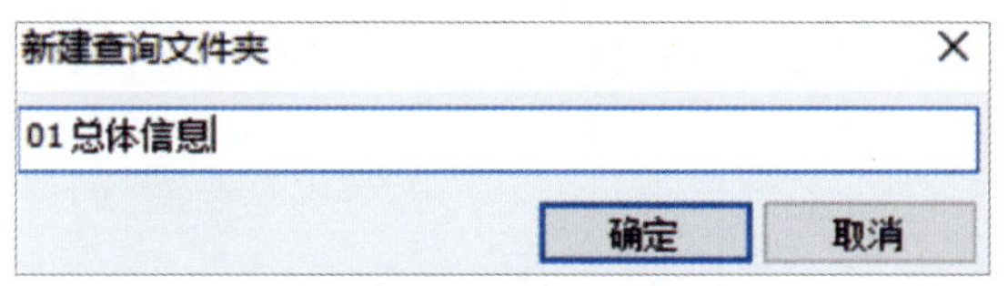

图 7-105　新建文件夹

（2）右击新建的文件夹，在快捷菜单中选择“新建查询”，在弹出的“新建查询”中填写名称，并选择所需的工况和内容。

（3）查看结果。双击查询项，程序默认以图形和表格并存的方式显示计算结果。

7.3　手动验算

手动验算部分可参考第 6 章相关内容。

第 8 章　盖梁柱式墩

在桥梁设计中，梁柱式墩是起到支撑梁和承受荷载的重要结构。梁柱式墩的设计是非常重要的一项工作，必须具备丰富的专业知识和桥梁设计经验，才能制定出合理的设计方案。本章为初学者提供一个从零开始，逐步实现盖梁柱式墩设计的详细指导。本章主要介绍梁柱式墩的基础知识、模型构建、参数设置、荷载分析、布置纵向钢筋和横向钢筋等方面的内容，帮助设计者了解梁柱式墩设计的基本步骤和设计要素，掌握桥梁博士软件的使用技巧，为实际工程应用奠定基础。

8.1　设计说明

8.1.1　设计规范

(1)《公路桥梁伸缩装置通用技术条件》(JT/T 327—2016)。

(2)《公路交通安全设施设计规范》(JTG D81—2017)。

(3)《公路交通安全设施设计细则》(JTG/T D81—2017)。

(4)《公路工程抗震规范》(JTG B02—2013)。

(5)《公路桥梁抗震设计规范》(JTG/T 2231—01—2020)。

(6)《公路桥涵地基与基础设计规范》(JTG 3363—2019)。

8.1.2　设计标准

(1)汽车荷载等级：公路—Ⅱ级。

(2)行车道数：2 车道。

(3)荷载标准：城—B。

8.1.3　技术参数

(1)上部结构：简支空心板。

(2)桥面宽度：0.3 m(栏杆)＋2.7 m(人行道)＋3.5 m(非机动车道)＋1.5 m(机非分隔带)＋8.25 m(机动车道桥)。

(3)盖梁长度：16.6 m。

(4)盖梁高度：1 m。

(5)盖梁宽度:1.4 m。

(6)墩径:0.8 m。

(7)墩柱高度:2.5 m。

8.2　实例建模

打开桥梁博士软件,单击“新建”按钮,弹出“新建项目”对话框,修改项目名称为“盖梁柱式墩”,指定保存路径,其余为默认值。单击“确定”按钮,即可创建一个盖梁柱式墩项目,如图8-1所示。

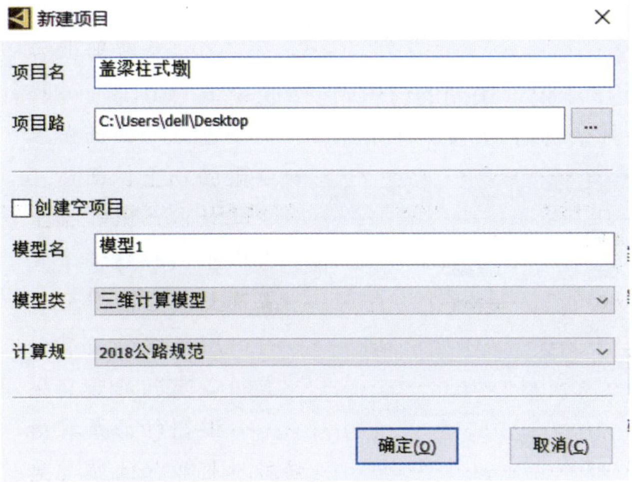

新建项目

项目名　盖梁柱式墩

项目路　C:\Users\dell\Desktop

创建空项目

模型名　模型1

模型类　三维计算模型

计算规　2018公路规范

确定(O)　取消(C)

图8-1　新建项目

8.2.1　总体信息

总体信息部分定义了项目的基本信息。在项目管理树上双击“总体信息”,默认进入总体信息的“基本”栏内容进行规范输入。首先定义常规信息,“计算规范”选择“2018城市规范”,“结构重要性系数”填写“1”,其他信息如图8-2所示。

常规	
模型说明	
计算规范	2018城市规范
结构重要性系数	1
环境相对湿度	0.8
环境类别	Ⅱ类
模型类别	空间杆系

图8-2　定义常规信息

在计算内容中勾选计算收缩、计算徐变、计算活载、自振分析、进行验算,如图8-3所示。

计算内容	
计算预应力	☐
计算收缩	☑
计算徐变	☑
计算活载	☑
活载布置	☐
计算柔性墩台水平力分配	☐
计算屈曲	☐
自振分析	☑
计算倾覆	☐
计算抗震	☐
进行验算	☑
调束	☐
调索	☐

基本 地质 钻孔 墩台

图 8-3 定义计算内容

在材料定义中,定义本设计用到的材料,包括混凝土 C30,普通钢筋(高)HRB400,普通钢筋(低)HPB300,删除其余材料,如图 8-4 所示。

材料定义

编号	名称	材料类型	材料索引	收缩调整系数	徐变调整系数	粉煤灰掺量(%)	说明
1	C30	混凝土	C30	1	1	0	
2	普通钢筋(高)	钢筋	HRB400				
3	普通钢筋(低)	钢筋	HPB300				

基本 地质 钻孔 墩台

图 8-4 材料定义

8.2.2 结构建模

1. 定义截面

在项目管理树上,双击“结构建模”进入结构建模界面,然后在图形区右侧单击“截面”标签进入截面设计窗口,按照以下步骤进行操作。

(1)创建墩柱截面。在工具栏中单击“截面几何”→“矩形”下拉箭头→ “圆”,创建墩柱截面如图 8-5 所示。

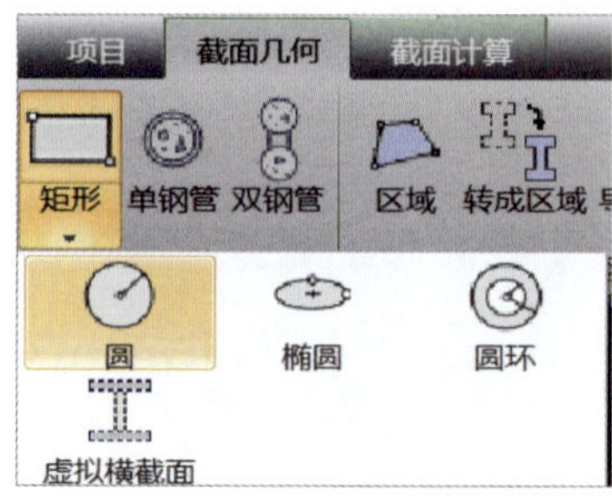

图 8-5 创建墩柱截面

在原点单击创建圆截面。选中圆截面后在左侧对象属性中修改半径为 400,也可以通过双击圆半径尺寸标注完成修改。定义墩柱截面信息如图 8-6 所示。

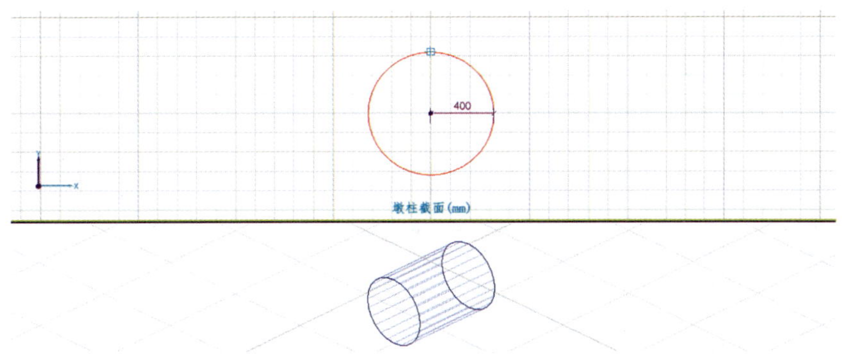

图 8-6　定义墩柱截面信息

(2)截面定义。在工具栏中单击“截面计算”→“截面定义”弹出截面定义对话框，修改材料名称为“C30”，有效宽度模式修改为“全部有效”，有效宽度类型为“上下缘”，构建轴线竖向与水平位置均选择“中点”，截面定义如图 8-7 所示。

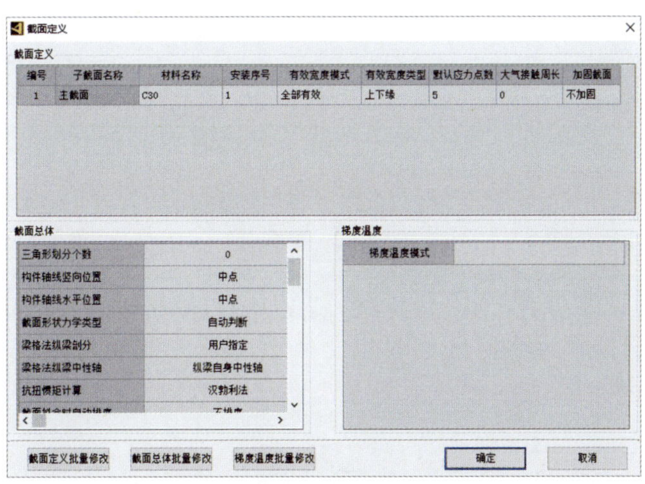

图 8-7　截面定义

(3)创建盖梁截面。在工具栏中单击“模板截面”，弹出新建模板截面对话框，修改截面名称为“盖梁”，选择 11 号盖梁中“盖梁-矩形”模板，盖梁截面如图 8-8 所示。

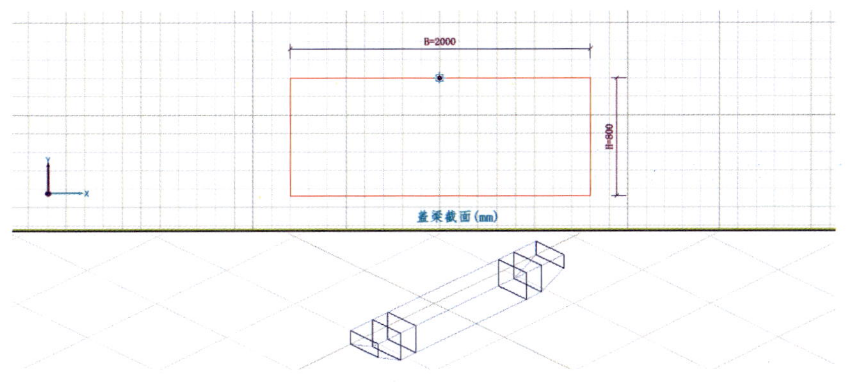

图 8-8　盖梁截面

(4)修改盖梁参数。单击下方三维浏览区域,右击选择“参数编辑器”,首先,修改盖梁宽度参数 B,双击参数 B 弹出 B 参数定义对话框如图所示,填入参数完成后,单击“确定”,定义参数 B 如图 8-9 所示,参数编辑器中的参数 B 如图 8-10 所示。

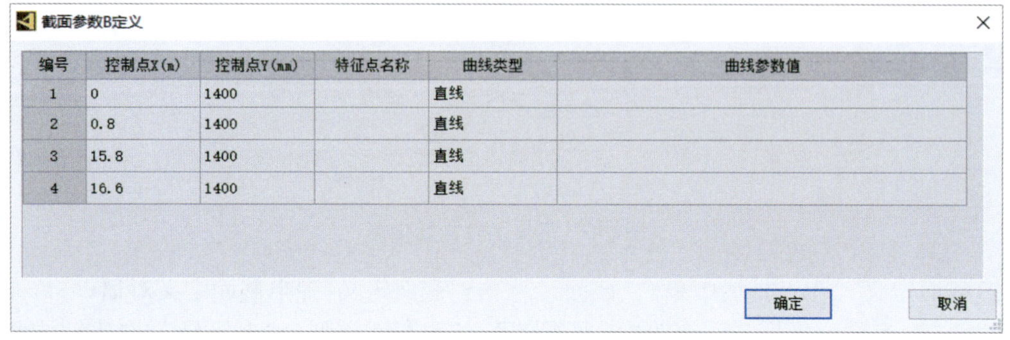
截面参数B定义

编号	控制点X(m)	控制点Y(mm)	特征点名称	曲线类型	曲线参数值
1	0	1400		直线	
2	0.8	1400		直线	
3	15.8	1400		直线	
4	16.6	1400		直线	

确定 取消

图 8-9 定义参数 B

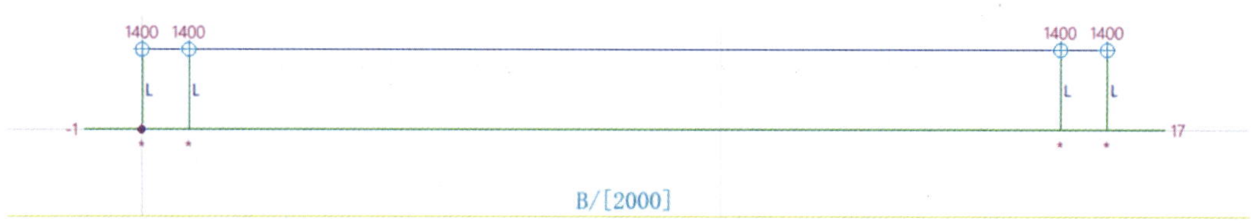

图 8-10 参数 B

使用键盘左右键切换参数,选择为盖梁,高度为 H,双击进行参数定义,定义参数 H 如图 8-11所示,参数编辑器中的参数 H 如图 8-12 所示,填入参数值。

截面参数H定义

编号	控制点X(m)	控制点Y(mm)	特征点名称	曲线类型	曲线参数值
1	0	600	L	直线	
2	0.8	1000	L1	直线	
3	15.8	1000	L2	直线	
4	16.6	600	R2	直线	

确定 取消

图 8-11 定义参数 H

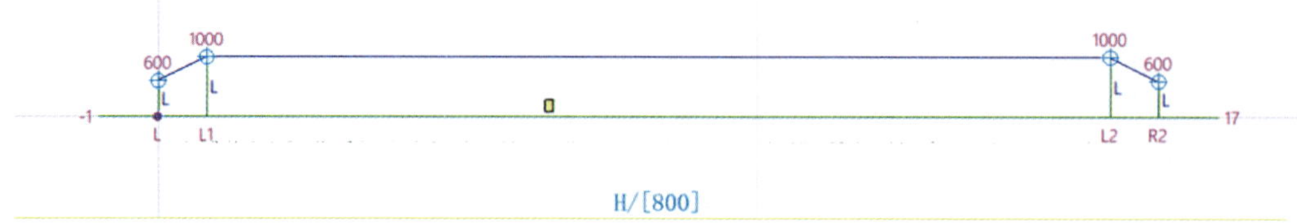

图 8-12 参数 H

当参数较多时,建议在“参数编辑器”中右击使用指定参数命令进行切换。

(5)修改盖梁截面定义。在盖梁截面区域右击,选择“截面定义”,弹出“截面定义”对话框,修改材料名称为“C30”,有效宽度模式修改为“全部有效”,有效宽度类型为“上下缘”,构件轴线竖向位置选择“顶缘”,构件轴线水平位置选择“中点”。截面定义如图 8-13 所示。

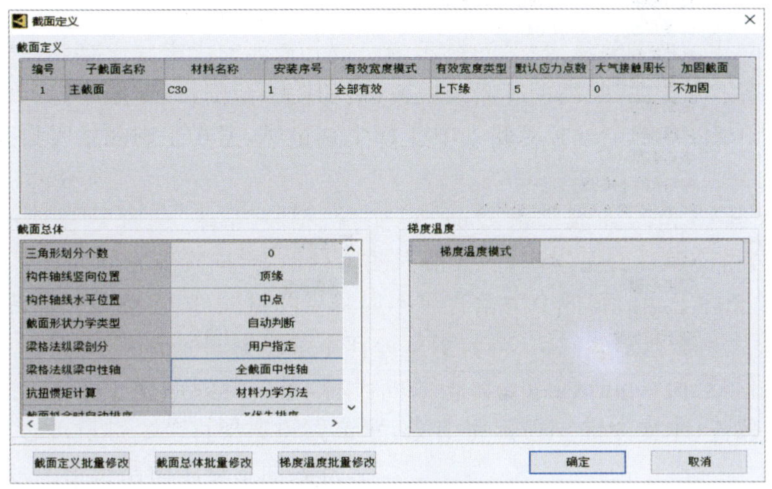

图 8-13　截面定义

2. 建立盖梁

(1)建梁。单击“建模”标签回到建模窗口,使用“常规建模”→“建梁”,建立盖梁构件。起点回车使用默认(0,0)点,指定跨径方式选择顺序跨径 K,跨径布置 16.6 m,支座到梁端距离 1.3 m。建立盖梁如图 8-14 所示。

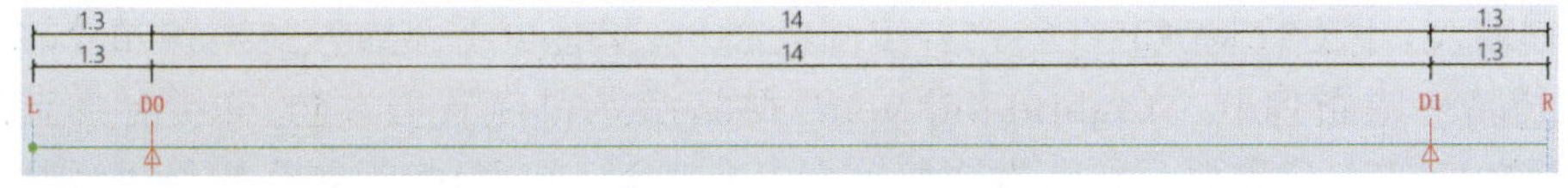

图 8-14　建立盖梁

(2)修改构件属性。单击盖梁构件,在左侧对象属性中,自重系数修改为“1.04”,加载龄期修改为 7 天。盖梁属性如图 8-15 所示。

(3)装截面。在工具栏中单击“常规建模”→“装截面”,选择 L 节点,在弹出的“选择截面”对话框中选择盖梁截面,如图 8-16 所示。

(4)建立特征节点。使用右侧显示模式切换成节点式,在工具栏中,单击“常规建模”→“创建”,“选择构件”单击盖梁构件,“指定参考节点”右击默认为 L,“生成方向”右击默认从左到右,“指定间距”为 0.8+0.5+4×3.5+0.5。双击修改特征节点上方名称并修改,右框选中 D1～D5 节点设置为跨境分界线,盖梁特征节点如图 8-17 所示。

(5)输出标签。首先补充添加各墩跨中节点,在工具栏中单击“常规建模”→“内插”,“选择节点”框选 D1～D5 节点后右击确认,“限定内插范围”右击默认全部,“内插方向”右击默认从左到右,“内插模式”输入 R(按比例),“内插比例位置”填写 0.5 为中点,“指定节点类型”输入 T 为特征节点,并修改名称 k1～k4。完成后,双击盖梁构件弹出“构建节点属性汇总”,勾选所有施工缝和特征节点后的输出标签。构件节点属性汇总如图 8-18 所示,完成后确定。

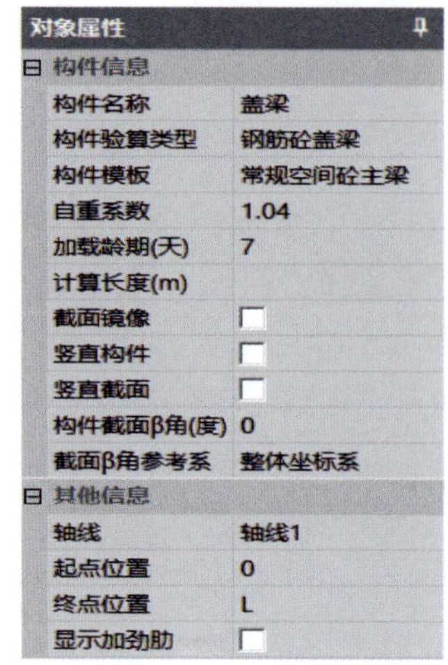

图 8-15　编辑盖梁属性

图 8-16　安装盖梁截面

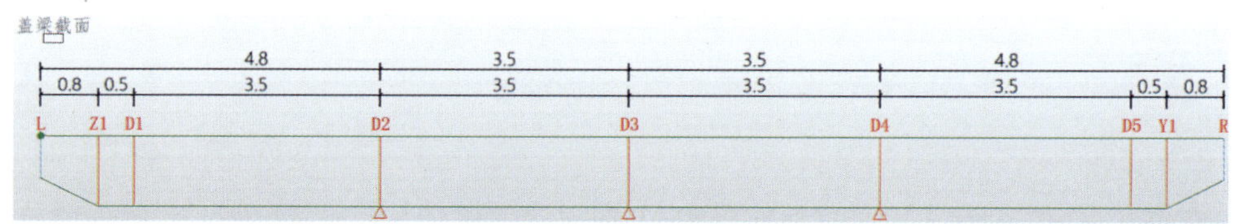

构件节点属性汇总

编号	节点类型	位置(m)	特征名称	输出标签	跨径分界线	悬臂	弯矩折减	支承宽度(mm)	支承宽度竖向位置	截面	子腹板	突变右截面	突变右截面子腹板	拟合方式	附加重力(kN)	坐标系	原点	X轴	Y轴
1	施工缝...	0	L	☑	☐	☐	☐		梁底	盖梁截面				直线		随全局	0;0;0	1;0;0	0;1;0
2	特征节点	0.8	Z1	☑	☐	☐	☐		梁底					直线		随全局	0;0;0	1;0;0	0;1;0
3	特征节点	1.3	D1	☑	☑	☐	☐		梁底					直线		随全局	0;0;0	1;0;0	0;1;0
4	特征节点	3.05	K1	☑	☐	☐	☐		梁底					直线		随全局	0;0;0	1;0;0	0;1;0
5	特征节点	4.8	D2	☑	☑	☐	☐		梁底					直线		随全局	0;0;0	1;0;0	0;1;0
6	特征节点	6.55	K2	☑	☐	☐	☐		梁底					直线		随全局	0;0;0	1;0;0	0;1;0
7	特征节点	8.3	D3	☑	☑	☐	☐		梁底					直线		随全局	0;0;0	1;0;0	0;1;0
8	特征节点	10.05	K3	☑	☐	☐	☐		梁底					直线		随全局	0;0;0	1;0;0	0;1;0
9	特征节点	11.8	D4	☑	☑	☐	☐		梁底					直线		随全局	0;0;0	1;0;0	0;1;0
10	特征节点	13.55	K4	☑	☐	☐	☐		梁底					直线		随全局	0;0;0	1;0;0	0;1;0
11	特征节点	15.3	D5	☑	☑	☐	☐		梁底					直线		随全局	0;0;0	1;0;0	0;1;0
12	特征节点	15.8	Y1	☑	☐	☐	☐		梁底					直线		随全局	0;0;0	1;0;0	0;1;0
13	施工缝...	L	R	☑	☐	☐	☐		梁底					直线		随全局	0;0;0	1;0;0	0;1;0

确定　取消

图 8-17　盖梁特征节点

图 8-18　构件节点属性汇总

第一个节点打钩后，悬停待出现加号后向下拖动，可快速完成整列内容的复制添加。

(6)建立桥墩。按下【F8】键打开正交，在工具栏中单击“常规建模”→“建梁”→“三维建梁”建立桥墩。捕捉第一个点为盖梁 D1，节点底部坐标(1.3,0,－1)，“指定下一个点”向下输入 2.5，“支座到梁端距离”右击默认为 0，完成创建，如图 8-19 所示。

(7)参照步骤(3)，为该轴线安装墩柱截面，如图 8-20 所示。

(8)修改构件属性。单击墩柱构件，在左侧对象属性里，“计算长度系数”按照《公路钢筋混凝土及预应力混凝土桥涵设计规范》附录 E 选取。编辑墩柱属性如图 8-21 所示。

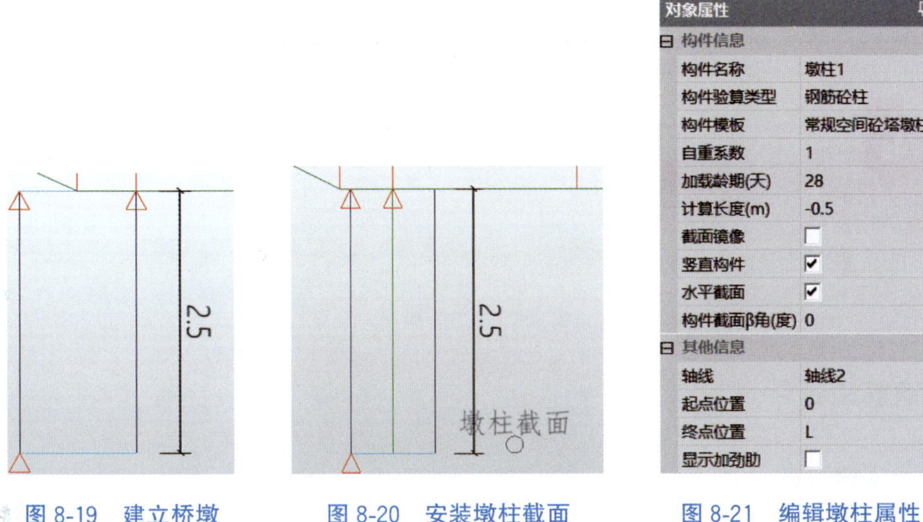

图 8-19　建立桥墩　　　图 8-20　安装墩柱截面　　　图 8-21　编辑墩柱属性

(9)复制其他墩柱。按下【F8】键打开正交后，使用“常规建模”→“复制”，复制其余墩柱完成结构建模。创建其他墩柱如图 8-22 所示。

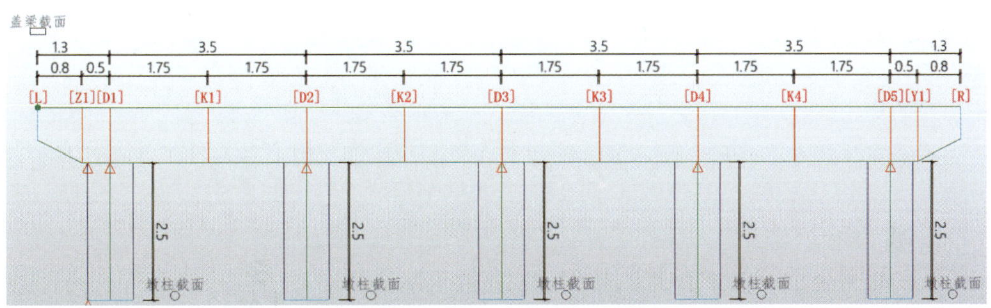

图 8-22　创建其他墩柱

(10)加密一般节点。框选所有墩柱构件，菜单选择加密节点，加密方向默认从左到右，加密间距为 0.5 m，节点加密如图 8-23 所示。

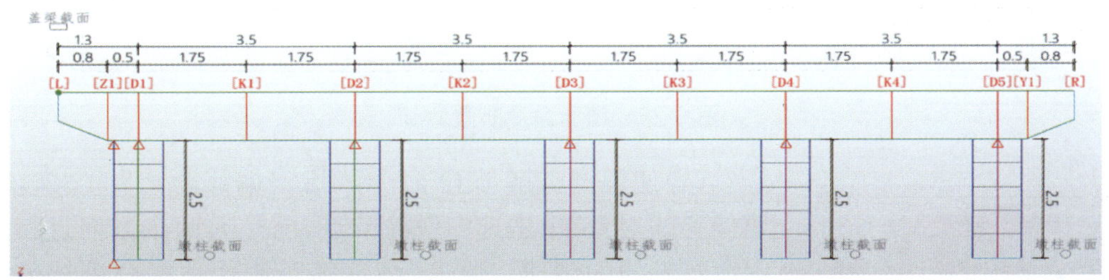

图 8-23　节点加密

(11)添加刚臂。使用“常规建模”→“刚臂”，“生成刚性连接模式”输入 M 使用构件相交式，“选择相交构件”框选所有构件右击确认，“交点精度”输入范围 1.1 m。添加刚臂如图 8-24 所示。

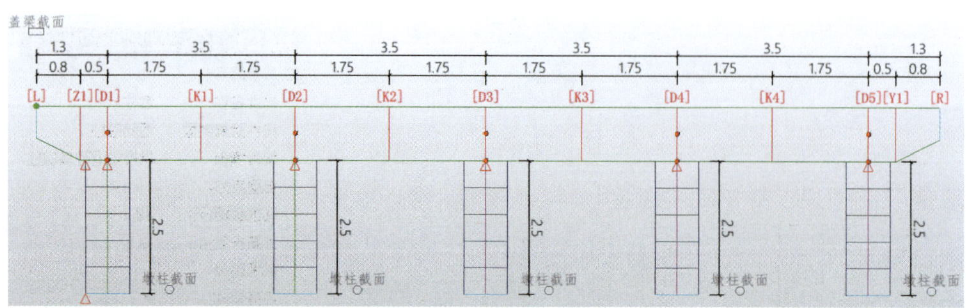

图 8-24　添加刚臂

8.2.3　钢筋设计

1. 添加盖梁钢筋

(1)在项目管理树上,双击“钢筋设计”进入钢筋设计,当前构件选择盖梁,此时程序默认新建了一个立面布置视图,并使用黄色虚线表示了跨径分界线。

(2)绘制斜筋。单击“斜筋”→“布置斜筋”,“选择参考特征线”单击选择第一根黄色虚线墩柱位置节点,“指定首距和布置间距”依次输入“300,100”,“指定布置范围”输入“100”,布置出一根斜筋。绘制斜筋如图 8-25 所示。

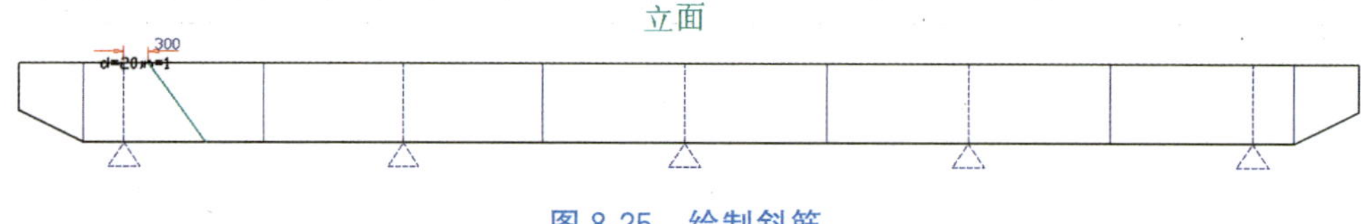

图 8-25　绘制斜筋

指定布置范围小于或等于布置间距时,仅绘制一排斜筋。

布置骨架斜筋必须使用斜筋命令,不能使用画钢筋命令。

(3)使用“复制”→“镜像”选中第一根斜筋右击,依次单击墩柱上下节点(选取镜像中轴),右击默认不删除源对象,完成斜筋布置。镜像命令布置斜筋如图 8-26 所示。

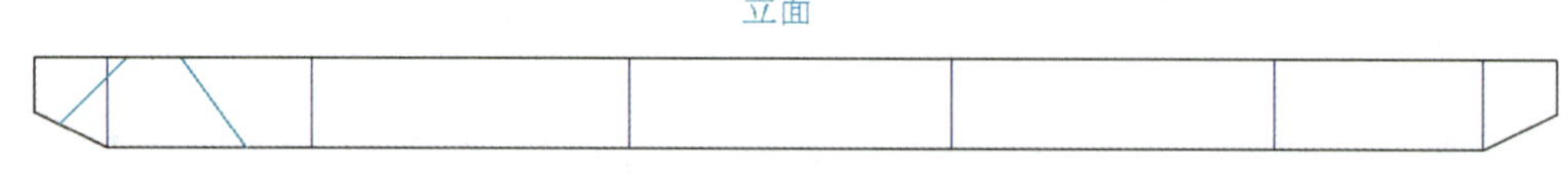

图 8-26　镜像命令布置斜筋

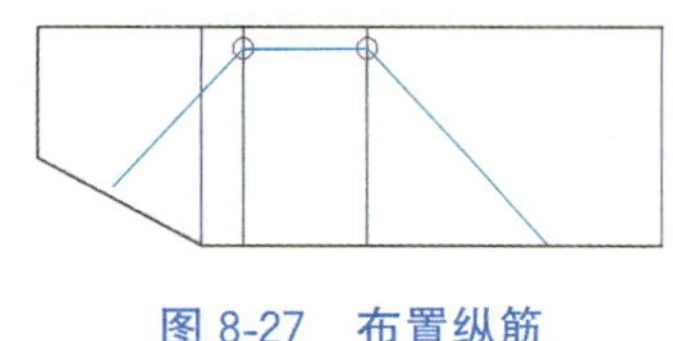

图 8-27　布置纵筋

(4)使用键盘字母 O 命令,“指定偏移距离”为 300,“选取要偏移的对象”单击选中墩柱节点,向左右两个方向进行偏移,完成辅助线的创建。单击“画钢筋”,依次选择两根辅助线,绘制一排短纵筋。双击距离顶缘的尺寸,修改距离参数均为－100。双击上方长度标注,修改钢筋根数为 6 根,布置纵筋如图 8-27所示。

(5)复制骨架筋。选中已经创建的 3 根钢筋,单击“复制”命令,“指定位移起点”为 D1 特征节点,“位移终点”为 2 号墩柱位,完成骨架筋的复制,复制骨架筋如图 8-28 所示。

(6)绘制短纵筋。参照步骤(4),偏移距离为600,距离底缘为100,布置短纵筋如图8-29所示。

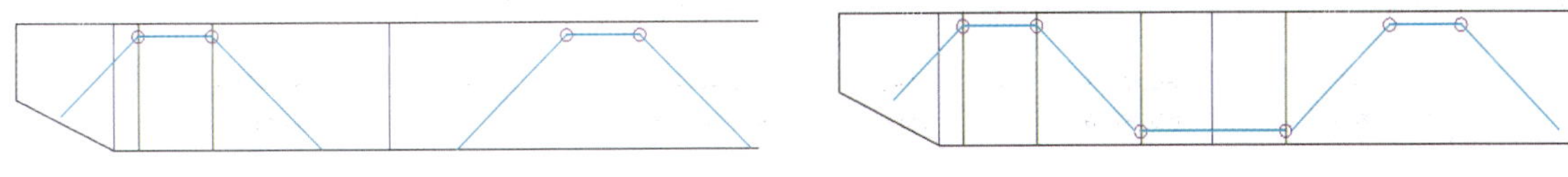

图 8-28　复制骨架筋　　　　图 8-29　布置短纵筋

(7)通过复制和镜像命令快速将右半部分补充完整,斜筋与短纵筋布置如图8-30所示。

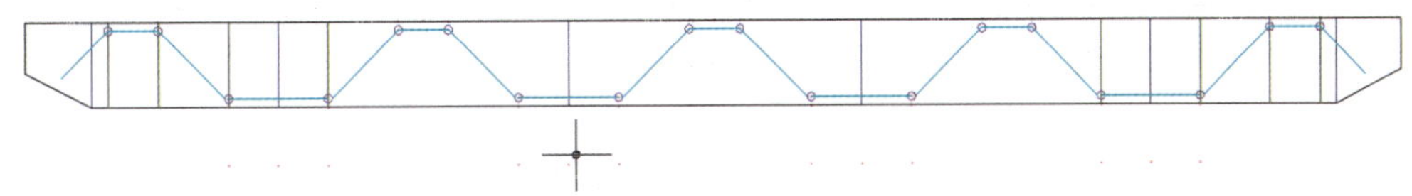

图 8-30　斜筋与短纵筋布置

(8)骨架纵筋。使用“纵筋”命令,“距梁底、顶偏移距离”输入(60,－60),“左右端距”均为0,完成纵筋布置。布置骨架纵筋如图8-31所示。

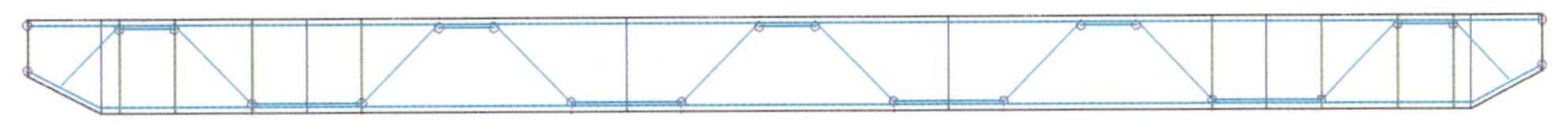

图 8-31　布置骨架纵筋

通常对于纵筋,左右端距输入0,可防止左右端部出现截面裂缝致验算异常。

(9)修改骨架钢筋属性。使用“汇总”命令,修改所有骨架钢筋直径为22,钢筋材料为普通钢筋(高),参考线为左侧线,距离为钢筋的横向布置,输入间距表达式70＋2×280＋140＋2×280,勾选所有骨架钢筋“是否骨架”选项,骨架钢筋属性汇总如图8-32所示。

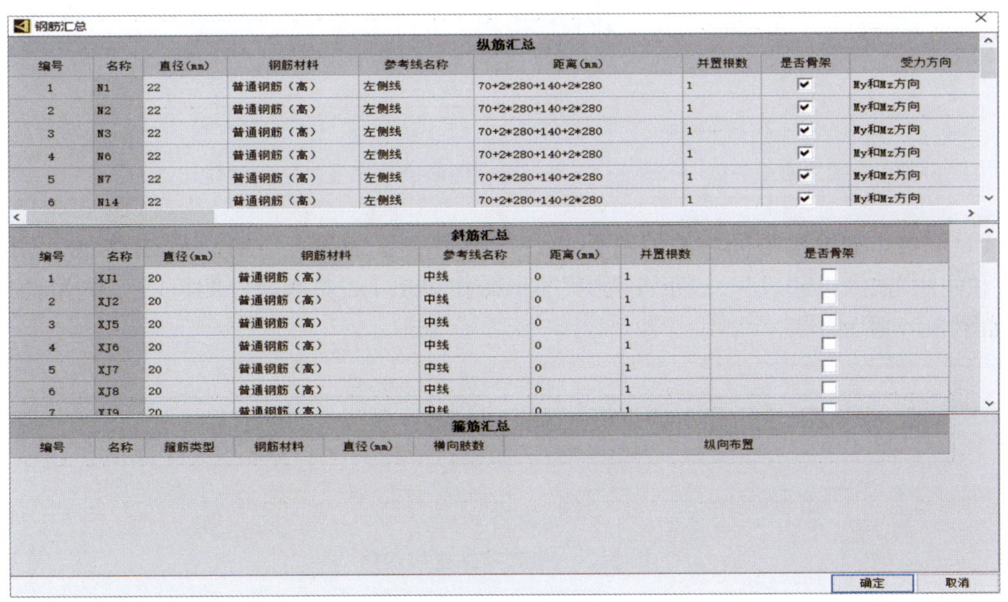

钢筋汇总

纵筋汇总

编号	名称	直径(mm)	钢筋材料	参考线名称	距离(mm)	并置根数	是否骨架	受力方向
1	N1	22	普通钢筋（高）	左侧线	70+2*280+140+2*280	1	☑	My和Mz方向
2	N2	22	普通钢筋（高）	左侧线	70+2*280+140+2*280	1	☑	My和Mz方向
3	N3	22	普通钢筋（高）	左侧线	70+2*280+140+2*280	1	☑	My和Mz方向
4	N6	22	普通钢筋（高）	左侧线	70+2*280+140+2*280	1	☑	My和Mz方向
5	N7	22	普通钢筋（高）	左侧线	70+2*280+140+2*280	1	☑	My和Mz方向
6	N14	22	普通钢筋（高）	左侧线	70+2*280+140+2*280	1	☑	My和Mz方向

斜筋汇总

编号	名称	直径(mm)	钢筋材料	参考线名称	距离(mm)	并置根数	是否骨架
1	XJ1	20	普通钢筋（高）	中线	0	1	☐
2	XJ2	20	普通钢筋（高）	中线	0	1	☐
3	XJ5	20	普通钢筋（高）	中线	0	1	☐
4	XJ6	20	普通钢筋（高）	中线	0	1	☐
5	XJ7	20	普通钢筋（高）	中线	0	1	☐
6	XJ8	20	普通钢筋（高）	中线	0	1	☐
7	XJ9	20	普通钢筋（高）	中线	0	1	☐

箍筋汇总

编号	名称	箍筋类型	钢筋材料	直径(mm)	横向肢数	纵向布置

确定　取消

图 8-32　骨架钢筋属性汇总

（10）添加普通纵筋。使用“建视口”，弹出新建视口对话框，默认新建一个立面视口，单击“重排”自动对齐视口。参照步骤（8），创建纵筋，距梁底、顶 60 mm，梁端 0 mm。绘制完成后修改钢筋直径、材料类型、参考线和横向布置，但此时不勾选骨架。布置普通纵筋如图 8-33 所示。

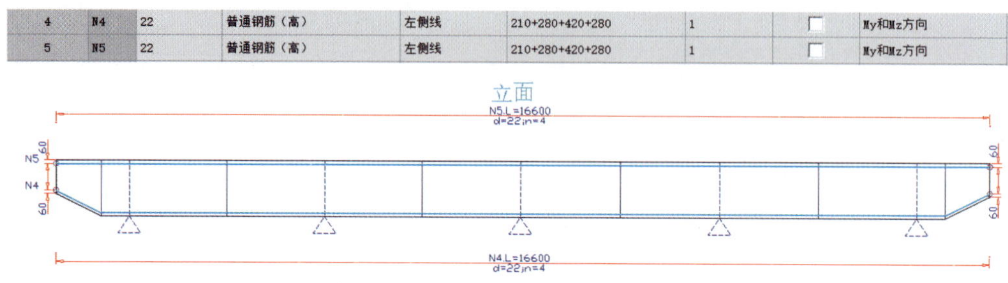

4	N4	22	普通钢筋（高）	左侧线	210+280+420+280	1	□	My和Mz方向
5	N5	22	普通钢筋（高）	左侧线	210+280+420+280	1	□	My和Mz方向

图 8-33　布置普通纵筋

（11）同步骤（10），新建一个立面视口，修改名称为箍筋，新建箍筋立面视口如图 8-34 所示。

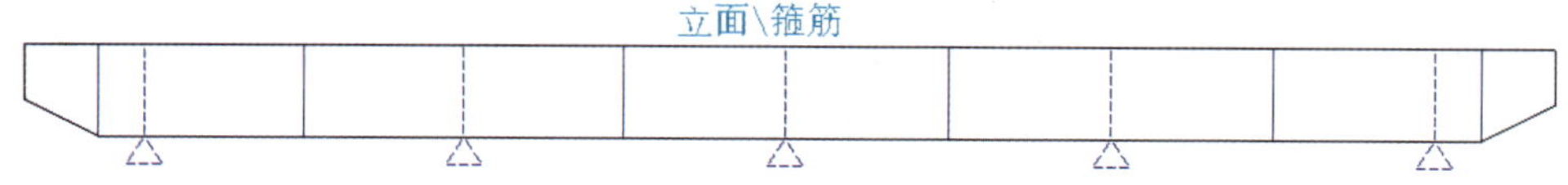

图 8-34　新建箍筋立面视口

（12）创建加密段箍筋。使用箍筋命令，“指定布置的起点”选择 D1 特征节点，“首距和间距”输入（0,100），“布置范围”输入 1 000。使用镜像命令，选择 D1 特征节点为镜像中轴镜像箍筋，双击修改镜像的箍筋距离 D1 节点为－100，双击箍筋根数参数“10 ＊ －100”后增加一个－120，布置加密段箍筋如图 8-35 所示。

（13）使用“复制”→“镜像”命令，完成 D2 特征节点处加密箍筋的布置，布置加密段箍筋如图 8-36 所示。

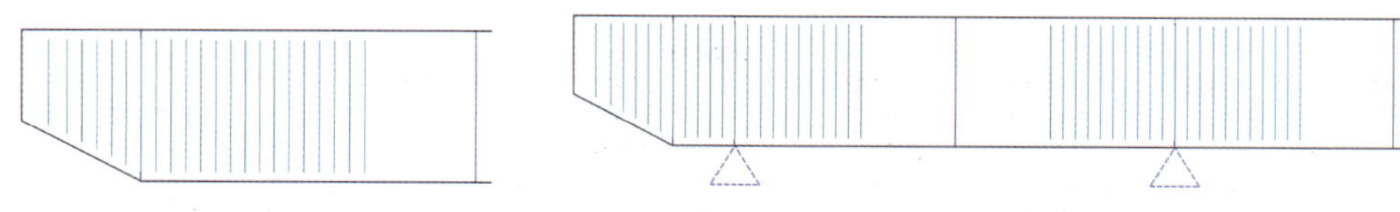

图 8-35　布置加密段箍筋（一）　　图 8-36　布置加密段箍筋（二）

（14）创建非加密段箍筋。使用箍筋命令，“指定布置的起点”选择 D1 右侧最外侧箍筋，“首距和间距”输入（150,150），“布置范围”图形操作单击 D2 左侧最外侧箍筋。布置非加密段箍筋如图 8-37 所示。

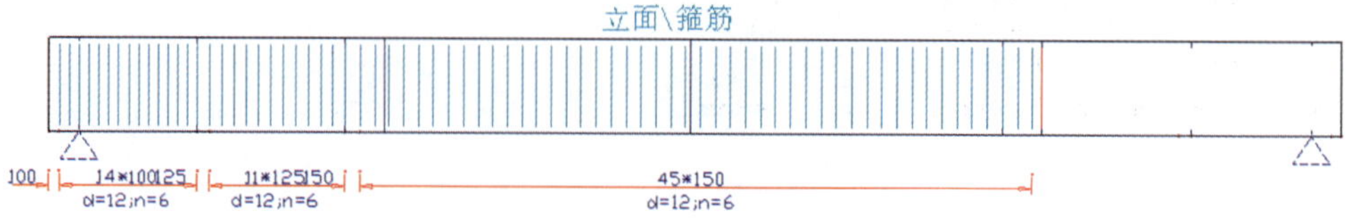

图 8-37　布置非加密段箍筋

（15）先复制 D2 节点处箍筋至 D3 节点，然后整体将左侧箍筋镜像，完成所有箍筋布置，选中所有箍筋，右击选择合并整理。箍筋布置如图 8-38 所示。

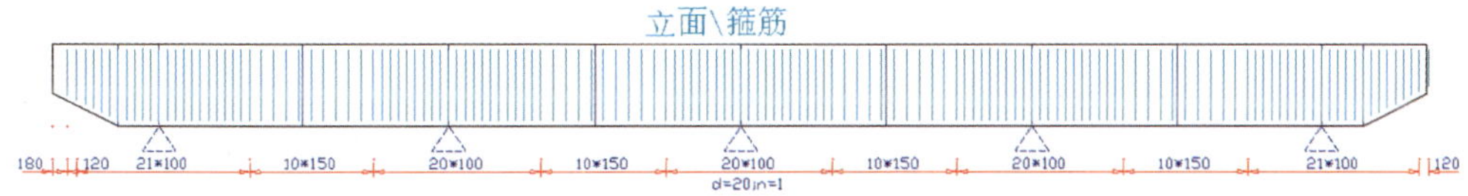

图 8-38　箍筋布置

（16）修改并检查箍筋属性，通过箍筋纵向布置查看检查属性填写是否正确，如图 8-39 所示。

编号	名称	箍筋类型	钢筋材料	直径(mm)	横向肢数	纵向布置
1	GJ45	普通箍筋	普通钢筋（高）	H:0;V:20	H:0;V:1;	120;21*100;10*150;20*100;10*150;20*100;10*150;20*100;10*150;21*100;120

图 8-39　箍筋纵向布置查看

2. 添加墩柱钢筋

（1）将当前构件切换为墩柱 1，如图 8-40 所示。

图 8-40　切换当前构件

（2）使用“纵筋”命令，“距梁底、顶距离”输入（60，0），左右端距均为 0，完成纵筋布置。

（3）修改钢筋属性。在“钢筋编辑”中输入如图 8-41 所示参数，需注意要勾选“是否圆形布置”选项。

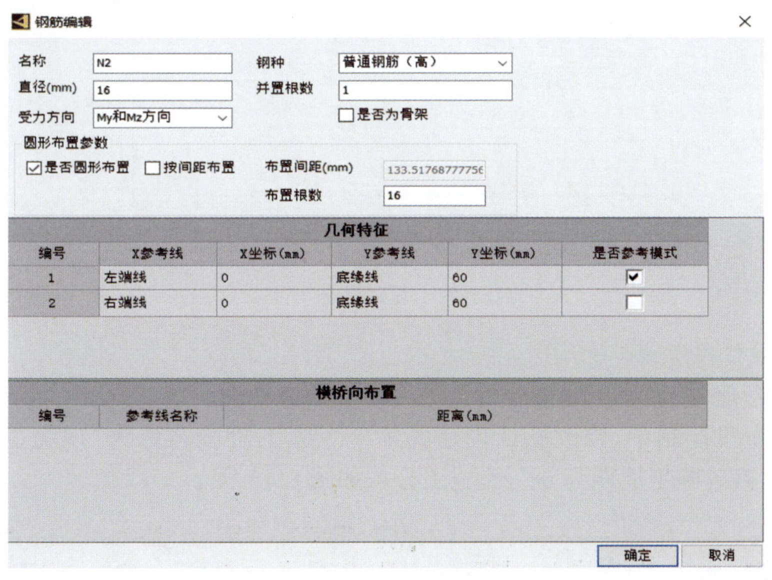

编号	X参考线	X坐标(mm)	Y参考线	Y坐标(mm)	是否参考模式
1	左端线	0	底缘线	60	☑
2	右端线	0	底缘线	60	☐

编号	参考线名称	距离(mm)

图 8-41　钢筋编辑

（4）添加桥墩箍筋。绘制间距为 100 的纵筋，在“箍筋汇总”中修改钢筋属性时，需注意将“箍筋类型”修改为“螺旋箍筋”。箍筋汇总如图 8-42 所示，桥墩箍筋布置如图 8-43 所示。

箍筋汇总						
编号	名称	箍筋类型	钢筋材料	直径(mm)	横向肢数	纵向布置
1	GJ2	螺旋箍筋	普通钢筋（高）	8	1	25*100

图 8-42　箍筋汇总

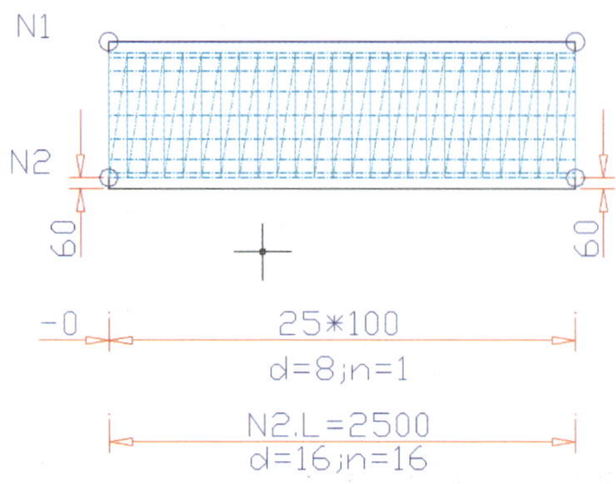

图 8-43　桥墩箍筋布置

(5)重用墩柱钢筋。单击“重用”命令,在“应用构件”中选择其他墩柱,如图 8-44 所示。重用后应用构件将与源构件保持联动。

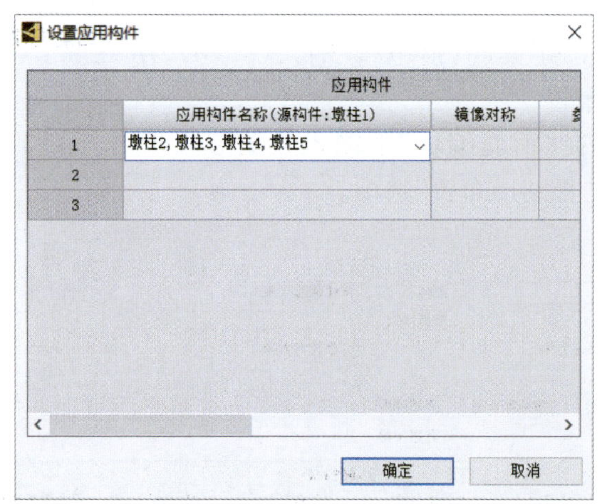

图 8-44　重用墩柱钢筋

3. 现浇盖梁柱式墩施工阶段

(1)在项目管理树上双击“施工分析”,进入施工分析界面。

(2)在中间阶段控制中,修改默认创建的第一个施工阶段名称为“现浇盖梁柱式墩”,按【Enter】键确定,修改施工周期为 60 天,施工分析如图 8-45 所示。

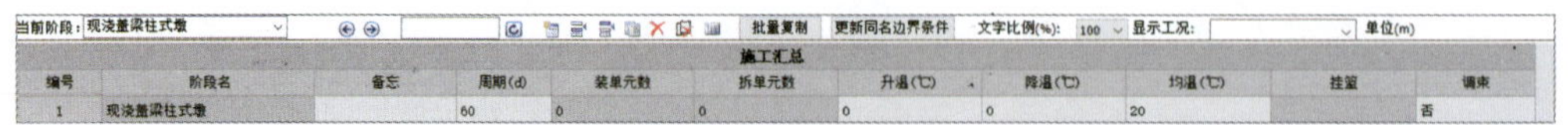

图 8-45　施工分析

(3)单击“安装构件”→“选择施工段”,框选所有构件,右击采用默认选项,完成构件安装,安装后构件颜色变绿。针对设置了施工段的构件可实现分批安装。

(4)支座安装。单击“支座”→“固定支座”,安装位置在墩柱底部节点,全部右击采用默认选项,完成支座安装。支座安装如图 8-46 所示。

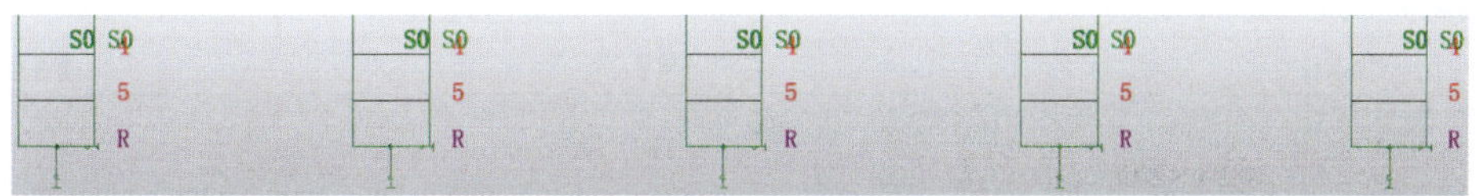

图 8-46　支座安装

4. 安装上部结构施工阶段

(1)单击“施工汇总”标签，新建一个新的施工阶段，修改当前施工阶段名称为“安装上部结构”，修改施工周期为 30 天，新建一个施工阶段会自动复制上一个施工阶段的支座布置。定义安装上部结构施工阶段如图 8-47 所示。

当前阶段：安装上部结构　批量复制　更新同名边界条件　文字比例(%): 100　显示工况:　单位(m)

施工汇总

编号	阶段名	备忘	周期(d)	装单元数	拆单元数	升温(℃)	降温(℃)	均温(℃)	挂篮	调束
1	现浇盖梁柱式墩		60	37	0	0	0	20		否
2	安装上部结构		30	0	0	0	0	20		否

图 8-47　定义安装上部结构施工阶段

(2)上部结构加载。单击“线性荷载”标签进入线性荷载表格，切换为节点显示模式，单击“线性荷载”，“指定荷载名称”输入空心板与铺装，“选择起点节点”单击盖梁 L 节点，“选择终点节点”单击盖梁 R 节点，“指定起点距离”输入 0.3，“指定终点距离”输入－0.3，“指定坐标系”回车默认使用整体坐标系，弹出线性荷载对话框，在 Fz 行输入(－172，－172)，完成空心板与铺装荷载添加。定义上部结构荷载如图 8-48 所示。

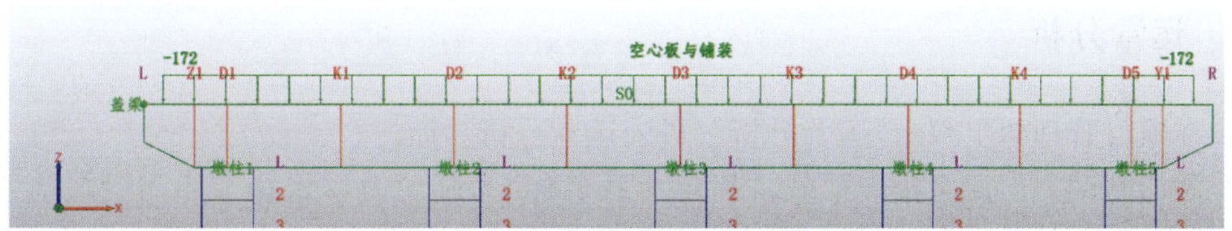

图 8-48　定义上部结构荷载

添加线性荷载完成后，默认荷载类型均为结构重力及附加，应根据实际荷载情况下拉选择对应的荷载类型，以确保荷载组合正确。

(3)添加其他线性荷载。参照步骤(2)。按照桥面布置依次添加人行道左：左端距离 L 节点 0.3 m，右端距离 K1 号节点－0.3 m，荷载大小(－97，－97)。人行道右：左端距离 K4 节点 0.3 m，右端距离 R 节点－0.3 m，荷载大小(－97，－97)。护栏左：左端为 L 节点，右端距离 D1 节点－1 m，荷载大小(－170，－170)。护栏右：左端距离 D5 节点 1 m，右端为 R 节点，荷载大小(－170，－170)。定义上部结构线性荷载如图 8-49 所示，上部结构线性荷载汇总如图 8-50 所示。

8.2.4　施工分析

单击“施工汇总”标签，新建一个新的施工阶段。修改“当前施工阶段名称”为“收缩徐变”，修改施工周期为 3 650 天，定义收缩徐变阶段如图 8-51 所示。

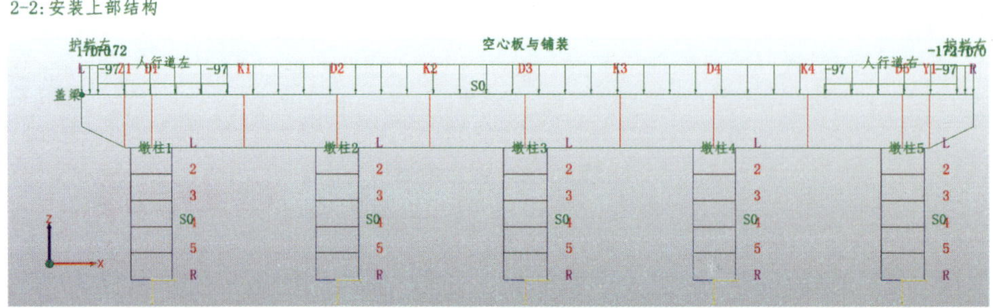

图 8-49　定义上部结构线性荷载

当前阶段：安装上部结构　　批量复制　更新同名边界条件　文字比例(%):

线性荷载								
编号	名称	类型	方向	起点位置	起点荷载 (kN/m, kN*m/m)	终点位置	终点荷载 (kN/m, kN*m/m)	坐标系
1	空心板与铺装	结构重力及附...	Fz	1|盖梁|L|0.3||	-172	1|盖梁|R|-0...	-172	整体坐标系
2	护栏左	结构重力及附...	Fz	1|盖梁|L|0||	-170	1|盖梁|D1|-1||	-170	整体坐标系
3	护栏右	结构重力及附...	Fz	1|盖梁|D5|1||	-170	1|盖梁|R|0||	-170	整体坐标系
4	人行道左	结构重力及附...	Fz	1|盖梁|L|0.3||	-97	1|盖梁|K1|-...	-97	整体坐标系
5	人行道右	结构重力及附...	Fz	1|盖梁|K4|0...	-97	1|盖梁|R|-0...	-97	整体坐标系

图 8-50　上部结构线性荷载汇总

3	收缩徐变		3650	0	0	0	0	20		否

图 8-51　定义收缩徐变阶段

8.2.5　运营分析

(1)在项目管理树上双击“运营分析”，进入运营分析界面。

(2)添加制动力。定义集中荷载，“指定荷载名称”为制动力，“选择节点”选择 D3 特征节点，弹出“集中荷载”对话框，在 Fy 方向输入制动力大小为“31.8”，添加完成后将荷载类型修改为“汽车制动力”。定义汽车制动力如图 8-52 所示。

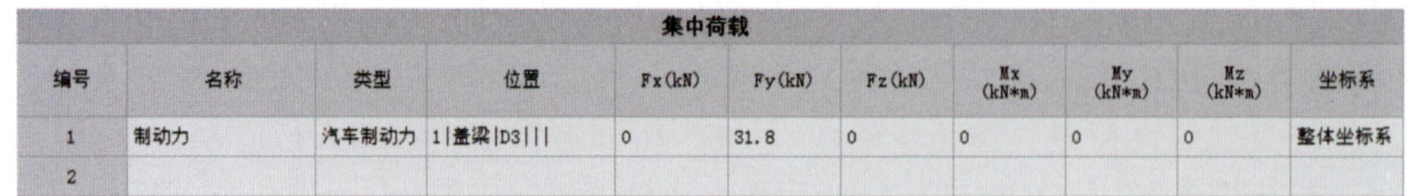

集中荷载										
编号	名称	类型	位置	Fx(kN)	Fy(kN)	Fz(kN)	Mx (kN*m)	My (kN*m)	Mz (kN*m)	坐标系
1	制动力	汽车制动力	1|盖梁|D3|||	0	31.8	0	0	0	0	整体坐标系
2										

图 8-52　定义汽车制动力

(3)活载横向加载。使用“横向加载”命令，“选择桥面单元”选择盖梁构件，“指定名称”输入活载，弹出“横向加载”对话框，分别定义车载和人群荷载，如图 8-53 所示，车载和人群荷载汇总如图 8-54 所示。

8.2.6　抗震分析

抗震设防分类：丙类；地震基本烈度：0.8 级(0.2 g)；场地类别：Ⅱ类；抗震设计方法：A 类；抗震体系：延性抗震体系；区划图：2 区；抗震分析方法：MM 多振型反应谱法。

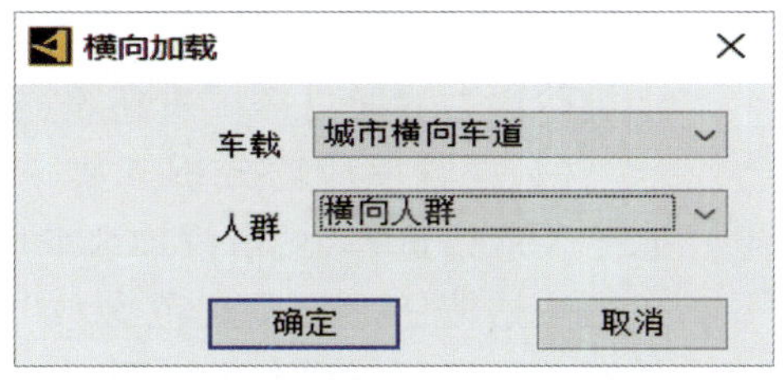

图 8-53　定义车载和人群荷载

横向加载定义								
编号	名称	桥面单元	横向布置	车载	车载系数	人群	人群系数	冲击系数
1	活载	盖梁	1|盖梁|...	城市横...	1|盖梁|...	横向人群	1|盖梁|L|0||~10...	0~2;;0,
2								

图 8-54　车载和人群荷载汇总

1. E1 地震阶段

在项目管理树上双击“地震分析”，进入地震分析界面。中间条修改阶段名称为 E1 阶段，进行 E1 阶段建模。

(1)定义强度验算构件。“强度验算构件”下拉后右击选择所有构件，如图 8-55 所示，进行强度验算构件的定义。

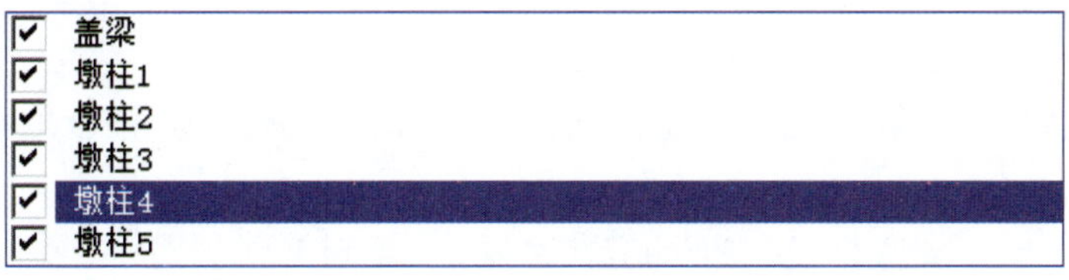

图 8-55　选择构件

(2)定义总体信息。“自振模态数”填写 30。地震验算后先进行自振特性查看，如不满足要求，需调整“自振模态数”。正截面强度计算方法选择“规范设计值”，“荷载转化为质量”下拉后右击选择全部，去除制动力。定义总体信息如图 8-56 所示。

总体信息	
阶段信息	第 1 阶段，共 1 阶段
阶段备忘	
强度验算构件	盖梁，墩柱1，墩柱2，墩柱3，墩柱4，墩柱5
自振模态数	30
与时程工况比较时反应谱工况折减系数	0.8
构件内力折减系数	1.0
时程工况取值原则	取最值
考虑P-Δ效应	☑
结构阻尼比	0.05
强度计算采用材料标准值	☐
正截面强度计算方法	规范设计值
正截面强度按弯矩输出	☐
地基m值调整系数	2.5
地基承载力调整系数	
荷载转化为质量	护栏右，护栏左，空心板与铺装，人行道右，人行道左

图 8-56　定义总体信息

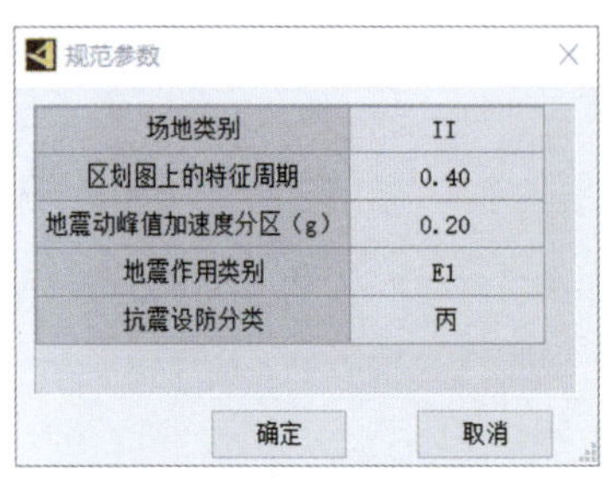

图 8-57　定义反应谱参数

(3)参照施工阶段操作，对所有桥墩墩底添加固定支座，地震阶段边界条件需要重新添加。

(4)设置反应谱分析参数。中间条选择“反应谱分析”，水平反应谱选择“城市桥梁水平反应谱”，“水平反应谱参数”单击表格按钮，弹出“规范参数”对话框，按照场地参数进行填写。定义反应谱参数如图 8-57 所示。

(5)“分析控制”中，计算地震方向选择“纵向，横向”。振型组合方法选择“SRSS”。方向组合方法选择“平方和开方”。定义分析控制如图 8-58 所示。

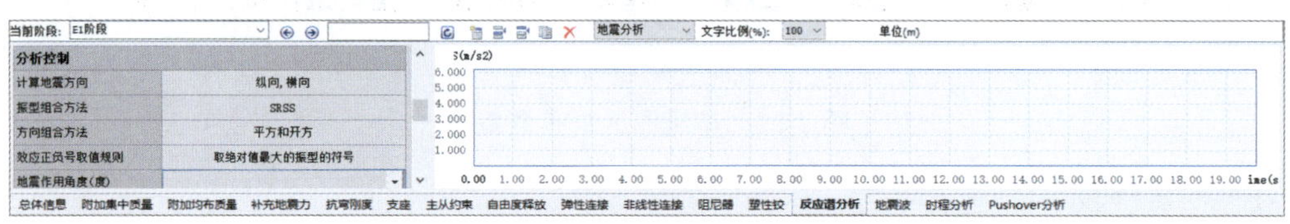

图 8-58　定义分析控制

2. E2 弹性阶段

(1)单击“总体信息”，新建一个地震分析阶段，修改名称为“E2 弹性阶段”，假定 E2 地震作用下处在弹性范围内。

(2)使用界面复制将 E1 阶段内容复制到本阶段。

(3)定义正截面强度计算方法。将正截面强度计算方法修改为“强度取等效屈服弯矩”，如图 8-59 所示。

(4)复制支座。单击支座标签，参照步骤(2)操作，复制 E1 阶段的支座。

(5)复制反应谱。复制 E1 阶段反应谱分析，修改反应谱参数“地震作用类别”为“E2”，如图 8-60 所示。

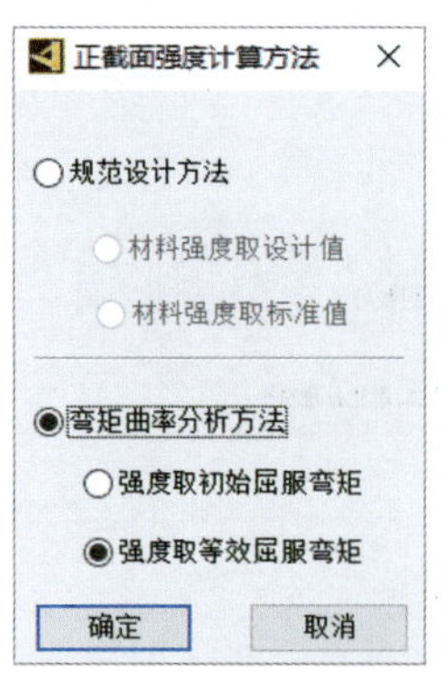

图 8-59　定义正截面强度计算方法

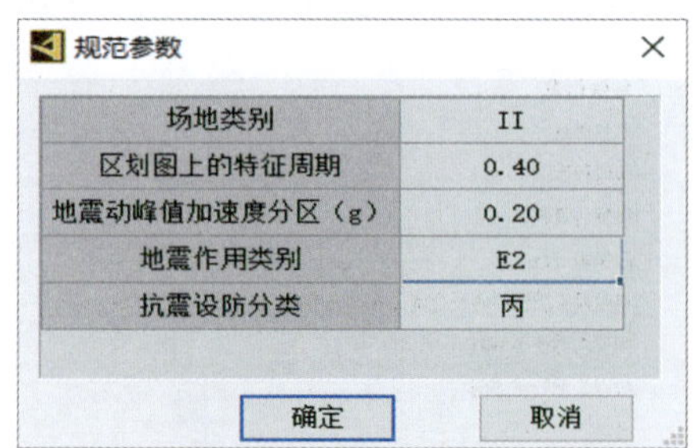

图 8-60　定义反应谱

(6)添加塑性铰。单击“塑性铰”转到塑性铰表格，名称填写“1 号墩顶”，塑性铰位置对应选择 1 号墩顶节点，屈服面类型选择“P_My_Mz”，无时程分校铰特性，pushover 铰特性选择按弯矩-曲率分析，总体积配筋率按城市抗震规范计算，等效塑性铰长度按城市抗震设计规范计算，最大容许转角可以不填，程序自动计算，在其余各墩顶底完成添加，定义塑性铰如图 8-61 所示。

塑性铰												
编号	名称	塑性铰位置	屈服面类型	时程分析铰特性	时程分...	位移pushover铰特性	位移push...	强度pushover铰特性	强度...	总体积配箍率(%)	等效塑性铰长度(m)	最大容许转角(rad)
1	1号墩顶	1|墩柱1|L|0	P_My_Mz	无		按弯矩-曲率分析		按弯矩-曲率分析		1.2	0.34,0.34	0,0
2	1号墩底	1|墩柱1|R|0	P_My_Mz	无		按弯矩-曲率分析		按弯矩-曲率分析		1.2	0.34,0.34	0,0
3	2号墩顶	1|墩柱2|L|0	P_My_Mz	无		按弯矩-曲率分析		按弯矩-曲率分析		1.2	0.34,0.34	0,0
4	2号墩底	1|墩柱2|R|0	P_My_Mz	无		按弯矩-曲率分析		按弯矩-曲率分析		1.2	0.34,0.34	0,0
5	3号墩顶	1|墩柱3|L|0	P_My_Mz	无		按弯矩-曲率分析		按弯矩-曲率分析		1.2	0.34,0.34	0,0
6	3号墩底	1|墩柱3|R|0	P_My_Mz	无		按弯矩-曲率分析		按弯矩-曲率分析		1.2	0.34,0.34	0,0
7	4号墩顶	1|墩柱4|L|0	P_My_Mz	无		按弯矩-曲率分析		按弯矩-曲率分析		1.2	0.34,0.34	0,0
8	4号墩底	1|墩柱4|R|0	P_My_Mz	无		按弯矩-曲率分析		按弯矩-曲率分析		1.2	0.34,0.34	0,0
9	5号墩顶	1|墩柱5|L|0	P_My_Mz	无		按弯矩-曲率分析		按弯矩-曲率分析		1.2	0.34,0.34	0,0
10	5号墩顶	1|墩柱5|R|0	P_My_Mz	无		按弯矩-曲率分析		按弯矩-曲率分析		1.2	0.34,0.34	0,0

图 8-61　定义塑性铰

3. E2 弹塑性阶段

(1)单击“总体信息”,新建一个地震分析阶段,修改名称为“E2 弹塑性阶段”。

(2)使用界面复制将 E2 阶段内容复制到本阶段。将“正截面计算方法”修改为规范设计值。

(3)定义抗弯刚度折减系数。按照规范计算折减系数,在表格中选择对应的桥墩输入系数即可。定义抗弯刚度折减系数如图 8-62 所示。

抗弯刚度调整						
编号	构件	代表截面	抗弯刚度系数Iy	抗弯刚度系数Iz	抗弯刚度系数函数Iy	抗弯刚度系数函数Iz
1	墩柱1		0.25	0.25		
2	墩柱2		0.25	0.25		
3	墩柱3		0.25	0.25		
4	墩柱4		0.25	0.25		
5	墩柱5		0.25	0.25		

总体信息　附加集中质量　附加均布质量　补充地震力　**抗弯刚度**　支座　主从约束　自由度释放　弹性连接　非线性连接　阻尼器　塑性铰　反应谱分析　地震波　时程分析

图 8-62　定义抗弯刚度折减系数

(4)复制支座。

(5)复制塑性铰。

(6)复制反应谱。

(7)添加 pushover。单击“pushover”标签,在名称中输入“pushover 横桥向”,安装构件下拉后右击选中所有构件,位移验算点选择 1 号墩柱墩顶节点,推覆荷载定义在弹出对话框中定义横桥向,即 x 方向单位力 1 kN,最大位移控制值输入 0.1,位移等分数为 20,“pushover 顺桥向”按照相同步骤添加。定义 pushover 如图 8-63 所示。

pushover分析											
编号	名称	安装构件	强度验算构件	正截面强度计...	塑性铰区抗剪	位移验算点	基础固定	承台惯性力	推覆荷载定义	最大位移控制值	位移等分数
1	pushover横桥向	盖梁,墩柱1,...				1|墩柱1|L~Dx~			`1|墩柱1|L|...	1|墩柱1|L,D...	20
2	pushover顺桥向	盖梁,墩柱1,...				1|墩柱1|L~Dy~			`1|墩柱1|L|...	1|墩柱1|L,D...	20

图 8-63　定义 pushover

(8)完成后,先保存然后计算一次,在“结果查询”中右击“新建查询”→“地震分析”中的“振型分析结果”以及“弯矩曲率分析”,查询弯矩曲率分析结果如图 8-64 所示,查询振型分析结果如图 8-65 所示。

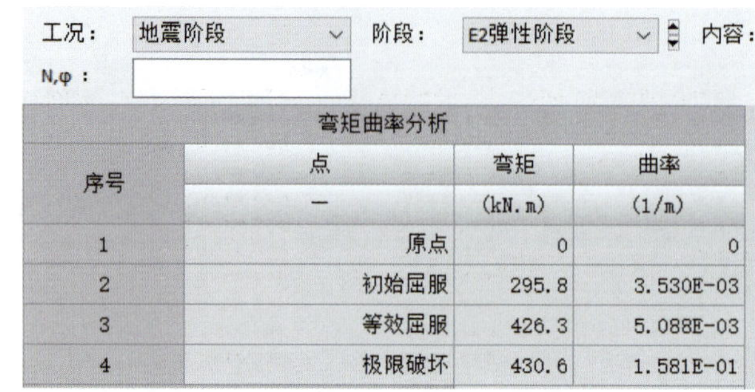

工况：地震阶段　阶段：E2弹性阶段　内容：

N,φ：

弯矩曲率分析			
序号	点	弯矩	曲率
	—	(kN.m)	(1/m)
1	原点	0	0
2	初始屈服	295.8	3.530E-03
3	等效屈服	426.3	5.088E-03
4	极限破坏	430.6	1.581E-01

图 8-64　查询弯矩曲率分析结果

工况：地震阶段　阶段：E1阶段　内容：振型分析结果　阶号：

模态序号	频率(Hz)	周期(s)	振型参与质量系数					
			X向平动	X向累计	Y向平动	Y向累计	Z向平动	Z向累计
4	9.15	0.11	0.0000	0.9846	0.0014	0.9776	0.0000	0.0000
5	20.08	0.05	0.0000	0.9846	0.0001	0.9777	0.0000	0.0000
6	35.57	0.03	0.0000	0.9846	0.0001	0.9778	0.0000	0.0000
7	36.29	0.03	0.0001	0.9847	0.0000	0.9778	0.0170	0.0170
8	36.47	0.03	0.0005	0.9852	0.0000	0.9778	0.0004	0.0175
9	38.97	0.03	0.0000	0.9852	0.0000	0.9778	0.0145	0.0320
10	39.54	0.03	0.0001	0.9853	0.0000	0.9778	0.0561	0.0881
11	39.84	0.03	0.0001	0.9853	0.0000	0.9778	0.7140	0.8022
12	42.61	0.02	0.0001	0.9855	0.0000	0.9778	0.1558	0.9580
13	46.86	0.02	0.0001	0.9855	0.0000	0.9778	0.0003	0.9583

图 8-65　查询振型分析结果

(9)确认结构是否进入了塑性区。如果进入塑性阶段,进行墩顶塑性铰位移验算。如果实际弯矩并未超过屈服弯矩,删除 E2 弹塑性地震阶段,增加 E2 弹性阶段并重新定义,按照弹性构件进行验算。

8.2.8　后处理查看

(1)在工具栏中单击“项目”→“计算当前”,计算当前项目。

(2)快速查询。桥梁博士软件对于结果查询定义了许多使用工程的快速查询模板。右击“结果查询”,选择“快速查询”,新建一个普通钢筋混凝土梁查询模板和抗震分析结果查询模板,新建查询及结果如图 8-66 所示和图 8-67 所示。

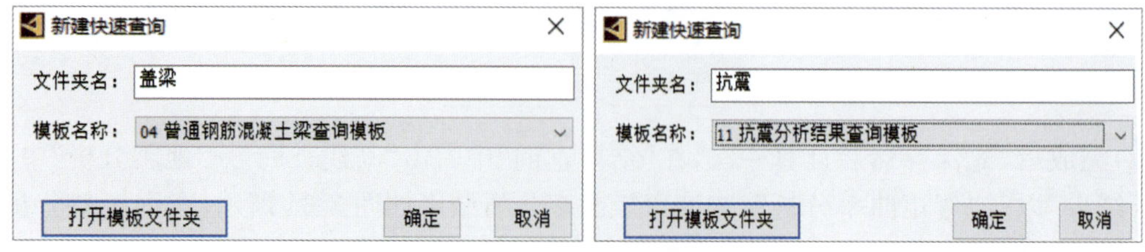

图 8-66　新建查询

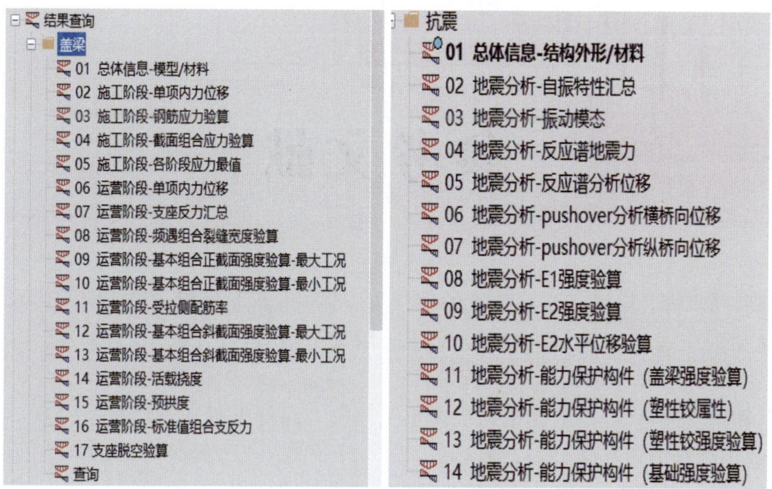

图 8-67　新建查询结果

8.2.8　计算报告

(1)右击项目管理树上的“计算报告”，选择“新建报告”。构件名选择“盖梁”，模板文件依次选择“000_封面、001_项目概述、002_模型概述”等，如图 8-68 所示。

序号	构件名	模板文件		用户变量设置		备注
1	盖梁	000_封面.docx	编辑模板		同步用户变量	
2		001_项目概述.docx	编辑模板		同步用户变量	
3		002_模型概述.docx	编辑模板		同步用户变量	
4		102b_钢筋砼盖梁(2018公路规范).docx	编辑模板	Comb_01,01 基本组合;...	同步用户变量	
5		200a_抗震计算(城市桥梁抗震规范).docx	编辑模板	Comb_02a,02a 地震组...	同步用户变量	

图 8-68　新建计算报告

(2)在工具栏中单击“计算报告”→“生成”，程序将生成计算报告。

参考文献

[1] 张喜刚,刘高,马军海,等.中国桥梁技术的现状与展望[J].科学通报,2016,61(4):415-425.

[2] 中华人民共和国交通运输部.公路桥涵设计通用规范:JTG/T D60—2015[S].北京:人民交通出版社,2015.

[3] 中华人民共和国交通运输部.公路钢筋混凝土及预应力混凝土桥涵设计规范:JTG 3362—2018[S].北京:人民交通出版社股份有限公司,2018.

[4] 中华人民共和国交通运输部.公路交通安全设施施工技术规范:JTG/T 3671—2021[S].北京:人民交通出版社,2021.

[5] 中华人民共和国交通运输部.公路排水设计规范:JTG/T D33—2012[S].北京:人民交通出版社,2012.

[6] 中华人民共和国交通运输部.公路桥涵施工技术规范:JTG/T 3650—2020[S].北京:人民交通出版社,2020.

[7] 中华人民共和国住房和城乡建设部.城市桥梁设计规范:CJJ 11—2011[S].北京:中国建筑工业出版社,2019.

[8] 中华人民共和国行业标准.公路圬工桥涵设计规范:JTG D61—2005[S].北京:人民交通出版社,2005.

[9] 邵旭东,程翔云,李立峰.桥梁设计与计算[M].2版.北京:人民交通出版社,2012.

[10] 范立础.桥梁工程(上册)[M].2版.北京:人民交通出版社,2013.

[11] 范立础.桥梁工程(上册)[M].北京:人民交通出版社,2001.

[12] 顾安邦,向中富.桥梁工程(下册)[M].2版.北京:人民交通出版社,2011.

[13] 邵旭东.桥梁工程[M].3版.武汉:武汉理工大学出版社,2012.

[14] 张明君等.城市桥梁工程[M].北京:中国建筑工业出版社,2000.

[15] 邵旭东.桥梁设计百问[M].3版.北京:人民交通出版社有限公司,2015.

[16] 樊伟.船撞下桥梁结构动力需求及桩承结构防撞能力分析方法[D].上海:同济大学,2012.

[17] 董丽娟,黄祯尹,卢刚,等.我国桥梁工程技术发展趋势分析[J].桥梁工程,2020,16(7):187-190.

[18] 中华人民共和国交通运输部科技司.交通运输标准化发展报告[R].北京:2021.

[19] 李亚东.桥梁工程概论[M].3版.西南交通大学出版社,2014.

[20] 中华人民共和国交通运输部.公路工程技术标准:JTG B01—2014[S].北京:人民交通出版社,2015.

[21] 宋广龙,吕福钢,程玉琨,等.宁波杭州湾大道跨十一塘江桥梁工程设计[J].公路,2021,66(12):171-176.

[22] 赵燕军.道路桥梁工程设计环节存在的问题及对策[J].黑龙江科学,2021,12(18):144-145.

[23] 章妮.钢筋混凝土预应力公路桥梁工程的设计探讨[J].城市建筑,2021,18(3):184-186.

[24] 马静静.桥梁工程设计中的存在问题及解决对策[J].黑龙江交通科技,2018,41(10):114,116.

[25] 刁亚飞.复杂地质地区大型桥梁工程设计要点[J].江西建材,2018(1):134,136.

[26] 邵旭东.半整体式无缝梁桥新体系[M].北京:人民交通出版社,2014.

[27] 中华人民共和国交通运输部.公路悬索桥设计规范:JTG/T D65-05—2015[S].北京:人民交通出版社,2014.

[28] 龙云.桥梁工程设计的发展现状及发展前景[J].城市建设理论研究,2017(23):110.

[29] 王文勇.探析桥梁设计中的安全性影响因素[J].工程建设与设计,2017(19):99-100,103.

[30] 彭炎东. 公路桥梁工程设计技术思考[J]. 智能城市，2017，3(6)：100，190.

[31] 彭炎东. 公路桥梁工程关键节点设计分析[J]. 江西建材，2017(6)：133-134.

[32] 罗群星. 桥梁工程设计中的安全性和耐久性问题[J]. 交通世界，2016(31)：88-89.

[33] 于智光. 参数化设计在景观桥梁工程中的应用研究[D]. 南京：东南大学，2016.

[34] 任雪荣. 浅谈如何提高公路桥梁工程设计质量[C]//建筑科技与管理学术交流会论文集. 北京：建筑科技与管理组委会，2015：121-122.

[35] 阮雪飞，凌桂香，周宗泽. 桥梁工程设计的协同机制改进[J]. 公路交通技术，2015(1)：62-65.

[36] 陈旺，戴建国. 基于程序开发的桥梁工程 BIM 正向设计研究[J]. 土木建筑工程信息技术，2020，12(6)：6-11.

[37] 高红霞. BIM 技术在桥梁工程设计中的应用[J]. 交通世界，2020(14)：105-106，109.

[38] 邵旭东，胡建华. 钢-超高性能混凝土轻型组合桥梁结构[M]. 北京：人民交通出版社股份有限公司，2015.

[39] 中交第二公路工程局有限公司. 公路桥梁施工系列手册[M]. 北京：人民交通出版社，2014.

[40] 邵旭东. 桥梁工程[M]. 北京：人民交通出版社，2019.

[41] CANESTRO E，STRAUSS A，SOUSA H. Multiscale modelling of the long term performance of prestressed concrete structures-case studies on T-Girder beams[J]. Engineering Structures，2021：111761.

[42] SUN Y，XU D，CHEN B，et al. Three-dimensional reinforcement design method and program realiz-ation for prestressed concrete box-girder bridges based on a specific spatial lattice grid model[J]. Engineering Structures，2018，175(15)：822-846.

[43] BALÁZS G L，FARKAS G，KOVÁCS T. 10-Reinforced and prestressed concrete bridges[C]//Innovative Bridge Design Handbook，2022.

[44] WEN Q J. Long-term effect analysis of prestressed concrete box-girder bridge widening[J]. Construction and Building Materials，2011，25(4)：1580-1586.

[45] SUN Z，SIRINGORINGO D M，FUJINO Y. Load-carrying capacity evaluation of girder bridge using moving vehicle[J]. Engineering Structures，2021，229：111645.

[46] WANG D，WANG L. Failure mechanism investigation of bottom plate in concrete box-girder bridges [J]. Engineering Failure Analysis，2020，116(10)：104711.

[47] LIU Z Y，KATELYN F，BRENT M P. Evaluation of the need for negative moment reinforcing in prestressed concrete bridges in the view of service loads[J]. Engineering Structures，2020：110206.

[48] HE J，XIN H X，WANG J J，et al. Effect of temperature loading on the performance of a prestressed concrete bridge in Oklahoma：Probabilistic modelling. Structures，2021，34(12)：1429-1442.

[49] NOWAK A S，PARK C H，CASAS J R. Reliability analysis of prestressed concrete bridge girders：comparison of Eurocode，Spanish Norma IAP and AASHTO LRFD. Structural Safety，2021，23(4)：331-344.

[50] TU B，FANG Z，DONG Y. Time-variant reliability analysis of widened deteriorating pr estressed concrete bridges considering shrinkage and creep[J]. Engineering Structures，2017，153(12)：1-16.

[51] XIAO H H，LUO L，SHI J. Stressing state analysis of multi-span continuous steel concrete composite box girder[J]. Engineering Structures，2021，246(11)：113070.

[52] KAMBAL M E M，JIA Y M. Theoretical and experimental study on flexural behavior of prestressed steel plate girders[J]. Journal of Constructional Steel Research，2018，142(3)：5-16.

[53] WANG D，WANG L，LIU Y M，et al. Failure mechanism investigation of bottom plate in concrete box girder bridges[J]. Engineering Failure Analysis，2020，116(10)：104711.

[54] SUN J，YUE Z D，HE Y. Slip analysis of prestressed steel-concrete continuous composite beam[J/OL]. Journal of King Saud University-Engineering Sciences. 2022：https://www.sciencedirect.com/science/

article/pii/S101836392200006X.

[55] TONG T, LIU Z, ZHANG J, et al. Long-term performance of prestressed concrete bridges under the intertwined effects of concrete damage, static creep and traffic-induced cyclic creep[J]. Engineering Structures, 2016, 127(11): 510-524.

[56] YAN W T, HAN B, XIE H B. Research on numerical model for flexural behaviors analysis of precast concrete segmental box girders[J]. Engineering Structures, 2020, 219(9): 110733.

[57] BRECCOLOTTI M. Eigenfrequencies of continuous prestressed concrete bridges subjected to prestress losses[J]. Structures, 2020, 25(6): 138-146.

[58] PARK H, JEONG S, LEE S C, et al. Flexural behavior of post tensioned prestressed concrete girders with high-strength strands[J]. Engineering Structures, 2016, 112(4): 90-99.

[59] FRANCIS A U, LEUNG C. Full-Range Analysis of Multi-Span Prestressed Concrete Segmental Bridges [J]. Procedia Engineering, 2011, 14: 1425-1432.

[60] KIM S H, PARK S J, WU J X, et al. Temperature variation in steel box girders of cablestayed bridges during construction[J]. Journal of Constructional Steel Research, 2015, 112(9): 80-92.